ANIA
Borysthenes
Tanaïs
Rha
Tyras
Mare
Caspium
Maeotis Palus
Dacia
Sarmizegetusa
minacium
Danuvius
Regnum Bospori
Pontus Euxinus
Moesia
Sinope
Artaxata
Thracia
Armenia
Byzantium
Bithynia et Pontus
lacedonia
Epirus
Cappadocia
Pergamum
Achaia
Mare Aegaeum
Ephesus
Galatia
Assyria
Mesopotamia
Laodicea
Athenae
Lycia
et Pamphylia
Cilicia
Tigris
Antiochia
Euphrates
Syria
Cyprus
Creta
Damascus
Babylon
Tyrus
Judaea
E R. N U M
Hierosolyma
Cyrene
Arabia
Alexandria
Cyrene
Memphis
Aegyptus
Nilus
Sinus Arabicus
Thebae

HUBERTUS PRINZ ZU LÖWENSTEIN

SENECA – Kaiser ohne Purpur

HUBERTUS
PRINZ ZU LÖWENSTEIN

SENECA

KAISER OHNE PURPUR

Philosoph - Staatsmann - und Verschwörer

LANGEN MÜLLER

Umschlaggestaltung: Christel Aumann, München
Gesetzt aus der 10 Punkt Garamond
Gesamtherstellung: Welsermühl, Wels
Printed in Austria 1975
ISBN 3-7844-1573-3

Ich wage es zu behaupten, daß die ganze Geschichte nichts wert wäre, wenn die Römer nicht existiert hätten.

LEOPOLD VON RANKE, Vortrag vor König Maximilian II. von Bayern am 26. September 1854

Vorwort

LECTORI BENEVOLENTI!

»Fragt mich einer nach der Quelle meines Wissens, so werde ich zunächst, wenn mir's nicht paßt, gar keine Antwort geben. Wer will mich denn zwingen? Weiß ich doch, daß ich ein freier Mann bin! Beliebt mir's aber zu antworten, so werde ich sagen, was mir gerade in den Schnabel kommt. Wer hat je von einem Schriftsteller Schwurzeugen verlangt?«
So schrieb Lucius Annaeus Seneca, als neugierige Leser wissen wollten, woher er denn in seiner Satire *Apokolokyntosis,* genannt auch die *Verkürbissung des Kaisers Claudius,* seine Kenntnis so schwer beweisbarer Ereignisse bezogen habe, wie des Aufstiegs des verewigten Claudius zum Olymp und des darauf folgenden Sturzes in den Orkus.
Als Verfasser von Senecas »Autobiographie« kann ich indes für diese etwas genauere Angaben machen: liegen doch 124 Briefe vor, gerichtet an seinen Freund Lucilius; und auch zahlreiche seiner »Moralischen Essays« sind ich-bezogen.
Das Quellenverzeichnis gibt Auskunft über alle sonstigen wesentlichen Werke. Diesen kann man entnehmen, daß nichts »erfunden« ist, was in so mancher Hinsicht an gegenwärtige Zustände erinnert. Denn schon damals gab es einen Politjargon; und schmuddlige Bärte, Ungewaschenheit und betont schäbige Bekleidung galten auch zu Senecas Zeit in manchen Kreisen als Ausdruck von Fortschrittlichkeit und philosophischer Höherentwicklung. Auch die Umweltverschmutzung, der arabisch-jüdische Konflikt, das Parteige-

zänk der Germanen und die hohen sittlichen Maßstäbe der Briten für alle Ausländer und manches mehr sind keine Errungenschaften des 20. Jahrhunderts.

Daß zwischen Seneca und dem Apostel Paulus Verbindungen bestanden, ist älteste Tradition. Die oftmals nahezu wörtliche Übereinstimmung ihrer Schriften und klare geschichtliche Tatsachen sind hierfür die Ursache. War doch Senecas älterer Bruder, Lucius Annaeus Novatus, durch Adoption Lucius Junius Gallio, Statthalter von Achaia mit Sitz in Korinth. Wie die *Apostelgeschichte*, Kapitel 18, berichtet, wurde vor seinem Richterstuhl Paulus von der jüdischen Gemeinde angeklagt, nicht anders als Christus vor Pontius Pilatus. Nur daß sich Gallio, dessen Bruder damals der mächtige Erste Ratgeber Nero Caesars war, nicht einschüchtern ließ, die Ankläger abwies und Paulus in Freiheit setzte.

Es ist durchaus wahrscheinlich, daß sich Gallio die Schriften des Apostels beschaffte, vor allem jene, die an griechische Gemeinden gerichtet sind – so die Briefe an die Korinther, an die Thessaloniker, die Epheser, die Philipper und auch den Römerbrief, der in Korinth entstanden sein dürfte. Eine vorsorgliche Maßnahme, um aus eigener Kenntnis aussagen zu können, daß sich nichts »Subversives« darin findet. Auch daß er seinen Bruder mit diesen Schriften vertraut machte, kann man annehmen. Denn er kannte dessen Interesse an philosophischen und religiösen Problemen, und er bedurfte seiner Fürsprache an höchster Stelle, sollten dort Ankläger auftreten, die ihm vorwürfen: »Wenn du diesen Paulus freiläßt, dann bist du kein Freund des Kaisers.«

Während des zweijährigen milden Gewahrsams des Apostels in Rom ist eine persönliche Fühlungnahme mit Seneca nicht auszuschließen. Die in der Quellenangabe genannte apokryphe Korrespondenz zwischen den beiden geht auf das vierte Jahrhundert zurück. Der hl. Hieronymus, geboren 342, sagt von ihr: sie werde von vielen gelesen. Dies veranlaßte ihn sogar, Seneca in die Liste der christlichen Autoren aufzunehmen – eine weitverbreitete Ansicht, die ich mir nicht zu eigen mache. Auch St. Augustinus im fünften Jahrhundert und der mittelalterliche Historiker Otto von Freising erwähnen die Korrespondenz, die sie für echt halten.

Die Besuche des frühreifen zehnjährigen Knaben Cornelius Tacitus bei Seneca liegen im Bereich des Möglichen. Ebenso, daß Seneca sich einen Adoptivsohn erwählte, um den Namen der Familie zu bewahren. Sein eigener Sohn ist, wie sich aus seiner *Trostschrift an Mutter Helvia* ergibt, im frühen Kindesalter gestorben. Eine Inschrift vom Ende des dritten oder vom Anfang des vierten Jahrhunderts, so berichtet Ludwig Friedländer in seiner *Sittengeschichte Roms,* verweist auf eine christliche Familie, die sich auf Lucius Annaeus Seneca zurückführt. Eine Grabschrift in Ostia, aufgefunden im 19. Jahrhundert, wurde von einem Marcus Annaeus Paulus seinem Sohne Marcus Annaeus Paulus Petrus gesetzt. Wobei in der Namensgebung nochmals an die Verbindung mit dem Apostel gedacht werden kann. Da aber mit dem Tode von Senecas jungem, kinderlosem Neffen, dem Dichter Lucius Marcus Annaeus Lucanus, die leibliche Verwandtschaft erlosch, darf angenommen werden, daß jener Marcus Annaeus Paulus der adoptierten Nachkommenschaft entstammt.

Für den Plan der wichtigsten Verschworenen, nach der Beseitigung Nero Caesars und des Cnaeus Calpurnius Piso (nach dem die Verschwörung meistens benannt wird) Seneca zum Kaisertum zu berufen, verweise ich auf Tacitus, *Annalen* XV, 65. Die Erklärung für den verhängnisvollen Konflikt zwischen Seneca und seinem jungen Zögling Nero Caesar fand ich in Dio Cassius' *Römische Geschichte,* Buch LXI, Kap. 10, 5 u. 6.

Um einen historischen Roman mit Leben zu erfüllen, bedarf es mehr als nur der Auswertung des Quellenmaterials. Die Darsteller müssen handeln, sprechen, schreiben, denken – gewiß im Rahmen des geschichtlich Erlaubten, aber doch wie es der dichterischen Eigengestaltung entspricht. Auch dichtet sich ein Jahrhundert, in das man sich einlebt, von selber weiter. Und so wie sich Seneca, dieser Philosoph, Staatsmann und Verschwörer, für die Richtigkeit von Geschehnissen im Olymp und im Orkus verbürgt, so darf auch ich für Ereignisse einstehen, von deren äußerem Schauplatz mich fast zwei Jahrtausende trennen.

HUBERTUS PRINZ ZU LÖWENSTEIN

I. TEIL

1. Kapitel

Über hundert Briefe habe ich Dir geschrieben, mein Lucilius, seit meinem letzten Gespräch mit Nero Caesar vor zwei Jahren. Ob ich in Campanien war, in Deiner Geburtsstadt Neapel, auf Capri, in den Albaner Bergen, im Sabinerland oder hier, in meinem geliebten Landhaus am vierten Meilenstein der Via Appia – ohne einen Brief an Dich wäre keine Woche erfüllt gewesen.
Manche dieser Briefe, in denen ich vom Tod schrieb, mögen Dich bedrückt haben. Denn Du bist noch so jung, daß Du meinen könntest, Dich beträfe es nicht. Aber Du kennst meinen Spruch: Nicht nach Altersklassen werden wir abberufen. Wenn wir sterben, so nicht deshalb, weil wir krank sind, sondern weil wir leben. Schon mit unserer Geburt beginnt der Weg zum Tode. Habe ich doch mein Söhnchen Quintus im zartesten Kindesalter verloren, und erst unlängst wurde mein Anverwandter und geliebter Freund, Annaeus Serenus, hinweggerafft. Es geschah am Ende eines fröhlichen Mahles, bei dem man die Pilze, die aufgetischt wurden, nicht als giftig erkannt hatte.
Über alle Maßen habe ich um ihn getrauert, war er doch um Jahrzehnte jünger als ich, und nie hätte ich gedacht, daß er vor mir sterben werde. Soeben hatte er den Befehl über die Nachtwachen Roms erhalten – wie unersetzlich ist sein Verlust, und dies nicht nur vom menschlichen Standpunkt aus, sondern auch im Hinblick auf das Gemeinwesen ...
Du siehst, mein Lucilius, mit all meiner Abgeklärtheit bin ich noch voll überkommener Schwächen, und im Angesicht des Todes versagt alle Philosophie. Und doch kommt es gerade auf diese letzte

Stunde an. Denn wenn wir sie nicht gelassen hinnehmen, verdirbt sie uns alle, die vorausgingen.
Du weißt doch, was uns Platon durch den Mund Phaidons berichtet, von den letzten Gesprächen, die Sokrates führte, ehe er den Schierlingsbecher leerte?
»Sage mir, Simmias, müßte nicht ein Mann lächerlich sein, der sich sein Leben lang auf den Tod vorbereitet hat, in seiner letzten Stunde aber sich gegen ihn sträubte? Wäre er nicht entschieden lächerlich?«
»Entschieden!« erwiderte der junge Simmias aus Theben.
Eine schöne Sache sei es, seines eigenen Todes zu sterben. Auch das schrieb ich Dir des öfteren. Eine Alltagsweisheit, denn keiner stirbt eines anderen als seines Todes, und niemand stirbt zu einer anderen Stunde als der seinen. Niemand verliert etwas von seiner Zeit. Divus Julius wußte um dieses Gesetz. Nicht lange vor seiner Auffahrt hat er den Freunden gegenüber geäußert, er wünsche sich einen schnellen, plötzlichen Tod, denn dieser sei auch der leichteste. Um dem Schicksal, das er ahnte und bejahte, freie Bahn zu geben, hat er die hispanischen Garden, die ihm sonst mit blankem Schwerte überallhin das Geleit gaben, wenige Tage vor den Iden des März entfernt. Sein Leben war vollendet, weitere Jahre hätten ihm nichts hinzufügen können.
Ein anderer wiederum, wie mein Quintus, stirbt als Kind, auch er in seiner Weise schon vollendet. Als junger Mann, fast noch als Jüngling, hat uns Annaeus Serenus verlassen. Für manche ist der Tod die Fortsetzung des Schlafes, oder er überrascht sie mitten in einem Gespräch. Einige sterben beim Geschlechtsverkehr jenen Tod, den man jetzt den »süßen« nennt und oft selber herbeizuführen versucht. Im Grunde ist es immer dasselbe. Einen größeren oder kleineren Tod gibt es nicht, sein Maß ist überall das gleiche, so auch sein Ziel.
Doch sollst Du nicht glauben, daß ich nun alles zusammenfassen oder gar wiederholen will, was ich Dir im Laufe der letzten Jahre schrieb. Der Sinn dieser Aufzeichnungen ist ein anderer.
Während ich Dir in vielen meiner früheren Briefe vom Tode schrieb und von der Furcht vor ihm, die es zu überwinden gilt, will ich Dir jetzt einen Bericht über mein Leben senden. Freilich, auch bei die-

ser Arbeit kann der Gedanke an den Tod nicht ausgeschlossen werden. Könnte er mich doch abberufen, noch während ich Dir schreibe! Seit meinem letzten Gespräch mit Nero Caesar weiß ich, daß mein Leben von einer Macht abhängt, die zwar Teil meines Schicksals ist, aber auf die ich keinen Einfluß habe.
Wahrscheinlich ist mein Tod schon beschlossen, und in jedem Augenblick könnte mich der Befehl erreichen, ihn an mir selber zu vollziehen – und dies wird dann als besondere »Gnade« unseres Princeps gerühmt werden. Denn es gäbe ja viele andere Möglichkeiten, mich zu beseitigen.
Ein »Wettrennen mit der Zeit« könnte ich sagen – wie im Circus, wenn ein weißer und ein schwarzer Wagen einander zu überholen versuchen. Denn ehe jener Befehl eintrifft, könnte es zur Großen Wende kommen, und damit erhielte ich neue Aufgaben, auf die ich mich seit früher Jugend vorbereitet habe.
Aber ich will jeden Tag, den ich noch zu leben habe, als ein Geschenk ansehen, ohne mich Zukunftshoffnungen hinzugeben, die vielleicht trügerisch sind. Warum sollte er nicht zu einem jähen Entschluß kommen, dieser neue Ödipus und Orestes, Liebhaber und Mörder seiner Mutter, Henker seines Bruders Britannicus und seiner jungen Gemahlin Octavia Augusta? Er hat mehr Grund, mich zu hassen, als alle anderen Opfer. Weil er sich mir jahrelang anvertraute, nicht aus Zwang, sondern edel gesinnt, wie er von Natur aus war, kraft des pädagogischen Eros und weil er mich liebte. Das wußte ich bereits bei der ersten Begegnung, damals, als er zwölf Jahre alt war.
Seinen »Sokrates« nannte er mich, und wie Alkibiades um diesen, so begann er um mich zu werben. Daß ich mich verhielt, wie Platon im *Symposion* von Sokrates berichtet ..., das hat mir mein »Alkibiades« ebensowenig verziehen, wie der ursprüngliche es je verzieh, daß sein umworbener Meister ihn verschmähte.
Schon im ersten Geschichtsunterricht hörten wir von der Wahnsinnstat des Jünglings Alkibiades, der in der Nacht vor der Ausfahrt der Flotte nach Sizilien die Hermessäulen in Athen zertrümmerte. Doch erst als ich als Zwanzigjähriger nach Griechenland kam, hat mir ein Freund – Lycidas, von dem noch viel zu sagen sein

wird – eine Erklärung dafür gegeben: Diese Hermessäulen sahen Sokrates ähnlich – sie zu zertrümmern war ein Ersatzmord, begangen an Hunderten von leblosen Statuen!
Nero Caesar wird es einfacher haben ...
Wirst Du mich jetzt fragen, mein Lucilius, warum ich noch zögere? Habe ich Dir nicht oft genug geschrieben, eine jede Ader sei ein Weg zur Freiheit? Zwar gäbe es nur einen Eingang zum Leben, aber ungezählte Ausgänge. Soll ich von Sonnenaufgang bis Sonnenuntergang und die Nächte hindurch darauf warten, welchen Zeitpunkt er für meinen Tod festzusetzen geruht, da ich doch selber die Macht hätte, aus eigenem Willen in die Freiheit zu gelangen?
Ich zögere nicht, ich warte. Denn noch ist nicht alles verloren – noch ist es ja möglich, daß jene neuen Aufgaben, die ich andeutete, auf mich zukommen. Aber selbst wenn nicht: Soll ich vorgreifen und die Durchführung des Mordbefehles selber übernehmen? Beneide ich denn meinen Henker um seine Macht, daß ich sie ihm entwinden möchte?
Sokrates hätte eines freiwilligen Todes sterben können, als man ihn dreißig Tage lang in seinem Felsengefängnis hinter der Akropolis festhielt. Er tat es nicht, keineswegs, weil er hoffte, sein Leben erhalten zu können. Denn er hätte leicht fliehen können, seinen Richtern wäre dies durchaus gelegen gekommen. Diese dreißig Tage in Erwartung des Schierlingsbechers gehörten zu seinem Leben, er wollte seinen Freunden einen Sokrates schenken, von dem sie bis zum letzten Atemzug Gewinn haben würden.
Was hätte törichter sein können, als den Tod zu verachten, den Schierlingsbecher aber zu fürchten? Es ist dieser Trank, der ihn aus seinem Felsenkerker befreite und in den Himmel trug. Die Welt, solange sie bestehen wird, könnte nicht auf die Schätze verzichten, die jene letzten dreißig Tage ihr geschenkt haben.
Früher war ich darauf bedacht, was immer meine Gegner jetzt auch höhnen mögen, in Ehren zu leben. Nun, da ich weiß, daß an die Stelle der Götter, die nie Böses tun, weil sie dies gar nicht vermöchten, ein junger Wahnsinniger getreten ist, gleich einem neuen Fatum, will ich in Ehren sterben.
Aber wollte ich Dir nicht über das Leben schreiben, mehr als über

den Tod? Was jetzt geschehen wird, ist bereits Teil meines Lebensberichtes, der Tod ist nur die nötige Folgerung. Den Träger dieses »neuen Fatums« – *ich* habe ihn doch erzogen, ich habe manches geduldet, ja verteidigt, »um Ärgeres zu verhindern«, wie man sagt. Wie kann ich also die Verantwortung für seine Taten von mir weisen – und habe ich ihn nicht in meiner Art geliebt, und würde ich ihn nicht sofort wieder lieben, kehrte sein Geist zu dem Knaben zurück, der mir vor fünfzehn Jahren anvertraut wurde?

Doch erst, wenn mein Leben abgeschlossen vor Dir liegt, wirst Du über mich urteilen können. Denn die größten Worte versagen, wenn der Folterknecht Deine Hand ergreift. Mit sophistischen Spitzfindigkeiten kommt man da nicht weiter, etwa wie mit denen unseres lieben Zenon aus Kition:

»Kein Übel ist etwas Rühmliches, der Tod aber ist etwas Rühmliches, also kann er kein Übel sein.«

Bei aller Hochachtung für den Vater der Stoa, solche Albernheiten machen mich lachen.

Der gleiche Zenon hat sich übrigens später selber widersprochen: wenn wir den Tod zu den »Gleichgültigkeiten« zählen, sei er nicht rühmlich. Rühmlich könne nur der ungewöhnliche Tod sein, etwa wenn er für eine edle Sache erlitten werde. Heute denkt man dabei an den Tod des Cato Uticensis, der den Untergang der republikanischen Freiheit, die es in Wirklichkeit längst nicht mehr gab, nicht überleben wollte.

Treffender erschiene mir das Beispiel des Freundespaares Harmodios und Aristogeiton, die am Feste der Athene Hipparchos, den Tyrannen, erschlugen und dafür mit ihrem Leben büßten. Ein Skolion verherrlicht sie bis auf den heutigen Tag, sechs Jahrhunderte danach:

»Schmücken will ich das Schwert mit der Myrte Ranken.«

Ein durchaus zeitgemäßes Trinklied! Wie ich höre, sind unlängst an verschiedenen Universitäten Studenten verhaftet worden, weil sie es sangen –

Rühmlich bleibt der Tod der dreihundert Freundespaare, die bei Chaironeia für die Freiheit von Hellas und füreinander in den Tod gingen. Es mindert nicht ihr Andenken, daß der Auftrag der Weltgeschichte, durch den Hellas aus der Zeit herausgenommen und in die Ewigkeit versetzt wurde, bereits auf Philipp von Makedonien und seinen großen Sohn Alexander übergegangen war.

So ist der Tod an sich weder rühmlich noch unrühmlich. Es kommt darauf an, wer ihn erleidet und wofür. Die abscheuliche Art, wie Gaius Caesar Caligula sein Ende fand, paßte zu seinem Leben: in den düsteren Gängen vom Palatin zum Forum, kreischend, »Ich lebe noch!«, am Boden wimmernd, mit durchbohrten Geschlechtsteilen.

Auch der Abschied, den Claudius Caesar nahm, ist nicht gerade ruhmvoll, als er sinnlos betrunken weggetragen wurde von einem Gastmahl, ein Opfer seiner Gemahlin Agrippina oder eines grimmigen Zufalls. Wie auch immer: Ich sehe den »Divus Claudius«, wozu ihn der Senat gemacht hat, eher im Orkus als auf dem Olymp. Julius Caesar hingegen, dem ich das *Divus* nicht bestreite, den haben die Iden des März der Verweslichkeit entrissen. Seine Mörder wurden zu Priestern seiner Unsterblichkeit, weil schon sein irdisches Wirken ihm diese sicherte.

Leben und Tod müssen demnach zusammenpassen. Durch einen unwürdigen Tod hat schon mancher das Bild seines Lebens verdunkelt. Ich denke an einen Mann wie Maecenas, den Freund von Augustus, den vielgerühmten »edlen Gönner« des Vergil und des Horaz. Aber als es zum Sterben kam – alles wolle er hinnehmen, schrie er, Gebrechlichkeit, Verkrüppelung, einen Buckel, man schlage ihm die Zähne ein; ja, ans Kreuz solle man ihn nageln, wenn ihm nur ein Fünklein Leben erhalten bliebe.

Wo waren da die königlichen Ahnen, die Horaz so gepriesen hat? Könige vielleicht, aber mit der Seele von Sklaven, hingegen hier ein Sklave königlichen Gemütes: Jener lakedämonische Knabe, der im Heere des Pompeius bei Pharsalus als Reiterbub diente und in die Gefangenschaft der Caesarianer geriet. Da er nicht römischer Bürger war, behandelten sie ihn als Kriegsbeute. Er aber rief in seiner dorischen Mundart aus: »Ich will nicht Sklave sein«, und hielt Wort. Beim ersten schimpflichen Dienst, den man von ihm verlangte – er sollte ein Nachtgeschirr holen –, rannte er sich an der Wand den Schädel ein.

So hat ihn der Tod wieder zum Freien gemacht, wie ein rühmliches Ende selbst ein beflecktes Leben wieder reinwaschen kann.
Einen rühmlichen Tod also – nicht nur mir, meinen Freunden bin ich ihn schuldig. Mögen meine Feinde ihn als Racheakt empfinden! Weiß ich doch, daß sie seit Jahren Anklagen gegen mich sammeln. Meinen Reichtum, um den sie mich beneiden, werfen sie mir vor, er stamme aus dunklen Quellen, und gleichzeitig, so sagen sie, predige ich das einfache Leben! Die gleichen Vorwürfe, die gleiche Mißgunst, ausgehend von den gleichen üblen Geistern durch die Jahrhunderte; dieselben, die Platon angriffen, weil er von Dionysius von Syrakus achtzig Talente angenommen habe – wie hätte er sonst reisen können? Den Aristoteles verunglimpften sie, weil er von seinen Schülern, um leben zu können, Honorare verlangte, den Demokritos, weil er Geld verachtete, und den Epikur, weil er es ausgab. Wie dem Sokrates, der den Schierlingsbecher leeren mußte, »weil er die Jugend verdarb«, den Alkibiades und den Phaidros, so werden sie auch mir meine jungen Freunde vorwerfen, und was ihnen sonst noch einfallen mag!
Dabei wäre es für all diese Schmierer und Heuchler der glücklichste Tag ihres Lebens, wenn sie nachahmen könnten, was sie unter meinen »Lastern« verstehen. Da es mir jedoch auf mein Bild bei der Nachwelt ankommt, muß ich ihnen ihr Treiben erschweren – durch einen Tod, so rühmlich, daß sie ihn nicht einmal in ihren Wunschträumen nachahmen könnten.
Aber auch ich selber werde erst im Tode wissen, wie weit ich es in dieser Verkörperung gebracht habe. So würde es mein Lehrer Sotion aus Alexandria ausdrücken, der als Pythagoreer dem Gedanken wiederholter Erdenleben anhing. Demnach wird es auf mein eigenes Urteil ankommen, nicht auf das meiner Henker. Ein Urteil darüber, ob ich nur in Worten Philosoph war und ob alles andere, was ich sagte und schrieb, nur Schauspielerei war. Oder ob ich vor dem Tribunal der Geschichte werde bestehen können –
Laß mich dieses erste Schreiben mit einem Wort des Epikur beschließen – es paßt in diesen Zusammenhang. Nicht jenes, das so oft zitiert wird, »Gedenke des Todes«, sondern »Gedenke des Lebens – doch auch des Übergangs zu den Göttern«. Das aber heißt, der

Freiheit verpflichtet bleiben, denn nur wer sterben gelernt hat, weiß zu leben, ohne Sklave zu sein. Was bedeuten ihm noch Kerker und Folterqualen? Frei ist sein Ausgang, nur eine Kette gibt es noch, die wir abwerfen können: Die Liebe zum Leben, auch dieses ein Geschenk der Götter, das uns den Tod verstehen lehrt.
Aber ehe Du zu meinem Lebensbericht übergehst, mein Lucilius, präge Dir ein weiteres Wort Epikurs ein: »Dies ist nicht für die Masse bestimmt, sondern nur für Dich allein: Wir beide sind einander ein ausreichend großes Publikum.«

2. Kapitel

Friede herrschte auf dem Erdkreis, überall schwiegen die Waffen, keine ebenbürtige Macht bedrohte mehr unsere Grenzen, als ich zur Welt kam, am zweiten Tage vor den Iden des Oktober, im Jahre 748 nach Gründung der Stadt, unter dem Consulat von Caesar Augustus, seinem zwölften, und dem ersten des Lucius Cornelius Sulla, eines Nachkommens des Bruders des Diktators. Dreimal innerhalb weniger Jahre hatte Augustus den Janustempel schließen können – seit über zwei Jahrhunderten war dies nicht mehr möglich gewesen. Drei Jahre vor meiner Geburt weihte Augustus die Ara Pacis, den Friedensaltar, ein, zum Danke dafür, daß auch im Innern Friede herrschte, nach all den grauenvollen Bürgerkriegen. War doch bei Actium im Jahre 722 die letzte Schlacht der Weltgeschichte geschlagen worden, und die Götter hatten Augustus, damals noch Caesar Octavianus genannt, den Sieg gegeben. Nun war er der einzige Herr des Erdkreises, aber kein Despot, sondern ein rechtmäßig gesinnter, ein republikanischer Sachwalter des Gemeinwesens. So durfte der Senat ihn Augustus nennen, den Erhabenen.

Die *Pax Augusta* war es also, die man in meiner Kindheit und Jugend als etwas Selbstverständliches betrachtete, nach innen wie nach außen. Denn wie es nie wieder einen großen Krieg geben könne, so sei auch die Wiederkehr von Willkür und Tyrannei völlig undenkbar. All dies gehörte einem überwundenen Zeitalter an, wovon die Knaben in der Schule lernten, ohne Beziehung zur Gegenwart. Denn was hatten einem die »Tyrannenmörder« Cassius und Brutus noch zu sagen, da sich Caesar Augustus *Divi Filius* nannte, Sohn des zu den Göttern erhobenen Julius Caesar. Auch die trotzige Abschiedsrede des Cato Uticensis gab guten Stoff für junge Rhetoriker ab. Die Regierung in Rom wußte von alledem und hatte nichts dagegen, denn ein ungefährlicheres Spiel für Knaben und Jünglinge konnte es nicht geben.

Daß wir im Süden von Hispanien, in der senatorischen Provinz Baetica, manchmal noch Überfällen wilder nordafrikanischer Stämme ausgesetzt waren, und die Germanen, wenn sie nicht gerade damit beschäftigt waren, sich gegenseitig totzuschlagen, unsere Grenzposten jenseits des Rheins überfielen, all das bestätigte nur, daß Kriege eine Angelegenheit der Barbaren geworden waren. Unsere Aufgabe bestand hingegen darin: »Mit Macht zu lenken die Völker / Ihnen aufzuerlegen die Sitten des Friedens / Die Unterworfenen zu schonen / Doch zu brechen den Trotz der Empörer.«

So hatte es Vergil in seiner *Äneis* ausgedrückt, und damit wurden wir erzogen, beginnend mit dem »Arma virumque cano« und natürlich mit Julius Caesars »Gallia est omnis divisa in partes tres«. Daran hat sich nichts geändert. Du, mein junger Freund und die Schüler auch noch heutigen Tages, ihr lernt alle nach dem gleichen Muster und habt alle den gleichen Lehrplan!

Auf die Welt kam ich in Corduba am Baetis. Die Stadt wurde 150 Jahre vor meiner Geburt gegründet. Der Fluß ist weit landeinwärts schiffbar. Es gehört zu meinen frühen Kindheitserinnerungen, an der Hand der älteren Schwester meiner Mutter am Strande entlangzugehen und die bunten Segler zu beobachten, die stromaufwärts und -abwärts fuhren. Barken dazwischen, breit, flach, beladen mit weingefüllten Amphoren, zur Versendung nach Rom, andere mit Erzen, Getreide und Tuchwaren.

Unsere Eltern und die ganze Verwandtschaft empfanden römisch. Niemand wollte als Provinzler gelten. Alle unsere größeren Orte besaßen längst römisches Stadtrecht. Die einheimische, iberische Sprache lebte nur noch auf dem flachen Lande weiter, und auch da schon mit Latein vermischt. Älteren Sklaven gegenüber haben meine Eltern sie manchmal verwandt.

Von den Landes- und Volksgöttern wußte man auch in meiner Kindheit nur noch in den entlegensten Gebieten, in Lusitanien und in der Nordwestecke von Callaecia. Bei uns lernte man ihre seltsa-

men, schwer aussprechbaren Namen im Geschichtsunterricht. Einen Eaecus gab es, der mit dem Donner zu tun hatte, während der Endovellicus sich um die Ernte und der Vagodonnaegus um das Gedeihen des Viehs kümmerte.
Unsere Götter, die thronten auf dem Olymp und in den Tempeln auf dem Forum Romanum. Seitdem Julius Caesar als Divus Julius unter die Unsterblichen aufgenommen war, wurden auf seinen Altären die wichtigsten Opfer dargebracht. Aber ich erinnere mich schon aus meiner frühen Kindheit, daß mein Vater, Annaeus Seneca, genannt der »Rhetor« – da eines seiner bekanntesten Werke der Rhetorik gewidmet war –, vom Lichtgott Mithras zu uns sprach. Aus dem Osten sei er nach Rom gekommen, und mit der wachsenden Erkenntnis seiner Bedeutung breite sich auch sein Kult immer mehr aus.
Erst viel später, als ich selber in die mithräischen Geheimnisse eingeweiht wurde, erfuhr ich, daß mein Vater schon damals hohe Einweihungsgrade besaß. Seine Stellung als weiser Ratgeber erst von Caesar Augustus, dann von Tiberius Caesar, mag auch mit bestimmten gemeinsamen Bindungen dieser Art zusammenhängen ...
Er war grundgütig und ein tüchtiger Geschäftsmann, der das Familienvermögen zu mehren verstand. Die Philosophie hielt er für ein überflüssiges, wenn nicht sogar schädliches Gewerbe, weil sie nichts zur Erkenntnis des Göttlichen beitrage, sondern eher davon ablenke. Aber er war großzügig genug, es mir nachzusehen, als ich mich diesem Studium widmete.
In der Provinz Baetica nahm er bis zu unserer Übersiedlung nach Rom ein hohes Regierungsamt ein, das ihm weitere 300 000 Sesterzen im Jahr einbrachte.
Zur Zeit meiner Geburt war mein Vater fünfzig Jahre alt, meine Mutter, Helvia, war um fünfundzwanzig Jahre jünger. Ihre Familie stammte ursprünglich aus dem Norden und mochte etwas keltiberisches Blut haben. Sie war von ihrer älteren Schwester erzogen worden, der späteren Gemahlin des Gaius Valerius Maximus, der unter Tiberius Caesar sechzehn Jahre lang Statthalter von Ägypten war. Für mich war sie wie eine zweite Mutter.
Mein älterer Bruder, Lucius Annaeus Novatus, Consul zusammen

mit Claudius Caesar, drei Jahre vor dessen Tod, dann Statthalter von Achaia, wurde von einem Freunde meines Vaters, aus der Familie der Junier, adoptiert. Daher sein Name Lucius Junius Gallio. Wir standen uns von jeher sehr nahe.

Mein jüngerer Bruder, Marcus Annaeus Mela, ist ganz unpolitisch, ein guter Geschäftsmann, aber vielleicht wird er in die Geschichte eingehen als Vater des Wunderkindes Lucius Marcus Annaeus Lucanus. Zwei Jahre jünger als Nero Caesar, war Lucanus dessen Intimus, eine schwärmerische Jünglingsfreundschaft griechischen Geistes. Tag und Nacht waren sie unzertrennlich, und als mein dichtender, kleiner Neffe nach Athen ging, um seine Studien fortzusetzen – da war er siebzehn Jahre alt –, ließ Nero Caesar ihn bald zurückholen. Überdies ernannte er ihn zum Quästor, also elf Jahre vor der gesetzlichen Zeit. Damit wurde er auch Senator und trug wieder die Toga mit dem breiten Purpurstreif. Auf seinen schmalen Schultern glich sie der Toga Praetexta, seinem Knabengewand, das er erst vor so kurzem abgelegt hatte!

Ich sah das Ganze nicht ungern, fürchtete aber, daß diese Liebe jäh umschlagen könnte. Es begann damit, daß sich Lucanus, knapp 21 Jahre alt, ein Weib suchte, die Polla Argentaria. Sie ist reich, und man rühmt sie als tugendsam. Meiner Meinung nach ist sie ehrgeizig, herrschsüchtig und verdreht ihrem jungen Dichter-Gemahl noch mehr den Kopf. Bald danach erhielten dessen Werke im Theater mehr Applaus als die seines kaiserlichen Freundes. Zum offenen Bruch kam es, als Nero Caesar aus einer Dichterlesung des Lucanus zu einer Senatssitzung enteilte. Mein Neffe, angestachelt von der Polla Argentaria, legte ihm dies als reine Bosheit aus.

Plötzlich haßten sie also einander, und dabei hatte Lucanus in seinem Bürgerkriegsepos, den *Pharsalia,* wie ich es nenne, Nero Caesar maßlos verherrlicht. Die Götter, schrieb er, hätten die Greuel der Bürgerkriege nur zugelassen, damit Nero Caesar die Herrschaft übernehmen könne! Dereinst, wenn seine göttliche Seele in ihre wahre Heimat zurückkehre, würde sie sich auf dem Olymp selber ihren Platz aussuchen dürfen. So dick aufgetragen war dies alles, daß er jetzt sagt: »Habt ihr denn nicht gemerkt, daß ich eine Satire schrieb?«

Als neuestes hat der kleine Senator sein republikanisches Gemüt entdeckt und beschimpft sogar den Divus Julius in allen Tonarten. Wen er eigentlich meint, ist niemandem verborgen. Der endgültige Krach – im wörtlichen Sinne! – zwischen den verzankten Dichterjünglingen kam so zustande:
Mein Neffe, umgeben von einer Schar scharwenzelnder Höflinge, die ihn immer noch für den kaiserlichen Liebling hielten, betrat eine öffentliche Bedürfnisanstalt. Dort ließ er eine Blähung von sich, mit ungeheurem Knall, und dazu zitierte er einen Vers Nero Caesars, den jeder kennt: »Es dröhnte wie Untergrund-Donner ...«
Da stürmten die ehrfurchtsvollen Begleiter, mitten in der Verrichtung ihrer eigenen Bedürfnisse, entsetzt davon, um nicht am Orte einer solchen Lästerung angetroffen zu werden. Manche eilten schnurstracks zu Nero Caesar, um ihm von dem Ereignis Mitteilung zu machen.
Aber ich greife den Ereignissen um Jahre vor. Wenn ich so weitermache, bin ich am Ende, noch ehe ich über Anfang und Verlauf meines Lebens berichtet habe. Nur das noch: daß Pompeius, wenigstens in meiner Jugend, in Hispanien immer noch viele Sympathien genoß. Ich glaube nicht, daß die Welt besser geordnet wäre, hätte dieser bei Pharsalus gesiegt, mitsamt seinem Anhang von selbstsüchtigen Adeligen und verkalkten Senatoren. Die »republikanische Freiheit«, für die außer meinem Neffen heute nur noch gewisse Optimaten, Bankiers und Latifundienbesitzer schwärmen, bestand schon seit langem nur noch darin, daß *sie* tun konnten, was sie wollten, ohne Rücksicht auf das Gemeinwesen. In der Praxis haben sie sich übrigens schon alle mit dem Principat abgefunden und sich ganz behaglich darin eingerichtet.
Zum inneren und äußeren Frieden meiner Kinderjahre kam ein allgemeiner Wohlstand, wie ihn die Welt noch nie gekannt hatte. Sicherheit auf allen Straßen, im Inneren Meer und auf dem Ozean von Gades bis zur Albis-Mündung, ein reger Warenaustausch mit Indien und noch ferneren Ländern! Kleinere Rückschläge mochte es wohl geben, aber im ganzen gesehen war der Fortschritt unaufhaltsam, und gewiß würde eines Tages selbst der Ozean keine Grenze mehr bilden!

Schon als kleiner Junge konnte ich in Corduba das friedliche Nebeneinander vieler Völkerschaften beobachten. Als Caesar Augustus zwanzig Jahre vor meiner Geburt in Hispanien war, empfing er eine große Abordnung von Indern. Sie kämen, so sagten sie, um Abbitte zu leisten, daß einige ihrer Stämme bei Actium gegen ihn gekämpft hätten, auf seiten von Marcus Antonius und der Cleopatra. Aber daneben hatten sie auch ihren Handel im Sinn. Einige blieben, bald kamen neue hinzu. Ein merkwürdiges Volk, demütige Bittsteller und hochmütig in einem. Nie bedanken sie sich, denn dann würden sie ja den Spender seines sittlichen Verdienstes berauben, das zu erwerben sie ihm durch Annahme seiner Gabe ermöglicht haben. Welche Lebensweisheit! Nur ihr eigenes Land, von dem sie Wunderdinge berichten, wollen sie gelten lassen, gleichzeitig möchten aber viele von ihnen ganz bei uns bleiben und sogar das römische Bürgerrecht erwerben.
Zwei verschiedene Lehren fielen mir bei meinen indischen Mitschülern auf. Die Hindus unter ihnen verehren unzählige Götter, andere hingegen fassen den Geist der Welt nicht in einem Gottesbegriff.
Das sind die Jünger Gautama Buddhas, des »Erleuchteten«, der vor fünf Jahrhunderten lebte, also ungefähr zur Zeit, da der erste Brutus das Königtum stürzte und das Konsulat schuf. Schon Alexander der Große, sagte mein Vater, sei auf dem Wege nach Indien buddhistischen Weisen begegnet, und die hätten großen Eindruck auf ihn gemacht. Hindus wie Buddhisten glauben an wiederholte Erdenleben, sind sich also darin einig mit den Lehren des Pythagoras und Platons.
In unseren Schulen nennt man die Inder immer noch »das Volk des äußersten Ostens«. Dabei weiß man doch längst, daß Sinae, das Seidenland, weit östlicher liegt. Andererseits war mir schon als Kind klar, daß Hispanien und Lusitanien nicht das westliche Ende der festen Erdkruste bilden.
Auch in Corduba, wie in Gades und in vielen anderen Städten Hispaniens, gab es eine Gemeinde von Hebräern. Sie sonderten sich ab, hatten strenge Vorschriften, was sie essen oder nicht essen durften, und zündeten alle sieben Tage, am »Sabbat«, wie sie sagten,

eine Lampe an, in deren Schein sie auf einen Erlöser warteten. In Rom habe ich dann gehört, daß sie auch Vergil als einen ihrer Propheten betrachteten, weil dieser in seiner Vierten *Ekloge* die Geburt eines göttlichen Kindes verkündet habe, »des Jupiters mächtigen Nachwuchs«, dem die Weltherrschaft zufallen werde.

Unsere Lehrer meinten, daß die Verstümmelung ihrer Knaben, die diese daran hindere, sich in den öffentlichen Bädern oder auf den Turnplätzen nackt zu zeigen, der Gottheit doch nicht wohlgefällig sein könne. Was den Erlöserglauben der Hebräer anbelange, sagten sie, so könnte es sich dabei um eine gefährliche, gegen das Römische Reich gerichtete Angelegenheit handeln.

Mein Bruder Gallio ist nicht dieser Meinung. Es berühre die Sicherheit des Reiches nicht, ob nun die Gottheit so oder anders verehrt werde, solange nur Ordnung und Gesetze anerkannt würden. Er hat daher als Statthalter von Achaia es abgelehnt, in Korinth einen Religionsstreit zwischen den ortsansässigen Hebräern und einem gewissen Saulus, einem Hebräer aus Tarsos in der Provinz Cilicia, der als geborener römischer Bürger auch Paulus heißt, so oder so zu entscheiden. Seine Glaubensgenossen hatten ihn beschuldigt, eine neue Gottesverehrung einzuführen und zu behaupten, der erwartete Erlöser sei schon gekommen, wolle aber kein weltliches Reich errichten.

Es gab auch einige Familien aus Sinae, dem Seidenland. Sie hatten Schlitzaugen und eine gelblich-weiße Hautfarbe. Sie waren hochmütig wie die Inder, zeigten es jedoch nicht so deutlich. Einer der älteren Jungen geriet aber einmal mit unserem Lehrer aneinander, als er behauptete, sie hätten schon Jahrtausende, ehe das Kuhdorf Rom gegründet wurde, große Städte, eine Schrift und immer noch gültige Weisheitslehren gehabt. Später konnte ich feststellen, daß zwischen der Stoa und der Philosophie des Lao-tse und des Konfuzius bemerkenswerte Übereinstimmungen bestehen.

Wie weit unsere Welt ist, etwas, was ich als Kind nur ahnte, das erlebte ich, als meine Eltern, meine Tante, meine Brüder und ich zum ersten Mal nach Rom reisten. Das war im Jahre 758, als ich zehn Jahre alt war. Bis Gades fuhren wir auf der Via Augusta, die Corduba durchschneidet. In umgekehrter Richtung, erklärte mein Va-

ter, könnten wir, ohne diese Straße je zu verlassen, auch nach Rom kommen!
Wir fuhren am Ufer des Baetis entlang. Immer breiter wurde er, und immer größer wurden die Schiffe, vollgeladen mit allen Erzeugnissen Hispaniens. Manche dieser Schiffe gehörten meiner Familie, vor allem die Laster für Wein und Erze. Am dritten Tage kamen wir in Gades an und fanden bequeme Unterkunft im Hause eines Gastfreundes meines Vaters. Ein weites Atrium, ein säulenumfaßtes Peristyl, Mosaiken, Götter- und Liebesszenen in einem schönen Rot, dem gleichen, für das Pompeji berühmt ist! Wenn ich mich recht erinnere, sind wir zwei Wochen dort geblieben, um auf einen alexandrinischen Segler zu warten.
War Corduba schon römisch gesinnt, Gades war römischer als die Römer. Örtliche Mundarten – das war nur für das niedrige Volk. Wer etwas auf sich hielt, sprach Ciceronianisch, obgleich dies in Rom längst nicht mehr modern war. Schon die Kinder erzählten einem, daß nach einer Schätzung von Caesar Augustus keine römische Bürgergemeinde, mit Ausnahme von Patavium, eine solche Anzahl reicher Leute aufzuweisen habe wie Gades. Dessen Großhändler gingen in die weite Welt hinaus, bis nach Indien und vielleicht sogar nach Sinae.
Die Straßen wimmelten von ausländischem Volke. Niemand sah auch nur hin, ob diese Leute nun Goldringe in Nasen und Ohren hatten, rote Kleckse auf der Stirne, wallende weiße und gelbe Gewänder, lange Hosen trugen wie die Skythen oder Spitzbärte wie die Assyrer. Manche zeigten sich sogar in einem bunten Federschmuck von Vögeln, die es bei uns nicht gibt. Das seien Schiffbrüchige, die über den Ozean gekommen seien, hieß es. Also konnte dieser doch nicht, wie unsere Lehrer immer noch meinten, irgendwo oder da, wo die Sonne untergeht, in den bodenlosen Abgrund stürzen.
Als ich mit meinen Brüdern am Strande spielte, sah ich selber, wie Kokosnüsse herantrieben – aus dem Westen! Die langgestreckten Wellen, wie angreifende Reitergeschwader, kamen meist auch vom Sonnenuntergang her.
Gades war schon damals mit vielen prächtigen Tempeln ge-

schmückt, einem Amphitheater, in dem Stierkämpfe die beliebteste Volksbelustigung waren, mit Foren und Säulenhallen. Nicht in Neapel, Ostia, Massilia oder Brundisium habe ich einen so geschäftigen Hafen wiedergefunden. Erst Jahre später sah ich, daß Alexandria am westlichsten Nilarm Gades noch übertrifft.
Von den Göttern aus alter Zeit – ich spreche nicht von den neu Hinzugekommenen! – wird Herkules hier am höchsten verehrt. Habe er doch nicht weit von Gades die beiden gewaltigen Säulen gesetzt, die den schmalen Wasserweg zwischen dem Okeanos und dem Inneren Meere bewachen.
Vor seinem Tempel sah ich zum ersten Male ein Standbild Alexanders des Großen, ein wundervolles Kunstwerk, das seinen Jünglingstraum widerspiegelt, durch den das Antlitz der Erde verändert wurde. Publius Cornelius Scipio Aemilianus hat es hierher gebracht, nach der Niederschlagung des letzten hispanischen Aufstands und der Einnahme von Numantia, Mittelpunkt der Erhebung gegen Rom.
Alexander nahe den Säulen des Herkules – welch ein Sinnbild allumspannender Macht vom äußersten Westen bis zum römisch gewordenen, Griechisch sprechenden Osten an Euphrat und Tigris! Beginnt doch mit den Scipionen die Hinwendung nicht nur zu hellenischer Kunst und Literatur, sondern auch zum Weltreichgedanken des makedonischen Eroberers und Städtegründers.
Diese Statue wurde bedeutungsvoll für den ganzen Ablauf unserer neuesten Geschichte. Julius Caesar erhielt die Provinz Baetica als Proprätor zugewiesen, ungefähr fünfzig Jahre vor meiner Geburt. Er habe, so wird berichtet, gleich nach seiner Ankunft den Herkulestempel besucht und beim Anblick Alexanders aufgeseufzt: »In meinem Alter hat er schon die Welt erobert!«, während er selber noch nichts für seinen Ruhm getan habe. Sogleich drängte er nach Rom zurück, um sich keine Gelegenheit zu großen Taten entgehen zu lassen.
Dieser Alexandertraum hat weitergewirkt. Hätten die Iden des März nicht seinen Partherfeldzug verhindert, vielleicht daß Caesar nicht am Tigris, nicht einmal am Indus stehengeblieben, sondern bis

zu dem nächsten großen Strom vorgerückt wäre – zum Ganges, den zu erreichen Alexander nicht vergönnt war.
Der Traum ist mit Caesars Tod nicht erloschen: Alexanders wegen hat Augustus seinen jungen Enkel Gaius Caesar, mit allen Vollmachten ausgestattet, nach dem Osten geschickt. Ich war damals erst fünf Jahre alt, erinnere mich aber genau an die Gespräche in meinem Elternhaus. Der zwanzigjährige Erbe sollte zur Vorbereitung eines neuen Alexanderzuges Armenien unterwerfen. Umkleidet von solchem Ruhme werde er dann nach Ableben von Caesar Augustus vom ganzen Volke als dessen Nachfolger anerkannt werden. Doch wiederum griff das Fatum ein, als ein verräterischer parthischer Offizier den jungen Caesar tödlich verwundete.
Eine meiner ersten größeren Amtshandlungen als Erster Ratgeber Nero Caesars war dann bekanntlich, den tüchtigen Gnaeus Cornelius Corbulo, der sich als Legat in Untergermanien bewährt hatte, mit 30 000 Mann über den Euphrat zu schicken. Spähtrupps gingen bis zum linken Ufer des Tigris.
Ich stellte Nero Caesar vor Augen, daß er Indien zum eigensten Besitz erwerben könnte, so wie Caesar Augustus seinerzeit Ägypten erwarb. Dann würde der Strom römischen Goldes und Silbers nicht mehr nach dem Osten abfließen, um Perlen, Saphire, Sternrubine und Spezereien einzuführen, die bei uns um den hundertfachen Preis auf den Markt kommen. Wir selber könnten die Verwaltung und Ausbeutung dieser Schätze übernehmen. Damit würde unserer ständigen Geldentwertung Einhalt geboten werden, habe doch heute ein Denar kaum noch die halbe Kaufkraft wie zur Zeit der Scipionen.
Nero Caesar, ein siebzehnjähriger, begeisterungsfähiger Junge, hörte mir mit fiebrigen Augen zu. Da spann ich den Traum noch weiter aus: Welch erhabene Würden könnte er in Indien erlangen. Man bräuchte nur an die Titulatur zu denken, die von den ägyptischen Priestern einstens für Augustus geschaffen wurde:

»Der schöne Knabe, lieblich durch Liebenswürdigkeit – der Fürst der Fürsten – auserwählt von Ptha und Nun, dem Vater der Götter – König von Ober- und Unterägypten – Herr der beiden

Länder – Autokrator – Sohn der Sonne – Herr der Diademe – Kaisaros – ewig lebend – geliebt von Ptha und Isis.«

Ich belehrte ihn über den indischen Glauben an die Trimurti, die dreifache Erscheinung der höchsten Gottheit. »Als der wiedergekehrte Rama-Krishna würdest du begrüßt werden, Caesar, als die Erscheinung Vishnus, des Erhalters der Welt.«
Beginnt nicht hier meine Schuld? Daß ich meiner eigenen Pläne wegen mit diesem genialen, aber geistig so unausgeglichenen Knaben mein Spiel trieb, seinen Ehrgeiz anstachelte bis zum Größenwahn?
»Ja, Lucius – du hast recht! Vishnus Erscheinung auf Erden – denn bin ich nicht schon der Nachkomme von Divus Julius und Divus Augustus?«
»Im ganzen Osten haben ihre Namen Glanz«, erwiderte ich. »An der Südspitze Indiens, hörte ich unlängst, habe man Divus Augustus einen Tempel errichtet!«
»Mein Lucius – nimm alle Legionen, die du brauchst – sollten die syrischen nicht ausreichen, hole die germanischen und die britannischen heran. Dann setzen wir in der Provinz India an die Stelle Brahmas Divus Julius, an die Vishnus Divus Augustus und mich als dessen Stellvertreter auf Erden!«
»Ich danke dir, Caesar«, sagte ich und fügte leise hinzu: »Aber vergiß nicht, daß es in der Trimurti noch einen dritten gibt. Das ist Shiva, der Zerstörer.«
Da verstummte er, aber ich erhielt die erbetenen Vollmachten.
Man soll Kindheitserlebnisse nicht überbewerten. Dennoch meine ich, daß jene frühe Begegnung mit Alexander vor dem Herkulestempel in Gades Jahrzehnte später meine Ostpolitik mit bestimmt hat.

3. Kapitel

Schon als kleiner Junge hatte ich schwimmen gelernt, das gehört schließlich zur allgemeinen Bildung. Nur ganz böse Menschen, wie Gaius Caesar Caligula einer war, oder ganz dumme, die nicht einmal den Namen Homers kennen, können nicht schwimmen. Daheim in Corduba schwamm ich im Baetis oder in den großen Becken der Thermen des Augustus. Erst in Gades habe ich aber begriffen, was Schwimmen wirklich ist – denn nur im Meerwasser wird man schwerelos, fühlt seinen Leib nicht mehr, während Geist und Verstand hellwach bleiben. Ähnlich denke ich mir den leibfreien Zustand der Seele nach dem Tode.

Sosehr ich es liebe, ganz vom Wasser umhüllt zu sein, so wenig habe ich jemals als Seefahrer getaugt. Auf einer Küstenfahrt von Neapel nach Puteoli bin ich sogar einmal über Bord gesprungen, um trotz ziemlichem Wellengang schwimmend die Küste zu erreichen.

Zum Glück waren uns bei meiner ersten großen Reise Meer und Winde gnädig. Dennoch ist die Legende entstanden, meine Tante, die älteste Schwester meiner Mutter, habe mich großen, zehnjährigen Jungen die ganze Zeit tröstend und beschwichtigend in den Armen halten müssen.

In einer sternenklaren Nacht stachen wir in See. Es dauerte eine Weile, bis wir aus dem Hafen mit seinen vielen Schiffen, die vor Anker lagen, heraus waren und Kurs nach Südosten nehmen konnten. Daß die Sterne den Schiffern den Weg zeigen, wußte ich zwar, aber jetzt wurde es mir zum Erlebnis, und ich empfand die große Harmonie zwischen dem Makrokosmos und uns, dem Mikrokosmos, hier unten.

Jene sternenhellen Nächte an Deck des alexandrinischen Seglers tauchten wieder vor mir auf, als ich viele Jahre später eines meiner Hauptwerke, *De Beneficiis,* schrieb: Die Himmelskörper bleiben gemäß ihrem eigenen Willen auf ihrer Bahn, sie haben nicht den Willen, von dem vorgezeichneten besten Kurs abzuweichen. Sie nahmen Rücksicht auf uns, als sie im Augenblick der Schöpfung kraft göttlichen Spruchs das Weltall ordneten. So halten sie seitdem ihre Bahn inne, nicht nur um ihres eigenen Daseins willen, denn auch wir sind ein Teil des Alls. Daher schulden wir der Sonne und dem Mond und dem ganzen himmlischen Heere Dank, da sie in ihrem Fortgang zu noch höheren Zielen, die uns die Gottheit noch nicht enthüllt hat, uns Menschen helfend zur Seite stehen.
Der ganze Kosmos, dem wir angehören, bewegt sich im Einklang mit einem festgesetzten Zweck. Wir treffen also nicht auf die Wohltat unbelebter Kugeln aus Gestein und Feuer, sondern auf die Wohnstätten hoher Geister, die sich durchaus bewußt sind, daß wir Gaben von ihnen empfangen. Ohne ihren Willen wäre es dem menschlichen Geiste versagt geblieben, die Bahnen der Gestirne zu berechnen – daß wir dies tun können, schon von alters her, ist demnach eine weitere Wohltat. Auf einsamem Meere, mit keinem anderen Wegweiser als den Lichtern über uns, wird einem dies eindringlich ins Bewußtsein gerufen! Es kam mir vor, als strecke der Mensch seine Hand aus, um die eines älteren Bruders zu erfassen. Sicher zogen wir dahin, sechshundert Stadien des Nachts, siebenhundert am Tage, ohne einen Fußbreit von unserm Kurs abzuweichen.
Jäh änderten sich die Wellen, als wir die Säulen des Herkules hinter uns gelassen hatten. Waren sie im Okeanos wie die Hufe galoppierender Reiterscharen, glichen sie nun der Gangart trabender Rosse, kürzer, abgehackter. Auch die Farbe des Wassers änderte sich, stahlgrau und grünlich westlich der Säulen, jetzt von einem tiefen, leuchtenden Blau.
Am späten Nachmittag des siebenten Tages erblickten wir die Küste von Campanien, und gegen Abend gingen wir im Hafen der Insel Capri vor Anker. Zwei gewaltige, spitzzackige Felsentürme stehen nebeneinander im Wasser. Ein dritter ist durch einen schmalen Pfad mit der Insel verbunden. Dahinter ragt ein großer, flacher Block aus

den Fluten. Einige Arbeiter machten sich darauf zu schaffen. Als die Dämmerung tiefer sank, leuchteten Fackeln auf. Masgaba läßt sich dort sein Felsengrab bauen, erklärte mein Vater, ein Araber, Freund des Kaisers, für den er die Villa Jovis auf der Nordostspitze der Insel erbaut und viele schöne Gärten und Parks angelegt habe. Insgesamt gäbe es zwölf kaiserliche Villen auf Capri, benannt nach den zwölf Hauptgöttern.

Alles sollte zwar großzügig sein, aber ohne Prunk, denn die natürliche Schönheit der Insel, hatte Augustus bestimmt, dürfe nicht beeinträchtigt werden.

Wir erfuhren, daß sich der Kaiser in der Villa Jovis aufhalte, aber es war zu spät geworden, um ihm eine Aufwartung zu machen. Als es Nacht wurde, leuchtete bei der Kaiservilla ein so starkes Licht auf, daß wir meinten, es sei der Vollmond. Es war der Strahlenkegel des Leuchtturms, den Kaiser Tiberius später noch verstärken ließ. Sein Schein erfüllte dann den ganzen Golf, bis zum Hafen von Neapel. Wenige Tage vor dem Tode Tiberius Caesars, als sich dieser auf dem Festland aufhielt, hat ein Erdbeben den Leuchtturm schwer beschädigt – Gaius Caesar Caligula ließ ihn neu errichten und die Mauern verdoppeln, eine seiner wenigen vernünftigen Taten.

Kaum daß wir vor Anker gegangen waren, umringten uns kleine Barken, beladen mit Früchten, besonders den wohlschmeckenden grünen Caprifeigen, Käse, Broten und Trinkwasser aus den Quellen der Insel und aus den Regenzisternen. Ein fröhliches, schönes Volk, diese jungen, braungebrannten, fast nackten Ruderer und Händler! Wie gut paßte ihre jonische Mundart, in der sie sich untereinander verständigten (nur mit einigen lateinischen Brocken dazwischen, für moderne Dinge), zu ihren griechischen Zügen und dem Ebenmaß ihrer Glieder. Mein Bruder Novatus und ich kamen mit einigen gleichaltrigen Jungen ins Gespräch. »Ihr sprecht aber gut Griechisch«, sagten sie, worauf wir sehr stolz waren. War es doch das erste Mal, daß wir unsere Schulkenntnisse anwenden konnten.

Die Sechzehn- und Siebzehnjährigen gehörten den Ephebenbünden an, die mehrmals im Jahre sportliche Wettkämpfe aufführen. Eines solchen wegen sei Caesar Augustus jetzt nach Capri gekommen.

»Aber ich kann auch schon um die ganze Insel schwimmen!« sagte ein Zwölfjähriger.
Meine Liebe zu dieser Insel rührt von jener flüchtigen Begegnung her, in meinem zehnten Lebensjahr. An Land gegangen bin ich erst mehrere Jahre später, knapp vor dem Tode von Caesar Augustus, als gerade wieder ein Wettkampf der Epheben stattfand.
Ehe wir bei Sonnenaufgang weiterfuhren, konnten meine Brüder und ich zwischen den Felsentürmen schwimmen gehen. Wieder hatte ich das große Erlebnis, leibfrei zu sein, getragen von den Wellen, ohne mich regen zu müssen, und nur mein Geist blieb wach.
Wir überquerten den Golf, »diesen lieblichen Krater, erfüllt mit perlendem Wasser«, wie irgendein Dichter geschrieben hat. Zur rechten Hand der Vesuv, der einst ein feuerspeiender Berg gewesen sein soll, bis zur Spitze mit Weinreben bepflanzt, zu seinen Füßen eine endlose Kette weißer Städtchen, wie eine Perlenkette um den Hals einer Königin.
Im Morgendunst erkannte man zur Linken die Umrisse der großen Insel Aenaria, berühmt für ihre heißen Quellen und ihre vielen heilenden Wasser. Noch fünfzig Jahre später hörte ich, daß ihre Bewohner es Augustus nie verziehen haben, daß er, dem die Stadt Neapel ihre Insel geschenkt hatte, sie gegen das soviel kleinere Capri eintauschte. Da antworteten die Capreser: »Der Kaiser hat eben gewußt, warum!« Seine Tochter Julia war die erste, die ihn auf die einzigartige Schönheit Capris aufmerksam machte. Als er dann selber die Insel zum ersten Mal betrat, hätten die welk zum Boden hängenden Zweige einer uralten Steineiche neues Grün getrieben. Hierauf habe er der Gemeinde Neapel den Tausch angeboten.
Was uns schon die Fischerknaben im kleinen Hafen bei den Felsentürmen erzählten, wurde mir fünfzig Jahre später bestätigt: Es sei keine Steineiche gewesen, die Jupiter heilig ist, sondern eine Myrte, geweiht der göttlichen Stamm-Mutter des Julischen Hauses, Venus-Aphrodite! In den *Georgica* hat Vergil Caesar Augustus zugerufen:

»Die Schläfen dir kränze mit der Myrte, der Mutter!«

Diese Verse hatten wir schon in der Schule in Corduba gelernt, aber erst jetzt, im Bannkreis des Auserwählten der Götter, erwachten sie für mich zum Leben.

Als ich erwachsen war, ist mir auch die tiefere Bedeutung des Tausches Aenaria–Capri zu Bewußtsein gekommen. Augustus, der Sieger von Actium, der unumschränkte Herr über das Römische Reich – hätte er sich nicht nehmen können, was er wollte? Aber er hat für Capri mit dem dreimal größeren Aenaria bezahlt. Oft, wenn ich mit Barbarenfürsten zu unterhandeln hatte, habe ich ihnen dieses Beispiel genannt für die strenge Rechtlichkeit des römischen Gemeinwesens unter dem Principat.

Der große Leuchtturm, den ich am Abend gesehen hatte, stellte den Zusammenhang her mit den weiteren Versen Vergils auf Caesar Augustus:

> »Ob du als Gott überglänzest das endlose Meer und die Schiffer
> Nur *dein* Licht noch verehren, dir dient das äußerste Thule ...«

Dann liefen wir in den Hafen von Neapel ein – ein unvergeßlicher Augenblick! Du weißt: Als die Götter Neapel geschaffen hatten, heißt es, gefiel es den Menschen dort so gut, daß sie kein Verlangen mehr nach den Elysischen Feldern hatten. Also schufen die Götter rasch die Neapolitaner!

Ich habe Deine Geburtsstadt von Anfang an geliebt, mein Lucilius – trotz allem, was man ihrem Volke so nachsagt. Und welch ein Völkergemisch. Gades ist nichts dagegen! Ein Hauch des Orients liegt über Neapel, vor allem in der Hafengegend und im alten Teil, den sie immer noch Parthenopea nennen, nach ihrer Schutzgöttin, der jungfräulichen Minerva-Athena. Die Stadt ist ja griechischen Ursprungs, nach neueren Forschungen gegründet ungefähr vierzig Jahre vor dem Sturz von Tarquinius Superbus. Immer noch spricht man von der Magna Graecia – Capri, Aenaria, Prochyta gehören dazu, es waren die gleichen jonischen Kolonisten, die Massilia gründeten und bis in den Nordwesten meines hispanischen Heimatlandes kamen. Nur südlich von Neapel, in der Stadt Poseidonia und Umgebung, hat man durch Studium der rauheren Mundart der Bevölkerung festgestellt, daß es sich um eine dorische Gründung handeln muß.

So kam ich in Neapel auch zum ersten Male mit griechischer Kunst in Berührung. Manche unserer Eroberer, soweit sie nicht – Schande über sie! – Bildwerke und Vasen zerschlugen, haben die erbeuteten Schätze nach Italien geschickt. Laokoon, der Troia vor dem Pferde des Odysseus warnte, sah ich hier mit seinen beiden Söhnen, von den Seeschlangen umstrickt; ein großes Meisterwerk, wie es dem Künstler darzustellen gelang, daß einer der Jungen schon den Tod erlitten habe. Antenors Statuen der Tyrannenmörder Harmodios und Aristogeiton, eine gute römische Kopie unserer Tage, bewunderte ich, und auch das Standbild Hektors, der mir immer als der erste wirkliche *Mensch* im homerischen Epos erscheint, der sein totes Söhnchen auf den Schultern trägt. Mein Drama *Die Troianerinnen* fand damals seine erste Anregung. Der tragische Tod des Knaben Astyanax spielt darin eine wichtige Rolle. Ich sah auch eigenständige römische Kunst, so einen herrlichen Kopf des Divus Julius, mit einem ganz leichten Lächeln auf den Lippen, als stünde er sich selber ein wenig spöttisch gegenüber. Eine Statue des jungen Octavianus Caesar, Jahre ehe er Augustus wurde, eine großartige Darstellung seiner Gemahlin, Livia Augusta, eine Statue des noch jungen, und doch schon sehr gereiften Tiberius Claudius, des späteren Kaisers.

Gewöhnt an unser blitzblankes Corduba, haben meine Brüder und ich manche Straßen in Neapel recht schmutzig gefunden, dazu einsturzreife Häuser von sieben und acht Stockwerken, mit dunklen Hinterhöfen. Auch daß die Stadt einer jungfräulichen Göttin geweiht ist, kam uns, trotz unserm jugendlichen Alter, bei der Beobachtung mancher Straßenszenen eigenartig vor!

Der öffentlichen Gesundheitspflege wegen habe ich mich später bemüht, ein wenig Sauberkeit meinem geliebten Neapel beizubringen. Aber Du weißt ja: die Autonomie dieser Stadtgemeinden, mit ihrem eigenen Senat, ist so groß, daß man in solcher Hinsicht von Rom aus wenig machen kann. Nun – die Stadt hat bereits acht Jahrhunderte überlebt, sie wird auch mindestens so lange weiter bestehen!

Ich kam mit Novatus (Mela blieb bei den Eltern) damals auch zum ersten Male nach Pompeji, Deinem Lieblingsstädtchen, mein Luci-

lius. Auch dieser Eindruck hat mich ein Leben lang begleitet – die kleine Palaestra, wo eine muntere Jugend zu Füßen des Doryphoros des Poliklet kleine Weihegeschenke niederlegt, die schönen Theater, das Amphitheater, die herrlichen Villen mit ihren Wandgemälden, auf denen Mysterien, Szenen der Mythologie wie auch des Alltags, dargestellt sind. Daher hat mich die Nachricht von dem furchtbaren Erdbeben vor einem Jahr sehr erschüttert. Ich habe, wie Du weißt, zum Wiederaufbau der Stadt gleich eine größere Summe bereitgestellt. Auch Nero Caesar hat tief in sein Schatzhaus gegriffen, wie konnte er anders handeln als der Philhellene, als der er so gerne auftritt!
Daß Novatus und ich vor dem Abschied von Neapel das Grab Vergils besuchten und es mit Blumen schmückten, das habe ich Dir oft erzählt. Es war im 25. Jahre nach seinem so frühen Tode. Nun sahen wir auch die schöne, schlichte Grabschrift, von der wir in der Schule gehört hatten:

»Mantua me genuit, Calabri rapuere, tenet nunc
Parthenope; cecini pascua, rura, duces.«
(Mantua gab mir das Leben, Calabrien nahm es, Neapel
Birgt mich; Weiden besang ich, Felder und Führer.)

Dem großen Alexander war nicht das Glück geschenkt worden, einen Sänger seines Ruhmes zu finden, der dem Vergil gliche. Ich meine, sollte jemals die Erinnerung verblassen an Caesars Siege in Gallien, bei Pharsalus, Thapsus und Munda und des Augustus' Triumph über den ganzen Osten bei Actium – im Hochgesang des göttlichen Dichters würden sie weiterleben …

»Daphnis, was schaust du zum Aufgang hin der alten Gestirne
Siehe, der Stern ging auf des Venussprossen, des Caesar,
Dieser Stern, durch den die Saat sich freut ihrer Früchte
Und an sonnigem Hügel erglüht in Farben die Traube.«

So steht es in der Neunten *Ekloge*, und die nächste Zeile – wie oft muß ich gerade jetzt an sie denken:

»Pfropf deine Birnen, mein Daphnis! Dein Obst einst ernten die
Enkel …«

Siehst Du, mein Lucilius – das muß euch dünken, wie die entschwundene Goldene Zeit, die Aurea Aetas, die Vergil für immer gekommen glaubte:

»Der aber ist hier der Held, der oft und oft dir verheißen,
Caesar Augustus, der Sohn des Verklärten. Goldene Weltzeit
Wird er wieder für Latium gründen, dort wo vor Zeiten
Rings die Fluren Saturnus beherrscht ...«

Für uns war dies eine unmittelbare, eine ewige Gegenwart. So war die Welt geordnet, und anders konnte es nicht sein. Am Grabe des Künders der Saturnischen Zeit wurde mir dies noch einmal bewußt. Wieder nur ein Kindheits-, ein Knabenerlebnis? Vielleicht, aber dennoch bestimmend für mein ganzes Leben. Daß ich in den Dienst des Caesaren trat, der ich mich gerne stoischer Abgewandtheit rühme, hat mit Vergil zu tun, nicht weniger als mit meinem Ehrgeiz, den ich nicht leugnen will.
Dieser Künder des Augusteischen Reiches hat auch die Vierte *Ekloge* geschrieben, von der ich sagte, daß die Hebräer sie wie eine Weissagung eines ihrer Propheten betrachten.
War also dem Mantuaner eine tiefere Schau vergönnt als uns, den Tagespolitikern und Durchschnittsphilosophen, als er schrieb:

»Endzeit ist schon da, sibyllinischen Sanges Erfüllung;
Groß aus Ursprungsreine erwächst der Jahrhunderte Reigen.«

Ob wir wirklich an einer Weltenwende stehen? Seit jenen Tagen in Neapel bin ich dieses Gefühl nicht losgeworden. Es hat manche meiner Handlungen und viele meiner Schriften bestimmt.
Auf dem Landweg über die Via Domitiana, dann von Tarracina an auf der berühmten Via Appia, die viele Jahrhunderte gut überstanden hat, reisten wir weiter. Mein Vater hatte in Neapel einen modernen Reisewagen gekauft, mit einem Schreibtisch in einem besonderen Abteil. Für uns gab es recht bequeme Schlafstätten. Das Gepäck und die paar Sklaven, ohne die man bei aller einfachen Lebensführung nicht auskommt, benützten einen zweiten Wagen. Der Verkehr wurde immer dichter. Wir sahen auch einige Unfälle. Schon damals, vor über fünfzig Jahren, war diese »Königin der

Straßen« zu schmal. Und erst heute, bei dem modernen Verkehr! Ich habe später Berechnungen anstellen lassen, was eine Parallelstraße kosten würde, die eine nur Nord–Süd, die andere Süd–Nord. Aber die Kosten sind in den vierhundert Jahren seit Appius Claudius, dem Erbauer, so gestiegen, daß wir uns eine neue Straße nur nach einem größeren Kriege leisten könnten. Vorausgesetzt, daß wir dabei genügend Gefangene einbringen, die man nach dem üblichen Satz für Stadt-Sklaven, fünf Denare im Monat, arbeiten lassen könnte. Aber man muß sie auch ernähren, und die Baustoffe und Werkzeuge sind in der Hand von Unternehmern, die alles miteinander absprechen. So werden also wohl weitere vierhundert Jahre ins Land gehen, bis endlich etwas geschieht.

Ungefähr fünfzehn Meilen vor Rom wird die Appia zur Gräberstraße; für einen zehnjährigen Jungen, der das zum ersten Male sieht, sehr erschreckend. Der Vater ließ anhalten, um uns die Inschriften zu zeigen – oft Ausdruck eines verzweifelnden Grauens vor Tod und Jenseits. »Ich war nicht – ich war – ich bin nicht« – »Nur was ich aß, ist mein« – »Vorbei – es schmerzt nicht«. Einer zitierte Homers »Lieber ein Ackerknecht auf Erden als ein König im Reiche der Schatten.« Ein süßes Jungengesicht im Hochrelief: »Er lebte vierzehn Jahre, drei Monate und sieben Tage – Der liebende Vater.« Daneben: »Ich freue mich, neunzig Jahre gelebt zu haben. Ich hatte vier Männer.«

»Den Göttern und Manen« stand auf allen Grabmälern. Den Göttern ...? Welchen Göttern? Die hier ruhen, haben ihnen kaum Vertrauen geschenkt!

Am vierten Meilenstein machten wir Rast. Rechter Hand lag ein schönes, altes Farmhaus, das Caesar Augustus gehörte. Mein Vater besaß ein Schreiben, das uns Eingang und Aufenthalt erlaubte. Philosithus, der junge Verwalter, sorgte gut für uns. Wir konnten den Straßenstaub von uns abwaschen, es gab weißes Brot, Käse, leichten Wein, getrocknete Feigen. Die Familie des Philosithus hatte seit langem den Verwalterposten inne. Sein Bübchen, Felicio, war damals gerade ein Jahr alt.

Des Philosithus Vater, erfuhren wir, habe das himmliche Zeichen geschaut, durch das dem jungen Octavianus die künftige Herrschaft

verheißen wurde. Im Gehölz dieses Landhauses nahm Octavianus einmal sein Frühstück ein, als ein Adler herabstieß, ihm das Brot aus der Hand riß, sich hoch in die Lüfte schwang und es ihm dann, sanft niederschwebend, zurückgab.
Warum erzähle ich solche Schulbuchgeschichten? Du weißt es, mein Lucilius – es war die erste Begegnung mit diesem Landhaus, das ich später selbst erwarb, ein wenig ausbauen und modernisieren ließ. Des rauhen römischen Winters wegen habe ich Hypokausten angeschafft. Ich sah solche zuerst in der Villa Jovis auf Capri, im Winterflügel, den Tiberius Caesar hinzufügte.
Auch die Platanen habe ich selber gepflanzt und ihr erstes Laub gesehen. Nun altern sie schon, und viele Zweige sind verdorrt. Ja, und das »Bübchen« von damals ...! Neulich stand plötzlich ein alter Mann im Atrium, als ob er wartete, hinausgeschafft zu werden. »Wo habt ihr den aufgelesen?« fragte ich die Diener.
Da greift es mir kalt ans Herz, denn der gebrechliche Alte ruft mir zu: »Kennst du mich denn nicht mehr? Ich bin doch Felicio, dem du einst gerne Bildchen mitbrachtest, der Sohn deines Verwalters Philosithus – dein Liebling ...«
Ein Wahnsinnsgedanke! »Bist du denn schon als Bübchen mein Liebling geworden?« frage ich. »Und jetzt fallen dir die Zähne aus ...«
Wie mag er *mich* sehen –?
Dann die letzten Meilen bis zur Porta Appia, zur Servianischen Mauer und zum Grabmal der Scipionen, die ich schon als kleiner Junge verehrte. Waren sie doch die ersten, die ein Weltreich planten.
Es ist etwas anderes, ob man in einer fernen Provinz römisch erzogen wird und sich sagt: »Ich bin nicht geringer als die in der Hauptstadt – *Civis Romanus sum*!« oder ob man plötzlich *da* ist, im Herzen der Welt, *Roma Aeterna,* in der Marmorstadt, in die sie sich unter dem Zauberstab von Augustus verwandelt hat. Nicht nur eine Stadt, sondern die einzige, die diesen Namen verdient – *Urbs* –, die Stadt schlechthin, von der alle Macht ausgeht, alles Recht, alles Licht, wie von der Sonne, die ihre Planeten bestrahlt und mit Leben erfüllt.

Mein Vater zeigte uns auf dem Forum die Stätte, wo Divus Julius zu den Göttern aufgestiegen war, dann die Tempel des Romulus und des Saturn und schließlich die zum Himmel ragende Feste des Kapitol, das Haus des Jupiter und der Juno, der Schützer Roms. Wir blickten zum Palatin hinauf mit seinen Zypressen und pinienumrankten Palästen des Augustus und der Julia Augusta. Säulenhallen sah ich und Brunnen mit überströmenden Schalen herrlichen Wassers. Als sich das römische Volk einmal bei Augustus beklagte, der Wein sei so teuer geworden, hat er geantwortet: »Mein Schwiegersohn Marcus Agrippa hat durch mehrere Wasserleitungen dafür gesorgt, daß niemand Durst zu leiden brauche.«

Auch den Tiber und noch vieles andere sah ich auf dieser ersten Fahrt, was Teil meines Bewußtseins werden sollte. Warum ich so schweigsam sei, fragte mein Vater. Ich konnte darauf keine Antwort geben. Vielleicht, weil Rom mich überwältigte und ich begriffen hatte: Das ist die Stadt, der ich für immer verbunden bleibe, in guten und bösen Tagen, im Leben und Handeln, bis zum Tode. Auf dem Esquilin, nicht weit vom Hause des Maecenas, das dieser Caesar Augustus vermacht hatte, stand unser eigenes, das mein Vater vor kurzem gekauft hatte. Dort sollte ich meine nächsten, bildsamsten Jahre verbringen, und bis heute habe ich mich nicht davon trennen können.

4. Kapitel

Mein Bruder Novatus übersiedelte bald in das Haus seines späteren Adoptivvaters Lucius Junius Gallio. Ich empfand diese Trennung als sehr schmerzlich, aber zum Glück bekamen wir den gleichen Pädagogen, der den schönen Namen Athenodoros führte, einen Griechen aus Alexandria. Dieser sollte über unsere sittliche Reinheit wachen und sich überdies um unsere Bildung kümmern. Diese lag ihm mehr am Herzen, und dafür bin ich ihm dankbar geblieben. Gibt es doch Pädagogen, die ihre Aufgabe lediglich darin sehen, die Knaben, wie eine aufgescheuchte Henne ihre Kücken, vor jedem zu schützen, der sich ihnen nähert, selbst zu harmlosen Gesprächen, Männer des senatorischen und ritterlichen Standes, Offiziere, Dichter oder auch Leute aus dem Volke.
Mein Bruder war übrigens solchen »Gefahren« weit mehr ausgesetzt als ich, etwa bei Wanderungen in den Gärten des Sallust oder bei unsern Übungen in den Gymnasien. Dort saßen Erwachsene in Scharen – und ihre Söhne und Enkel tun heute das gleiche! – und labten sich stundenlang am Anblick ringender und turnender nackter Jungen. Eine griechische Sitte von alters her – wie hätten sonst die Sophisten ihre Schüler bekommen! Daß solche Gebräuche auch bei uns heimisch wurden, zeigt, daß es oft das besiegte Land ist, welches dem Sieger seine Lebensart auferlegt! Man kann gespannt sein, was wir noch von den anderen Völkern des Imperiums übernehmen werden: Von den Hebräern vielleicht die Sabbatlampe, um in ihrem Scheine auf einen Erlöser zu warten, und von den Germanen und Briten die Sitte von Volksversammlungen unter Eichen oder in Waldlichtungen.

Da ich meinen Bruder sehr lieb hatte, kränkte es mich nicht, daß er mehr Aufmerksamkeit erregte als ich. Wußte ich selber doch am besten, daß mein Aussehen mit dreizehn, vierzehn, fünfzehn Jahren weit hinter dem seinen zurückstand. Ich war schüchterner als er, häufig hatte ich Schnupfen und Fieberanfälle. Ich magerte so ab, daß ich sozusagen selber zum Schnupfen wurde. Warum nicht ein Leinenweber auf den Gedanken kommt, kleine Schneuztüchlein herzustellen, begreife ich nicht. Der Mann fände reißenden Absatz für seine Ware. Den Handrücken, zwei Finger oder gar die Toga zum Naseputzen zu verwenden, ist weder praktisch noch appetitlich.

Auf diese dauernden Erkältungen führe ich auch mein Lungenleiden zurück, das mich so viele Jahre meines öffentlichen Lebens kosten sollte. Aber – merkwürdiges Spiel des Schicksals! – unter Caligula, wovon ich Dir noch berichten werde, hat mich das gleiche Leiden davor bewahrt, gleich so vielen anderen vom Tyrannen ermordet zu werden.

Mein Vater war ein fleißiger Leser der *Acta Diurna,* und so wurde auch ich es schon in früher Jugend. Aufschlußreich ist die Zeitung manchmal für das, was sie *nicht* sagt, oder wie sie unangenehme Tatsachen zu verschleiern versucht. Man muß sich dann selber den richtigen Vers machen. Ich weiß Bescheid, mein Lucilius, schließlich habe ich die *Acta* fünf Jahre lang redigiert!

Da der Vater nach alter Sitte, bis auf die Philosophie, die er ablehnte, unsere Erziehung selber leitete, erfuhr ich vom Zeitgeschehen mehr als die meisten in der breiten Öffentlichkeit. Auch gehörte er dem Auswärtigen Ausschuß des Senats an, und daß er vor mir kein Geheimnis zu haben brauche, das wußte er.

Aber fürchte nicht, daß ich Dir jetzt einen Vortrag über die neueste römische Geschichte halten werde. Schon in der Schule hat man Dich mit unserm wackeren Titus Livius versorgt, der die Tugenden der Vorfahren bis zu seinem Tode, fünf Jahre nach dem von Augustus, erstreckt sehen wollte. Dazu bekamst Du Caesars Werke zu lesen, *De Bello Gallico* und *De Bello Civile.* Dies alles ist von zeitloser Bedeutung, aber das Wichtigste bleibt in der Schule meist ungesagt:

Caesars weltgeschichtliche Leistung besteht nicht darin, daß er dem Römischen Reiche neue Provinzen erworben hat, sondern daß er durch die Eroberung Galliens und seine Vorstöße nach Britannien und über den Rhein die Sturmflut vieler Völkerschaften zurückgedämmt hat. Wie Schnee- und Geröll-Lawinen über den Alpentälern, so sehe ich unzählige Barbarenstämme über uns hängen. Jenseits unserer Grenzposten am rechten Rheinufer, und bestimmt an der Albis, beginnt ein Bereich, von dem wir wenig wissen. Er zieht sich hin durch das grenzenlose Sarmatia und das Skythenland, nach der Meinung moderner Geographen bis zu Sinae, dem Seidenland an den Küsten des östlichen Okeanos. Man kann nur dunkel ahnen, was sich dort zusammenbraut. Einige Namen wilder Stämme sind allerdings schon bekannt – Goten, Hunnen, Alanen und Gepiden. Vielleicht daß auch diese Völker eines Tages in das Licht der gebildeten Menschheit kommen werden, wie die Griechen den Ägyptern und wir den Griechen folgten, und wie es mit einigen germanischen Stämmen schon begonnen hat. Aber noch ist die Zeit nicht reif, und äußerste Wachsamkeit ist am Platze!
Mit Memoirenliteratur sind wir überreichlich versehen. Ich spreche nicht von so großen Werken, wie dem Tätigkeitsbericht Divi Augusti. Ich habe ihn später selber in Ancyra in der Provinz Galatia und an anderen Orten der Ostprovinzen in Stein eingraben lassen, um diesen Völkern die Macht Roms zu verdeutlichen. Ich meine vielmehr, daß heute jeder gescheiterte Politiker sich bemüht, seinen Namen als den eines großen Staatsmanns auf die Nachwelt zu bringen. Das Wort *Ich*, das in unserer Sprache kaum je verwandt wird, schreiben sie ganz groß: *Ego* sum, »sum« allein genügt ihnen nicht. Je schlechter der General, je stotternder der Redner, je bestechlicher der Richter, desto größer ihr *Ich*. Julius Caesar spricht in seinen Werken von sich immer nur in der dritten Person. Hätte sich aber Varus durch die Flucht retten können, er hätte einen Bericht verfaßt, der ihn der Schuljugend als den größten aller Germanenüberwinder vor Augen stellen würde.
Sogar für die künftige Geschichtsschreibung oder Geschichtsklitterung wird heute schon Vorsorge getroffen. Vor einer Woche, begleitet von seinem Pädagogen, erschien bei mir in meinem appi-

schen Landhaus ein zehnjähriger Junge. Er ist der Sohn eines Quästors, der den verstorbenen Caesaren treu gedient hat. Äußerlich wenigstens, denn im Grunde paßt dieser ganzen Adels- und Großgrundbesitzerschicht das Principat in keiner Weise. Der Junge heißt Cornelius Tacitus, hat einen schmalen, verkniffenen Mund, ist geistig frühreif und altklug. Er brachte Schreibtäfelchen mit und bat mich um eine Stellungnahme zu den gegenwärtigen Ereignissen. Ich bot ihm statt dessen Zuckerwerk an, was ihn kränkte, und sagte dann, ich hätte mich von allen Geschehnissen zurückgezogen und lebte nur meinen Studien.

Hierauf wollte er über die Regierungszeit von Tiberius Caesar einiges wissen. Da ich merkte, daß er von seinem Elternhaus einen blinden Haß gegen ihn mitbrachte, gewährte ich ihm eine ganze Stunde, um ihm ein wahres Bild dieses großen Herrschers zu geben. Ob mit oder ohne Erfolg, ich werde es nicht mehr erleben.

Sympathisch ist mir der Knabe nicht, aber bei seinen wiederholten Besuchen habe ich doch allerlei Wissenswertes erfahren: Was man in den Kreisen denkt, aus denen er stammt. Diese sind zwar nicht sehr mächtig, aber man muß doch mit ihnen rechnen. Nicht Männer aus dem Volke haben Julius Caesar ermordet, sondern Vertreter jener Schicht, der der kleine Cornelius angehört.

Der Beginn unseres römischen Aufenthaltes stand ganz im Zeichen der Adoption Tiberius Claudius', nunmehr Tiberius Julius Caesar. Acht Jahre war er auf Rhodos »Inselfürst« gewesen – so nannte man ihn spöttisch. Der Tod der beiden jungen Caesaren ließ Caesar Augustus nun keine Wahl mehr, wenn er die Nachfolge sichern wollte. Sofort ergoß sich ein Strom von Schmeicheleien über ihn. Viele von denen, die ihn mißachtet hatten, trieben es jetzt am widerwärtigsten. Selbst die amtlich-langweiligen *Acta Diurna,* die ihn seit Jahren nicht zur Kenntnis genommen hatten, wußten jetzt von Wunderzeichen zu berichten: Als seine Mutter Livia, später Julia Augusta, mit ihm schwanger ging, da wollte sie gerne erfahren, welches Geschlecht das Kind haben werde. Sie ließ einer Bruthenne ein Ei wegnehmen und von den Dienerinnen so lange erwärmen, bis die Schale brach: Ein Hähnchen kam heraus, mit einem ganz besonders schönen Kamm.

Auch das folgende wurde berichtet: Der Astrolog Scribonius habe bald nach der Geburt des Knaben aus seinem Horoskop vorausgesagt, er werde ein »König ohne Diadem« sein, und das geschah zu einer Zeit, da man die Herrschaft der Caesaren noch nicht ahnen konnte. Als er später auf seinem ersten selbständigen Feldzug das Heer durch Makedonien nach Syrien führte, sei es geschehen, daß auf den Altären bei Philippi, errichtet von den Legionen, die über die Caesarmörder gesiegt hatten, die Flammen von selber aufloderten.

Mein Vater kannte Tiberius Caesar schon seit Jahren, und er blieb ihm immer verbunden. Du kannst Dir also denken, mit welcher Freude er die Nachricht der Adoption aufnahm – sicherlich auch, weil er sich für die Laufbahn seiner Söhne Vorteile davon versprach. Auch ohne den ausdrücklichen Wunsch von Augustus hätte Tiberius Caesar seinen Neffen Germanicus adoptiert. Und dies, obgleich ihm sein Sohn Drusus sehr nahestand. Aber es lag ihm mehr an der Sicherung des Gemeinwesens als am Ruhm seiner engeren Familie.

Für Germanicus sprach dessen mütterliche Abstammung von Octavia, der Schwester von Augustus, des Großvaters der Gattin des Germanicus, Agrippina Maior.

Gesehen habe ich Germanicus schon damals des öfteren, wirklich kennengelernt habe ich ihn erst bei meiner Reise nach Griechenland, wovon ich Dir noch berichten werde. Bei all seinen Begabungen meine ich doch, daß ihn die neuere Geschichtsschreibung bewußt überbewertet, um ihn gegen das Andenken Tiberius Caesars auszuspielen. Und was Agrippina Maior anbelangt: eine kluge, tugendhafte, aber harte und bis zum Wahnwitz ehrgeizige Frau, die Tiberius Caesar am besten gekennzeichnet hat, als er ihr einmal sagte: »Weil du nicht herrschst, Töchterchen, glaubst du schon, es geschähe dir Unrecht.«

Was Tiberius Caesar gleich nach seiner Adoption durch Augustus in Pannonien und Germanien geleistet hat, während jenes höchst bedrohlichen Aufstands, das können ihm auch seine Neider nicht absprechen. Ähnlich wie seinerzeit Caesar, hat auch er dazu beigetragen, unsere Welt gegen den Einbruch der barbarischen Fluten zu

schützen und zu festigen. Hätte er soviel Zeit gehabt wie Caesar in Gallien, ich meine, nicht der Rhein, sondern die Albis, wenn nicht die Vistula, wäre heute die Reichsgrenze. Dann könnte man den Bogen nach Dazien schließen und zum Pontus Euxinus. Auf Jahrhunderte wären Recht und Gesittung nicht mehr gefährdet.
Aber da brach die Katastrophe über Quinctilius Varus und seine drei Legionen herein, gerade als Tiberius Caesar in Illyricum war und die Zugänge nach Makedonien und Hellas sicherte. Er hatte davor gewarnt, Varus nach Germanien zu schicken. Als Legat in Syrien hatte er sich bewährt, mehrere Räuberbanden zerstreut und ein paar Aufstände niedergeworfen, wobei er freilich manchmal unnötig streng vorging. Einmal ließ er zweitausend Menschen, Schuldige und Unschuldige, ans Kreuz schlagen.
Aber von der Lage in Germanien, die Tiberius Caesar genau kannte, verstand Quinctilius Varus nichts. Dafür war er mit Claudia Pulchra verheiratet, einer Enkelin der Octavia Minor, der Schwester von Caesar Augustus ...!
Das Ergebnis ist bekannt, und ich fürchte, es ist von bleibender Bedeutung. Bis heute sind die Nummern der drei verlorenen Legionen, der XVII, XVIII und XIX, nicht wieder im römischen Heere erschienen. Was schlimmer ist: die 25 Legionen, die uns verblieben, sind nicht um drei neue vermehrt worden.
Mein Vater und unsere Familie erhielten die schreckliche Nachricht früher als die Öffentlichkeit. Das gab Caesar Augustus Zeit, der ausbrechenden Panik zu begegnen – das Volk fürchtete einen Germaneneinfall! Alle Stadtteile wurden militärisch besetzt, hatte doch, seitdem Julius Caesar mit germanischen Hilfstruppen bei Pharsalus gesiegt hatte, eine nicht unbedenkliche Einwanderung junger Germanen in Rom eingesetzt. Nun hatten sie in Arminius einen Helden gefunden, an dem sie sich begeistern konnten!
Auch entließ Caesar Augustus sofort seine germanische Leibwache (erst Tiberius Caesar, der den Germanen, die er kannte, voll vertraute, holte sie zurück), und außerdem verlängerte er das Kommando aller Statthalter der Grenzprovinzen, um durch erfahrene und bekannte Männer die Bevölkerung, aber auch die Legionen, in Gehorsam zu halten.

Ohne diese Vorsichtsmaßnahmen wäre es in Rom bestimmt zu Unruhen kommen, als die *Acta Diurna* schließlich berichteten: aus taktischen Gründen habe man sich auf den Rhein zurückgezogen, wobei leider der Verlust von Soldaten und Offizieren und des Feldherrn selber zu beklagen sei. Anlaß zu Pessimismus bestehe jedoch nicht ...

Ein Schauder ging durch die Massen, in Rom und in vielen anderen Orten. Irgendwie begriff man, daß unsere Macht auf recht schwankendem Grunde stehe ...

Völlig klar ist eines: Die siegreichen Germanen hätten sich bestimmt mit den aufständischen Stämmen in Pannonien und in Illyricum vereinigt, hätte Tiberius Caesar den Aufstand dort nicht niedergeschlagen. Daher durfte er nach Beendigung der Staatstrauer über die Niederlage des Varus als Triumphator in Rom einziehen. Damals sah ich ihn zum ersten Male: In der golddurchwirkten Purpurtoga, lorbeergekrönt, umringt von einer ungeheueren, festlichen Menge. An der Seite von Caesar Augustus nahm er zwischen den beiden Konsuln auf der Tribüne seinen Platz ein.

Der Anblick des Purpurs hat mich wie ein Blitzschlag durchzuckt. Alle Macht der Welt schien mir davon umfangen zu sein. Nichts anderes sah ich mehr – nicht nur im Schlafe, auch in meinen Wachträumen stand mir dieses leuchtende Sinnbild des Imperiums vor Augen, lange noch, ja bis zum heutigen Tage. Gedanken stiegen in mir auf, die ich zu bekämpfen versuchte – ich nannte sie Wahnsinn, Trunkenheit, Lästerung. Aber immer wieder tauchten sie auf: Wie, wenn ich selber einmal diese Purpurtoga tragen würde ...?

Ich bin meinem Vater immer dankbar geblieben, daß er mir trotz seiner Abneigung gegen die Philosophie erlaubte, bei den großen Lehrern Sotion von Alexandria und Attalus Unterricht zu nehmen. Beide, wie Du weißt, waren Schüler des Stoikers Zenon, aber Sotion stand auch unter dem Einfluß der Lehren des Pythagoras. Daher der Gedanke der wiederholten Erdenleben, die unsere stoische Philosophie der indischen nahebringt.

Attalus hatte einen größeren Kreis um sich als Sotion. Hier fand ich meinen ersten Freund, Quintus Sertorius, ungefähr meines Alters, ein Enkel des großen Sertorius, der versucht hatte, von Hispanien

aus das Römische Reich unter seine Herrschaft zu bekommen. Nicht einmal Pompeius Magnus, sondern nur der Verrat in den eigenen Reihen konnte ihn niederwerfen.
Dieser Sertorius hat nie die Absicht gehabt, Hispanien vom Imperium zu trennen. Er wollte das gefährdete Gemeinwesen mit einem neuen Geiste erfüllen, er wollte es vom Schmutze des Ämterkaufes säubern, und er erstrebte eine menschlichere Haltung gegenüber den Provinzen und auch gegenüber den Sklaven.
In der mündlichen Überlieferung der Familie ist viel Wissen von den wahren Plänen dieses Mannes erhalten geblieben. Seine Gedanken, vor allem in seiner geplanten Sklavengesetzgebung, haben mich zutiefst beeinflußt. Glühend, wie es unserm Alter entsprach, begeisterten wir uns, mein Freund Quintus und ich, für seines Eltervaters Werk. Nie wieder, so sagten wir, werde es im Römischen Reiche eine tyrannische Herrschaft geben. Aber wenn doch ...
»Dann mußt du sie stürzen«, sagte Quintus. »Du mußt mit den hispanischen Legionen nach Rom ziehen – und dann im Purpurgewand aufs Kapitol ...«
Nur ein Spiel, wie Knaben es lieben, die unter sich die Welt verteilen? Aber mir lief ein Schauer über den Rücken – denn ich dachte an Tiberius Caesars Einzug in Rom, lorbeergekrönt und in der golddurchwirkten Purpurtoga ...
Erst viel später kam mir zu Bewußtsein, daß Quintus sich selber nie dazu zählte, wenn wir von künftigen Ämtern sprachen – als habe er eine Ahnung gehabt von einem allzu frühen Abschied.
Die siegreichen Feldzüge von Tiberius Caesar und von Germanicus haben unsern verletzten Stolz befriedigt, die Gebeine der gefallenen Legionäre wurden feierlich verbrannt, die verlorenen Legionsadler zurückgewonnen. Aber es blieb dabei, daß der Rhein fortan die Grenze des Reiches war und wir froh sein konnten, die Städte an seinen Ufern zu halten, die der Ubier, die jetzt Colonia Agrippinensis heißt, südlich davon das Legionslager Bonna, und zwischen Alpen und Donau Augusta Vindelicorum, die von Tiberius Caesar gegründete und schnell aufgeblühte Handelsstadt.

Nur Kaufleute gehen bis zur Albis und manchmal noch weiter östlich, um Bernstein und Felle zu holen, neuerdings auch lange blonde Haare der Barbarenfrauen, mit denen die römischen Damen ihre eigenen ersetzen, besonders, wenn sie bereits grau oder weiß sind. Wir aber liefern diesen wilden Stämmen dafür moderne Waffen!

5. Kapitel

In knabenhaftem Eifer strebten Quintus und ich nach allen Tugenden, die uns Attalus anpries. Mitleid ergriff uns mit dem verderbten Menschengeschlecht, wenn er gegen das Überhandnehmen vieler Laster wetterte, manche davon so schlimm, daß man sie gar nicht nennen könnte. Am ärgsten aber sei, daß die davon Befallenen nicht einmal wüßten, in welchem Zustand der Verkommenheit sie sich befinden.

Aus einem trüben Meer von Schmutz und Sünde ragte nur er hervor, ein *König*, wie er sich selber nannte, erhaben über die meisten seiner Mitmenschen.

Aber irgend etwas stimmte nicht; was, Quintus und ich konnten es nicht deuten. Ein Hauch von Kälte, von Berechnung, den wir fühlten. Erst später ist mir klar geworden: Wenn man viele Schüler gewinnen will, tut man dies mit größerem Erfolg durch Verurteilung aller Freuden jugendlichen Daseins, und mit geringerem durch Ausstellung von Freibriefen!

Dennoch standen wir unter seinem Bann, und manchmal hatten wir den Wunsch, uns aller ererbten Besitztümer zu entledigen und, wie indische Bettelmönche, in ungegürtetem, härenem Gewande von dannen zu ziehen. Erst im Laufe der Jahre bemerkte ich, daß er so arm nicht war und auch keineswegs abhold den Freuden der Aphrodite und ihres Söhnchens, des Eros. Dabei war sein Lieblingsthema der »Kampf gegen die fleischlichen Lüste«. Stets sollten wir wachsam sein, damit nicht das »unkeusche, böse Roß« aus dem platonischen Dialog zwischen Sokrates und Phaidros Wagen und Wagenlenker mit sich risse! Genauer könne er es nicht ausdrücken,

murmelte er, denn noch gäbe es in der lateinischen Sprache keine Worte für jene Laster, an denen die griechische so reich sei.
Worauf wir, freilich noch ohne rechtes Verständnis, in Platons Schriften zu lesen begannen, in denen wir Schöneres und Wichtigeres fanden, als die Geschichte vom »bösen Roß«, und so hat Attalus, durch seine Andeutungen und Anregungen unser Verlangen nach philosophischer Bildung gefördert. Allmählich wurde er übrigens deutlicher und füllte seinen Hörsaal mit Vorträgen über die Keuschheit des Leibes und der Seele, und daß vor allem die Jugend es schwer habe, sich von unerlaubten Begierden freizuhalten. Als ihn ein Schüler einmal fragte, welche Begierden denn erlaubt seien, blickte er nur schmerzerfüllt nach oben. Mit Trauer in der Stimme sagte er schließlich:
»Das weiß doch ein jeder, der reinen Herzens ist.«
Einige seiner Lehren sind aber haften geblieben. Immer noch esse ich keine Austern, die er »mit Unrat gefütterte Schleimtiere« nannte, und auch keine Pilze. Wäre doch mein junger Freund Annaeus Serenus auch ein Schüler des Attalus gewesen!
Von »geilen Speisen« sprach dieser gerne – leicht rutschen sie in den Wanst der Gefräßigen, und leicht kommen sie auch wieder hoch, nur manchmal etwas zu spät.
Wein habe ich schon als Jüngling nicht mehr angerührt. Dabei gelte ich als einer der besten Kenner des Weinbaus, und meine Reben wachsen in Italien, Hispanien, in Griechenland und in Africa Proconsularis. Eine nicht unwesentliche Quelle meines Einkommens, also wieder etwas, was meine Feinde gegen mich vorbringen können. Und welcher Eitelkeit werden sie mich zeihen, wenn sie erfahren sollten, daß ich mir einen Trank bereiten ließ, den ich sorgsam aufbewahre, und der einen tieferen Rausch gibt als der schwerste Wein ... das Elixier der Unsterblichkeit, das Sokrates von Staats wegen trinken mußte.
Habe ich denn nie das Verlangen nach einem Rausche? Ich erlebe ihn im Frühlingswehen auf meinem appischen Landgut oder in den Sabinerbergen in Nomentanum, und nichts Berauschenderes kenne ich als den Hauch eines abendlichen Sommerwindes auf Capri. Du kannst Dir also denken, warum ich nicht gerne an Gastmählern

neuen Stiles teilnehme. Unter Divus Augustus und Tiberius Caesar waren die Speisen einfach, schmackhaft zubereitet und einzeln zu erkennen. Heute darf nichts als das aussehen, was es ist. Venusmuscheln und Austern werden mit Krammetsvögeln und Seebarben überdeckt. Der Koch übernimmt die Arbeit, die dem Magen zufiele: er verdaut! Erbrochenes könnte kein ekelhafteres Gemengsel ergeben. Die Folgen sind ein allgemeiner Verfall, zitternde Glieder, aufgeschwemmte Bäuche, Geschwüre an allen Leibesöffnungen. Um der Impotenz beizukommen, müssen dann die besten Ärzte Roms alle ihre übrigen Pflichten vernachlässigen.
Und wie scheußlich, pestartig riecht das Rülpsen dieser Leute! All dies hat mir meinen Entschluß erleichtert, an keinen öffentlichen Gastmählern mehr teilzunehmen – auch nicht an denen Nero Caesars, selbst als unsere Beziehungen noch sehr freundschaftlicher Art waren.
Obgleich also Attalus mein Leben nicht ungünstig beeinflußte, habe ich doch Sotion, dem Pythagoreer, noch mehr zu verdanken. Alle Jahre, lehrte er uns, seien unser eigen, kein Jahrhundert sei uns verschlossen, denn im Grund gäbe es nur eine einzige Gegenwart. Gleich der Einheit der Zeit, in der sich der Geist schrankenlos bewegen könne, sei auch alles Leben eine Einheit und unzerstörbar. Das irdische Dasein, sagte er, sei nur ein Vorspiel zu einem längeren, erhabeneren, aber anders als Attalus, hat er das Leben dieser Erde nicht abgewertet. Im Gegenteil – *hier,* während unserer Verkörperung, erhielten wir die Möglichkeit, unser Schicksal zu gestalten, es zu reinigen von vielleicht früher begangenem Unrecht. Er verwandte das Wort *Karma,* wenn er vom selbstgeschaffenen Schicksal sprach – ein Begriff, wie ich später genauer erfuhr, aus der Gedankenwelt Indiens. Der Karmagedanke leuchtete mir ein, er ist der Gottheit würdiger als der Glaube an ein blindes Fatum.
Auch in die Lehren Platons und seines Meisters Sokrates führte uns Sotion ein. In jenem Gespräche im Kerker, kurz vor seinem Tode, berichtet Phaidon, habe Sokrates wörtlich gesagt:
»Zum großen See der Reinigung – man nenne ihn den Acherusischen – kommen die Seelen der meisten Verstorbenen, dort weilen sie eine bestimmte Zeit, die einen länger, die anderen kürzer, und

von dort werden diese Seelen wieder ausgeschickt zu neuen Geburten.«

Sotion gab uns zur Aufgabe, nicht nur aus Widerspruch gegen Attalus und der »beiden Rösser« wegen, uns mit Platons Aufzeichnung des Dialogs innerlich vertraut zu machen, den Sokrates mit Phaidros am Ufer des Ilissos, im Schatten der Platane, beim Heiligtum des Pans geführt hat:

Die Liebe zum Freunde entzündet sich, wenn der eine in der Schönheit des anderen das ewige Urbild wiedererkennt, das er im göttlichen Bereiche geschaut hat, als sie beide dort weilten, zwischen Tod und neuer Geburt. Und so würden die Seelen von Liebenden in allen künftigen Verkörperungen einander immer wieder begegnen ...

Aus der Einheit allen Lebens folgerte Sotion, daß man sich tierischer Nahrung enthalten solle, denn auch in Tieren könnten sich menschliche Seelen verkörpern.

»Große Männer hatten diesen Glauben. Besteht er zu Recht, bewahrt ihr euch vor Schuld«, sagte er. »Ist der Glaube aber falsch, was schadet euch euere Enthaltsamkeit? Ich nehme euch nur die Nahrung von Löwen und Geiern.«

Mehrere Jahre lang habe ich diese Lehren befolgt und mich nur von pflanzlicher Kost ernährt. Bald wurde mir dies zur Gewohnheit, ich fühlte mich freier, meine geistige Spannkraft schien zu wachsen. Als aber Tiberius Caesar die Herrschaft übernahm, ging er streng gegen fremde Kultgebräuche vor, vor allem gegen ägyptische und hebräische. Er sah in ihnen eine Gefahr für das römische Staatsbewußtsein, das mit der überlieferten Ordnung in engem Zusammenhang steht. Die Hebräer lassen sich bekanntlich eher töten, als daß sie Schweinefleisch äßen. Bei den Ägyptern, die allerlei dunklem Zauberwerk verfallen sind, gibt es, vielleicht unter indischem Einfluß, ähnliche Bestimmungen. Jedenfalls galt es jetzt als Zeichen eines bösen Aberglaubens, die Fleischnahrung grundsätzlich abzulehnen.

Mein guter Vater meinte, ich solle mir nicht einer Speisekarte wegen den Unwillen Tiberius Caesars zuziehen. Er redete mir zu, doch zu einer reichhaltigeren und politisch weniger verfänglichen Kost zu-

rückzukehren. Damals machte er mir auch die ersten Andeutungen darüber, was er bei Tiberius Caesar für mich vorhabe –
Ich gab nach, und es wurde mir nicht schwer, mich schmackhafterem Essen zuzuwenden, noch dazu, wenn mich dieses vor der kaiserlichen Ungnade bewahren würde. Bei aller Achtung für Sotion vermochte ich auch nicht zu glauben, daß ich in Ciceros Karma eingriffe, wenn man mir einen schönen Hammelbraten auftischte, oder daß ich meinen Urgroßvater seiner kosmischen Aufstiegsmöglichkeiten beraube, wenn ich ein Huhn schlachten und backen ließ.

»Der Weise ist sich selbst genug« – das lehren die Kyniker, und weder die Stoiker noch die Epikureer können dem widersprechen. So habe ich mir aus allen Weisheitsschulen herausgesucht, was ich am besten verwerten konnte, und was zu meiner Wesensart paßte. Daher sagen ja auch meine Gegner: »Der Mann ist kein wirklicher Philosoph; er gibt ein zusammengemischtes Gebräu von sich, der Art, wie er die modernen Tafelgerichte geißeln wollte. Es ist geistig Erbrochenes, nicht geistig Gezeugtes!«
Laß sie reden und später einmal ebenso schreiben. Mein guter Freund Demetrios, der kluge, auch im Winter stets halbnackte Zyniker (mit weniger Schnupfen als ich!), hat bereits die richtige Antwort gegeben: »Die Äußerungen ungebildeter Menschen haben für mich dieselbe Bedeutung wie ihre Fürze. Ob so einer oben oder unten Töne von sich gibt, ist mir gleichgültig.«
Man sollte junge Menschen stets mit mehreren Lehrmeinungen bekannt machen, damit sie dann selber wählen können. Erziehung kann niemanden »verändern«, denn es bleibt ein jeder derselbe von der Wiege bis zum Grab. Die guten Eigenschaften entwickeln, die bösen durch einen Appell an die Vernunft zurückdrängen – das ist eigentlich alles, was man von der Erziehung verlangen kann. Sokrates hat bekanntlich gesagt: Um ein wirklicher Jugendbildner und Jugendführer zu sein, müsse man die Eigenschaften seiner Eltern besitzen – seine Mutter sei Hebamme, sein Vater Bildhauer gewesen! Den Gedanken in der Seele des Schülers zur Geburt zu verhelfen und ihn selber zu einem Kunstwerk zu gestalten – *das* ist der Sinn der Pädagogik.

Was aber, wenn nur Mißgeburten oder Dämonen dieser jugendlichen Seele entsteigen, und wenn diese Seele selbst nicht edlen Stoffes ist? Wie Praxiteles Marmor brauchte für seinen Hermes, so braucht der Erzieher eine Seele, die vom Streben nach der Wahrheit und nach allem Guten und Schönen erfüllt ist. Das griechische Ideal der *Kalokagathia,* der Schön- und Gutheit, erscheint mir für das heutige Rom wichtiger als alle Erziehung zu Gelderwerb und rücksichtslosem, politischem Vorwärtsstreben.
Ich habe mich auch, ehe ich noch die Toga Praetexta mit der Männertoga tauschte, gründlich mit unserm und dem Rechtssystem anderer Völker beschäftigt. Griechenland hat es erst unter dem Makedonen Alexander zu einer Einheit gebracht, denn zu sehr galt der Wert jeder selbständigen *Polis.* Dennoch fand ich, daß es viel gäbe, was wir mit gutem Nutzen übernehmen sollten – so vor allem den föderativen Gedanken, zuerst verwirklicht im Achaiischen Bund und in der Hellenischen Symmachie – aber leider zerfielen diese Bünde meist wieder, sobald die Persergefahr gebannt war. Immerhin: Es ist den Griechen gelungen, ein ungeheueres geistiges Reich aufzubauen, von Indien und den Quellen des Nil über Sizilien und Campanien bis zum südlichen Gallien und nach Hispanien.
Wenn man nun römisches Staatsbewußtsein und griechisches, föderatives Prinzip verbinden könnte? Augustus hat schon ähnlich gedacht: Er wollte alle Provinzen an der Wahl von Senat und hohen Beamten teilnehmen lassen. Versiegelt sollten die Stimmen am Wahltage nach Rom gesandt werden. Eine Symmachie also aller Völker, die jetzt als »unterworfene« gelten und die dann gleichberechtigte Mitglieder einer großen Gemeinschaft würden ...!
Auch in der Rhetorik übte ich mich fleißig, und den *Acta Diurna,* an denen ich mit sechzehn Jahren zum ersten Mal mitarbeiten durfte, versuchte ich leserlicheren Stil und Inhalt zu geben – so daß mich die selige Agrippina, die dahingegangene Mutter Nero Caesars als »Journalistenschnauze« bezeichnete! Immer noch besser für einen Journalisten, als langweilig zu sein.

Einige Monate nach meinem sechzehnten Geburtstag erhielt ich die Männertoga. Am gleichen Tage, immer noch in seinem Knabenge-

wand, ist Quintus Sertorius nach einem kurzen Fiebertraum hinübergegangen. Jung rufen die Götter zu sich, wen sie lieben, und die Götter sind immer stärker, selbst wenn ihre Liebe es nicht ist. In meinen Beziehungen zu Attalus ist damals eine entscheidende Wendung eingetreten. Als ich ihm vom Tode meines Freundes Mitteilung machte, sagte er: »Den Freund, den du liebtest, hast du begraben: so suche dir einen neuen, den du lieben kannst. Denn es ist wichtiger, einen verlorenen Freund durch einen anderen zu ersetzen, als ihn zu beweinen.« Mit halbgeschlossenen Augen, von der Höhe seines Königtums, das weit über dem Tun und Treiben gewöhnlicher Sterblicher steht, fügte er hinzu:
»Auch ist es reizvoller, einen Freund zu erobern, als ihn zu besitzen, ebenso wie es für den Künstler reizvoller ist, zu malen, als gemalt zu haben.«
Das war gewiß als Trost gemeint. Aber von diesem Tage an habe ich den Umgang mit ihm gemieden.

6. Kapitel

Da der Tod keine Gewalt mehr über Quintus hat, lebt er in meinem Bewußtsein weiter als *Amicus Perpetui Ordinis* und nicht als ein Toter. Horaz sagt in einer seiner Oden statt *mortuus: ademptus,* aufgenommen zu den Göttern. So tröstet er seinen Freund, den Dichter Caius Rufus Valgius, der »in ewigem Klagelied« den Tod seines Lieblings beweint, des Knaben Mystes. Sein »brennender Schmerz entweicht nicht / Wenn des Abends Stern heraufsteigt / Nicht wenn er flieht vor der glühenden Sonne.«
Auch an Platons Epitaph denke ich oft, als Astér, sein Geliebter, zu den Göttern heimgekehrt war:

»Morgenstern warst du dereinst, der unter den Lebenden strahlte,
nun bei den Toten im Tod strahlst du als Abendgestirn.«

Doch ist nicht dies die große Frage: Hat Quintus, von dem Tage an, der ihn uns nahm, alle Weisheit und alle Erkenntnis besessen, um die wir vergeblich ringen, solange wir im Fleische sind? Wir können philosophieren, wir können glauben und hoffen, eine Gewißheit wird es nicht geben. Doch will ich mich, gleich Sokrates, an die Gesichte der Dichter und Seher halten, daß wir »dort drüben« den Großen der Vergangenheit begegnen, Homer, Hesiod, Theseus, Solon, wir Römer auch dem Romulus und all den anderen, die, wie Vergil es ausdrückt, »Roms Triumph führten empor zu den Tempeln der Götter«.
Auch von den Fesseln der Zeit und des Raumes befreit uns der Tod. In einer Trostschrift, die ich während meiner Verbannung auf Cor-

sica verfaßte und auf die ich noch zurückkommen werde, lasse ich den großen Geschichtsschreiber Aulus Cremutus Cordus sagen:

> »Einst war es meine Aufgabe, eine einzelne Geschichtsepoche zu schildern, die der römischen Republik. Nun überblicke ich zahllose Jahrhunderte und unendliche Zeitalter. Ich vermag den Aufstieg und den Fall künftiger Reiche zu schauen, den Untergang großer Städte, den Einbruch der Meere. Ganze Landschaften, Völker, große Teile des Kosmos sehe ich vom Schicksal betroffen. Berge werden abgetragen, neue aufgetürmt, Meere versikkern, Ströme ändern ihren Lauf. Bedroht sind auch die Beziehungen zwischen den einzelnen Völkern, der Zusammenhalt der menschlichen Gemeinschaft. Denn ein neues, barbarisches Zeitalter sehe ich heraufziehen. An anderen Orten wird das Schicksal große Städte in gähnende Abgründe stürzen oder sie in Erdbeben untergehen lassen. Aus der Tiefe wird ein vernichtender Pesthauch hervorbrechen ...«

Glücklich, mein Quintus, Du, dem kein Welträtsel mehr verborgen ist oder dessen Schlaf selbst der Untergang des Kosmos nicht zu stören vermöchte ...

Schon zu Beginn des Jahres 767, unter dem Consulat der beiden Sextus, des Pompeius und des Apuleius, sprach sich herum, daß Caesar Augustus kränkle. Er stand jetzt im 76. Lebensjahr.

Allerlei Geschehnisse, die man sonst kaum beachtet hätte, galten als Vorzeichen – ein Blitzstrahl habe auf einer seiner Statuen das »C« weggeschmolzen – dieser Buchstabe steht für Centum, nur noch hundert Tage werde er leben, und *Aesar* sei das etruskische Wort für Gott. Auch ein Adler mußte wieder herhalten, doch nun als Künder des Todes, wie früher als Künder der kommenden Herrschaft. Mehrmals, als er auf dem Marsfeld vor versammeltem Volke ein Opfer darbrachte, habe ihn ein Adler umkreist und sich dann auf einen Tempel geschwungen, über dessen Toren der Name des Marcus Agrippa stand. Gerade über dem »M« habe er sich niedergelassen, und das bedeutet Mors, den Tod.

Ich selber glaube nicht, daß die Himmlischen Freude an solch kind-

lichen Rätselaufgaben haben. Kometen wie bei Caesars Tod, Blitze und andere Flammenzeichen – vielleicht daß es damit eine tiefere Bewandtnis hat.
Später galt auch als »Vorzeichen«, daß Augustus, den zahlreiche Leute in Rom festhalten wollten, damit er noch im Sommer ihre Prozesse entscheide, ausgerufen habe: »Ich will jetzt nicht länger in Rom bleiben, auch wenn sich alles verschworen haben sollte, mich hier festzuhalten.«
In der Jugend merkt man das nicht so, daß der Sommer in der Stadt unerträglich ist, selbst auf dem Palatin und inmitten der größten Gärten. In späteren Jahren habe ich Augustus zugestimmt! Die Luft ist drückend, und ein pestartiger Hauch , der Gestank aus Tausenden von Garküchen, mischt sich mit dem Straßenstaub und hindert einen am Atmen. Oft steigt um diese Zeit auch ein tödliches Fieber aus dem Fluß, in den man täglich so viel Unrat hineinwirft, daß bald kein Fisch mehr darin leben kann.
Tiberius Caesar sollte zur Übernahme der Verwaltung noch einmal nach Illyricum, und Augustus wollte ihn bis Benevent begleiten. Im Küstenstädtchen Astura in Latium – einem recht elenden und fieberverseuchten Nest, aber mit einem guten Hafen – stellte mich mein Vater den beiden Caesaren, dem herrschenden und seinem Nachfolger, vor.
Bei einem indischen Weisen las ich später, daß der erste Schritt zur Erlangung höherer Erkenntnisse jenes Gefühl der Scheu sei, einer Demut, deren man sich nicht zu schämen brauche, die einen befällt, wenn man in die Gegenwart eines Großen zugelassen wird. Es schien mir nahezu unfaßbar, daß ich *denen* begegnen sollte, über die man schreiben und sprechen wird, solange die Erde besteht.
Augustus, obgleich er sich, wie man später erfuhr, schon die Todeskrankheit – eine Entzündung der inneren Organe – zugezogen hatte, war heiteren Gemütes, ganz natürlich im Gespräch mit dem so viel Jüngeren, nicht herablassend oder betont väterlich. Er fragte nach meinen Studien, meinen Interessen – daß ich versuchte, die Philosophie mit der Staats- und Verwaltungslehre zu verbinden, mich aber auch den Naturwissenschaften widmete, schien ihn lebhaft zu interessieren. Er sprach in meiner Gegenwart zu meinem

Vater über den Plan einer besonderen Universität, vielleicht in Neapel, an der künftige Staatsdiener eine umfassende Ausbildung erhalten sollten.
Tiberius Caesar, so meinte ich zuerst, war in sich gekehrt, ernst, fast abgewandt – bis ich merkte, daß er mich ganz genau beobachtete. Die Fragen, die er einwarf, gingen in die Tiefe – keine Halbheiten, man mußte sie klar beantworten. Fast eine Art von Prüfung – daß ich sie bestanden hatte, erfuhr ich erst Jahre später.
Mein Vater und ich wurden eingeladen, den kaiserlichen Segler zu besteigen, wir fuhren bis tief in die Nacht hinein. Etwas geschah auf dieser Reise, das ich viel eher freundlichen Mächten zuschreiben würde, als jenen sogenannten Vorzeichen:
Als wir zwischen Aenaria und dem Kap von Misenum hindurch waren und in den Golf von Puteoli einliefen, kam gerade ein Schiff aus Alexandria an. Passagiere und Matrosen waren festlich gekleidet und bekränzt. Weihrauch stieg vom Deck, und laut und in rhythmischen Sprechchören brachten sie Augustus ihre Lobpreisung dar: »Unter deinem Schutze leben wir, unter deinem Schutze treiben wir unsere Schiffahrt, unter deinem Schutze genießen wir Freiheit und Wohlstand!«
Augustus war über diese Kundgebung so erfreut, daß er jedem seiner Reisebegleiter vierzig Goldstücke schenkte, die wunderschönen *Aurei* mit seinem Kopfbild. Einige habe ich aufgehoben, die anderen gab ich später in Ägypten aus, denn er hatte uns verpflichtet, mit diesem Gelde nur alexandrinische Waren zu kaufen.
Viel Volk war am Hafen bei den gezackten Felstürmen versammelt, Jugend vor allem, denn Caesar Augustus war ja zum Sport- und Turnfest der Ephebenvereine hergekommen. Die Gemeindevertreter der Insel und des Senats von Neapel waren zur Begrüßung erschienen. Marinepolizei und eine Abteilung der hispanischen Leibwache standen bereit, aber sie brauchten nicht tätig zu werden. Denn das Völkchen wußte, was sich gehört, und bei allem scheinbaren Durcheinander herrschte doch eine natürliche Ordnung, und niemand drängte sich an den Kaiser heran.
In einer Sänfte wurde Caesar Augustus den steilen Hang hinaufgetragen. Im kleinen Griechenstädtchen, im Sattel der Insel, ließ er

haltmachen. Gleich versammelte sich wieder die Jugend um ihn ... »Ave, Senex Imperator – Iuvenes te salutant!« riefen sie. Diesen Gruß, auf Lateinisch, schienen sie in der Schule gut eingeübt zu haben! Diener mit Körben voll Früchten und Süßigkeiten folgten, zum Jubel all dieser schönen Inseljungen.

Für die Erwachsenen hatte Caesar Augustus römische Togas und griechische Mäntel mitgebracht. Von nun an, ließ er sagen, sollten die Römer auf Capri Griechisch sprechen und sich griechisch kleiden, die Griechen hingegen sich wie Römer anziehen und Lateinisch reden.

Wir folgten ihm zur Villa Jovis. Der Weg geht durch Weinberge, Feigen- und Olivenhaine. Je höher man steigt, desto herrlicher wird der Anblick – drunten die gezackten Felstürme, gegenüber eine steile, dicht mit Eichen bewachsene Gebirgswand, die über 1500 Fuß hoch aus dem Meere emporragt. Ein anderes Städtchen liegt dahinter, auch noch ganz griechisch. Viel Wild, sagt man, soll es auf der Insel geben, aber leider beginnen neapolitanische Reedereien die Wälder abzuholzen, und die zahllosen Ziegen tun das ihre. Wenn das so weitergeht, wird es bald keine Quellen mehr geben, und man wird ausschließlich auf Regenwasser aus den Zisternen angewiesen sein. Höchst eindrucksvoll sind die der Villa Jovis, sie fassen Zehntausende von Kubikfuß Wasser und haben eine ausgezeichnete Filteranlage.

Statt einer Treppe führt eine breite Rampe vom Atrium hinauf in die oberen Stockwerke, zu den Badeanlagen, zu den Zimmern der Diener – eines, wohl das des Oberaufsehers, mit eigenem Bade – und schließlich zu den Gemächern der »Freunde des Kaisers« – sie sind in schwarzen und roten Fresken ausgemalt – und zu den Wohnräumen des Kaisers selber, in Schwarz, Rot und Gold, und zum Thron- und Speisesaal. Die Gänge waren sehr breit, als ich die Villa damals zum ersten Mal sah. Tiberius Caesar hat bekanntlich zwei Stockwerke aufsetzen lassen. Dazu mußten die Mauern verstärkt und die Gänge durch Ziegelsteinstützen verengt werden. Der ursprüngliche Bau ist hingegen ganz aus vulkanischem Tuffgestein errichtet.

Tiberius Caesar teilte mit Augustus die schwarz-rot-goldenen

Räume, mein Vater und ich bekamen ein sonnenhelles Zimmer in den Gemächern der Amici Imperatoris.
Vier Tage blieb Augustus auf Capri, in heiterster Stimmung. Öfters verließ er die Villa Jovis, um den Sport- und Schwimmfesten zuzusehen und um an die jungen Sieger Preise zu verteilen. Tiberius Caesar begleitete ihn dabei – man fühlte leider, daß er beim Volke nicht so gut ankam, wie der leutseligere Augustus. Die neue Mode, nach der Männer des öffentlichen Lebens immer lächelnd auftreten müssen, machte er nicht mit. Das »demagogische Grinsen« nannte er es gegenüber meinem Vater. Er war von hoher Gestalt, sein Gesichtsausdruck war edel, in jüngeren Jahren konnte man ihn schön nennen. Gemäß der Sitte des Claudischen Hauses trug er das Haar so lang, daß es die Schultern bedeckte. Bis in das Greisenalter hinein ging er ungebeugt, mit etwas zurückgeworfenem Kopfe.
Selten sah ich ihn ohne einen Kranz frischen Lorbeers, nicht aus Gewitterangst, wie der Pöbel meinte, da Lorbeer den Blitz ableiten solle. Der Lorbeer ist bekanntlich dem Apollo heilig, und ein lorbeergeschmücktes Fürstenhaupt, sagte er zu meinem Vater, könne nicht von einem plötzlichen Mißgeschick getroffen werden.
Mit welch fester Hand er das ungeheuere Reich lenkte und nie duldete, daß dieses in ihm verhöhnt werde, das merkte man, als die Herrschaft auf seinen Großneffen, Gaius Caesar Caligula, übergegangen war. Diesen hat meiner Meinung nach die Natur nur geschaffen, um zu zeigen, was höchstes Laster, verbunden mit höchster Macht, alles fertigbringen könne.
Bei Caesar Augustus' letztem Gastmahl in der Villa Jovis war Tiberius Caesar nicht anwesend. Er war zum Festland zurückgekehrt, um ihn in Neapel zu empfangen.
Zu diesem Gastmahl waren die jungen Sieger und viele andere aus den Ephebenvereinen geladen. Ein platonisches Symposion, nicht über die Jugend, sondern mit ihr! Der Kaiser beteiligte sich lebhaft an den Gesprächen seiner Gäste und ging sehr ernsthaft auf ihre Probleme ein: Ob Salvius noch besser hätte abschneiden können beim Wettschwimmen? Ja, wenn er sich beim Kopfsprung gerader gehalten hätte! Und ob Lycidas beim Diskuswerfen nächstes Mal nicht doch auf den ersten Platz kommen könnte? Und der blonde

Lysis – dem sein Sportlehrer mit seinen Schmeicheleien den Kopf verdreht, der wird jetzt noch eitler werden, seitdem Augustus selber ihn gelobt hat ...

Die Jungen lachten und scherzten in die halbe Nacht hinein, der Kaiser gab ihnen volle Freiheit – selbst wenn manche der Witze schon etwas gewagter waren. Geschenke, Obst, Eßwaren wurden ausgestreut, und ihr kaiserlicher Gastgeber forderte sie auf, nach Herzenslust zuzugreifen.

Als die jugendlichen Scharen gegangen waren – man hörte noch lange ihren Gesang in der samtenen, sommerschweren Nacht –, blieben mein Vater, ich und noch eine kleine Schar von Freunden zurück. Vom Speisesaal sah man auf den großen, flachen Felsblock vor dem Hafen. Wieder leuchteten Fackeln – aber nun galten sie wirklich Masgaba in seinem so lange schon vorbereiteten Grabe. Er war vor einem Jahr gestorben, Augustus hat sehr um ihn getrauert und ihm den griechischen Namen Ktistes gegeben, Städtegründer, da er Capri zu dem gemacht hat, was es jetzt ist. Von der Insel selber sprach er gerne als Apragopolis, Ort genießerischer Ruhe, eines irdischen Paradieses.

Im Scheine der Fackeln konnte man eine größere Menge Menschen erkennen. Wie träumend blickte der Kaiser hinunter, um plötzlich aus dem Stegreif einen griechischen Vers zu sprechen:

»Des Gründers Grabmal seh ich hell im Feuerglanz.«

Ein Freund von Tiberius Caesar, der Platonforscher und Astrologe Thrasyllus, sah ihn fragend an, worauf Augustus einen zweiten Vers hinzufügte:

»Du siehst mit Fackeln Masgaba verehrt.«

»Du willst wissen, von welchem Dichter diese Verse stammen?« sagte er zu Thrasyllus.

Auf jeden Fall seien sie vortrefflich, antwortete dieser. Worauf Caesar Augustus hell auflachte und meinte, vielleicht hätte er sich mehr der Dichtkunst als der Staatskunst hingeben sollen!

Das war nun der eigentliche Abschied von dieser Bühne. Denn als eine solche hat er den Schauplatz seines irdischen Wirkens selbst empfunden, als er die Freunde um ihren Beifall bat. Das war unmittelbar vor seiner *Euthanasia,* die er sich immer gewünscht hatte – ein sanftes Hinübergleiten, ein Tod ohne Qual und Furcht.

Um diese Zeit stand ich mit meinem Vater an Bord eines Schiffes, das uns von Neapel nach Ostia bringen sollte. Eine merkwürdige Stimmung lag in der Luft, ein jäher Windstoß riß fast die eingeholten Segel von den Masten. Dann hörte man aus der Stadt dumpfe Töne – deutlicher jetzt, das Wehklagen einer großen, stetig anschwellenden Menge. Fackeln, von schwarzem Rauch umwirbelt wie von Trauerflor, leuchteten auf.

Es war am vierten Tage nach den Iden des August. Wir sprachen kein Wort an diesem Abend, aber wir beide wußten: Ein großer Abschnitt der Weltgeschichte hat ihr Ende gefunden. Möge Divus Julius seinem Sohne sagen, daß er das Erbe gut verwaltet und dem Erdkreis den langersehnten Frieden gebracht habe.

7. Kapitel

Unter den Gästen in der Villa Jovis war des öfteren der Senator Lucius Arruntius. Später stieg er zum Consulat auf und nahm sich, schon im hohen Alter, das Leben, als Gaius Caesar Caligula die Herrschaft erlangte. Als ich ihn kennenlernte, leitete er die *Acta Diurna* und war sehr beflissen, bei der Regierung nie Anstoß zu erregen. Lieber wollte er als langweilig, denn als kühn gelten. In den letzten Jahren von Divus Augustus hatte sich niemand mehr so recht um die *Acta* gekümmert. Tiberius Caesar las sie nun sehr sorgfältig und empfand sie als höchst uninteressant. So empfing Lucius Arruntius ein kaiserliches Schreiben, das ihn erschreckte und kränkte – hatte er doch immer alles getan, um bei Hof gut dazustehen!

Das Schreiben enthielt kaum mehr als den einen lapidaren Satz: »In einem freien Staate müssen Rede und Meinung frei sein!« Der gute Arruntius hat bald danach die Leitung niedergelegt, wußte er doch jetzt nicht mehr, *wie* frei er sein solle oder dürfe!

Aber ich habe ihm einiges zu verdanken. Von meinen früheren Beiträgen wußte er, daß ich recht gut schreiben konnte, und daß mein Vater und ich bei Tiberius Caesar in Gunst standen, hatte er selber beobachten können. Wir waren eben nach Rom zurückgekehrt, als sich Arruntius bei meinem Vater melden ließ: In den höflichsten Formen ersuchte er ihn, »seine Bitte bei mir zu unterstützen«, so rasch als nur möglich eine ganze Reihe von würdigen und doch volkstümlichen Aufsätzen über den verewigten Kaiser zu verfassen. Auch über Tiberius Caesar solle ich einiges schreiben, um ihm in der Öffentlichkeit Roms und der Provinzen Sympathien zu gewin-

nen. Schon habe man Hunderte von Schreibern angeworben, so daß die nächsten Nummern in Auflagen von 20 000–30 000 erscheinen und über das ganze Reich verbreitet werden könnten.
Ich habe mich oft gewundert, warum man immer noch eine so umständliche Herstellungsmethode beibehält, die außerdem vielen Schreibfehlern Tür und Tor öffnet. Seit langem weiß man doch schon, daß in Sinae, dem Seidenland, die einzelnen Zeichen aus Holz geschnitten, mit Farbe bestrichen und dann aufgedruckt werden.
Ich nahm den Auftrag sofort an – welch eine einmalige Gelegenheit für einen knapp Zwanzigjährigen, im ganzen Reiche bekannt zu werden! Viel, was seitdem in die Geschichtsschreibung eingegangen ist, stammt aus dieser »Quelle«, die ich selber erschlossen habe – keine Unwahrheiten, aber manches doch nicht ohne dichterische Ausschmückung!
Als erstes zeigte ich die Persönlichkeit des Verewigten. Wie milde er war – ganz Erbe der »Clementia Caesaris«. Wie leutselig, hoheitsvoll und darum bescheiden! Selbst die Barbaren, schrieb ich, hätten dies empfunden: Ein gallischer Häuptling, der die Absicht gehabt habe, ihn beim Alpenübergang in einen Abgrund zu stoßen, hätte es nicht gewagt – denn, wie er selber seinen Landsleuten gestand, der Ausdruck seines Gesichtes, mit den hellen, glänzenden Augen, habe ihn daran gehindert.
Zahlreiche befreundete und verbündete Könige haben Augustus Städte erbaut, die seinen Namen tragen – da gibt es in der Provinz Syrien gleich zwei Caesarea, eines am Meer, das andere, Caesarea Philippi, im Inneren, ein weiteres Caesarea liegt in der Provinz Kappadokien.
Als Beispiel für seine Menschlichkeit und Gerechtigkeit veröffentlichte ich die Geschichte seines Gastmahls bei dem reichen Ritter Vedius Pollio, einem wahren Scheusal in Menschengestalt. Ein junger Sklave zerbrach aus Versehen ein Kristallgefäß, worauf Vedius Pollio ihn ergreifen ließ, um ihn seinen Muränen, diesen riesigen, bösartigen Raubfischen, zum Fraß vorzuwerfen. Dem Jungen gelang es, seinen Häschern zu entwischen. Er warf sich vor Augustus nieder und bat um einen vernünftigen Tod – nur aufgefressen möchte

er nicht werden, zweimal sogar: erst von den Muränen und dann von den Gästen, die die Muränen verspeisen, die ihn im Bauche haben.
Dem Kaiser schauderte es beim Gedanken an diese neue Art des Kannibalismus und daß er selber vielleicht schon mit Menschenfleisch gemästete Muränen gegessen haben könnte. Er schenkte dem Jungen Leben und Freiheit und befahl, alle Kristallgefäße des Vedius Pollio zu zerschlagen und den Fischteich damit auszufüllen. Diese Geschichte ist inzwischen in alle Schulbücher eingegangen.
Auf Standesunterschiede, schrieb ich, legte Divus Augustus geringen Wert. Wie vor ihm Divus Julius habe auch er Männer niedriger Herkunft zu den höchsten Ehren- und Staatsämtern berufen. Wer dächte da nicht an Marcus Vipsanius Agrippa, den Mitsieger von Actium, dem er seine Tochter Julia vermählte, die gleiche, die später Tiberius Caesar heiratete. Augustus habe mit Agrippa sogar die Herrschaft geteilt, ja er wollte ihn zu seinem Nachfolger im Principat machen.
Divi Augusti Milde zeigte sich auch darin, daß er Gladiatorenspiele bis zum Tode verbot. Er und Tiberius Caesar hätten sie am liebsten ganz abgeschafft. Es gelang mir später, Nero Caesar zu einer Erneuerung jenes Verbotes zu bewegen. Als Philhellene, stellt ich ihm vor Augen, dürfe er doch nicht solch barbarische Gebräuche dulden.
Freude fand Augustus an schönen, friedlichen Spielen, wie den Seeschlachten in der von ihm erbauten Naumachie. Gerne nahm er auch, wie sein letzter Aufenthalt auf Capri gezeigt hat, an den Wettkämpfen griechischer und römischer Jugend teil.
Einmal fand eine strafrechtliche Untersuchung statt gegen meinen Landsmann aus Corduba, Aemilius Aelianus. Er wurde einer aufrührerischen Gesinnung und übler Nachrede beschuldigt. Empört wandte sich Augustus an den Ankläger: »Wenn du mir nur dies beweisen könntest! Dann sollte Aelianus erfahren, daß auch ich eine scharfe Zunge habe, denn ich könnte ihm viel mehr nachsagen, als er mir!« An Tiberius Caesar schrieb er über diesen Fall: »Nimm es nicht zu ernst, wenn Leute schlecht über uns reden! Wir können zufrieden sein, wenn sie uns nichts Schlechtes antun.«

Die Anrede »Herr« verbat er sich auf das entschiedenste – das sei er nur gegenüber seinen Sklaven. Auch einfache Bürger, selbst Freigelassene hatten jederzeit Zutritt, *ihre* Anliegen nahm er stets besonders gütig entgegen. Mit vielen schlichten Familien unterhielt er freundschaftlichen Verkehr, dem Senat gegenüber war er von ausgesuchter Höflichkeit.
Das alles ist heute wieder von einer gewissen Bedeutung, mein lieber Lucilius, da findige Leute diese Aufsätze ausgegraben und in Tausenden von Exemplaren in Umlauf gesetzt haben. Und jetzt gelten sie ja als subversiv!
Auch über die Kaiserin Livia, nunmehr Julia Augusta, die Mutter Tiberius Caesars, schrieb ich. Über fünfzig Jahre hatte Augustus mit ihr in glücklicher Ehe gelebt. Daran möge sie denken – das waren die letzten Worte, die er an sie richtete. Ich war damals, und ich bin es noch immer, überzeugt, daß sie als eine der ganz großen Frauen in die Weltgeschichte eingehen werde.
An üppigen Gastmählern lag ihm nichts – ja er brachte seine Freunde manchmal in Verlegenheit. Auf dem Wege zu ihnen hatte er kräftiges Schwarzbrot und getrocknete Feigen gegessen! Auch Sardinen und handgepreßten Kuhkäse führte er auf Reisen mit – bei Tisch hatte er dann keinen Hunger mehr.
In den Akten fand ich einen Brief an seinen Adoptivsohn: »Kein Jude, mein lieber Tiberius, hält am Sabbat das Fasten strenger als ich, aber wenig essen bekommt mir.« Auch im Weintrinken war er sehr mäßig. Wenn überhaupt, bevorzugte er raetischen oder den Wein aus dem Etschtal.
Die Tragödie seines Familienlebens deutete ich nur an, aber in Rom wußte doch ein jeder darum. So, daß er »diese beiden Julien« »Krebsgeschwüre« genannt hatte, nämlich seine Tochter und seine Enkelin. Ihrer öffentlichen Unzucht wegen mußte er sie lebenslänglich verbannen. Dabei war die ältere Julia einmal die Frau des Marcus Vipsanius Agrippa gewesen und war die Mutter von Lucius und Gaius Caesar, Augustus' großer Hoffnung, und – nicht zu vergessen! – Agrippinas, der Gemahlin des Germanicus. Als Julia später Tiberius Caesar heiratete, zog sich dieser, wie man sagt, aus Scham über ihr Verhalten für viele Jahre nach Rhodos zurück.

Beim Tode seiner liebsten Verwandten, so der beiden jungen Caesaren, bewies Augustus eine Seelenstärke, wie sie auch für seinen Adoptivsohn, Tiberius Caesar, bezeichnend ist. Ich stellte dabei heraus, daß dieser, als sein Adoptivsohn starb, nämlich Germanicus, die Staatstrauer einschränkte, damit dem Gemeinwesen nicht durch Arbeitsausfall Schaden entstehe. Sprichwörtlich wurde der Satz, den er dabei in einem Edikt prägte: »Fürsten sind sterblich, ewig ist nur der Staat.«

Der Provinzen wegen kam es auch darauf an, das Wirken des Verewigten für den Erdkreis aufzuzeigen: In welch furchtbarem Zustand befand sich dieser, ehe die Götter ihn zur Herrschaft beriefen. Dumpfe Verzweiflung, eine Weltuntergangsstimmung – allgemeine Rechtlosigkeit, Verfall aller Sitten, *so* sah es doch aus!

Aus den Schulbüchern habe ich Vergil in die Gegenwart zurückgerufen – möge er von hier aus in die Zukunft wirken!

Mit den Iden des März, sagt der Dichter, habe diese neue Periode des Entsetzens begonnen:

»Klagte die Sonne doch auch über Rom ob Caesars Ermordung
Als sie ihr strahlendes Haupt einhüllte in stählernes Grauen
Und eine ruchlose Welt vor ewiger Nacht sich entsetzte ...
Waffengeklirr vernahm Germanien rings in den Wolken,
Und von Erdbeben wankten die Alpen, nimmer gewohnten ...«

Während in drohendem Schein die Kometen flammten, standen gegeneinander römische Reihen zum zweiten Mal auf dem Feld von Philippi – und gelassen sahen die Götter mit unserm Blute schon wieder Makedoniens Fluren und Thraziens Bergland gedüngt.

Doch hat der Himmel sich dann noch einmal erbarmt – kundgetan zuerst den schlichten Hirten. Läßt Vergil doch in seiner Ersten *Ekloge* den Hirten Tityros seinen heimatvertriebenen Freund Meliboeus trösten:

»Ja, Meliboeus, ein Gott beglückte uns also mit Muße.
Denn er gilt mir immer als Gott, und seinen Altar soll
Oft noch netzen das Blut eines Lämmleins unserer Hürden.

Wenn meine Rinder sich sorglos ergehn, wie du siehst, wenn ich
Spiele mit Lust auf ländlichem Halm, hat *er* mir's selber gegeben!«

Ja, *ihn* sandten die Götter – die Stammgötter, die Vaterlandsgötter, Romulus und Mutter Vesta, die den uralten Tiber und Roms Palatium schirmen:

»Diesen Herrscher im Jugendglanz, wollt *ihn* doch nicht hindern
Retter zu sein der zerrütteten Welt!«

Lange ehe der Senat auf das Zeugnis eines Mannes prätorischen Ranges hin, daß er die Gestalt des Augustus vom Scheiterhaufen zum Himmel habe auffahren gesehen, ihn Divus nannte, genoß er also in Vergils Lied göttliche Ehren. Als »Gott unter Göttern« wirke er, sagt der Dichter im ersten Buche der *Georgica.* Wo und wie – das könnten die Menschen nicht fassen: Ob er den Städten gnädig sich nahe, den Gefilden ein Hort, und der Erdkreis ihn als Spender der Früchte begrüße, als Herrn über Winde, Wetter und Wachstum ...
Ja, ob er als neues Gestirn sich geselle trägrollenden Monden.
Der Himmel lasse ihm genügend Raum, möge ihn nie der grausige Wunsch befallen, auch über den Orkus zu herrschen!
Aus der *Äneis* habe ich manches in Prosa übertragen, um dann diese Reihe mit dem Preislied auf Italien, aus der zweiten der *Georgica,* zu schließen: Heldengeschlechter gebar dieses Land, Marser, Sabeller, Ligurer und Volsker, einen Marius, einen Camillus und die Scipionen:

»... und dich, allgewaltiger Caesar!
Jetzt schon an Asiens fernstem Gestade vertreibst du als Sieger
weit von den Burgen Roms die kriegsgebrochenen Inder.
Heil dir, hehre Mutter der Frucht, Saturnische Erde,
Mutter der Helden! Ich wandle vor dir und wage des alten
Ruhms, der alten Kunst geheiligten Quell zu erschließen,
Und askräischer Sang tönt neu durch römische Lande.«

Während jener Septembertage, da Tiberius Caesar noch mit sich rang, ob er die ganze Bürde der Herrschaft, die der Senat ihm anbot, übernehmen solle, habe ich auch über ihn einige Aufsätze veröffentlicht. Ich hielt sie in nüchternen und sachlichen Worten, wie er es schätzte. Zum Beginn zitierte ich Horaz: »Nichts was der Claudier Macht zu widerstehn vermag«, und »Ein Kriegsgott anzusehen im Schlachtgetümmel.«
Neunmal sei er von Divus Augustus nach Germanien entsandt worden, und dort habe er mehr durch Klugheit als durch Gewalt erreicht. Die Sugambrer und Sueben wurden unterworfen, die Cherusker und andere aufrührerische Stämme haben die Rache Roms zu spüren bekommen. Augusta Vindelicorum und Moguntiacum sind blühende, römische Städte, die Donaugrenze ist gesichert – der Gefahr eines neuen germanischen Einbruchs, wie seinerzeit der Cimbern und Teutonen, ist gewehrt.
Und was dies bedeutet, das kann nur ermessen, wer die Verhältnisse dort oben kennt, denn soviel der Ozean stürmischer ist als andere Meere, soviel ist der Himmel über Germanien rauher. Feindliche Küsten ringsum, ein tiefes und grenzenloses Meer, so daß viele meinen, es sei das allerletzte, hinter dem kein Land mehr läge.
Ich wandte dann den gleichen Kunstgriff an, den Caesar in seinem Bericht über den Gallischen Krieg benützt hat – da er nicht von weiteren Eroberungen vermelden konnte, lenkte er seine gierigen Leser durch allerlei Wundermären über die germanischen Wälder und Tiere ab: Elche, groß wie Elefanten, dabei Nashörnern ähnlich, andere, die keine Gelenke haben, sich daher nachts an Bäume lehnen müssen, denn aufstehen können sie nicht, wenn sie sich einmal hingelegt haben ...
Alledem fügte ich nun weitere wunderbare Dinge hinzu, furchtbare Wirbelstürme, die ganze Wälder davontragen können, unbekannte Völker, die nicht einmal wüßten, daß es Römer gäbe, dazu Meerungeheuer, die auf den wilden Flüssen tief ins Land eindringen, Mischwesen aus Menschen und Tierformen ...
... und wie die Gefangenen dennoch sagen mußten: »Die Römer unter Tiberius Caesar sind unbesiegbar, kein Schicksalsschlag kann sie beugen.«

Nach Abschluß dieser Serien, die tatsächlich selbst bei den Legionen im fernsten Osten, in Germanien, Ägypten, Hispanien und Lusitanien gelesen wurden, meinte der Vater, nun solle ich mich wieder meinen Studien der Rechtswissenschaft und der Rhetorik zuwenden. Wenn ich aber Geschichte schreiben wolle, müsse dies in ernsthafterer Weise geschehen und dürfe sich nicht in journalistischen Plaudereien erschöpfen.
Ich nehme an, daß die Kritik meiner *Acta-Diurna*-Berichte aus den republikanisch gestimmten Kreisen Cordubas stammte. Auch für meinen lieben Vater galt eben: Man mag sich noch so hauptstädtisch gebärden, irgendwie bleibt man vom Urteil der Heimatstadt und der dortigen Nachbarn abhängig.

8. Kapitel

Vor einigen Tagen ist der altkluge Junge mit dem verkniffenen Mund, der kleine Cornelius Tacitus, wieder bei mir erschienen. Erst wollte ich ihn gar nicht empfangen, aber dann ließ mir sein Pädagoge durch meinen Freigelassenen Cleonicus bestellen, er käme, um sich für sein vorlautes Benehmen zu entschuldigen. Dem traute ich nicht ganz, und so sagte ich gleich zu Anfang, wenn er mich wieder über das Zeitgeschehen ausfragen wolle, könne er sich die Mühe ersparen …

Nein, nein, über die Regierungszeit von Tiberius Caesar wolle er mit mir sprechen, denn den habe ich doch so gut gekannt. Taktvoll fügte er hinzu: »Solange die wenigen Augen- und Ohrenzeugen noch am Leben sind, muß man sie befragen.« Was ihm einen verweisenden Blick seines Pädagogen eintrug.

Also als erstes: »Stimmt es, daß von der Villa Jovis den ganzen Berg hindurch eine Steintreppe zu einer Meeresgrotte führt, die von einem blauen Lichte erfüllt sein soll, und daß sich der Kaiser dort mit gespreizten Beinen ins Wasser stellte, kleine Jungen durchschwimmen und sich von ihnen am Geschlechtsteil saugen ließ?«

Welch ciceronianische Satzperiode für dies ganze widerliche Geschwätz der Furie Agrippina, nunmehr fast dreißig Jahre danach aus verkniffenem Kindermund! Vor, während und nach ihrer Ehe mit Germanicus war sie von provozierender Keuschheit, hat aber von jedem Manne erwartet, alt, jung, fremd oder verwandt, daß er sie berauschend finde. Nichts lag ihrem bejahrten Onkel Tiberius Caesar aber ferner, also mußte er ein Päderast, besser noch ein Kinderschänder sein, denn eine andere Erklärung konnte es doch nicht geben!

Ehe ich antworten konnte, sagte der Pädagoge: »Cornelius ist, wie seine ganze Familie, altrömisch gesinnt und sehr sittenstreng.«
»Mit zehn Jahren bleibt ihm ja auch noch nichts anderes übrig«, sagte ich. »Mit vierzehn mag sich das ändern.« Der Pädagoge überhörte es geflissentlich, das Bürschlein zog die Augenbrauen hoch – nun wußte er wohl Bescheid über meine und des verewigten Kaisers Morallosigkeit. Weitere Fragen zum gleichen Thema schnitt ich ab. Wenn er als sittenstrenger Römerknabe sich für solche Dinge interessiere, solle er sich auf dem Forum für zwei Sesterzen einschlägige Schundhefte kaufen! Er biß sich auf die kaum vorhandenen Lippen, zückte wieder seinen Schreibgriffel und sagte, dann möchte er mit mir über die Religion sprechen.
Über welche –? Die Hebräer haben eine, aufgezeichnet in jenen vielen Büchern, die ihr Gott persönlich für sie verfaßt habe und die jetzt auch auf Griechisch im Umlauf sind, vor allem in Ägypten. Auf Lateinisch nennen wir diese Bücher Septuaginta, weil angeblich siebzig gelehrte Hebräer in Alexandria, unabhängig voneinander, den Urtext ins Griechische übertrugen und zu den gleichen Ergebnissen gelangten.
Soviel ich weiß, haben auch die Buddhisten und die Hindus eine Religion. Aber wir –? Es gibt in Rom, auf Capri und vor allem an den Grenzen des Imperiums, bei den Legionen, die Heiligtümer des Mithras. Pompeius und seine Heere haben diesen Kult vom Osten zu uns gebracht. Aus dem Osten stammen auch die Lehren der Christiani, die Schriften jenes Paulus aus Tarsos, mit denen ich zuerst durch meinen Bruder Gallio bekannt wurde. Aber was sonst? Auf einmal fing der Kleine an, mich zu interessieren, denn eine solche Frage war mir noch nie gestellt worden.
Große griechische Dichter, Hesiod in seiner *Theogonie* und Homer, haben uns die Götterwelt geschildert, Vergil hat ihnen nachgeeifert. Wir besitzen einen reichen Schatz an Sagen, Überlieferungen von Wundern, göttlichen Erscheinungen und vor allem von zahllosen Buhlschaften der Himmlischen, angefangen mit Jupiter-Zeus. All dies gehört zum Staatskult. Aber ein festes Lehrgebäude?
»Er« – damit meinte der Kleine wieder Tiberius Caesar – »ist nicht unter die Götter erhoben worden, weil er solche Ehren aus niedri-

ger Gesinnung selber ablehnte. So sagt man doch. Oder war es aus geheuchelter Bescheidenheit? Wirklich edle Menschen streben doch nach dem Höchsten.«

»Hast du nie das Wort ›Blasphemie‹ gehört?« fragte ich. »Nie von den beiden Hebräerkönigen namens Herodes, die sich Gott gleichstellen wollten und von Würmern aufgefressen wurden?«

»Die Hebräer«, sagte das Bürschlein, »stammen bekanntlich von einer Schar von Aussätzigen ab, die so entstellt waren, daß die Ägypter sie in die Wüste verstießen. Außerdem beten sie einen wilden Esel an. Da kann natürlich keiner ihrer Könige ein Gott sein.«

»Wenn du groß bist, wirst du all diesen haarsträubenden Unsinn niederschreiben?«

»Erst nach genaueren Forschungen.«

»Also lassen wir die Hebräer«, sagte ich mit gewollt väterlicher Stimme. »Wenn ich dich recht verstehe, würdest du den Gaius Caesar, der sich Jupiter Latiaris nennen ließ und die Mondgöttin auf sein Lager einlud, über Tiberius Caesar stellen? Jener Lucius Vitellius, der in seinen früheren Jahren ein tüchtiger Statthalter von Syrien war, müßte geradezu dein Ideal sein: Er war der erste, der den Caligula als Gott anbetete, sich ihm mit verhülltem Haupte nahte, seinen Körper von links nach rechts im Kreise drehte und sich nach orientalischer Sitte vor ihm zu Boden warf. Daß Caligula dies hinnahm, scheint dir demnach ein Zeichen hoher Gesinnung, wenn die Ablehnung solcher ›Ehren‹ durch Tiberius Caesar für dich Ausdruck einer niedrigen ist.«

»Man kann natürlich auch alles übertreiben«, sagte er, ohne eine Spur von Humor. Obgleich ich ihn nicht dazu ermutigte, sind mir weitere Besuche nicht erspart geblieben.

Dieses Gespräch, so peinlich und töricht es auch war, hat dennoch zu manchen nicht unwichtigen Überlegungen geführt.

Einen Gott *schaffen,* durch Senatsbeschluß, scheint mir mit dem Wesen des Göttlichen nicht vereinbar. Auf keinen Fall kann es sich dabei um einen konstitutiven Akt handeln, etwa wie jemand durch den Willensakt römischer Magistrate ein Amt erhält. Wenn die Götter, wie allgemein angenommen wird, über der Welt, also auch über Rom stehen, kann Rom doch nicht Götter machen! Mein Lu-

cilius, stelle Dir vor: Die Götter zürnen uns, also macht der Senat so viele neue, bis die pro-römische Fraktion im obersten Götterrat die Mehrheit hat!
Es kann sich also höchstens um einen Feststellungsakt handeln: Auf Grund bestimmter Tatsachen dürfe man annehmen, daß die Seele des Princeps, nachdem sie auf Erden ihre Aufgaben erfüllt habe, nunmehr zu den Göttern heimgekehrt sei. Dazu braucht man weder Julier noch Claudier zu sein. Der Tag wird kommen, da der Princeps aus anderen Familien hervorgeht. Auch Philosophen, Dichter, Wohltäter der Menschheit könnten solcher Anerkennung teilhaftig werden – wie man doch vom göttlichen Sokrates spricht, vom göttlichen Platon.
Dabei kann es auch Fehlurteile geben. Man braucht nur an den »Divus« Claudius zu denken! Auf keinen Fall können einem lebenden Menschen göttliche Ehren zuerkannt werden. Wie recht hatte Tiberius Caesar – wie edel war seine Gesinnung – im Gegensatz zur Meinung der Adelscliquen, aus denen der kleine Cornelius stammt –, als er ein solches Angebot des Senats zurückwies!
»Ich bin nur ein Mensch, versammelte Väter«, schrieb er, »und kann nur Menschliches verrichten und lasse mir daran genügen, meinen Platz als Princeps auszufüllen, unerschrocken in Gefahren und unbekümmert um üble Nachrede, wo es das Wohl des Ganzen gilt. Das sind die Tempel, die ich mir in euren Herzen errichten will. Das sind die herrlichsten Standbilder. Die aus Stein verachtet man wie Grabmäler, sobald sich das Urteil der Welt in Abneigung verwandelt.«
Um ihn doch noch umzustimmen, trug man ihm vor: Bei den Griechen sei Herkules, bei uns Romulus, unter dem Namen Quirinus, zu den Göttern erhoben worden. Worauf er antwortete: Sollte man ihm die geschichtliche Echtheit dieser erhabenen Gestalten beweisen können, würde er sich die Sache noch einmal überlegen. Was ihm als höchst gottlose Bemerkung ausgelegt wurde!
Mit der Frage nach dem Problem des Todes, die in so vielen meiner Briefe aufgeworfen wird, ist die nach dem Göttlichen untrennbar verbunden – denn ohne dieses wäre die Unsterblichkeit des menschlichen Geistes sinnlos, ja unmöglich. Man darf indes davon ausge-

hen, daß wir von keinem Volke wissen, dem die Vorstellung einer Macht, größer als die der Menschen, nicht eingeboren wäre. Selbst die barbarischsten Stämme sind nicht so weit außerhalb des Menschentums, als daß sie nicht das Dasein eines höchsten Wesens zumindest ahnen würden.
Du kennst Ovids berühmten Vers über die Erschaffung des Menschen – eines »Wesens, heiliger als alle andern«, die »zur Erde gebeugt sehen und wandeln«:

»Os homini sublime dedit, caelumque videre
iussit et erectos ad sidera tollere vultus.«

Großartiger hätte selbst der höchste Eingeweihte es nicht ausdrükken können ... »ein aufrecht' Gesicht, den Himmel schauen und zu den Sternen erheben das Antlitz« – *das* unterscheidet den Menschen von allen anderen Geschöpfen. Mit den Sternen sind nicht nur die sichtbaren Himmelskörper gemeint, die uns umkreisen.
Ähnlich hatte es schon unser großer Geschichtsschreiber Gaius Sallustius ausgedrückt, der vier Jahre vor der Schlacht von Actium starb: »Jeder Mensch, der sich vor den übrigen Geschöpfen auszeichnen möchte, darf nicht durchs Leben gehen wie das Vieh, das seiner Natur nach den Kopf zur Erde senkt. Unser ganzes Wesen beruht ja auf Geist und Körper: der Geist ist das Herrschende, der Körper das Dienende; den einen haben wir mit den Göttern, den anderen mit den Tieren gemein.«
Daß es im Weltall eine feste Ordnung gibt, auch das ist allen Völkern offenkundig. Sonne und Sterne haben ihre Bahnen, auf Erden wechseln die Jahreszeiten, der Okeanos kennt Ebbe und Flut. Geburt und Tod halten einander die Waage, das Wasser, das zu den Wolken aufsteigt, kommt als Regen zurück. Im Reiche des Geistes, das von der Logik beherrscht wird, ist es nicht anders. Hier gibt es das Gesetz der Zahl, und das ist unabänderlich, wie schon Pythagoras und Euklid erkannt haben. Woher kommt es, daß in jedem Dreieck das Quadrat der Hypotenuse gleich ist den Quadraten der Katheten, daß der Inhalt eines Kegels errechnet wird, indem man seine Grundfläche mit einem Drittel der Höhe vervielfältigt, und daß

man die Grundfläche erhält, wenn man ihren Radius mit einer Zahl vervielfältigt, die etwas über 3,5 liegt.
Die gleichen Gesetze also im großen wie im kleinen – aber im Lebendigen scheinen sie aufgehoben. Daß der Saft der Pflanzen entgegen der Schwerkraft aufsteigt und durch das Leben selber die widerstrebendsten Elemente menschlicher und tierischer Körper vor der Verwesung bewahrt bleiben ... und, größtes aller Wunder, daß uns, die wir einem vergänglichen Geschlecht angehören, das Göttliche und seine Spiegelungen im Schönen entzücken können, und daß wir zu lieben vermögen, selbst wenn die Liebe uns Leid und Tod brächte.
Wer hier von »Zufall« spräche, wählte nur ein anderes Wort für *Gott,* und er wird noch ein erstaunlicheres Wunder zu erklären haben: Wie nämlich vernunftlose Stoffteilchen vernunftbegabte Wesen hervorbringen konnten.
Sobald wir gezwungen sind, eine höhere Macht anzuerkennen, erhebt sich die Frage: Dürfen wir in der Mehrzahl sprechen, oder gibt es nur *ein* göttliches Prinzip, einen Träger der Weltvernunft, einen, der allmächtig ist. Denn gäbe es viele allmächtige Götter, würde sich jede Ordnung von selber aufheben, auch jede Allmacht.
Ab Jove Principium – Iovis Omnia Plena: Aller Ursprung ist Jupiters – Er füllet das Weltall, schreibt Vergil in seiner Dritten *Ekloge. Jupiter Optimus Maximus,* so nennen Ihn Priester und Laien. Der Beste, also kein Besserer, der Größte, also kein Größerer, der Allmächtige – auch dies ein Vergilischer Ausdruck – keiner, der die Allmacht mit Ihm teilt. Für die Hebräer steht dies alles außer Frage, doch auch die Hindus erkennen über der Vielzahl ihrer Götter einen höchsten Weltenlenker an, der sich in den verschiedensten Geistern, die Ihm dienen, offenbart.
In meinem Werke *De Beneficiis* habe ich manche dieser jugendlichen Überlegungen aufgegriffen. Lies es gelegentlich nach, mein Lucilius. Wir können den Träger der Weltvernunft mit vielen Namen anreden. Platon sprach vom *Logos,* dem schaffenden Worte, und von den *Logoi Spermatikoi,* den Samen des Logos, die in uns sind. Doch da der Eine nicht aufgeteilt werden kann, bedeutet dies, daß ein Funken vom heiligen Feuer in uns glüht. Vielleicht daß wir

dadurch zu den selbstbewußten Wesen geworden sind, die sich von allen anderen unterscheiden. Der Eine Gott, das Bewußtsein des Kosmos, erlaubt uns, zum Bewußtsein unser selbst und zum Bewußtsein Gottes zu gelangen.

Wenn wir demnach von Jupiter Optimus Maximus sprechen, so umschließt dies bereits alles. Wir können Ihn aber auch den Vater der Grazien nennen, aller Schönheiten, die Er mit Eurynome gezeugt hat, der »Tochter des Okeanos«, der unendlichen Weite, wie ihr griechischer Name besagt. Wir können Ihn den Donnerer nennen, auch den *Stator,* nicht weil Er römische Schlachtreihen im Kampfe des Romulus gegen die Sabiner zum Stehen brachte, als sie schon fliehen wollten, sondern weil durch Seine Gnade das Weltall in festen Bahnen gehalten wird. Selbst *Fatum* dürften wir sagen, denn Sein Wille ist das Schicksal der Welt. Die Stoiker nennen Ihn oft *Pater Liber,* weil Er die Zeugungskraft brachte, durch die sich die Sinnenfreude verbinden kann mit der Fortsetzung des Lebens, ja auch mit der geistigen Liebe. *Jupiter Liberator – Zeus Eleuthérios* – sagt man, Befreier und Bringer der Freiheit. *Ihm* möchte ich, wenn mein Geschick es erlaubt, im Sterben mein eigenes Blut, als höchstes aller Opfer, darbringen.

Von den Hebräern heißt es, sie dürften den Namen Gottes nicht aussprechen, sie sagen *Adonai,* was *der Herr* bedeute, oder auch *Jahwe,* ein merkwürdiges Wort: »Ich bin, der ich bin.« Aber auch wir und die Griechen meinen immer den gleichen Gott – unter welchem Namen wir Ihn auch anrufen. Auch *Herkules* dürften wir sagen, weil Seine Kraft unüberwindlich ist; oder *Merkur,* denn in Ihm ruht das Geheimnis der Zahl. Er ist der Ursprung aller Ordnung, aller Vernunft und aller Wissenschaft. Nichts Törichteres also, denn zu sagen: »Es ist die *Natur,* der wir alles verdanken.« Keine Natur ohne Gott, kein Gott ohne die Natur.

Selbst die Luft, die wir atmen, verdanken wir Ihm, auch wenn wir ihrer Wohltat erst gedenken, sobald wir sie nicht mehr haben. Und das Licht, von dem die hebräischen Schriften sagen, sie sei Gottes erste Schöpfungstat! Es erfüllt die Welt und hält sie im Gleichgewicht. Dazu die Wärme unseres Blutes, die auch im strengsten Winter nicht verfliegt. In Ägypten hat mich ein alter Priester vielleicht auf den schlüssigsten aller Gottesbeweise aufmerksam gemacht: Ein »naturwidriges« Gesetz, das nur eine planende, eine höchste Weisheit in die Natur des Wassers gelegt haben kann, ist die Voraussetzung allen irdischen Lebens. Dadurch, daß es sein größtes Gewicht erreicht, ehe es friert, bleiben die Wasserbecken der Erde immer gefüllt. In nördlichen Gegenden mag ihre Decke im Winter zu Eis werden, aber darunter bleibt alles Leben erhalten. Wäre es anders, dann hätte sich schon vor unendlichen Zeiten die Erde mit einer Eisschicht bedeckt, Hunderte von Klaftern dick, bis hinunter auf den Boden aller Meere, Seen und Flüsse.

Sag also wieder: »Die Natur tat dies« – es ist doch immer der gleiche, der uns erschuf und erhält, und der den Samen aller Jahrtausende, den Samen aller Künste in uns gelegt hat. Es ist Gott, unser Meister, der aus den Tiefen unseres Wesens unsere Begabungen hervorruft. Hierzu ein menschliches Beispiel: Wenn Du ein Geschenk von Seneca erhalten hast und dann sagst, dem Lucius seist Du verpflichtet, oder dem Annaeus, Du würdest nur die Namen ändern, nicht aber den Spender, denn er ist der gleiche, ob Du ihn bei seinem ersten, seinem zweiten oder seinem dritten Namen nennst. Eins in drei und drei in eins, wie Gott eins ist in der Vielfalt, und die Vielfalt eins in Ihm. Ohne das eine könnte die Vielfalt nicht bestehen, sie wäre zusammengestürzt bereits im Augenblick ihres Werdens.

Daß der Mensch sich selber gegen mancherlei Ungemach schütze, dazu ward ihm die Vernunft gegeben. Du kannst nicht erwarten, daß Gott sich um das Reisegepäck eines Mannes kümmere, weil dieser besonders tugendhaft ist. Dafür gibt es Versicherungsgesellschaften, die Gott solcher Sorge entheben.

Nun bitte ich Dich, mein Lucilius, stoße Dich nicht an zwei Dingen: Einmal, daß ich mit all meinen Lehren von Gott und den göttlichen Tugenden das Irdische sehr ernst nehme. Es zu verachten, entspräche nicht dem Willen seines Schöpfers. Und zum andern, daß ich auch weiterhin oft von den »Göttern« sprechen werde. Daran ist man gewöhnt, und fast verbietet es einem die Scheu, den Einen zu nennen, für den es so viele Namen gibt und dennoch keinen.

Im allgemeinen Sprachgebrauch wird es nicht anders sein, denn schon die Namen der Planeten werden dafür sorgen, daß man die der Götter nicht vergißt. Jupiter wird weiter die Nächte erleuchten, auch wenn man Ihn auf dem Capitol nicht mehr verehren sollte. Mars wird seines roten Scheines wegen der Kriegsgott bleiben, und Merkur der Gott der Kaufleute und der Diebe.

Selbst die Barbaren von heute, soweit sie dann gebildet sind, werden beim Styx schwören, oder doch beim Herkules, und Aphrodite und ihr Söhnlein Eros werden nie ihre Macht verlieren, selbst wenn der dreieinige Gott, von dem jener Paulus aus Tarsos spricht, oder gar der eifernde der Hebräer – was die Götter verhüten mögen! – zur Herrschaft käme.

9. Kapitel

Schon zu Beginn seiner Regierung hat Tiberius Caesar des öfteren Capri besucht. Man nahm damals an, es sei seine Verehrung für Divus Augustus, die ihn zur Stätte hinzog, wo der Verewigte von der Welt Abschied genommen hatte. Das hat sicherlich mitgespielt, ebenso wie sein Entschluß in viel späterer Zeit, Capri zum dauernden Aufenthalt zu wählen, immer noch damit zu tun hatte.
Mehrmals durfte ich den Kaiser begleiten, dank meinem Vater, der bei den meisten Inselfahrten zugegen war. Bei den Felsentürmen und im kleinen Städtchen im Sattel der Insel weihte Tiberius Caesar Altäre ein für Divus Augustus. Die Priester wählte er aus der Bevölkerung, darunter auch einige, die ich als Fischerjungen bei unserer ersten Landung kennengelernt hatte. Er gab strengen Befehl, daß keine Bäume mehr gefällt und die Wasseradern der Insel geschont würden. Kahlgeschlagene Stellen ließ er aufforsten.
Durch die Fragen, die er mir stellte und die Berichte, die er sich von meinem Vater geben ließ, war er über den Fortgang meiner Studien gut unterrichtet. Auf seinen Rat hin beschäftigte ich mich auch mit moderner Strategie und mit der Technik des Bandenkriegs, wie er vor allem in Nordafrika und in Germanien gegen uns geführt wird. Solche Kenntnisse sind mir später sehr zustatten gekommen. Beim drohenden Aufstand in Judaea sollten unsere militärischen Führer auf diese Art des Krieges besser vorbereitet sein!
Zum Abschluß meiner Ausbildung, meinte Tiberius Caesar, solle ich eine Reise nach Griechenland und in den Orient unternehmen. Hellas sei das Geburtsland der Rhetorik, der Philosophie, aller Regierungssysteme und ihrer Verkehrungen: der Demokratie wie der

Ochlokratie, der Monarchie und der Tyrannis, der weisen Ordnung eines Solon und eines Perikles, aber auch der Anarchie!
Ich erhielt Reisedokumente, die mich als Sohn eines Senators, eines Freundes des Princeps, auswiesen, und die mir gestatteten, alle öffentlichen Verkehrsmittel zu Wasser und zu Land kostenlos zu benützen. Auch durfte ich meine Briefe durch die Staatspost befördern lassen. Mein Vater versorgte mich reichlich mit Bargeld und überdies mit Anweisungen an die Niederlassungen der Firma Titus Pomponius Atticus, die es ja schon damals in jeder größeren Stadt gab.
Sehr angenehm reiste ich auf der Via Appia bis Brundisium. Die *Mansiones,* die es alle paar hundert Stadien gibt und die mir als Gast der Regierung offenstanden, sind gewiß bequemer und sicherer als die Tavernen. In diesen sind Wanzen noch das geringste Übel. Man kann froh sein, wenn man lebend oder ohne ausgeraubt zu sein davonkommt. Erst während der mittleren Herrschaftsjahre von Tiberius Caesar gelang es, wie Du weißt, diese Übelstände auszuräumen.
Von Brundisium fuhr ich hinüber nach Dyrrachium, verzögerte aber meine Reise um ein paar Tage, um nicht gleichzeitig mit dem fürstlichen Ehepaar anzukommen – Germanicus Caesar und Agrippina Maior, Tochter der Julia, Enkelin Divi Augusti. Ich traf erst in Nikopolis mit den beiden zusammen. Dort hat Germanicus sein zweites Consulat als Kollege Tiberius Caesars, dessen drittes es war, angetreten. Nikopolis schien dafür höchst geeignet zu sein. War die Stadt doch von Divus Augustus gegenüber von Actium gegründet worden, zur Erinnerung an seinen Sieg in dieser letzten Schlacht der Weltgeschichte.
Mein Schulgriechisch erregte freundlichen Spott. Viele fragten mich, ob ich von Beruf Sprachlehrer sei, einer von denen, die meinen, Sokrates und seine Schüler hätten so geredet? Ich hingegen fand, daß es im heutigen Griechisch zu viele »I«-Laute gibt – »Inos« sagen sie statt »Oinos«, und das Beta sprechen sie wie ein »W« aus, als ob die Schafe des Aristophanes »Wie-Wie!« geblökt hätten, statt »Bä-Bä«!
Von Germanicus war ich, wie alle meine Altersgenossen, persönlich

gefesselt. Er war von großer Schönheit, hochgewachsen, blond, die julischen und claudischen Züge waren in edler Mischung in ihm vereinigt. In römischer wie griechischer Literatur war er gleichermaßen bewandert. Seine Rednergabe in beiden Sprachen war bemerkenswert. Tiberius Caesar hätte keinen würdigeren Helfer und nach dem Tode seines einzigen Sohnes, Drusus, keinen geeigneteren Nachfolger finden können. Vielleicht daß sich dann auch Agrippinas zweifellos große Begabung zum Guten gewandt hätte. Sie war bei der Ankunft in Griechenland schon hochschwanger, und in solchem Zustand kann man von keiner Frau Geselligkeit erwarten. Dennoch meine ich, war sie mir gegenüber betont kühl, vielleicht weil sie um die freundschaftlichen Beziehungen meines Vaters zu Tiberius Caesar wußte, dem Oheim und Adoptivvater ihres Gemahls. Sie dürfte ihn schon damals abgründig gehaßt haben.

Germanicus reiste voraus, da Agrippina ihres Zustandes wegen langsamer folgen mußte. In Athen wollten sie wieder zusammentreffen. Ich durfte ihn begleiten, als er die Buchten besuchte, die durch Actium so berühmt wurden.

Gemeinsam besichtigten wir die Waffen, die Divus Augustus den Göttern geweiht hat, dann das Lager des Marcus Antonius – unvergeßliche Erlebnisse für mich, den jungen Außenseiter aus Hispanien. Es war mir, als würde ich vom Sturmwind der Weltgeschichte in die Mitte jener umwälzenden Geschehnisse getragen, die das Antlitz der Erde veränderten, so viele Jahre vor meiner Geburt.

Beiden, dem Sieger und dem Besiegten von Actium, seinem Großoheim Augustus und seinem Großvater Marcus Antonius, brachte Germanicus Weihrauchopfer dar. Freude und Schmerz waren also für ihn an der gleichen Stätte vereinigt. Auch hat er sich nicht, wie später der wahnsinnige Gaius Caesar Caligula, sein unwürdiges Söhnchen, der Abstammung von Marcus Antonius dessen niedriger Geburt wegen geschämt. Noch niedriger vielleicht als Marcus Vipsanius Agrippas, von dem Agrippina Maior und damit Caligula und Nero Caesar abstammen. Böse Zungen behaupten bis zum heutigen Tage, daß Julius Caesar den jungen Marcus Antonius eines Abends in der Subura kennengelernt habe ...

Wie auch immer: Jetzt rinnt das Blut dieser Männer dunkler Her-

kunft in den Adern aller Mitglieder des Caesarenhauses. Andere Nachkommen des Marcus Antonius, aus seiner Verbindung mit Cleopatra, sitzen auf afrikanischen Königsthronen.
Da durch die Reise des Germanicus – und da er in Nikopolis sein zweites Consulat angetreten hatte – die Römer an die Bedeutung von Actium erinnert worden waren, sandte ich auf gut Glück einen ausführlichen Bericht über diese Schlacht an die *Acta Diurna*. Es mußte den Sieger und dessen Nachfolger nur erhöhen, wenn man die Macht und die Bedeutung auch des Besiegten pries, dessen Urenkel für die Herrschaft ausersehen war!
Ich betonte die alte Freundschaft von Caesar Octavianus für seinen Schwager Marcus Antonius, der nur durch ein ränkesüchtiges Weib, die Ägypterin Cleopatra, zum Kampfe gegen das Vaterland verführt worden sei. Sie habe ihn dazu gebracht, daß er seine römischen Gewohnheiten aufgebe und sich in fremdländischen Luxus stürze. Auch von den Göttern Roms habe das böse Weib ihn abspenstig gemacht. Was aber bete man in Ägypten an? Reptilien und allerlei blödes Vieh! Octavia, seine treue Gemahlin, Caesar Octavianus' Schwester, und die Nachkommen aus dieser Ehe habe er verstoßen, und dafür seine Kinder mit der Cleopatra zu Erben großer Teile des Römischen Reiches eingesetzt. Helios und Selene, Sonnengott und Mondgöttin, nenne er diese Bastarde und dulde, daß man ihn selber als Osiris oder Dionysos bezeichne. Ganz offensichtlich habe ihn die Ägypterin mit Zaubermitteln um den Verstand gebracht. Wäre es gelungen, ihn nach Rom zurückzuführen und aus den Banden jenes Weibes zu lösen, vielleicht, daß alles wieder gut geworden wäre.
Dann beschrieb ich die Schlacht in dramatischen Einzelheiten. Hierfür hatte ich viele Aufzeichnungen, Berichte von Augenzeugen darunter, im Stadtarchiv von Nikopolis gefunden. In Rom war manches davon unbekannt oder längst vergessen:
Wie schwimmende Festungen ragten die Schiffe des Antonius aus den Fluten, mit hochragenden Türmen, die furchtbare, weitreichende Wurfmaschinen trugen: Hagelschauer von Steinen, Pfeilen, eisernen Wurfgeschossen prasselten auf die Angreifer nieder. Viele dieser Schiffe waren auf allen Seiten eisengepanzert, eine neuartige

Einrichtung, die zwar einen gewissen Schutz gewährte, dafür aber die Beweglichkeit stark hemmte.
Caesar Octavianus' Schiffe waren viel kleiner, aber dafür sehr schnell und hervorragend manövrierfähig. Wie Wolfsrudel stürzten sie sich auf die feindlichen Festungen. Wenn die ersten Rammstöße die Panzerung nicht durchbrachen, wandten sie sich anderen Schiffen zu, kehrten plötzlich um und versetzten dem verwundeten Gegner den Todesstoß. So blitzschnell und unerwartet mußten diese Angriffe sein, daß die Wurfmaschinen nicht in Tätigkeit treten konnten oder über das Ziel hinausschossen.
Als sei Poseidon selber aus den Wellen gestiegen, schrieb ich, schäumte das Meer auf – sinkende Schiffe, Krieger, die in den Fluten rangen, immer noch kämpfend, bis sie einander in die Tiefe zerrten. Die Ruder zu zerbrechen, das Steuer abzuhacken, bis der Feind sich nicht mehr rühren konnte, dann hinaufzuklettern wie auf eine Festungsmauer – das war Caesar Octavianus' Taktik. Eine Seeschlacht, die zum Teil auf den Decks, den sehr großen, der feindlichen Schiffe ausgefochten wurde, als kämpfe man zu Land – das war das wesentliche, neue Kennzeichen von Actium. In anderer Hinsicht erinnert die Schlacht aber an die von Salamis: Da haben die schnellen kleinen Schiffe der Griechen, unter Führung des Atheners Themistokles, die gewaltige Flotte des Perserkönigs Xerxes vernichtend geschlagen.
Doch wogte der Kampf lange unentschieden hin und her, bis Cleopatra ihren Schiffen plötzlich den Befehl erteilte, mit vollen Segeln und fluchtartig das Schlachtfeld zu verlassen. Worauf Marcus Antonius, blind in seiner Liebe und dieser Frau völlig hörig, gleichfalls die Flucht befahl. Im Stich gelassen von ihrem Feldherrn kämpften aber viele seiner Schiffe weiter, und noch war der Sieg keineswegs sicher.
Die Entscheidung brachte der furchtbare, aber nötige Entschluß Caesar Octavianus', von seinem Lager auf dem Festland Feuer holen zu lassen. Damit begann der letzte und grauenvollste Abschnitt dieser Schlacht: Töpfe mit brennendem Pech, Speere, umwickelt mit flammenden Tüchern, Fackeln und Körbe voll glimmender Holzkohle wurden geschleudert. Mit dicken Mänteln, ja mit den

Leichen ihrer gefallenen Kameraden versuchten die Mannschaften der feindlichen Schiffe die Brände zu ersticken, aber ein rasender Wind brach los, und die Flammen loderten nur noch gieriger empor.

Als der Abend dieses zweiten September des Jahres 722 a.u.c. hereinbrach, versanken die letzten Schiffe des Marcus Antonius wie ein Heer von Sonnen und glühenden Sternen in einem kochenden Feuerkessel in den Fluten des Ionischen Meeres. Leuchtend aber, um nicht mehr unterzugehen, stieg auf der Stern des *Divi Filius,* des zu den Göttern erhobenen Venussprossen, Caesar Octavianus', bald schon Augustus, der Erhabene und Geheiligte.

Als ich von meiner großen Reise heimkehrte, entdeckte ich, daß nicht nur die *Acta Diurna* meinen Bericht in Fortsetzungen veröffentlicht hatte, sondern daß er auch zur höheren Ehre des Caesarenhauses in den Geschichtsunterricht für Schüler bis zum sechzehnten Jahre aufgenommen worden sei. Daran hat sich nichts geändert, obgleich die neuere Forschung zu verschiedenen anderen Ergebnissen gelangt ist.

In Patras bat ich Germanicus, mich zu entlassen. Ich wollte Olympia besuchen, das auf einer guten Straße leicht zu erreichen war. Eine traumhafte Landschaft, Ölbäume, deren Stämme auf die erste Olympiade, einige Jahrzehnte vor Gründung der Stadt, zurückgehen, weite Matten bunter Blumen und Reihen edler, schlichter Säulen, wie die Dorer sie schufen. Im Stadion übte sich nackte Jugend im Wettlauf, im Diskus- und Speerwerfen und den anderen olympischen Sportarten. Eine Tafel sagte mir, daß Tiberius Caesar der erste nichthellenische Olympionike sei, und zwar im Wagenrennen. Von Olympia reiste ich in einem zweirädrigen Wagen die enge gewundene Straße am Golf von Korinth entlang. Eine lange Fahrt, aber von beglückender Schönheit – hinter jeder Biegung ein neues Bild! Am Abend des zweiten Tages erreichte ich Athen. Auch die Vororte, vor allem die Hafenstadt Peiraius, prangten in Festschmuck. Man hatte Germanicus und Agrippina mit höchsten Ehren und vielen schmeichelhaften Reden empfangen und es geschätzt, daß er, obgleich nun Consul, sich von einem einzigen Lictor begleiten ließ. Nun waren sie weitergereist, über die Insel Eu-

boea nach Lesbos. Dort gebar Agrippina ihr jüngstes Kind, Julia Livilla. Kein delphisches Orakel hätte mir, dem damals Zwanzigjährigen, voraussagen können, welche Bedeutung dieses Ereignis in meinem Leben haben werde.
Erst als ich Consul war, habe ich Lesbos einmal besucht. Ich wollte das Haus sehen, in dem Julia Livilla auf die Welt kam, aber niemand wußte mehr darum. Wahrscheinlich war es von Grundstückmaklern gekauft, eingerissen und durch eine geschmacklose, moderne Fremdenherberge ersetzt worden. Hingegen zeigte man mir ein Haus, in dem die Sappho gewohnt haben solle. Ich hielt es nicht für echt. Immerhin sind seit dem Tode dieser großen Dichterin über sechshundert Jahre vergangen. Also wahrscheinlich ein auf »alt« hergerichteter Neubau, um die Touristen zu beeindrucken. Dabei fiel mir auf, daß man auf ihrer Insel gar nicht gerne von ihr spricht, so als schäme man sich ihrer. Am »schlechten Rufe«, den Sappho heute habe, sagte man mir in Mytilene, sei jener Anakreon aus Teos schuld. Der habe, weil ein hübsches Mädchen sich über seine weißen Locken lustig machte, in gekränktem Stolze in einem seiner leichtfertigen Gedichte geschrieben:

»Doch ach, sie stammt aus dem herrlichen Lesbos
Und folgt einem andern Mädchen mit völlig verzaubertem Blick.«

Damals, fünfzig oder sechzig Jahre nach Sapphos Flucht nach Sizilien, muß es also auf Lesbos noch hübsche Mädchen gegeben haben. Jetzt hingegen! Ich wurde bereits am Hafen von den häßlichsten weiblichen Geschöpfen, die ich je gesehen habe, in Empfang genommen. Während meines ganzen Aufenthalts sah ich kein einziges Mädchen, das Mann oder Frau das Herz hätte erweichen können. Ein boshafter Festlandgrieche, mit dem ich darüber sprach, meinte: Sappho habe die meisten hübschen Mädchen nach Sizilien mitgenommen, dann sei ihr auch die nächste Generation gefolgt, bis nur noch häßliche übrigblieben – die Ahnmütter der heutigen!
Manche meiner römischen Landsleute, in ihrer bekannten Taktlosigkeit, haben sich darüber lustig gemacht, daß die Archonten von Athen bei der Begrüßung von Germanicus und Agrippina auch viel

von den Taten ihrer eigenen Vorfahren sprachen, von Marathon und Salamis, von Plataea, von Leuktra, Mantinaea und Chaironeia.
Es ist ein großes und edles Volk, das den Sturm aus dem Osten abwehrte, die Meeresfluten des ungeheueren Perserreiches. Wüßten wir in Rom noch von Hesiod und Homer, von Sokrates, Platon, Aristoteles, von Sophokles, Aeschylos, Euripides und den anderen Großen, wenn Hellas zur persischen Satrapie geworden wäre?
Bei aller Zersplitterung, kaum daß die ärgste Gefahr vorüber war, dennoch Gesetze gebend auch den Siegern, nicht zuletzt uns Römern! 190 Jahre vor meiner Geburt hat Titus Quinctius Flamininus, der Hellas niederwarf, bei den Isthmischen Spielen in Korinth, wiederum mit römischer Taktlosigkeit, die Besiegte zur »Freigelassenen« Roms erklärt. Aber wer bestimmt unsern Baustil, woher haben unsere Dichter ihr Versmaß, unsere Philosophen ihre Systeme?!
»Römische Taktlosigkeiten?« Bin ich nicht selber Römer? Gewiß, aber auch Hispanier, und daher kann ich mein Rom kritisch betrachten. Doch nun zur Geburtsstätte all unserer Bildung – nach Athen!
Noch am Abend meiner Ankunft stieg ich zur Akropolis. In jugendlicher Ehrfurcht ging ich die Stufen hinauf zum einzigen Eingang, den Propylaeen aus herrlichem pentelischem Marmor. Auch ihr Dach besteht aus dem gleichen, lebendigen Stoff. Perikles hat sie nach der Verwüstung der Akropolis durch die Perser, sechzig Jahre nach der Schlacht von Marathon, erbauen lassen.
Ich ging zum kleinen ionischen Tempel der Nike auf dem Vorsprung des Burgfelsens und sah die Sonne untergehen hinter dem Aigaleon. Das Meer um die Inseln Salamis und Aigina war ganz in Gold und Purpur getaucht.
Als ich mich dem Parthenon näherte, leuchtete es auf wie im Scheine von tausend roten Fackeln, als hätten die Götter von Hellas ihre Lieblinge zu einem Gastmahl geladen.
Wäre nicht viel Volk im Heiligtum versammelt gewesen, ich hätte kaum gewagt, es zu betreten. Scheu, bewußt, daß man mich als »Barbaren« erkannte, näherte ich mich Pallas Athene, Phidias' Meisterwerk. Es ist aus Gold und Elfenbein gebildet, auf ihrem Helme

trägt die Göttin eine Sphinx, auf ihrer Brust, in Elfenbein, das Medusenhaupt. Ihr weißes Gewand wallt bis zu den Füßen hernieder. Darunter sieht man die Geburt der Pandora, die, wie es heißt, die erste Frau gewesen sei.

Im Giebel ist die Geburt der Athene aus dem Haupte des Zeus dargestellt. Im Hintergrund erkennt man in hellem Fresco den Streit Poseidons mit Athene um den Besitz des Landes. Zeus gab es seiner Lieblingstochter, denn sie brachte den Ölbaum – Poseidon hatte das Pferd geschenkt, und der Ölbaum war wertvoller.

Erinnerst Du Dich, mein Lucilius, daß ich Dir vor ungefähr zwei Jahren über die wahren Güter schrieb? Heute will ich Dir sagen, daß der wesentlichste Teil jenes Briefes auf mein Jugenderlebnis im Parthenon zurückgeht.

»Wer *diese* Gestalt erblickt«, schrieb ich Dir, »höher und glänzender als alles, was man in der Menschenwelt schauen kann, der muß bei dieser Begegnung mit dem Göttlichen starr dastehen voll Ehrfurcht und kann nur still das Gebet sprechen: ›Erlaubt mir Eueren Anblick‹. Wenn man, ermutigt von ihren gütigen Blicken, heranträte, im Gebet, in Andacht versunken und die erhabene, gewohntes Menschenmaß weit überragende Gestalt mit dem strahlenden Blick ihrer milden und doch so feurig flammenden Augen, lange, lange anschaute, müßte man dann nicht in die Worte Vergils ausbrechen: ›Jungfrau, wie sprech' ich dich an? Du hast nicht menschliche Züge, und nicht sterblich erklingt deine Stimme. Sei gnädig, wer du auch seist, und mach leicht unsere Nöte!‹«

»Wie sie verehren, mein Lucilius?« so fragte ich in jenem Briefe. Nicht durch Abschlachten von feisten Stieren, durch Gold und Silber und andere Spenden für ihre Schatzkammer. Nein – durch ein frommes, aufrichtiges Herz. Könnte man sie leibhaftig schauen, ein jegliches Gemüt würde für sie in heißer Liebe erglühen –

Vergil muß dieses Werk des Phidias vor Augen gehabt haben, als er seine Vierte *Ekloge* schrieb:

»Schon kehrt wieder die Jungfrau, kehrt wieder saturnische Herrschaft
Schon wird neu ein Sproß entsandt aus himmlischen Höhen ...«

Als ich vom Parthenon zum kleinen Nike-Tempel ging, nahe den Propylaeen, war die Sonne hinter dem Aigalion versunken. Ein tiefroter Schimmer zeigte ihren Abschied. Da dachte ich an Rom – die gleichen Säulen wie hier auf der Akropolis, die gleichen Götterbilder – *Hellas,* das der Stadt ihr Gepräge gab. Ja bis nach Hispanien und Lusitanien und weit hinauf nach Norden, den Rhein entlang, bis nach Britannien und selbst über die östlichen Grenzen des Alexanderreiches hinaus – es ist der gleiche Geist, dem wir und so viele andere Völker Sitte und Bildung verdanken.
Und wer, auch heute noch, nach vier Jahrhunderten, wenn er vom Suchen spricht nach dem Guten und Schönen, vom Eros und von der Freundschaft zwischen Edlen, wird je andere Begriffe verwenden können als die, welche in den beiden Symposien und in den platonischen Dialogen zuerst und für immer geprägt wurden? Das Gespräch, das Sokrates mit dem jungen Phaidros am Ufer des Ilissos geführt hat, besitzt Ewigkeitswert.
Mein Gepäck war von den Dienern zum Hause eines Gastfreundes meines Vaters, des Archonten Agathokles, gebracht worden. Zu Fuß wanderte ich durch die Töpferstadt, vorbei an dem uralten Ölbaum, in dessen Schatten Platon seine Jünger versammelte. Bis ich, nicht weit von der Stoa, das Haus des Agathokles fand, wo man mich höflich auf Lateinisch begrüßte.
An diesem gleichen Abend begann eine Freundschaft, die für vieles in meinem Leben bestimmend werden sollte, mit dem Sohne des Archonten, zwei oder drei Jahre älter als ich. Als Lycidas ist er in die Geschichte meines Lebens eingegangen. So nannte ich ihn, denn wie ihn stellte ich mir den jungen Hirten vor aus den Gedichten des Theokritos von Kos und den Vergilischen *Eklogen.* Er wiederum gräzisierte meinen Namen Lucius in *Loukianos.*
Lycidas sprach fließend Latein und beherrschte die beiden Formen des Griechischen, das heutige und jenes der platonischen Zeit. Sein dichtes, leicht gewelltes Haar lag auf seinem feingeschnittenen Jünglingskopf wie ein Helm aus dunklem Golde. Sein Mund war klar gezeichnet, »wie der Bogen des Eros«, gemäß hellenischer Ausdrucksweise, seine Augen war von tiefem Blau, mit einem

goldenen Funken. Er war bartlos, ein Hauch attischer Sonne lag auf seinen Wangen und seinem ganzen Körper.

Was ihn aber von den Jünglingsgestalten früherer Zeiten unterschied, war seine eigene, ausstrahlende Persönlichkeit, herangereift durch die Generationen platonischer Logos-Erkenntnis, und vielleicht auch durch den Einfluß der nun schon über zwei Jahrhunderte währenden römischen Herrschaft.

Wir alle, mein Lucilius, sind in griechischem Geiste erzogen worden, ob wir der Philosophie Zenons, des Stoikers, folgen, ob wir Zyniker oder Epikureer sind – und unser aller Meister ist Sokrates, mit Platon, seinem größten Schüler. Dennoch sehen wir Griechenland meist nur durch römische Augen, wie Barbaren, die staunend vor den Werken eines unterworfenen Volkes stehen. Daher auch die Taktlosigkeiten, von denen ich sprach, und je mehr wir dem heutigen Griechenland Wirtschaftshilfe zukommen lassen, weil man es doch seiner Armut wegen bemitleiden muß; desto unbeliebter machen wir uns und desto weniger verstehen wir die hellenische Seele.

Unter den vielen Freundschaftsgaben, die ich Lycidas verdanke, ist, daß er mich lehrte, Griechenland durch seine hellenischen Augen zu sehen. Das hat später sogar große praktische Bedeutung erlangt, als ich mich mit den Verhältnissen des Griechisch sprechenden Ostens befassen mußte. Damit hat auch zu tun, daß ich versuchte – bis jetzt mit Erfolg –, Nero Caesar von einer Griechenlandreise abzuhalten. Wenn er auch zehnmal beim Olympischen Wagenrennen zu Boden stürzte, mit verhaltenem Lachen würden die Griechen ihm alle Siegespreise zuerkennen. Sie haben viel Sinn für unfreiwillige Komik, aber das Ansehen Roms würde Schaden leiden.

Noch aus einem weiteren Grund würde ich eine solche Reise für verhängnisvoll halten. Weiß ich doch, daß er kraft seiner fürstlichen Gewalt seine Einweihung in die Eleusinischen Mysterien erzwingen möchte. Über deren Wesen, das den Mithräischen nicht unähnlich ist, wurde ich durch Lycidas, der trotz seiner Jugend ein Eingeweihter war, in großen Zügen unterrichtet:

Wer die Einweihung erzwänge, sagte er, ohne dafür gerüstet zu sein, käme aus dem dreieinhalbtägigen Schlaf, in den ihn der Hierophant versenkt, nicht mehr zurück, oder aber als Wahnsinniger, mit einer unendlich ins Böse gesteigerten Macht über die Menschheit. Denn während dieses »Schlafes«, der keiner ist, erlebt sich der Adept leibfrei als bewußter Geist im Reiche des Geistes. Man kennt solche Fälle von früheren Tyrannen. Die hielten sich, als sie in ihren Körper zurückkehrten, für einen Gott, wenn nicht sogar für *den* Gott.

Bei uns in Rom haben die klugen Oberpriester der Mithräischen Mysterien rechtzeitig Vorsorge getroffen. Sie verliehen Nero Caesar ehrenhalber den Siebten Grad, er wurde *Pater,* und eine schöne Jünglingsstatue von ihm wurde im römischen Heiligtum, dem Mittelpunkt des ganzen Kultes, zu Füßen des Esquilin, aufgestellt. Aber sein Rang blieb ein rein nomineller, etwa wie man einem angesehenen Bürger die Consular- oder Triumphalabzeichen verleiht, ohne daß er jemals Consul war oder einen Triumph feierte. Durch die Riten wirklicher Einweihung in die Mithräischen Mysterien ist Nero Caesar nie gegangen.

Lycidas' und meine Freundschaft war nicht frei von Problemen und gelegentlichen Streitgesprächen. Er war ein moderner Grieche, während für mich Griechenland immer noch das perikleische war, das sokratische und platonische oder, mit einem Sprung nach »vorne«, vielleicht das alexandrinische. Ich schwärmte von der Stoa – Lycidas wies lächelnd hin auf die geschäftigen Schwätzer, die sich jetzt dort breitmachten. Manchmal schmerzten mich seine Worte, aber bald war ich ihm doch für seine aristotelische Nüchternheit und das »attische Salz« seiner Gespräche dankbar; dieser leise, doch nie bösartige Spott befreite mich von mancher Schwärmerei. Als ich wieder einmal von den erhabenen Lehren des Zenon und der Bedürfnislosigkeit des Diogenes träumte, der bekanntlich keinen anderen Wunsch hatte, als daß Alexander ihm ein wenig aus der Sonne gehe, sagte Lycidas:

»Schau dir doch diese Männer mit den gierigen Augen einmal genauer an, mein Loukianos! Alles leere Prahler. Der dort, der läßt seinen schmuddligen Bart lang wachsen, um wie ein Philosoph auszusehen, die Augenbrauen zieht er hoch und wirft seinen schäbigen Mantel über die Schultern – als wenn er nicht Dutzende guter Klei-

dungsstücke besäße! Der andere da, der geht barfuß, auch das gehört zum Geschäft. Sie tun so, als hätten sie alle Weisheit gepachtet, alle Tugend, allen Mannesmut, dabei sind sie Speichellecker, zum Teil Analphabeten und können wahrscheinlich nicht einmal schwimmen. Auf ihre Mitmenschen schauen sie mit Verachtung herab. Einen Mann aus guter Familie beschimpfen sie einen Weichling, den aus schlichten Verhältnissen beschränkt, einen hübschen Jungen, vor allem, wenn sie ihn nicht kriegen können, nennen sie lasterhaft, einen häßlichen einen Einfaltspinsel. Den Reichen beschuldigen sie der Habgier, den Armen, daß er unterwürfig sei.«
Und ihre Bedürfnislosigkeit? »Ich wette, daß jeder dieser modernen Diogenesse ein fettes Konto beim Bankhaus Titus Pomponius Atticus in Athen hat!«
Verwirrt fragte ich: »Ob das immer schon so war? Hat auch Sokrates nur Komödie gespielt – hier, wo wir jetzt stehen, am Ilissos, beim Heiligtum des Pan, unter dieser Platane, alles nur, um den jungen Phaidros zu beeindrucken? Komödie, nichts als Komödie bei den Gastmählern, da er über den Eros sprach?«
Da umarmte und küßte mich Lycidas. »Nein, Loukianos. Mit Eros kann man nicht Komödie spielen.«
Nahe dem sanften Ufer des Kephissos fanden wir das Haus, in dem Agathon das Gastmahl gab, und dann im Piraeus das Haus des Kallias, wo dieser zu Ehren des Knaben Autolykos, um dessen Liebe er warb, des Siegers im Pankration beim großen Panathenaeenfest, das Symposion, wie Xenophon es schildert, bereitete. Autolykos, des Lykon Sohn, ist als Jüngling im Kampfe gegen die dreißig Tyrannen heldenhaft gefallen.
Für mich Ereignisse, so gegenwartsnahe, als hätten sie gestern stattgefunden – für Lycidas geschichtliche Erinnerungen aus einer vierhundertjährigen Vergangenheit. Wieder, als ich gerade zu schwärmen begann, machte er eine seiner nüchternen, mit leichtestem hellenischem Humor gewürzten Bemerkungen, die ich nie vergessen habe:
»Ihr in Rom habt doch jetzt so einen eigenartigen Begriff geprägt – ›platonische Liebe‹. Daran richtet ihr euch auf, verkündet sie in eueren Schulen, während die Praxis doch ganz anders aussieht.

Verzeih mir, Loukianos, wenn ich sage: Dieser Begriff, so wie ihr ihn verwendet, zeugt entweder von Unbildung oder von Heuchelei. Nie hat Platon gemeint, Eros dürfe sich nur im Geistigen bewegen und jede sinnliche Freude sei niedriger Art. Nur solle das Sinnliche, da es seinem Wesen nach keinen langen Bestand habe, nicht die ausschließliche Bindung zwischen zwei Menschen sein. Aber es zu verneinen, das wäre, als lüde man zu einem Symposion ein, mit köstlichem Silber und erlesenen Gefäßen ringsum – aber ohne dem Gast Speise und Trank vorzusetzen, weil dies doch sinnliche Genüsse seien, unwürdig des hohen Ethos von Liebe und Freundschaft!«

Wir sind noch mehrere Wochen zusammengeblieben, besuchten dabei auch Sparta, heute eine kleine Stadt, aber mit Denkmälern einstigen Ruhms. Das Forum nennen sie Tanzplatz, weil hier bei den Gymnopaedien die Chöre nackter Knaben und Jünglinge ihre kultischen Tänze aufführten, vor den Standbildern des Apollo und der Artemis und ihrer Mutter Leto. Am Grabmal des Freundespaares Orestes und Pylades brachten wir ein Weihrauchopfer dar. Ehrfurchtsvoll besuchten wir die Heiligtümer der Athene, der Hera, des Zeus und vieler anderer Gottheiten, die auch in Athen verehrt werden. Und doch haben diese beiden Städte in zahllosen Kämpfen einander zerfleischt, bis Alexander der Große und dann wir sie an ihr gemeinsames hellenisches Erbe erinnerten.

Auf dem Wege von Sparta nach Arkadien kamen wir zum schönen, schlichten Tempel des Achilles und des Patroklos, des homerischen Freundespaars, mit dem die Geschichte von Hellas beginnt, wie sie mit Alexander und Hephaistion ihr eigentliches Ende findet.

Dieser Tempel ist uralt; ein Nachkomme des Achilles, sagen die Spartaner, habe ihn für die Epheben erbaut. Dort opfern diese, wenn sie an den Wettkämpfen teilnehmen wollen, und beim Genius der Freundschaft geloben sich die Jünglingspaare ewige Treue.

Als wir vom Peloponnes zurückkehrten, besuchten wir das Orakel von Delphi, und ich bat Apollo, mir durch den Mund der Pythia einen Spruch zu schenken. Ich erhielt ihn, doch will ich darüber noch nicht sprechen, denn vielleicht werde ich erst zur Zeit der Großen Wende seinen Sinn verstehen. Über dem Parnaß sahen wir vierzehn

Adler kreisen, die Boten des Vaters. Nie werde ich diesen Anblick vergessen.

Dann wieder Athen – wir tranken aus der Quelle des Ilissos, am Abhang des Hymettos, des Honigberges, wo Sokrates oft mit seinen Jüngern wandelte. In silbrigem Golde kommt hier die Sonne herüber in diesem lebendigen Lichte von Hellas, aus dem die Künstler die Säulen der Tempel bildeten. Ein Licht, das sich stetig wandelt, zu jeder Stunde ist es ein anderes, aber immer schöner Deutungen voll.

Auch im Felsenkerker hinter der Akropolis standen wir. Von hier ist Sokrates zu den Göttern aufgestiegen, hier hat er auch unter den Menschen ein ewiges Leben, ein immerwährendes Gedächtnis erhalten. Doch als ich von den dreißig Tyrannen sprach, die ihn zum Schierlingsbecher verurteilten …

»Loukianos, auch du machst diesen Fehler? Die dreißig waren längst gestürzt, als Sokrates sterben mußte. Seine Henker waren die dreißigtausend Tyrannen der wiedererstandenen athenischen Demokratie. Für sie war er ein ›Volksfeind‹, weil er den Willen der Mehrheit nicht ohne weiteres mit Recht und Tugend gleichsetzte. Alles andere war nur ein Vorwand, daß er die Jugend verderbe, neue Götter einführe …«

Auch zum Schlachtfeld von Marathon führte mich mein Lycidas. Damals waren erst zwanzig Jahre vergangen, seitdem Lucius Brutus den König Tarquinius Superbus gestürzt und das Consulat geschaffen hatte. Vielleicht daß es das ganze Römische Reich nicht gäbe, wären die Knaben und Jünglinge Athens nicht im Kampfe gegen die Heere des Großkönigs siegend gestorben.

Eines Morgens wanderten wir zum Demeterheiligtum von Eleusis. In den Tempelbezirk durfte ich Lycidas nicht begleiten. Wofür er opferte und sein Gebet sprach, das habe ich erst später geahnt. Im Abenddämmern setzten wir nach Salamis über, und die Nacht war unsere Verbündete.

Ich wollte auch Aigina sehen: »Die ragende Insel / In alten Zeiten / Als Turm errichtet / Zugänglich nur / Für die höchste Tugend.« So hat Pindar Aigina genannt, in seinem Preislied auf Phylakidas, den jungen Sieger im Pankration. Auch sein Geliebter, der Knabe Alki-

midas, Sieger im Ringkampf, stammte von dort. »Eins und das gleiche / Ist das Geschlecht der Menschen und Götter / Von einer Mutter / Haben beide den Odem ...« Damit beginnt dieser Hymnus, Worte, die meine Auffassung von Gott und den Menschen auf das tiefste beeinflußten.
Die Anfahrt war nicht leicht, denn die Insel ist von Felsen und Klippen umgeben. Aber dieser Besuch, fast eine Pilgerfahrt, hat sich gelohnt. Ich fand die Tempel des Apollo, der Artemis und des Dionysos gut erhalten. Apollo ist nackt dargestellt, ein Holzbild einheimischer Arbeit, Artemis ist bekleidet, ebenso Dionysos – dieser bärtig, was mich ein wenig abstieß.
Der uralte Tempel der Aphrodite ist in unserer Zeit erneuert worden. Weihegaben, darunter eine des Germanicus, erst wenige Tage alt – preisen die Göttin als die Stamm-Mutter des Aenaeas, des Ahnherrn des Julischen Hauses.
Dieser Tempel steht inmitten eines Feldes herrlich blühender Hyazinthen. Nach Hyakinthos ist diese Blume benannt, dem lakonischen Jüngling, den Phoebus-Apollo geliebt, und dessen Wurfscheibe, in ihrem Fluge abgelenkt vom neidischen Zephyros, ihn tötete. Nicht einmal der Gott konnte die Wunde seines Lieblings stillen und das fliehende Leben zurückhalten. Seine Schuld sei es, klagte er, daß Hyakinthos um die Blüte seiner Jugend betrogen werde. »Doch was ist Schuld?« läßt Ovid ihn sagen. »Kann Schuld man es nennen, daß einer geliebt hat?« Da wandelte sich das strömende Blut in die Blume, die in ihrem purpurfarbenen Kelche eingegraben erhielt: *A – I*, einen Ausruf des Schmerzes, aber gleichzeitig die Anfangsbuchstaben beider Namen: *A*pollo – *I*akinthos. Der Tag werde kommen, weissagte der Gott, da sich der tapferste Held in diesem Kelche lesen werde.
*A*ugustus *I*mperator – damit war die Weissagung erfüllt. Nun ist diese Blume unter allen Völkern des Erdkreises zum Sinnbild der Huldigung vor dem Friedensfürsten geworden, wie Horaz und Vergil ihn gepriesen, dem, der nach Latium das saturnische Zeitalter zurückbringen werde.
Auf der Landenge von Korinth, wo die beiden Meere so dicht aneinanderstoßen, fragte mich Lycidas, ob denn nicht Rom hier einen

Durchstich versuchen könnte? Das würde den Verkehr zwischen Italien und dem Osten wesentlich erleichtern. Ich habe das nie vergessen und trug es viele Jahre später Nero Caesar vor. Aber ich sehe schon, was geschehen wird: Mit einem Spaten aus reinem Golde wird unser Princeps in der Erde kratzen, während ihn jubelnde Chöre als den Erd- und Meeresbezwinger preisen.

Was ist »Freundschaft«, mein Lucilius? Viel habe ich darüber nachgedacht. »Suchen« kann man einen Freund nicht. Platon sagt, der Gott selber führe zwei Menschen aufeinander zu und mache sie zu Freunden. Ein Freund, das ist ein Gefährte, für den man sterben würde – mit dem man in die Verbannung ginge – für den man jederzeit alles opfern würde. Hier entzünden sich Liebe und Gegenliebe, *Eros* und *Anteros,* deren Altäre ich vor dem Eingang der Akademie in Athen sah.

Lycidas brachte mich zum Hafen von Peiraius. Ich bin den widrigen Winden dankbar, daß sie meine Abfahrt um mehrere Tage verzögerten. Aber schließlich kam doch der Abschied.

Wir schrieben einander viele Briefe, haben uns aber nie wiedergesehen. Drei Jahre später erfuhr ich, daß er beim Brand seines Hauses, als er seinen Vater retten wollte, ums Leben gekommen sei. Sein Bildnis, überstrahlt vom Lichte von Hellas, hat mich nie verlassen. Neben Quintus hat Lycidas im Tempel meines Herzens seinen Altar gefunden.

10. Kapitel

Als mein Bote wird sich der junge Alexis bei Dir melden. Er verdankt mir sein Leben – aber darüber ein andermal. Er wird Dir meine Aufzeichnungen bis zur Begegnung mit Lycidas überbringen. Vertraue ihm an, mein Lucilius, was Du mir mitzuteilen hast. Eigentlich solltest Du ja die ganze Niederschrift erst nach meinem Tode erhalten. Doch nun denke ich: Warum sollst Du nicht wenigstens schon jetzt den ersten Teil in Händen haben? Lasse die Rollen aber nicht herumliegen, denn nach wie vor gilt das Wort des Epikur: »Dies ist nicht für die Masse bestimmt, sondern nur für Dich allein. Wir beide sind einander ein ausreichend großes Publikum.« Am besten wäre, Du brächtest meinen Bericht, sobald Du ihn gelesen hast, im Ceres-Demeter-Tempel in Akragas, in den dortigen Archiven, in Sicherheit.

Der Anlaß zu meiner Sinnesänderung ist ein Besuch, der mich zur Eile mahnt. Manches werde ich jetzt in Kurzschrift, wie sie im Senat längst üblich ist, aufzeichnen. Alexis, dem ich manches diktiere, ist darin bereits ein Meister.

Dieser Besuch hat mich in der Hoffnung bestärkt, daß es vielleicht doch noch zur Großen Wende kommen könnte. Nicht der kleine Cornelius war diesmal bei mir, sondern Subrius Flavus, Tribun einer prätorischen Kohorte. Er ist ungefähr 45 Jahre alt, hochangesehen bei den Tribunen, den Centurionen und den Mannschaften auch aller anderen Kohorten. Ich erinnerte mich nicht mehr an ihn, aber er hat die Umstände nicht vergessen, unter denen er mich zum ersten Male sah. Das war kurz vor dem Tode von Tiberius Caesar, als dieser in mein Landhaus am vierten Meilenstein der Via Appia

kam. Darüber ist nie etwas in die Öffentlichkeit gedrungen. Sobald sich die Dinge weiterentwickelt haben, schreibe ich Dir Genaueres darüber.
Subrius Flavus war damals achtzehn Jahre alt, einer der jüngsten und bestimmt der zuverlässigste der kaiserlichen Garde. Als einziger war er als stummer Zeuge zugegen, als zwischen Tiberius Caesar, meinem Vater, der fast 90 Jahre alt war, und mir jene Besprechung stattfand, die mein ganzes weiteres Leben bestimmen sollte.
Jeder Mensch in Rom kennt den Namen des Cnaeus Calpurnius Piso. Viermal haben die Calpurnier das Consulat bekleidet, als erster jener Lucius Calpurnius Piso, einer unserer frühesten Geschichtsschreiber. Das war im Jahre 620 nach Gründung der Stadt, 128 Jahre vor meiner Geburt. Ein anderer gleichen Namens war der Vater der Calpurnia, Caesars vierter Gemahlin, von deren Träumen er sich nicht warnen ließ. Er war Caesars Nachfolger im Consulat des Jahres 696.
Dann gibt es den Cnaeus Calpurnius Piso, der zwei Jahre vor meiner Geburt Consul war. Berühmt wurde er als Feind des Germanicus, an dessen Tod man ihn für schuldig halten wollte. Nicht durch Gift habe er ihn ermordet, die Unwahrheit einer solchen Behauptung wäre allzu leicht nachweisbar gewesen. Nein! Durch Zaubermittel – das Dümmste, was man behaupten kann im heutigen, aufgeklärten Rom! Wir sind doch kein afrikanischer Kannibalenstamm und leben auch nicht unter der Herrschaft keltischer Druiden mit ihren schwarzmagischen Kulten.
Unter dem Fußboden des Hauses des Germanicus habe Piso, damals Legat in Syrien, Leichenteile versteckt, halbverbrannte, untermischt mit jauchegetränkter Asche. An den Wänden hätten sich Zaubersprüche und Teufelsbeschwörungen gefunden, durch die man die Menschenseele aus dem Leibe treiben und den unterirdischen Mächten ausliefern könne. Und solch unsinniges Zeug hat man sogar im römischen Senat vorzutragen gewagt!
Für meinen Neffen, den Dichterknaben Lucanus, wäre es das richtige gewesen. Der schreibt ja in seinen *Pharsalia,* daß die thessalischen Hexen vom Schlage der Erichto die Unterirdischen erpressen und sogar die Olympier ihrem Willen unterwerfen können. Sonne

und Mond ließen sie stille stehen, und Tote, deren Adern mit dem ekligen Blute weiblichen Ausflusses gefüllt würden, riefen sie ins Dasein zurück.
Wahrscheinlich hat Lucanus dieses krause Geschwätz den Akten des Piso-Prozesses entnommen. Der arme Mann – als seine Feinde damit nicht durchdrangen, brauten sie eine Anklage wegen Hochverrats zusammen. Da verlor er die Nerven und schnitt sich die Kehle durch. Aber die Geschichten von Zauberei und Dämonenbeschwörung werden weitergemunkelt bis auf den heutigen Tag. Das weiß ich vom altklugen Römerknaben Cornelius, der wiedergibt, was er zu Hause aufgeschnappt hat.
Tiberius Caesar, dem man mit so kindischen Anklagen nicht kommen durfte, hat öffentlich sein Bedauern über das Schicksal dieses Mannes aus so vornehmem Geschlechte ausgesprochen.
Was den jetzigen Träger des gleichen Namens anbelangt, so ist er auch beim gewöhnlichen Volke sehr beliebt. Daß er unter Caligula in der Verbannung leben mußte, hat ihm den Ruf eines Freiheitshelden eingebracht. Er ist von großer Beredsamkeit und stellt diese Gabe auch in den Dienst angeklagter Mitbürger. Überdies ist er sehr freigebig und verwendet sein gewaltiges Vermögen darauf, die Schar seiner Klienten dauernd zu vergrößern. Man erzählt sich, daß er sich wie ein Feldherr jeden Abend Bericht erstatten lasse, wie groß das Heer seiner Sklaven, Freigelassenen und Klienten sei.
An Gestalt und Schönheit erinnert er an den früh verstorbenen Germanicus, und das bringt ihm weitere Sympathien ein. Daß er kein Muster an Enthaltsamkeit ist, weiß ganz Rom, und das macht ihn nur noch beliebter. Seine Gemahlin Satria Galla ist niedrigster Herkunft. Das war ein Ausdruck seines Hochmuts, denn den Calpurniern, denen Julius Caesars letzte Gemahlin entstammte, sei außer den Juliern und vielleicht noch den Corneliern doch keine Familie ebenbürtig. Diese Satria Galla ist schön und ebenso sittenlos wie er selber, nur daß so etwas auch im heutigen Rom noch immer nicht wirklich geschätzt wird. Von Frauen erwartet man mehr Zurückhaltung, wobei das vielleicht ungerecht ist.
Wie über seine Sklaven und Klienten müßte er sich auch über die Zahl seiner Konkubinen jeden Tag neu berichten lassen. Seine Lieb-

linge wiederum sind genau eingeteilt nach Völkern und Farben. Alle müssen die gleiche Glätte, den gleichen Flaum, dieselben blonden oder dunklen Haare haben, und kein Glatthaariger darf sich unter die Lockenköpfe einschleichen, oder umgekehrt.
Aber zum Unterschied von vielen anderen reichen Herren läßt er seine Lieblinge nicht mit verhülltem Gesicht reisen, zur Abwehr von Sonne und Wind. Am Strande seiner prächtigen Villa in Baiae dürfen sie sogar nackt baden, um eine schöne Sommerbräune zu erhalten. Nero Caesar liebt diese Villa bekanntlich sehr und ist dort oft zu Gast, ja er mischt sich dann ganz ungezwungen unter die Scharen der jungen Schwimmer. Bekannt ist das Lob, das er einmal nach so vergnüglichem Aufenthalt dem großzügigen Gastgeber spendete:
»Wie vernünftig von dir, daß du es nicht, wie es heute vielfach Sitte ist, für eine Schande hältst, wenn das von Natur schöne Gesicht eines Knaben oder Jünglings keines Schönheitspflästerchens bedarf!«
Durch Vermittlung des klugen und dichterisch begabten Höflings Caius Petronius (Du schriebst mir neulich, Du habest sein höchst belustigendes Büchlein *Das Gastmahl des Trimalchio* gelesen) schleust er manchen seiner jugendlichen Gespielen unter die Scharen von Nero Caesars Lieblingen ein. Petronius führt genau Buch darüber. Einer ist dabei, von dem Subrius Flavus mit großer Achtung spricht und von dem er sich für die Befreiung Roms viel zu erhoffen scheint. Er heißt Claudius Senecio, ein Jüngling von außergewöhnlicher Schönheit. Zwar ist er nur der Sohn eines kaiserlichen Freigelassenen, hat aber eine edle Seele, die jedem römischen Adeligen zur Ehre gereichen würde.
Die Frage kam auch auf, ob Piso selber mich einmal besuchen solle? Besser nicht. Zwar sollen Schnitter voneinander wissen, aber sie sollen sich erst versammeln, wenn das Korn reif ist. Das, ganz abgesehen von der Tatsache, daß wir wenig miteinander anfangen können!
Ich ahnte, daß Subrius Flavus noch etwas auf dem Herzen hatte. Endlich kam er damit heraus: Wenn man den Kitharöden absetze und ihn gegen einen Tragöden eintausche, sei damit die Schande für den römischen Namen nicht geringer geworden. Denn wie der eine

jetzt zur Kithara sänge, so träte der andere öffentlich als tragischer Schauspieler auf ...

Er sah mich prüfend an, aber ich schwieg. So mußte er fortfahren: Die Centurionen, auf die es bei der geplanten Befreiung Roms ankäme, seien derselben Meinung und hätten ihn beauftragt, mir dies mitzuteilen und mein Einverständnis einzuholen.

Nun gab es keinen Zweifel mehr. Wort für Wort hatte er sich das Gespräch gemerkt, das in diesem gleichen Hause stattfand – er, damals ein achtzehnjähriger Jüngling. Darauf griff er jetzt zurück. Im Einverständnis mit den Centurionen, wie er wiederholte.

Nach längerer Pause sagte ich:

»Im Oktober werde ich 69 Jahre alt ...«

»Dann mögen dir die Vaterlandsgötter zum Wohle des römischen Volkes weitere sieben Jahre geben, wie Divus Augustus, oder neun, wie sie Tiberius Caesar gaben. Schon einmal hast du das Reich gelenkt, wenn auch in eines anderen Namen.«

»Ich habe keinen Sohn. Mein Quintus Annaeus Seneca starb als kleiner Knabe.«

»Dann adoptiere einen, das ist doch schon guter Brauch! Es gibt zwei hervorragende Männer, beide jünger als du. Sie genießen die Achtung der Legionen und des ganzen Volkes. Der eine von ihnen, aus höchstem Adel, Gnaeus Domitius Corbulo, ist dir ergeben.«

»Ich schätze ihn sehr«, sagte ich leise. »Darum habe ich es ihm ermöglicht, in Armenien gegen die Parther und in Syrien Ruhm zu erwerben.«

»Heute verfügt er immer noch über sieben Legionen, fast das ganze Ostheer. Auch die Legionen am Rhein, die er als Legat von Untergermanien befehligte, sind ihm ergeben.«

»Wer wäre der andere –?«

»Ein Mann niederer Geburt. Aber von Fürsten gezeugt zu werden und ihnen das Dasein zu verdanken, ist eine Zufallserscheinung. Adoption hingegen, ausgeübt von einem weisen Manne, bedeutet, ein unbestechliches Urteil zu fällen. Und wird man nicht durch den Purpur sein eigener Ahnherr –?«

Ich wußte genau, wen er meinte, aber ich wollte, daß er den Namen ausspräche. Daher meine Frage: »Und wie heißt er?«

»Titus Flavius Vespasianus, jetzt 53 Jahre alt, Vater zweier Söhne, von denen sich der Erstgeborene, Titus, trotz seiner Jugend schon ausgezeichnet hat. Unter dem Oberbefehl von Claudius Caesar hat sich Vespasianus als Legionslegat in Germanien und später auch in Britannien Ruhm erworben. Er bestand dreißig Gefechte, unterwarf auf jener fernen Insel zwei kriegstüchtige Stämme und eroberte zwanzig Städte. Zum Lohn erhielt er das Consulat und die Triumphabzeichen. Dann wurde ihm Afrika als Provinz zugeteilt, und dort hat er sich durch seine uneigennützige Verwaltung Achtung erworben.«

»Aber bei Nero Caesars Gesängen schläft er ein, wenn es ihm nicht gelingt, sich rechtzeitig zu entfernen.«

Zum ersten Male lächelte Subrius Flavus.

»Spricht das gegen ihn?«

»Gewiß nicht. Aber es gibt wichtigere Dinge, für die man seinen Kopf opfern kann!«

»Ich werde es ihm bestellen, aber im Augenblick ist keine Gefahr, denn Nero Caesar kann ihn nicht entbehren. Er ist dabei, ihn des drohenden Aufstands in Judaea wegen nach Syrien zu schicken. Er hätte dann fünf Legionen, acht Reiterschwadronen und zehn Kohorten der Hilfsvölker unter seinem Kommando.«

Als wenn mir plötzlich etwas einfiele, sah ich ihn an.

»Flavus – oder Flavius?«

Er wurde nicht verlegen. »Die Schreibweise wechselt. Titus Flavius Vespasianus ist ein Vetter meines Vaters. Aber er hat keinen Familienehrgeiz. Er weiß, daß sein zweiter Sohn, Domitianus, einen schlechten Charakter hat und zur Nachfolge ungeeignet wäre.«

»Und sein älterer Sohn ...›

»Trotz seiner ausgezeichneten Gaben und Leistungen auch nicht dazu berufen. Die Ärzte meinen, er werde nicht lange leben. Er hat die Vergiftung von damals nie ganz überwunden ...«

Sein Ton war hart geworden, kalt.

»Ich konnte es nicht verhindern«, sagte ich. »Ich erfuhr es erst, als es zu spät war ...«

Acht Jahre davor – jede Einzelheit trat mir wieder vor Augen: Ich sah den knapp vierzehnjährigen schönen Sohn von Claudius

Caesar, Britannicus, vor dem Eingang des kaiserlichen Palastes. Neben ihm stand sein fünfzehnjähriger Freund. Die Arme hatten sie, wie Jungen das gerne tun, einander auf die Schultern gelegt. Sie waren zusammen aufgewachsen, hatten die gleichen Lehrer und die gleichen Pädagogen. Und doch war dieser Freund des kaiserlichen Knaben in einem ärmlichen Hause, in einem kleinen, finsteren Zimmer geboren worden ... als sein Vater Titus Flavius Vespasianus noch ein schlichter Centurio, dann Legionstribun war! Unter Claudius Caesar stieg er rasch auf, und so kam sein Sohn, gleichfalls Titus genannt, in das Haus des Princeps, um gemeinsam mit dessen Sohn Britannicus erzogen zu werden.

Aus dieser zufälligen Zusammenführung – sofern man an »Zufall« glauben will – hat sich eine wunderbare Knabenfreundschaft entwickelt, so tief und innig, daß sie Titus, der an Schönheit, Würde und Anmut Britannicus nicht nachstand, fast das Leben gekostet hätte.

Die folgenden grauenhaften Ereignisse habe ich persönlich nicht miterlebt – doch kenne ich alle Einzelheiten aus den Berichten der Teilnehmer an jenem verruchten Gastmahl, das an den Saturnalien stattfand. Britannicus und Titus und einige andere Knaben saßen an einem besonderen, weniger reich besetzten Tisch, angesichts der erwachsenen, liegenden Festgäste.

Da forderte Nero Caesar plötzlich Britannicus auf, in die Mitte zu treten und ein Lied anzustimmen. Er hoffte, der Knabe werde sich lächerlich machen, da er keine Erfahrungen in Gelagen habe, nicht einmal in mäßigen, geschweige denn in wüsten. Aber er war keineswegs befangen, er sang mit klarer, schöner Stimme, um die Nero Caesar ihn beneidete, ein Lied, in dem er auf seine Vertreibung aus dem Erbe und dem Reiche seines Vaters anspielte. Das erweckte allgemeine Teilnahme und viele Gäste, denen der Wein die Zunge gelöst hatte, sagten laut: »Claudius Britannicus, Divi Claudii echter Sohn, sollte Princeps sein – an Stelle des eingeschmuggelten, des *Domitius*!«

Mit diesem Namen hatte Britannicus Nero Caesar öffentlich angeredet, denn so hieß er ja vor seiner Adoption durch Claudius Caesar. Der Vorfall hatte ungeheueres Aufsehen erregt, denn man

schloß daraus, daß der echte Erbe die Adoption nicht anerkennen würde.
Der Mordplan mag schon früher bestanden haben, jetzt, durch den Vorgang bei diesem Gastmahl, reifte er zur sofortigen Tat. Die berüchtigte, bereits zum Tode verurteilte Giftmischerin Locusta wurde herbeigeholt, man versprach ihr Begnadigung, wenn sie ihr Werk rasch vollende. Als Britannicus um Wasser bat, reichte man ihm einen Becher ohne Gift, aber so heiß, daß er es zurückwies. Hierauf gab man ihm kaltes Wasser, in dem ein erprobtes, im kaiserlichen Schlafgemach frisch gebrautes Gift war. Titus, der treue Freund, ahnte Schlimmes, entriß dem Diener den Becher, als sei er ein angestellter Vorkoster und nahm einen Schluck des Getränks – worauf wiederum Britannicus ihm den Becher wegnahm: »Ehe du trinkst, mein Freund, laß mich es zuerst kosten!« rief er und trank ...
Die Stimme versagte ihm, sein Atem stockte. Er wurde, begleitet von seinem Freunde, der halb bewußtlos taumelte, aber nicht das tödliche Maß zu sich genommen hatte, hinausgetragen. Nero Caesar blieb bequem liegen, tat, als wüßte er nichts und meinte, das sei nur einer der häufigen epileptischen Anfälle seines lieben, kleinen Bruders.
Titus lag monatelang krank darnieder ... und nun, so viele Jahre danach, erfuhr ich durch Subrius Flavus, daß er sich nie ganz erholt habe. Britannicus starb noch in der gleichen Nacht. Durch das Gift war sein schönes Knabenantlitz bläulich-fahl geworden – und so sah ich ihn am nächsten Morgen wieder. Ehe er zum Scheiterhaufen auf dem Forum getragen wurde, ließ man ihn daher mit weißem und rosa Gips beschmieren. Aber, so sagte man, die Götter selber sandten einen heftigen Regenguß, der den Gips abwusch, so daß das ganze Volk vom Verbrechen Kenntnis erhielt, durch das, was es sah, nicht nur vom Hörensagen.
Locusta wurde, wie ihr versprochen worden war, nicht nur begnadigt. Man führte ihr Schüler zu, damit nicht ihre Kunst eines Tages mit ihr aussterbe.
Ich war unter denen, die von Nero Caesar mit Häusern, Sklaven und Landgütern, die Britannicus gehört hatten, beschenkt wurden.

Ich weiß, daß meine Feinde von einem Schweigegeld sprechen und daß sie sagen, wie Räuber hätten wir die Beute geteilt. Aber was konnte ich tun? Abzulehnen hätte bedeutet, mich schon damals jedes Einflusses zu begeben. Inzwischen, mein Lucilius, Du weißt es: diese Besitzungen sind es, die ich Nero Caesar zurückerstattete.

Es war eine lange Pause in unserm Gespräch eingetreten – Subrius Flavus schien zu wissen, woran ich dachte. Daher auch sein Schweigen.

»Du hast schon mit Titus Flavius Vespasianus über alles gesprochen?« fragte ich jetzt.

»Das habe ich. Aber dies braucht jetzt nicht unsere Sorge zu sein. Es gibt Vordringlicheres zu erledigen.«

Noch eine Mitteilung machte er mir: aus Kreisen der geheimen Polizei habe er erfahren, daß es besser sei, den Winter nicht hier, so nahe von Rom, zu verbringen. Doch solle man alles Auffällige vermeiden – daher zuerst nur eine kurze Reise, von hier auf mein Landgut Albanum, und dann, in aller Ruhe, Weiterfahrt nach Campanien. Seine Freunde bei der Flotte in Misenum seien unterrichtet und würden für meine Sicherheit sorgen. Ich bin da ein wenig skeptisch. Der Flottenpräfekt Anicetus, dieser Freigelassene mit der Seele eines Sklaven, ist zwar abgesetzt und verbringt seine Tage in »ehrenvoller« Verbannung auf Sardinien, reich entlohnt für seine Rolle bei der Beseitigung von zwei kaiserlichen Frauen. Wobei ich nicht weiß, mein Lucilius, ob Dir bekannt ist, daß diesem Schurken sechs Monate lang die Erziehung des jungen Lucius Domitius Nero anvertraut war, ehe ich aus Corsica zurückkehrte. Später habe ich feststellen müssen, daß jener falsche Pädagoge dem jugendlichen Gemüte manchen bösen Keim eingepflanzt hat, der erst nach Jahren aufging.

Stellvertretender Flottenpräfekt ist jetzt der Kapitän Volusius Proculus, ein Spießgeselle des Anicetus. Subrius Flavus meint aber, das Kommando würde bald einem aus seinem Freundeskreis, vielleicht dem Tribunen Gavius Silvanus, übertragen werden. Ich will mich überraschen lassen, sagte ich.

Außer Dir, mein Lucilius, weiß bis jetzt von diesen Gesprächen nur meine Frau, Pompeia Paulina. Willst Du wissen, was sie dazu sagt? Als sie, die weit jüngere, mich vor drei Jahren heiratete, erwartete sie von mir keine leiblichen Kinder, wohl aber geistige, und vielleicht die Unsterblichkeit.

Nun fahre ich in meinem Lebensbericht fort, zurück zu meinen Jünglingsjahren!
Meine Asienreise hat mich zum Euphrat geführt. Ich konnte Überlegungen anstellen, machte auch einige Skizzen, wo man am besten Brücken über den Strom schlagen könne.
Dann kam ich nach Judaea und reiste das Jordantal hinauf bis zum See Genezareth. Dort, an heißen Quellen, die von vielen Leidenden aufgesucht werden, hatte der Tetrarch von Galilaea, Herodes Antipas, ein Sohn des Herodes, genannt der Große, von unsern Gnaden König des ganzen Landes, eben eine neue Stadt errichtet. Er nannte sie selbstverständlich Tiberias, nach Tiberius Caesar, denn diese ganze Familie hat es verstanden, immer mit den jeweiligen Herrschern gute Beziehungen zu unterhalten. Heute noch heißt die gewaltige Festung mit ihren vier Türmen, ihren Prunkräumen, inneren Gärten und Bädern, die den Tempelberg in Jerusalem überblickt, Antonia. Damals nämlich war ihr Erbauer, jener erste Herodes, mit Marcus Antonius verbündet, dem er seinen Königstitel verdankte. Nach der Schlacht von Actium änderte sich das, er ging rechtzeitig zu Caesar Octavianus Augustus über!
Mir scheint, daß diese Familie bestrebt ist, das ganze Land römisch und hellenisch zu machen. Die neuen Städte sehen nicht anders aus als Provinzorte in Italien, Gallien oder Hispanien. Das fiel mir besonders in Caesarea Maritima auf, wo ich den damaligen Prokurator, Valerius Gratus, besuchte. Ein uraltes Hafenstädtchen, ist Caesarea – der wackere Herodes benannte sein Aufbauwerk nach Caesar Augustus – heute eine moderne Weltstadt, mit Thermen, Tempeln, Palaestren. Man pflegt dort offen alle Gebräuche, die von den einheimischen Frommen des Landes verdammt oder nur heimlich getrieben werden.
Mitten in das rauhe Bergland von Samaria hat der gleiche Herodes eine neue Stadt hineingesetzt und dort einen gewaltigen Palast er-

richtet. Sechstausend Menschen wurden hierher verpflanzt, ob sie es wollten oder nicht. Ein römischer Name, etwa Augusta Samaritorum, genügte ihm nicht, es mußte ein griechischer sein, das ist prunkvoller – *Sebasté,* nach Sebastós, unserm Augustus.
Das Land hat Überfluß an Vieh, Früchten, Getreide. Not braucht hier keiner zu leiden. Aber dennoch diese Unruhe, wie mir Subrius Flavus eben berichtete. Vielleicht hätte ich mich, als ich Nero Caesars erster Ratgeber war, gewissenhafter um Judaea kümmern sollen, statt eine Reihe von unfähigen oder gar bösartigen Prokuratoren schalten und walten zu lassen.
Jetzt vor drei Jahren, als ich noch einmal dort war, konnte ich bereits viel Schlimmes feststellen. Bewaffnete Banden, die sich »Eiferer für das Gesetz« nennen oder einfach »Sikarier«, die Messermänner, schüchtern die friedliche Bevölkerung ein, durch Morde, Brandstiftungen, Gewalttaten jeder Art. Dazu eine dumpfe, zum Teil feindliche, zum Teil verzweifelte Stimmung. Und die Behörden, die unsern wie die einheimischen, scheinen dagegen machtlos zu sein.
Einen Aufstand können wir nicht dulden. Er würde auf die Nachbarprovinzen übergreifen, vielleicht auf alle im ganzen Reiche verstreuten hebräischen Gemeinden. Aber Waffengewalt genügt nicht, das habe ich vor drei Jahren dem Prokurator Porcius Festus klarzumachen versucht. Man müßte versuchen, mit diesem seltsamen Volke, das sich von allen anderen bekannten Völkerschaften unterscheidet, ins Gespräch zu kommen, vielleicht auf einer philosophisch-religiösen Grundlage.
Das Vergängliche allen irdischen Ruhms wurde mir bewußt, als ich damals, bei meiner ersten Asienreise, in Troia die Geburtsstätte Roms besuchte. Die wichtigsten Plätze, oder doch die, welche man dafür hält, fand ich eingezäumt. Sie zu betreten kostete ein paar Sesterzen. Da – ein Haufen Steine: »Priams Burg«, dann an einer schäbigen Taverne eine Steinplatte: »Hier hat Divus Julius übernachtet.« Sein Besuch, unmittelbar nach der Schlacht von Pharsalus, soll also jetzt den Tourismus fördern. Der Gedanke an den Ruhm seines Hauses führte ihn zuerst zum Vorgebirge von Sigeum, wo das Freundespaar Achilles und Patroklos begraben liegt. An der

Mündung des Simoesis, wo viele homerische Helden ruhen, besichtigte Caesar auch das Grab des Aiax. Dann wandte er sich Troia selber zu und suchte den großen Wall, den Apollo für seine Schützlinge gebaut hatte. Aber er fand nur Geröll, bedeckt von dornigem Unterholz und verfaulenden Bäumen, deren Wurzeln einst im Park eingebettet waren rings um den Palast des Königs Assaracus, des Großvaters des Anchises und Bruders des Götterlieblings Ganymedes. Man brachte den Sieger von Pharsalus zu einer Lichtung, auf der sich Anchises mit Venus vermählt hatte. Auch die Höhle besichtigte er, in der Paris der Venus-Aphrodite den Apfel gab. Auch ich besah sie mir, aber da vom Erhabenen zur Satire oft nur ein Schritt ist, fiel mir dabei ein, was Lycidas mit seinem attischen Witz darüber gesagt hatte:

»Den ganzen Troianischen Krieg und anschließend die Gründung Roms haben wir nur der Dummheit des Hübschlings Paris zu verdanken. Wäre er ein richtiger Griechenjunge und entsprechend klug gewesen, dann hätte er mit einer höflichen Verbeugung den Eris-Apfel der Aphrodite überreicht und gesagt: ›Bring ihn deinem Söhnchen, dem Eros, der wird Spaß daran haben!‹ Die Mutter wäre geschmeichelt gewesen, und die Hera und die Athene hätten es unmöglich übel nehmen können. Du siehst, wieviel uns da erspart geblieben wäre!«

Nicht weit von dieser Höhle wird übrigens die Stelle gezeigt, von der Ganymedes, als er die Herden seines königlichen Bruders hütete, von Zeus in Gestalt eines Adlers zum Olymp entführt wurde. Den Zorn der Hera auf das Troianische Königshaus erkläre ich mir viel eher daraus, als aus der Geschichte mit dem Eris-Apfel.

Als Caesar ein kleines Rinnsal übersprang, sagte man ihm: »Das ist der berühmte Xantus!« Als er auf einen Flecken Grases trat, schrie einer seiner Begleiter auf: »Hier ruht Hector! Tritt nicht auf ihn, du könntest seinen Geist kränken.« Als er zu einem Steinhaufen kam, zupfte ihn jemand am Ärmel: »Das war der Altar des Zeus.«

Schließlich erbaute Caesar selber einen Altar, opferte Weihrauch und sprach Gebete für alle hier Gefallenen:

»Geister, die ihr diese Trümmer umschwebt, und ihr Hausgötter meines Ahnherrn Aenaeas, des Anchises Sohn, den ihr aus den

Flammen gerettet und heil nach Lavinium und Alba Longa brachtet, wo das heilige Feuer von Troias Altären nunmehr in römischen Tempeln lodert – du, Pallas, Unterpfand unserer Freiheit, für immer verehrt im Vesta-Tempel des Forums – hört mich an! Als Sproß des julischen Hauses kam ich hierher, um euch Weihrauch darzubringen und euch im Hause meiner Ahnen anzurufen. Wenn ihr mir gnädig seid und den Sieg gewährt, dann will ich euch die Dankbarkeit unseres italischen Volkes beweisen. Die Mauern euerer Stadt will ich neu erbauen und das Volk zurückführen – das neue Troia wird römisch sein, so wie Rom heute schon Troia ist!«

Ein Kern geschichtlicher Wahrheit steckt in jeder solchen Erzählung. Der Gedanke an Aenaeas, den Verbannten aus seiner Heimat, hat mich oft getröstet, als ich selber als Verbannter auf der barbarischen Insel Corsica saß. Und an Caesars Gebet und Danksagung dachte ich, als ich viele Jahre später die Lobrede des jungen Nero Caesar auf Ilium entwarf und ihn in vergilisch nachgedichteten Versen sagen ließ, in Rom sei Ilium wiedergeboren, so wie Ilium zu Rom geworden sei.

11. Kapitel

Als ich nach Rom zurückkehrte, hatten die Trauerfeiern für Germanicus endlich aufgehört. Aber da unser Populus Romanus, dieser weltbeherrschende Pöbel, jede Gelegenheit, Trauer oder Freude, benützt, um nicht arbeiten zu müssen, ergab es sich gut, daß er nunmehr eine ganze Woche lang aus anderem Grunde müßig sein durfte:

Gebar doch des Germanicus Schwester, Claudia Livilla, jetzt Livia Julia genannt, ihrem Gemahl Drusus, dem Sohne Tiberius Caesars, männliche Zwillinge. Das ist im heutigen Rom schon in einfachen Häusern ein seltenes Ereignis. Der Kaiser war darüber so glücklich, daß er im Senat sagte, nie noch sei einem Römer von so hoher Stellung eine solche Gnade der Götter zuteil geworden. Gleich wurden Gold- und Silbermünzen geschlagen, auf denen man die Köpfchen der Knaben aus Füllhörnern herausschauen sieht.

Einer der beiden starb im Alter von vier Jahren. Der andere, genannt Tiberius Gemellus, ein Junge, der zu größten Hoffnungen berechtigte, war achtzehn Jahre alt, als Tiberius Caesar starb. Ich hatte ihn kennengelernt, als er zwölf war, und versprach mir viel von ihm für die Zukunft des Imperiums, dem ich dienen wollte.

Meinen Reisebericht durfte ich Tiberius Caesar persönlich übergeben, wiederum auf Capri, aber nicht in der Villa Jovis. Diese war im Umbau, zwei Stockwerke sollten aufgesetzt und die Badeanlagen vergrößert werden. Schon damals ging das Gerücht, daß sich der Kaiser eines Tages ganz hierher zurückziehen werde. Manche hofften es, aber die ihn kannten, wußten, daß er auch auf dieser

Felseninsel die Geschicke des Reichs fest in Händen behalten würde.
Ich trat nun in die Rechtsabteilung der Firma Titus Pomponius Atticus ein. Da ich beide Sprachen beherrschte, im römischen Recht, auch im *Ius Gentium* und in der Rhetorik gleichermaßen bewandert war, betrug mein Anfangsgehalt bereits fünftausend Sesterzen, das waren tausend Denare im Monat. Im Auftrag des Kaisers wurden mir auch Prozeßvertretungen des Aerariums angewiesen, an denen die Firma und ich selber gut verdienten. Natürlich bekam ich von meinem Vater nach wie vor einen Zuschuß zu meinem Gehalt.
Meine ersten Reden vor Gericht, dann auf dem Forum, waren kein Erfolg. Man sagte, ich spräche zu trocken, bediente mich nicht der vielen Bilder, wie dies heute üblich sei, schonte den Prozeßgegner, selbst wenn ich ihn tödlich treffen könnte. Aber dieser Gegner von heute könnte sich ja morgen die Firma Titus Pomponius Atticus zu seiner Rechtsvertretung wählen, warum also einen möglichen Klienten sich für immer zum Feinde machen! Es dauerte übrigens nicht lange, bis sich meine Art des Vortrags durchsetzte. Immer mehr Klienten vertrauten mir ihre Sache an, und schon nach einem Jahr erhöhte die Firma mein Gehalt auf fünfzehntausend Sesterzen. Soviel Geld – noch dazu mit den väterlichen Zuschüssen – konnte ich unmöglich ausgeben. Schon damals begann ich daher mit dem Sammeln von Tischen aus Zitrusholz, eine Liebhaberei, der ich treu geblieben bin und die, wie ich weiß, meine Gegner genau beobachtet haben. In einer Schmähschrift, die mir meine Sklaven unlängst brachten, las ich:
»Der weltverachtende Philosoph Seneca, der anderen die Tugend der Genügsamkeit und des einfachen Lebens anpreist, besitzt über fünfhundert Tische aus Zitrusholz, goldeingelegt, mit Füßen aus Elfenbein, und darauf feiert er Gastmähler im Kreise von lockeren Mädchen, von bewundernden Jüngern und von Buhlknaben.«
Ich habe vierzig Jahre auf diese Sammlung, die einmalig ist, verwandt, und die, sofern ich dazukomme, mein Testament zu unterzeichnen, oder wenn es nicht für ungültig erklärt wird, eines Tages dem römischen Gemeinwesen gehören soll.

Es kam die Nachricht, daß Arminius sich habe zum König ausrufen lassen und mit einem goldenen Stirnreif vor sein Volk getreten sei. Aber in den Jubel seiner Anhänger mischte sich bald das Murren derer, die durch das Königtum ihre Freiheit bedroht glaubten. Der Widerstand wuchs, es kam zu einem Aufstand, und Arminius fiel unter den Schwertern seiner Anverwandten und einstigen Vertrauten. Welch schicksalshafte Ähnlichkeit – so starb Julius Caesar, der sich zum König machen wollte, wenngleich er am Lupercusfeste dreimal das Diadem zurückwies, das Marcus Antonius ihm anbot. Der Verdacht blieb, ließ er doch sogar Münzen schlagen, in Silber und in Gold, die sein Haupt zeigen, geschmückt nicht mit dem Lorbeerkranz, sondern mit der etruskischen Königskrone.
Divus Augustus war weiser als sie beide, Julius Caesar und Arminius. Er begnügte sich mit der Macht des Königtums, ohne nach dessen äußeren Zeichen zu greifen.
Die Nachrichten von den Geschehnissen in Germanien wurden von den *Acta Diurna* groß herausgestellt: König Arminius habe dem römischen Volke den Krieg erklärt, nicht in der Zeit seiner schwachen Anfänge, sondern auf der Höhe seiner weltbeherrschenden Macht. Mit wechselnden Erfolgen habe er seine Schlachten geschlagen, aber einen Krieg habe er nie verloren.
Wie ich später erfuhr, hat Tiberius Caesar selber diesen ehrenvollen Nachruf auf einen königlichen Gegner veranlaßt. Bekannt wurde auch, daß er einem Germanenhäuptling, der sich anbot, Arminius zu vergiften, geantwortet habe: »Das römische Volk nimmt an seinen Feinden nicht hinterlistig und heimlich, sondern mit dem Schwerte in der Hand Rache.«
Wie ich aus vielen Berichten aus Germanien weiß, wird Arminius auch heute noch in Heldenliedern besungen. Man nennt ihn »Germaniens Befreier« – aber im Grunde hat er sein Volk in die Knechtschaft des Bruderkriegs geführt, und das Licht, das Rom über den Rhein trug, ausgelöscht. Gallien, das früher von kleinen Despoten und feindlichen Einfällen verheert wurde, hat unter unserer Herrschaft Frieden und Wohlstand gefunden. Heute befehligen bereits gallische Offiziere römische Legionen, mein Freund Afranius Burrus, Präfekt der prätorischen Kohorten, stammte aus der südgalli-

schen Kolonie Vienna. Schon sind viele seiner Landsleute in den Senat aufgenommen worden.
Arminius kannte doch auch das römische Germanien, gewiß kein unterdrücktes Land! All die herrlichen Städte am Rhein, die wir schufen, selbst noch das Legionslager Bonna, sie alle sind menschenwürdiger eingerichtet als die reichsten Siedlungen der Germanen. Wo fände man da Kaufläden mit Waren aus aller Welt, Villen mit Atrien und säulenumrahmten Gärten und mit Zentralheizung? Bei allem Verständnis für das, was die Barbaren »Freiheit« nennen – oft nur ein Vorwand, um zu plündern und anderer Leute Arbeit zu rauben –: wirklichen Nutzen haben diese »Freien« doch nicht davon, daß sie sich im germanischen Winter die Hände erfrieren und an den Füßen Frostbeulen bekommen!
Wir stehen ja nicht am Rhein, an der Donau, am Euphrat, nur um Italien zu verteidigen. Ohne uns brächen Kriege über Kriege herein über all die Völker, die wir jetzt voreinander schützen. In der Zucht von acht Jahrhunderten ist dieses Reich gewachsen, man kann es nicht einreißen, ohne den Erdkreis ins Verderben zu stürzen.
Daß Arminius uns bekämpfte, statt seine hervorragenden Gaben als Feldherr und Volksführer im Bunde mit uns zur Schaffung eines geordneten Gemeinwesens einzusetzen, ist ein großes Unglück auch für die Germanen selber. Jetzt zerfleischen sie sich in immer neuen Stammeskämpfen! Statt Waffen sollte man ihnen Lehrer und Fachleute des Ackerbaus schicken, und man sollte ihnen helfen, ihre Sümpfe trockenzulegen und ihre Wälder zu roden. An Rhein und Mosel könnte sogar der Weinstock gedeihen und eine mildernde Wirkung auf das Gemüt der Barbaren ausüben.
Vielleicht daß manches anders gekommen wäre, hätte Arminius die Jugend und das Mannesalter seines Sohnes erlebt. Aber er hat ihn nie zu sehen bekommen und starb, als das Kind vier Jahre alt war. Seine Gemahlin Thusnelda war schwangeren Leibes von Germanicus mitgeführt worden, als dieser ihrem Vater, dem Cheruskerfürsten Segestes, gegen dessen eigene Landsleute zu Hilfe eilen mußte. Arminius hatte Thusnelda, die schon mit einem anderen Edlen verlobt war, ihrem Vater Segestes entführt, und dieser hatte sie sich mit Gewalt zurückgeholt. Er war ein Freund unserer Sache und haßte

seinen ungewollten Schwiegersohn. Ja er hatte, wenn auch vergeblich, versucht, Quinctilius Varus vor den verräterischen Anschlägen des Arminius zu warnen!
Germanicus, der sich mit den Legionen bereits auf den Rhein zurückziehen wollte, kehrte um, als ein Bote des Segestes ihn um Hilfe bat: Cheruskische Einheiten unter Arminius belagerten ihn in seiner Burg. Auch Thusnelda befand sich dort, es war also ein Zufall, daß sie in römische Hände geriet, und nicht, wie ihr Gatte Arminius überall verkündete, »ein geplanter, feiger Feldzug gegen eine schwangere Frau«.
Im Militärspital in Augusta Vindelicorum gebar Thusnelda ihren Sohn, dem sie den Namen Thumelicus gab. Vom ersten Tage an wurde er auf Weisung von Germanicus auf das beste versorgt. Da sich Arminius zum König erhoben hatte, wurde Thusnelda als Königin, Thumelicus als Königssohn nach Italien geleitet, wo man ihnen Ravenna als Wohnsitz anwies.
In den *Acta Diurna* habe ich dies alles geschildert und herausgestellt, daß sich Tiberius Caesar in väterlicher Weise des schönen, blonden Kindes annahm. Im Namen von »Senat und Volk von Rom« führte er die Vormundschaft und ließ seinem Schützling, der hochbegabt und edler Gesinnung war, die beste Erziehung angedeihen. Fortan hieß des Arminius Sohn Claudius Julius Italicus, um auch im Namen die enge Verbindung mit dem Caesarenhause zum Ausdruck zu bringen. Als er siebzehn Jahre alt war, fragte ihn Tiberius Caesar, in welcher Legion er mit dem Range eines Centurio seine militärische Laufbahn beginnen wolle? Es war die dritte, *Gallica,* die er wählte, mit Standort in Syrien, und zwar aus einem bemerkenswerten Grunde:
Er hatte erfahren, daß diese Legion den syrischen Sonnengott Elagabal verehre, den die Griechen Helios-Apollo nennen und ihn Mithras gleichsetzen. Diesen Gottheiten fühle er sich besonders verbunden. Von seiner Mutter wisse er, daß auch seine germanischen Vorfahren zum Geiste der Sonne beteten und daß sie einen gottmenschlichen Mittler erwarten.
Auf Ersuchen des ängstlichen Prokurators Pontius Pilatus hat Lucius Vitellius, damals Legat von Syrien, die *Gallica* nach Judaea

geschickt, um während des hebräischen Passa-Festes Jerusalem zu bewachen und Unruhen, die Pilatus zu befürchten schien, zu verhindern. Darüber sollte ich später noch mehr erfahren.
Tiberius Caesar scheint geplant zu haben, Claudius Julius Italicus bei dessen Herrschaftsansprüchen in Germanien zu unterstützen. Leider kam es nicht mehr dazu. Unter Claudius Caesar hat der Sohn des Arminius den Feldzug in Britannien mitgemacht, als Tribun im Stabe des Legionslegaten Titus Flavius Vespasianus. Dabei erwarb er sich seiner Unerschrockenheit wegen großen Ruhm. Bei der Erstürmung der Insel Vectis, nicht weit von der Südküste Britanniens, rettete er einem römischen Bürger das Leben und erhielt dafür die so ehrenvolle Bürgerkrone.
Bald danach verlieren sich seine Spuren. Unter einem anderen Namen, sagt man, sei er als unbekannter, schlichter Mann nach Germanien gezogen, um dort Zeugnis abzulegen von den Geschehnissen, die er als achtzehnjähriger Centurio der dritten syrischen Legion *Gallica* in Jerusalem miterlebt habe. Von unduldsamen Anhängern der Stammesgötter, die nicht wußten, wer er sei, ist er, den Gerüchten zufolge, erschlagen worden.
Tatsache ist, daß die Cherusker, als sie sich von Claudius Caesar einen König erbaten, weil sie mit ihren inneren Streitigkeiten allein nicht mehr fertig wurden, an den Sohn des Arminius dachten und nicht an dessen Neffen, der gleichfalls Italicus hieß. Dessen Vater war Flavus, der feindliche Bruder des Arminius. Er hatte in unserm Dienste gestanden, war römischer Bürger und sogar Ritter geworden. Es nützte dem anderen Italicus also wenig, daß er sich auf seinen Oheim Arminius berief!
»Du bist der Sohn jenes Mannes«, hielt man ihm entgegen, »der mit einer Bitterkeit wie kein anderer gegen sein Vaterland und seine Stammesgötter gekämpft hat. Wir aber wollen kein römisches, sondern ein freies Germanien!«
In einer großen Volksversammlung erwiderte er: »Ihr habt mich gerufen, weil ihr eueres Parteihaders müde seid. Ich bin in euere Streitigkeiten nicht verwickelt, sondern will Frieden stiften – unter uns Germanen und zwischen uns und den Römern. Deren Nutzen ist auch der unsere und umgekehrt. Das Wort ›Freiheit‹ wird von Leu-

ten mißbraucht, denen es nur als Aushängeschild dient – Unwürdige, die dem Gemeinwesen verderblich sind und lediglich von Zwietracht etwas zu erhoffen haben.«
Viele stimmten ihm jubelnd zu, andere, solche, die sich betroffen fühlten, haßten ihn darob noch mehr. Sie wiegelten auch die angrenzenden Stämme auf, es kam zu einem gegenseitigen Abschlachten. Italicus wurde gestürzt, kehrte aber mit Hilfe der wilden Langobarden, die an der unteren Albis wohnen, zurück.
Weder den römisch-germanischen Beziehungen noch den Germanen selber hat dieser Italicus also Gutes gebracht. Vielleicht daß sich unter dem Sohne des Helden der Varus-Schlacht die Dinge anders entwickelt hätten.

Ungern, mein Lucilius, spreche ich von meiner Gesundheit. Jetzt nur, weil die nächsten Jahre meines Lebens durch ihren schlechten Zustand bestimmt wurden. Das Leiden begann mit einem hartnäkkigen, trockenen Husten. Des Abends fieberte ich. Morgens war ich zwar wieder fieberfrei, fühlte mich aber nicht ausgeruht. Mein Vetter Statius Annaeus, der eben sein Studium an der medizinischen Hochschule auf der Insel Kos abgeschlossen hatte, untersuchte mich, machte ein bedenkliches Gesicht und rief einen ägyptischen Arzt ins Haus. Mit einem silbernen Hämmerchen klopfte der mir Rücken und Brust ab, dann setzte er an den verschiedensten Stellen ein hölzernes Hörrohr an, als könne er damit in mein Inneres hineinlauschen. Er und Statius Annaeus verständigten sich mit den Blicken, murmelten einige Fachausdrücke, die ich nicht verstand, er ermahnte mich, meine Krankheit ernst zu nehmen, strich ein hohes Honorar ein und ging.
Bald danach fühlte ich es mitten in einer Rede vor Gericht heiß in mir aufsteigen. Ich verhüllte mein Gesicht, bedeutete dem Vorsitzenden, daß ich unterbrechen müsse und eilte hinaus. Meine Toga war in Blut getränkt.
Ein feuchter Herbst, ein tückischer Winter ohne Schnee. Wochenlang lag ich darnieder und schämte mich meines Zustandes, gegen den alle ärztliche Kunst machtlos schien. Heute weiß man, daß man bei dieser Krankheit, die die Lungen zu zerfressen droht, nach Rae-

tia gehen soll oder auf die Anhöhen nördlich von Tridentum, rings um das liebliche Athesis- und Isarcus-Tal. Damals galt der tiefe Süden als die einzige Stätte, die noch Rettung erhoffen ließ.

Die ältere Schwester meiner Mutter, verheiratet mit dem Präfekten von Ägypten, Gaius Galerius Maximus, lud mich ein, zu ihnen zu kommen. Sie hatte mich ja schon als kleinen Knaben treu umsorgt, wie konnte ich also ablehnen, wenngleich ein solcher Abschied von Rom das Ende meiner Laufbahn bedeuten konnte.

Gaius Galerius Maximus war einer der besten Statthalter ritterlichen Ranges, die je an den Nil entsandt wurden. Es war ein weiser Entschluß von Tiberius Caesar, ihn volle sechzehn Jahre seines Amtes walten zu lassen.

Die Fahrt von Puteoli nach Alexandria dauerte zwölf Tage. In Messana auf Sizilien und in Melita legten wir kurz an, um Trinkwasser und Lebensmittel an Bord zu nehmen. Ich habe die Reise überstanden, ohne allzusehr an Seekrankheit zu leiden, war aber doch froh, als am Horizont der Leuchtturm von Pharos auftauchte. Dreihundert Stadien weit kann man ihn sehen, der Capreser verblaßt dagegen. Ich hielt den ruhigen Schein, der auf den Wellen tanzte, erst für den Abglanz eines neuen Sternes.

Gegen Morgen kamen wir in die Nähe der Insel, die mit herrlichen Palmenwäldern bedeckt ist. Weiß schimmernd ragte der Leuchtturm aus der tiefblauen Flut, dreihundertsechzig Fuß hoch. Er besteht aus drei Geschossen, die auf einem dreistufigen Unterbau ruhen. Das unterste Geschoß ist quadratisch, das mittlere achteckig, das oberste, das die Laterne trägt, ist zylindrisch. Ich erfuhr auch, welchem Brennstoff man diese starke Leuchtkraft verdankt. Man findet ihn in Judaea, auf der Halbinsel Sinai, in Syrien und jenseits des Euphrats. Im Rohzustand ist es ein zähes, schwarzes Erdharz. Daß dieses brennbar ist, hat die Natur selber gelehrt. Flammen steigen aus dem Boden, wenn ein Blitz in diese Vorkommen einschlägt. Solche Brände können tagelang dauern.

Man schöpft diesen nützlichen Stoff auch vom großen Binnensee, in den sich der Jordan ergießt. Die Einheimischen sprechen vom Salzmeer und meinen, seine dickflüssigen Wasser bedeckten Sodom und Gomorrha, zwei sündhafte Städte. Diese seien vom Feuer ver-

schlungen worden, zur Strafe dafür, daß sich die Bewohner in schöne Knaben verliebt und stürmisch ihrer begehrt hätten, obgleich sie in Wirklichkeit Engel gewesen seien. Wenn das die Folgen sind – wer zitterte da nicht um Hellas und Rom –? Nur daß Engel in Knabengestalt seltener geworden sein dürften.
Eine Spiegelanlage, die ich dank meinem Onkel besichtigen durfte, erlaubt es, die am Horizont auftauchenden Schiffe schon aus weiter Ferne zu erkennen. Man kann sie auch als Brennspiegel verwenden – nichts Neues, das tat schon Archimedes vor ein paar Jahrhunderten, als er unsere Schiffe vor Syrakus in Brand steckte!
Da ich noch nicht Senator war, brauchte ich für den Besuch Ägyptens keine kaiserliche Erlaubnis. Dennoch hat mein Vater höflicherweise bei Tiberius Caesar angefragt, ob irgendwelche Bedenken bestünden, vielleicht wegen meiner Verwandtschaft mit dem Statthalter. Keineswegs, der Kaiser ließ sogar mitteilen, daß er das Seine tun werde, um meinen Besuch angenehm zu gestalten.
So konnte ich als erster von Bord gehen, ohne von den Zollbeamten behelligt zu werden. Meine Tante stand am Hafen, eine Abteilung der Leibgarde des Statthalters war angetreten, um den neugierigen Pöbel fernzuhalten. Unter ihrer Bedeckung fuhren wir zur Residenz, einige Meilen außerhalb der Millionenstadt Alexandria. Daß die Ägypter ihren neuen römischen Herrn die gleichen göttlichen Ehren zuerkannten, wie davor den Ptolemäern und Pharaonen, daran läßt sich nichts ändern. Aber damit nicht in Rom der Anschein erweckt werde, die Caesaren gebärdeten sich wie orientalische Großkönige, sind die Statthalter angewiesen, römisch zu wohnen und nicht in die prunkvollen Paläste der Ptolemäer einzuziehen.
Dabei läßt sich natürlich nicht vermeiden, daß die Statthalter des »schönen Knaben, lieblich durch Liebenswürdigkeit, des Fürsten der Fürsten, des Auserwählten von Ptha und Nun, des Vaters der Götter, des Sohnes der Sonne« – erst war dies Divus Augustus, jetzt war es Tiberius Caesar – glanzvoller hausen müssen als etwa der Legat von Untergermanien. Aber wenn heutigen Tags schon ein Stadtpräfekt von Rom, wie der von einem eifersüchtigen Sklaven

ermordete Pedanius Secundus (Du erinnerst Dich an das grausige Ereignis), seine vierhundert Sklaven hat, die dann alle bis auf einen den Tod erlitten, so sind auch für die damals noch schlichtere Zeit tausend im Haushalt des Statthalters von Ägypten nicht zuviel. Hier laufen ja alle Fäden der Regierung dieses riesigen Landes zusammen, bis hinunter in den tiefen Süden, wo die Sonne im Sommer im Zenit steht und keinen Schatten mehr wirft. Da es in Ägypten keinen Landtag gibt wie in anderen Provinzen, eigentlich auch keine Gemeinde-Selbstverwaltung, ist es der Wille des Herrschers in Rom, vertreten durch seinen Statthalter, der Recht und Ordnung aufrechterhalten muß.

Die Verehrung, eine nahezu göttliche schon zu Lebzeiten, die man Divus Augustus hier entgegenbrachte und die sich auf seine Nachfolger übertrug, kann man verstehen, wenn man den heutigen Zustand des Landes mit dem unter den letzten Ptolemäern vergleicht – Palastintrigen, Brudermorde, Korruption in jedem Ausmaß, während die Kanäle, in die der Nil bei seinen Überschwemmungen einströmen soll, verschlammten und versandeten.

Um Ägypten seine alte Fruchtbarkeit wiederzugeben, hat Divus Augustus von Tausenden von Arbeitern, unter Aufsicht der Legionen, alle diese Kanäle reinigen und Dämme und Stauseen errichten lassen. Tiberius Caesar hat durch seine Statthalter, Männer wie meinen Onkel Gaius Galerius Maximus, die gleiche Sorgfalt angewandt, so daß Ägypten heute wieder zur Kornkammer des Imperiums wurde.

Einer meiner ersten Besuche galt dem Mausoleum von Antonius und Cleopatra, das Divus Augustus großzügig hatte vollenden lassen. Damit ehrte er alle Mitglieder des Caesarenhauses, die der Ehe seiner Schwester Octavia mit Marcus Antonius entstammen. Das gab Germanicus, der einige wenige Jahre vor meinem Besuche hier war, erhöhtes Ansehen. Überall stieß ich noch auf seine Spuren; auf einer der Memnonssäulen weit im Süden, die bei Sonnenaufgang einen eigenartigen Ton von sich geben, fand ich sogar seinen Namen eingeritzt – eine Unart vieler Touristen!

Der Tempel des Jupiter Ammon, der in Ägypten als der Vater Alexanders des Großen gilt, war nur zu bestimmten Zeiten und

für Besucher hohen Ranges geöffnet – immer also für den Statthalter von Tiberius Caesar.
Im innersten Heiligtum zeigte mir mein Onkel den herrlichen Sarkophag Alexanders, aus dunkelrotem Porphyr, getragen von geheimnisvollen, geflügelten Fabelwesen. Divus Augustus hatte ihn aus seiner Gruft heben und öffnen lassen. Statt einer Mumie erblickte er ein jugendliches Antlitz, goldene Haare umrankten das Haupt, die Augen geschlossen wie in einem Traume, nicht wie im Tode. Ein einmaliges Meisterwerk der ägyptischen Einbalsamierer, oder ein Wunder, ein Gnadenerweis des Jupiter Ammon für seinen Sohn, nicht unsterblichen Leibes, doch unsterblichen Ruhmes? Als man Divus Augustus fragte, ob er auch die Gruft der Ptolemäer zu besichtigen wünsche, antwortete er: »Ich bin gekommen, einen König zu besuchen, nicht um Leichen anzuschauen.« Dann ließ er Alexanders Sarkophag versiegeln, damit dieses Antlitz, das dreihundert Jahre nach dem Tode unverändert war, nicht zerfalle, wenn Unbefugte, etwa aus Neugier, es beschauen möchten. Er legte eine goldene Krone nieder und machte eine ewige Spende für Opfer und Blumenschmuck. Auch damit ehrte er sein eigenes Haus, denn, wie ich berichtete, war es Alexanders Ruhm, der Julius Caesar aus Hispanien nach Rom zurückrief und ihn damit auf die Bahn führte, die den Caesaren die Weltherrschaft gab.
In weiterem Rahmen gesehen: Wir stünden heute nicht am Euphrat (wären es doch der Tigris und der Indus!) und vielleicht nicht einmal am Nil, hätte uns Alexander nicht den Weg bereitet, nicht bloß mit den Waffen, sondern durch die Sprache, die Bildung, die Götter von Hellas.
Sollte man ihn also nicht als Divus Alexander unter die Schutzgötter des Imperiums, eines griechisch-römischen, aufnehmen?
An der Tafel meines Onkels lernte ich den alten Priester kennen, der dem Germanicus die ägyptischen Inschriften auf den mächtigen Mauern des halb verfallenen Theben übersetzt hatte: Das Land habe vor Zeiten 700000 streitbare Männer gehabt, und mit solcher Heeresmacht habe König Ramses II., 500 Jahre vor Gründung der Stadt, Libyen, Äthiopien, Medien, Persien, Bactria, das Skythenland, Syrien, Armenien und Kappadozien erobert. Dazu erwähnte

er die ungeheueren Tribute, zu denen die unterworfenen Völker verpflichtet wurden: Gold, Silber, Waffen, Pferde, Elfenbein, Wohlgerüche für die Tempel Ägyptens, Getreide und Tausende von verschiedenen Bedarfsgegenständen.
Das war wohl alles ein wenig übertrieben und sollte den Vertreter Tiberius Caesars mit der Macht des alten ägyptischen Reiches beeindrucken. Als ob es nicht genügte, daß wir heute ein Drittel des für Rom erforderlichen Korns, über zwanzig Millionen römischer Scheffel, aus Ägypten bezögen und dazu an Steuern mindestens anderthalb Millionen Goldstücke im Jahr. Außerdem, wie ich mich damals schon überzeugen konnte, ist Ägypten wichtig für unsern Handel mit Indien und darüber hinaus. Was mir Lycidas am Isthmus von Korinth vortrug – ein Durchstich von Meer zu Meer, wäre hier noch viel lohnender. Man bräuchte nur die Kanäle zu entsanden, die bereits Ramses II. begonnen und die Darius I. von Persien, der bei Marathon geschlagen wurde, vollenden ließ. Durch den östlichsten Nilarm könnte man dann, ohne über Land zu müssen und von den Schiffen auf Karawanen umzuladen, von den italischen und hispanischen Häfen aus den Warenaustausch mit dem Osten bewältigen. Auch vom militärischen Standpunkt aus würde ich große Vorteile in einem solchen Kanal sehen. Im Falle eines Aufstands in Syrien und Judaea wären wir dann nicht mehr für unsern Nachschub auf die gefährdeten Häfen von Tyros und Caesaraea angewiesen.
Was mir bald auffiel, war, daß sich in Ägypten die einheimischen Götter mehr denn irgendwo sonst erhalten haben, mit Ausnahme vielleicht von Germanien und natürlich der hebräischen Gemeinwesen. Schon die Ptolemäer haben vergeblich versucht, die Verehrung der Olympier volkstümlich zu machen. Aber immer noch ist die griechisch-römische Decke hauchdünn. Darunter bestehen nach wie vor die einheimischen, zum Teil sehr unerfreulichen Gebräuche weiter. Katzen, Paviane, Krokodile streiten um göttlichen Vorrang. Gerade als ich ankam, hat eine Hundegemeinde der Hechtgemeinde zum Trotz einen Hecht verspeist, worauf diese einen Hund auffraß. Das Ergebnis: ein blutiger Kleinkrieg, den mein Onkel durch Entsendung einer ganzen Kohorte beenden mußte!

Die Pyramiden, nicht weit von Memphis, der bedeutendsten Stadt nach Alexandria, mußt Du Dir vorstellen wie hochragende Berge, die aus einer Salzwüste emporwachsen. Ihre vier Seiten sind bedeckt mit unzähligen heiligen Bildzeichen. Eine Buchstabenschrift haben die Ägypter merkwürdigerweise nie entwickelt, aber die Gebildeten kennen unsere und die griechische.
Ein Fremdenführer, den ich für billiges Entgelt anheuerte, erklärte mir, daß die Abschriften jener geheimnisvollen Zeichen auf den beiden großen Pyramiden zehntausend Rollen füllen würden. Was sie aber bedeuten, das wußte er nicht. Überhaupt scheinen nur noch die Priester und einige Gelehrte diese Bilderschrift zu verstehen. Selbst über den Zweck der Pyramiden herrscht Unklarheit. Manche behaupten, sie enthielten die Grabkammern der Pharaonen, mumifiziert, nicht wie im Falle Alexanders – eine Ausnahme, heißt es, denn nur an einer Mumie könne der Geist des Verstorbenen noch haften. Ein schrecklicher Gedanke – ich ziehe den Scheiterhaufen vor!

12. Kapitel

In der trockenen Luft Ägyptens habe ich allmählich meine Gesundheit wiedererlangt und außerdem allerlei Nützliches dazugelernt. Daß Julius Caesar alle Bücher in Alexandria verbrannt habe, stimmt einfach nicht. Selbst aus der großen Bibliothek sind Tausende von Rollen gerettet worden, und kleinere Bibliotheken gibt es in Alexandria in jedem Stadtteil. Ich entdeckte Aufzeichnungen Platons aus der Zeit seiner Ägyptenreise, darunter manches über seine Gespräche mit Weisen aus dem Osten, dazu genauere Angaben über den versunkenen Erdteil Atlantis, westlich von Lusitanien, und auch über die ägyptischen Einweihungsriten, die den Eleusinischen und den Mithräischen um Jahrhunderte vorausgingen.
Ich konnte nun auch die griechische Übersetzung der heiligen Schriften der Hebräer lesen. Sie klingen alle aus in der Verheißung eines göttlichen Mittlers, eines Erlösers. Nach der einen Lehrmeinung sei dieser nur dem hebräischen Volke verkündet, um sein »Reich Israel« in Unabhängigkeit wiederherzustellen. Eine andere hält dafür, daß der Erlöser im Urbeginn von der Gottheit der ganzen Menschheit versprochen wurde. In der Tat findet man einen solchen Glauben bei vielen anderen Völkern, und er spiegelt sich wider auch in Vergils *Vierter Ekloge.*
In den Straßen Alexandrias hielt ich mich immer nur so kurz wie möglich auf. Wenn Rom, wie man sagt, die Taverne der ganzen Welt ist, so ist Alexandria deren Kloake. Juden und Griechen schlagen einander tot; Araber, Syrer, Ureinwohner, dazu eine buntfarbige Mischbevölkerung, frech, aufsässig, gefährlich, obszön! Unsere drei Legionen haben keinen äußeren Feind abzuwehren, wohl

aber zahllose Feinde innerhalb dieser amorphen Masse. Denn von einem »Volk« kann man hier nicht reden.
Das große Schlagwort dieses Weltpöbels lautet »Gleichheit«, als wenn es irgendwo in der Schöpfung auch nur zwei Gleiche gäbe! Kein lebendiges Wesen gleicht dem anderen – eine Tatsache, die mir in Alexandria klar wurde. In Farbe, Gestalt und Größe sind sie alle voneinander verschieden. Ich bewundere den göttlichen Weltenbaumeister auch gerade dieser schöpferischen Tat wegen: In der gewaltigen Fülle von Erscheinungen und Dingen ist Er nie zweimal auf den gleichen Gedanken verfallen. Selbst bei der größten Ähnlichkeit zeigt eine nähere Betrachtung ihre Unterschiedlichkeiten. Gott hat unzählige Blätter und Blüten geschaffen – aber dies alles mit dem Stempel eigener Besonderheit. Und sieh Dir die Tiere an – und gar die Menschen! Selbst Zwillinge kannst Du voneinander unterscheiden. Gott stellte sich selber die Forderung: jedes Wesen, das ein anderes, ein neues ist, muß allen anderen ungleich und unähnlich sein.
Unser ganzer moderner Geschäftsverkehr beruht darauf! Bei Titus Pomponius Atticus kennt man meine Unterschrift. Nur mit ihr wird Geld ausgezahlt – niemand anderer hat die gleichen Schriftzüge – Hunderttausende von Kunden, Kaufleuten, Wechslern gibt es, ein jeder ist geschützt durch seine Schrift, die Ausdruck ist einer Persönlichkeit, die er mit niemandem gemeinsam hat.
Gleichheit bedeutet gleiches Recht, wirst Du mir erwidern. Nicht einmal das braucht rechtens zu sein. »Kein Unrecht«, scheint mir die bessere Forderung zu sein. Wenn dumm und klug, niedrig und gebildet, tugendhaft und lasterhaft, selbstlos und räuberisch in »Gleichheit« über den Staat, seine Gesetze, seine Verwaltung, seine Gerichte entscheiden können – wohin führt dies? Das ist nicht die edle athenische Verfassung der Demokratie – und selbst diese wurde am Tode des Sokrates schuldig –, es ist, wiederum mit griechischen Worten, Ochlokratie, Willkürherrschaft des Pöbels, die in die Anarchie übergeht, die völlige Gesetzlosigkeit, den Krieg aller gegen alle, bis der Schrei nach der Tyrannis, die immer noch besser erscheint, laut wird.
Der Tiefpunkt ist erreicht, wenn der Herrscher selber zum Pöbel,

von diesem wie seinesgleichen geliebt und schließlich, als sei er einer aus ihrer Mitte, totgeschlagen wird.

Die Nachricht vom Hinscheiden der alten Kaiserin Julia Augusta erreichte uns in Ägypten bereits am zehnten Tage. Das Reich, das ganze menschliche Geschlecht, haben ihr viel zu verdanken. Durch ihre Schönheit und ihren Geist hat sie Caesar Augustus an sich gefesselt, zum Wohle des Gemeinwesens. Als sie einmal gefragt wurde, wie sie über fünfzig Jahre lang ihren Einfluß bewahren konnte, hat sie erwidert: niemals habe sie sich in seine Angelegenheiten eingemischt, habe mit Freuden immer getan, was ihm gefiel und stets vorgegeben, daß sie von seinen Lieblingen, denen seine Leidenschaft galt, nichts wisse.

Auch ihre gehässigsten Feinde konnten nie bestreiten, daß sie sich durch ihre Keuschheit, die nichts Aufdringliches hatte, der alten, strengen Sitte näherte. Einmal geschah es, daß sie von einer ganzen Schar nackter junger Männer umringt wurde – aber keiner wagte, sie anzurühren. Dennoch wurden sie alle zum Tode verurteilt – aber sie hat deren Leben gerettet, indem sie sagte:

»Für keusche Frauen sind nackte Männer in nichts von Marmorstatuen unterschieden.«

Im Hause von Caesar Augustus wurde ihr Sohn Drusus, Vater des Germanicus und jüngerer Bruder von Tiberius Caesar, geboren. Daß sie diesem die Nachfolge sicherte, hat das Reich vor neuen Bürgerkriegen bewahrt. Ihr Leichenbegängnis war schlicht, denn Tiberius Caesar vermied alles, was nach erblicher Königsherrschaft hätte aussehen können. Ihr Urenkel, Gaius Caesar Caligula, hielt die Leichenrede.

Wie für sich selber, hat Tiberius Caesar auch für seine Mutter göttliche Ehren abgelehnt. Erst Claudius Caesar hat den Senat veranlaßt, sie als *Diva Julia* unter die Schutzgötter Roms aufzunehmen, eine berechtigte Ehrung, wenn man dergleichen überhaupt bejaht.

Ungefähr zur selben Zeit, da seine Mutter starb, empfing Tiberius Caesar den höchsten aller Einweihungsgrade: *Pater Patrum.* Nun konnte er die ganze mystische Kraft der mithräischen Opferhandlungen dem Wohle des Reiches zuwenden. Auf Capri gab es schon während der letzten Lebensjahre Julius Caesars zwei Kultstätten von Mithras, dem gott-menschlichen Mittler. Die eine, eine tiefe Felsenhöhle, liegt unterhalb der Villa Jovis, halben Wegs zum Meere, die andere auf der Südseite der Insel, an deren steinigem Strande. Mein Vater, der den sechsten Weihegrad besaß, den des *Heliodromos,* des Sonnenläufers, hat Tiberius Caesar zu den heiligen Feiern oft begleiten, ja ihn dabei vertreten dürfen. Mir war die Teilnahme verwehrt, solange ich *Corax* (Rabe) war, *Cryphius* (Verborgener) und *Miles* (Streiter). Erst als ich zum vierten Grade aufstieg, dem des *Löwen,* wurde ich zum Liebesmahl von Brot und Wein zugelassen und zu anderen Handlungen, die zu nennen mir nicht gestattet ist.

Als ich Consul wurde und Nero Caesars Erster Ratgeber, erlangte ich den fünften Grad, ich wurde *Perses* (Perser). Doch sollte man bei uns *Romanus* sagen, denn auf dieser Stufe erschließt sich einem der Geist des Volkes, dem man angehört oder dient.

Mithras, als der göttliche Schirmherr der Legionen, besitzt seine heiligen Stätten heute nicht nur in Rom und auf Capri, sondern überall an den Grenzen des Imperiums, im Legionslager von Londinium in Britannien, am Rhein und an der Donau. In Hellas setzt man ihn jetzt bekanntlich vielfach gleich mit Helios-Apollo. Doch ist er, da er in Persien zuerst erkannt und verehrt wurde, auch der Mittler zwischen Ahura Mazdao, dem höchsten Lichtgott, und den Menschen. Er ist der Widersacher Ahrimans, des Gottes der Dunkelheit und allen Verderbens.

Mein Vater schrieb mir, daß seit dem Tode der Augusta der Einfluß des Gardepräfekten Aelius Seianus unheilvoll gestiegen sei. Dieser versuche, Tiberius Caesar, der sich ganz nach Capri zurückgezogen habe, vom Senat und vom Volke Roms zu trennen.

Immer dringender fragte mein Vater an, ob mich mein Gesundheitszustand noch lange in Ägypten festhalten werde. Viele meiner Altersgenossen seien nun schon in der Ämterlaufbahn aufgestiegen, andere machten sich einen Namen als Anwälte oder bei den Legionen.

Die Zeit ging demnach über mich hinweg, und Ägypten wurde mir zur Qual. Was kümmerte mich all der törichte Aberglaube, der die Straßen füllte: Daß der Vogel Phoenix, dies heilige, der Sonne ge-

weihte Tier, wieder erschienen sei – obgleich seit seinem letzten Einflug statt der üblichen fünfhundert Jahre erst zweihundertfünfzig verstrichen seien. Wollte man ihn doch zuletzt zur Zeit des dritten Ptolemäers gesehen haben. Daher meinten manche, diesmal sei es nicht der echte, aus Arabien stammende Vogel. Dazu alle übrigen Fabeln: Wenn der Phoenix sterben müsse, ließe er seinen Samen ins Nest fallen, und daraus entstünde dann das Junge. Dieses trage die Leiche des Vaters fort und verbrenne sie auf dem Altar des Sonnengottes in Heliopolis.
Phoenix oder nicht, ein, zwei, drei Phoenixe, von mir aus ein ganzer Zug dieser legendären Geschöpfe! Nur fort von hier. Selbst die Frage nach den Nilquellen, die man seit Jahrhunderten sucht, wurde mir gleichgültig. Und schon gar, ob oder nicht es in Äthiopien Troglodyten gäbe, die einen einzigen, schirmartigen Fuß haben, mit dem sie sich, platt auf dem Rücken liegend, gegen die senkrechten Sonnenstrahlen schützen. Alles sinnloses Geschwätz, das hierzulande aber auch ganz ernste Leute von sich geben!
Die Amtszeit meines Onkels, nach all den Jahren ausgezeichneter Statthalterschaft, ginge nun bald zu Ende, sagte meine gute Tante – er habe den Kaiser seiner geschwächten Gesundheit wegen um seine Entlassung gebeten. So lange möchte ich doch noch warten, zusammen könnten wir dann nach Italien zurückkehren.
Aber ich wollte nicht. Mitten im europäischen Winter, einige Tage vor den Iden des Februar im Jahr 783 nach Gründung der Stadt, als ich im 35. Lebensjahr stand, riß ich mich los. Meinen Onkel sollte ich nie wieder sehen. Er starb auf der Überfahrt, inmitten eines furchtbaren Sturmes, in dem das Schiff fast zerschellte. Meine Tante brachte seine Leiche nach Italien zurück, wo er ein ehrenvolles Begräbnis erhielt. Tiberius Caesar ließ sich am Scheiterhaufen durch seinen jungen Enkel, Tiberius Caesar, genannt Gemellus, vertreten.
Am Hafen von Neapel empfing mich mein Vater. Er war bereits alt gewesen, als ich fortging – die Jahre hatten keinen Unterschied mehr gemacht. Aber ich ... ich merkte, wie er mich beobachtete – war ich ein Erwachsener geworden – war ich bereits alt –? So dünkte

es mich, aber in einigen Wochen hatte ich mich umgestellt. Kaum dachte ich noch daran, daß ich so lange weg gewesen sei.
Mein Vater unterrichtete mich über die letzten Ereignisse: Des Kaisers Schwägerin, Antonia Minor, eine Tochter der Octavia, Divi Augusti Schwester und des Marcus Antonius, Witwe des Drusus, des Kaisers jüngeren Bruders und Mutter des Germanicus und des Claudius Caesar, hatte ihm Warnungen zukommen lassen: Aelius Seianus meine es nicht ehrlich – er wolle, obgleich nur aus dem Ritterstande, die Witwe des jüngeren Drusus, des Sohnes des Kaisers, heiraten, um leichter zur Herrschaft gelangen zu können. Er habe bereits eine ungeheuere Macht in Händen – die neun prätorischen Kohorten, deren Präfekt er sei, habe er in *einem* Lager zusammengezogen. Da der Kaiser auf Capri sei, träte er vor Volk und Senat auf, als sei er bereits Mitregent, ja der designierte Nachfolger.
Antonias zuverlässigste Freigelassene namens Caenis sei mit genaueren Einzelheiten unterwegs. In Neapel würden wir sie erwarten und dann gemeinsam mit ihr nach Capri übersetzen.
Gewiß, Ägypten ist Teil unseres Reiches, und die drei Jahrhunderte griechischer Herrschaft haben ihre Spuren hinterlassen. Dennoch ist es mir fremd geblieben, und so genoß ich in vollen Zügen diese Heimkehr. Wie in meinen Jugendtagen neigte ich mich in Ehrfurcht vor Antenors Standbild der Tyrannenmörder Harmodios und Aristogeiton, in Pompeji berührte ich die Steine der Palaestra und küßte den Sockel des Doryphoros. Es war mir, als strömte die Kraft unserer griechisch-römischen Geschichte in mich zurück. Ich kam auch nach Poseidonia, das die lukanischen Barbaren in Paestum umbenannt haben. Seine Tempel sind älter als die athenischen, wenn auch aus gröberem Stoff. Im Heiligtum der Pallas Athene opferte ich den Manen meines Freundes Lycidas.
Als Caenis, eine hübsche Frau griechischen Blutes, eingetroffen war, reisten wir nach Surrentum und überquerten dort den Meeresarm, der nur dreitausend Schritt breit ist. Wachtboote der kaiserlichen Flotte umkreisten die Insel. Wir mußten uns mehreren Kontrollen unterwerfen, ehe wir im Hafen bei den Felsentürmen landen durften.
Mein Vater wollte Caenis Antonias Brief abnehmen, um ihn Tibe-

rius Caesar zu bringen. Sie wies lachend auf ihren Kopf und sagte: »Hier ist der Brief – Wort für Wort!« Ihre Herrin hatte ihr diesen Brief diktiert, aber aufgetragen, ihn wieder zu löschen, damit er nicht in die Hände Seians oder seiner Aufpasser falle.

»Mache dir keine Sorgen, Herrin«, hatte Caenis, wie sie uns jetzt mitteilte, erwidert. »Nicht nur dein heutiger Brief, sondern alles, was du mir je diktiertest, ist in meinem Hirn eingegraben.« Eine bemerkenswerte Frau! Viele Jahre später, als sie bereits, man kann sagen, eine »Nebengattin« des Consulars und Legionslegaten Titus Flavius Vespasianus war, sollten sich in höchst seltsamer Weise unsere Wege von neuem kreuzen.

Tiberius Caesar hörte mit unbewegter Miene dem mündlich übermittelten Bericht seiner Schwägerin Antonia zu. Die Caenis entließ er reich beschenkt und veranlaßte ein Reskript, durch das sie die Rechtsstellung einer Freigeborenen erhielt.

In der Villa Jovis wurde mir ein schönes Zimmer mit Bad angewiesen. Des Abends konnte ich beobachten, wie vom großen Leuchtturm Licht- und verschiedene farbige Rauchzeichen ausgesandt wurden. Die Vermittlungsstelle in Misenum, wo ein Teil der Flotte lag, erwiderte das in gleicher Weise.

Im ersten Lichte des Morgens sah ich eine Flottille leichter Schnellsegler auf der Südseite der Insel vor Anker gehen. Mehrere schwere Triremen mit hohen Gefechtstürmen lagen weiter draußen. Ich kannte solche Schiffe vom Hafen von Alexandria, aber seit Actium hatten sie keinen Kampf mehr gesehen.

Mein Vater ließ mich rufen. Seine Räume, in Schwarz und Rot, lagen dicht neben den kaiserlichen mit ihrer schwarz-rot-goldenen Freskobemalung. Die Schiffe seien herbefohlen worden, sagte er, da sich der Kaiser zu den Legionen in Hispanien oder Syrien begeben werde, sollte dem Aelius Seian der geplante Staatsstreich gelingen. Noch könne dies verhindert werden – es hänge weitgehend von meinem Mut und meinem Glück ab.

Und nun folgte das Ersuchen des Kaisers – ein Befehl vielmehr, todbringend vielleicht, aber in jedem Falle höchst ehrenvoll. Dem seit dem 1. Oktober amtierenden Consul Lucius Memmius Regulus sollte ich ein kaiserliches Handschreiben überbringen – ganz ande-

ren Inhalts, als sich der Gardepräfekt erhoffte. Erwarte dieser doch nichts Geringeres als die Übertragung der tribunizischen Gewalt, die ihn sakrosankt und zum Mitregenten machen würde.
Der Kaiser habe auch schon heimlich einen neuen Gardepräfekten, Naevius Sertorius Macro, ernannt und diesem vorsorglich eine Abschrift des Schreibens übergeben. Auf anderem Wege als ich solle er nach Rom eilen, aber ich würde früher ankommen als er, vorausgesetzt, daß mich die Häscher Seians nicht abfingen.
Als Werkmann verkleidet ging ich die steilen Treppen zum Hafen hinunter, wo mich der Kapitän eines der Schnellsegler erwartete. Was sich dann abspielte, gehört bereits der Geschichte an – in der Schule schon, mein Lucilius, hast Du es gelernt. Macro und ich betraten ungefähr zur gleichen Zeit den Tempel des Apollo auf dem Palatin, wo der Senat sich versammelte. Es gelang mir als erstem, dem Consul das kaiserliche Schreiben zu übergeben. Macro behielt sein Exemplar und verließ die Kurie, um den prätorischen Kohorten seine Ernennung zu ihrem neuen Vorgesetzten mitzuteilen. So sicher fühlte sich Seian, daß er nicht einmal merkte, was sich abspielte: Macro hatte die Bedeckungsmannschaften mit sich genommen. Daß der Tempel von den Einheiten der bewaffneten Feuerwehr und der Nachtpolizei, unter dem Kommando eines zuverlässigen Offiziers namens Graecinius Laco, umstellt wurde, konnte er nicht ahnen.
Ich sah ihn von ganz nahe: Ehe der Brief verlesen wurde und der Senat noch meinte, er enthielte die Übertragung der tribunizischen Gewalt, riefen ihm viele Senatoren feurige Lobsprüche, plumpe Schmeicheleien zu – wollten sie dem mächtigen Manne doch zeigen, wie glücklich sie über seine weitere Rangerhöhung seien!
Dann begann Lucius Memmius Regulus, das kaiserliche Schreiben dem Senat zur Kenntnis zu bringen – ein langes, gewundenes Schreiben, ganz milde zu Anfang, nur ein paar eingestreute Vorwürfe gegen Seian, eine Andeutung, daß er, der Princeps, sich auch auf Capri nicht mehr sicher fühle und um den Besuch eines der Consuln bäte ...
Nichts, gar nichts über die tribunizische Gewalt – immer blasser wurde Seian, die Kinnlade fiel ihm herunter –, er begann das Un-

heil zu ahnen. Schon standen manche auf, die mit ihm auf der gleichen Bank gesessen hatten – sie wollten wohl nicht mehr in seiner Nähe gesehen werden. Verlegenheit, tiefe Niedergeschlagenheit breitete sich in der Kurie aus, die Luft war zum Ersticken.

Und plötzlich – mit veränderter Stimme trug der Consul es vor: Die Anklage wegen Hochverrats – Mordpläne gegen die sakrosankte Person des Princeps – Pläne, die von Divus Julius und Divus Augustus festgesetzte und vom Senat und dem römischen Volke gebilligte Ordnung umzustürzen. Und schließlich: der schneidend-scharfe Befehl der sofortigen Verhaftung.

Totenstille, dann die übliche Frage des Consuls: *Quid Censes?* (»Was dünkt Euch?«) Schon als der erste Senator seine Stimme gegen Seian abgegeben hatte, unterbrach der Consul die Abstimmung. *Adhuc, Seiane!* (»Seian, hierher!«) rief er dem Beschuldigten zu. Aber dieser, ungewohnt, Befehle zu erhalten, gehorchte nicht. Als der Consul zum zweiten und dritten Mal mit ausgestreckter Hand rief: *Adhuc, Seiane!,* fragte er, noch mit einem Hauch von Hochmut: »Mich rufst du?«

Im gleichen Augenblick wurde er festgenommen. Die selben Senatoren, die noch vor kurzem vor ihm krochen, wüteten nun am lautesten gegen ihn. Fast hätte er einem leid tun können, hätte man nicht um seine vielen Morde gewußt, wobei damals nicht einmal bekannt war, daß er auch Drusus, den Sohn Tiberius Caesars, hatte vergiften lassen.

Wie Du weißt, wurde er noch am gleichen Tage vom Senat zum Tode verurteilt, vom Volke auf dem Wege ins Gefängnis beschimpft, verhöhnt, geschlagen. Vor seinen Augen wurden seine Bildsäulen umgestürzt. Kurz danach wurde er im Staatsgefängnis vom Henker erdrosselt. Drei Tage lang lag seine Leiche auf den Gemonischen Treppen, sie wurde vom Volke herumgezerrt und schließlich in den Tiber geworfen.

Sofort nach der Hinrichtung Seians eilte ich zum Consul Memmius Regulus, um ihn zu ersuchen, durch die verabredeten Licht- und Rauchzeichen die Durchführung des kaiserlichen Befehls nach Capri zu melden. Dann kehrte ich auf schnellstem Wege dorthin zurück. Schon am Hafen erfuhr ich, daß Tiberius Caesar die Zei-

chen empfangen und richtig gedeutet hatte. Er hatte vom neuen Thronsaal aus, der einen Stock höher lag als der, in dem Divus Augustus sein letztes Gastmahl gegeben hatte, den großen Leuchtturm genau beobachtet. Von der Übermittlungsstelle in Misenum, auf die der Capreser Leuchtturm genau eingestellt ist, war die Botschaft herübergelangt, kaum eine Stunde, nachdem Memmius Regulus den Tod des Seian gemeldet hatte.
Der Kaiser empfing mich in seinen innersten Gemächern zu einem genauen Bericht. Er war heiter, höflich, ungebeugt. Niemand hätte ihm anmerken können, was diese Tage für ihn bedeuteten. Seian, der nun so elend umgekommen war, ist immerhin jahrelang sein Freund gewesen, dem er volles Vertrauen schenkte.
Als ich nach einigen Tagen wieder in Rom war, erhielt ich die Nachricht, daß ich zum Quästor ernannt und damit Senator geworden sei. Tiberius Caesar ließ mir Toga und Tunika mit dem breiten Purpurstreif übersenden.

13. Kapitel

Alexis ist gestern zurückgekehrt und bestellte mir, daß Du in ungefähr drei Wochen zu mir kommen würdest und wir dann gemeinsam nach Campanien reisen können. Wie sehr habe ich mich über diese Nachricht gefreut!

Wie einen jüngeren Bruder, sagte mir Alexis, habest Du ihn behandelt. Du ließest ihn an Deinen Mahlzeiten teilnehmen und zogst ihn freundschaftlich ins Gespräch. Nicht daß mich das verwunderte, kenne ich doch Deine Ansichten über die Sklaverei, die den meinen entsprechen. Schon Platon hat gesagt, sie sei nicht im natürlichen Recht begründet, sondern stütze sich nur auf menschliche Satzung. Ein jeder von uns, fiele er in Feindeshand, könne zum Sklaven werden.

Wie viele von denen, die sich frei dünken und es dem Gesetze nach sind, tragen in Wirklichkeit Ketten. Sie sind Sklaven ihrer Angst, einer Laune eines Tyrannen, Sklaven ihrer Verliebtheit in junge Tänzer oder Flötenspielerinnen, Sklaven ihres eigenen Charakters. Die Zeit wird kommen, da man auf die »gesetzliche« Sklaverei zurückblicken wird wie auf die Menschenfresserei und auf die Blutopfer barbarischer Stämme im hohen Norden oder in Afrika, südlich der Garamanten.

Was Alexis Dir aus Takt, oder weil ich es Dir bislang nicht berichtet habe, verschwieg, will ich Dir jetzt mitteilen: Längst ist er nicht nur frei, sondern besitzt ein Reskript des Princeps, das ihm die Rechtsstellung eines Freigeborenen verleiht. Nur seiner eigenen Sicherheit wegen gilt er nach außen noch als Sklave in meinem Haushalt. Spreche ich in Rätseln oder hast Du längst geahnt, was ich Dir nun

sagen will? Wie auch immer, hier ist die Lösung, aber wiederum: »Es ist nicht für die Masse bestimmt.«
Nero Caesar und ich waren beim Präfekten von Rom, Pedanius Secundus, zu Gast, wenige Stunden, ehe er von einem seiner Sklaven namens Kleantes ermordet wurde – erst vor kurzem habe ich Dich an dieses grausige Geschehen erinnert. Daß etwas in der Luft lag, das wußten wir – beim abendlichen Gastmahl wurde sogar darüber gesprochen.

> »Corydon war, der Hirt, entbrannt für den schönen Alexis«,

zitierte ich die erste Zeile der Vergilschen *Zweiten Ekloge.* Nero Caesar machte meiner Erziehung Ehre, indem er die nächste hinzufügte:

> »Ihn, den Liebling des Herrn, und hatte doch gar nichts zu hoffen!«

In Vergils Gedicht hieß dieser Herr Iollas – hier hieß er Pedanius Secundus, und der unglücklich Liebende ... hier hieß er Kleantes statt Corydon. Nur der Knabe war gleichen Namens, dort und hier – Alexis. Er bediente uns an jenem Abend – ich empfand eine innere Nähe, fast als kennte ich ihn seit langem, vielleicht, weil er mich an Lycidas erinnerte. Ihm wiederum schien ich nicht fremd zu sein, er sah mich an, als wollte er Schutz bei mir suchen.
Als die Nachricht von der Bluttat bekannt wurde, sprachen Nero Caesar und ich über die *Zweite Ekloge* – was wäre geschehen, wenn Corydon den Iollas erschlagen hätte, statt nur

> »In Bergen und Wäldern verströmen zu lassen sein kunstloses Lied ohnmächtiger Sehnsucht.«

Läßt ihn der Dichter doch klagen:

> »Schon verdoppelt im Sinken die Sonne wachsende Schatten ...
> Mich aber brennt die Liebe: Hat Maß wohl jemals die Liebe?«

Kein Hirtengedicht hätte eine Bluttat Corydons schildern können. Es hätte eines griechischen Schicksalsdramas bedurft, denn der Konflikt ist unlösbar – dort in der dichterischen Phantasie, hier in der Wirklichkeit. Kleantes hat seine eigene »Lösung« gefunden – er hat sich selber getötet, gleich nachdem er seinen Herrn im Schlafgemach erdolcht hatte. So gab es keinen Schuldigen mehr, den man richten müßte, selbst wenn man sich nicht an die Worte Platons im *Symposion* gehalten hätte: daß die Götter, so ungeheuerlich es klingen mag, den Liebenden alles verzeihen ...

Aber es kam anders. Kurz davor hatte der Senat ein barbarisches Gesetz erneuert, nach dem alle Sklaven, ja sogar die Freigelassenen, hinzurichten seien, sollte der Herr von einem der Sklaven ermordet werden.

Ich war mit Nero Caesar unterwegs nach seiner Geburtsstadt Antium, als uns auf der Via Appia ein Bote einholte: Die vierhundert Sklaven und die Freigelassenen des Pedanius Secundus waren von der Stadtpolizei verhaftet worden und sollten zum Tode geführt werden. Aber das Volk von Rom, nun wirklich *Volk* und nicht Pöbel, lief zuhauf, bewogen von Mitleid mit so vielen unschuldigen Menschen, viele junge darunter. Es sei zu einem erbitterten Straßenkampf gekommen – die Hinrichtung mußte aufgeschoben werden, da auch im Senat sich Stimmen gegen eine solch grauenvolle Strafe erhoben.

Ich entwarf sofort ein Schreiben an den Senat, das der Kaiser unterzeichnete. Darin stand – wobei ich mich eines Ausdrucks des Senators und Rechtsgelehrten Thrasea Paetus bediente –, daß Henker und Strick längst abgeschaffte Einrichtungen seien. Bestraft dürfe nur werden, wer der Mitschuld an jener Untat überführt werden könne, und nach römischem Recht habe man im Zweifel für den Beschuldigten zu entscheiden. In einer solchen Haltung müsse sich die Menschlichkeit des römischen Staates offenbaren.

Dieses Schreiben kam zu spät. Die Abstimmung hatte bereits stattgefunden – unter dem Einfluß der Rede des Senators Caius Cassius aus dem Geschlechte des Caesar-Mörders.

Seine Scheinargumente schlugen durch – wer könnte sich von uns noch sicher fühlen, wenn selbst der Präfekt von Rom ermordet werde – es sei doch ausgeschlossen, daß sich der Mörder nicht verraten habe – wie konnte er sich ohne Wissen der anderen die Waffe verschaffen – durch die Wachen gelangen – die Tür des Schlafzimmers öffnen – ein Licht hineintragen – den Mord ausführen, ohne daß irgendeiner eine Ahnung hatte? Schon unsere Altvordern hätten mit Recht den Sklaven mißtraut und gar erst heute – mit dem zusammengewürfelten Gesindel, mit einer fremden, oder keiner Religion! Nur durch Furcht könne man dieses Pack im Zaume halten. Julius Caesar hat uns Rechtssicherheit und menschliche Gesetze gebracht, seine *Clementia,* als die schönste Eigenschaft eines Fürsten, habe ich in einer meiner Schriften dem jungen Nero Caesar vor Augen gestellt. Zum Nachkommen eines Caesar-Mörders paßte jene mörderische Rede mit ihrem heuchlerischen Schlusse:

»Müssen denn nicht auch Unschuldige bluten? In einem geschlagenen Heere, wo zur Strafe jeder zehnte Mann hingerichtet wird, trifft das Los nicht nur Feige, sondern auch Tapfere. Jede ins Große wirkende Bestimmung schließt Ungerechtigkeit in sich. Aber der Schaden, den der einzelne erleidet, wird durch den Nutzen, den die Gesamtheit hat, aufgewogen.«

Als ob die Gesamtheit nicht aus einzelnen bestünde und Unrecht wider diese auch Unrecht sei gegen die Gesamtheit!

Nach dieser Rede wurden im Senat nur noch einzelne Stimmen laut, zum Mitleid für die Zahl, für die Unschuld, die Jugend der Opfer. Aber sie vermochten nicht, sich durchzusetzen. Doch der Massenmord konnte erst stattfinden, nachdem man das Volk, das die Gefängnisse umlagerte, durch die Stadtpolizei auseinandergetrieben hatte. Nach den Sklaven sollten nun auch die Freigelassenen, die im Hause des Ermordeten gewohnt hatten, hingerichtet werden – weitere hundert Menschen. Doch da traf das Schreiben Nero Caesars ein und verhinderte die Vollstreckung.

Einer war dem Henker entkommen und hatte, während ich in Antium war, in meinem Hause Asyl gesucht – Alexis, damals fünfzehn Jahre alt. Die Götter selber haben ihn mir gesandt, schrieb ich an Nero Caesar, als ich ihn um einen Schutzbrief bat. Ich habe ihn umgehend erhalten. Erst damit ist Alexis' Leben gesichert gewesen.

Nun weiter in meinem Bericht: Mit meiner Erhebung zum Quästor begann der neue Abschnitt meiner Laufbahn und, wie ich meinte, ein ungebrochener Aufstieg zu weiteren Ehrenstellen.
Der Kaiser hat nach der Niederschlagung der Verschwörung Seians die Villa Jovis neun Monate lang nicht verlassen. Aber dennoch blieb er unausgesetzt für das Reich tätig. In dieser Arbeit, sagte er zu meinem Vater, den er jetzt viel bei sich behielt, fände er Trost – die Hingabe an das Gemeinwesen verleihe ihm täglich neue Kraft. Während dieser neun Monate blieben auch noch Einheiten der Flotte im Hafen von Capri zurück, denn Seian hatte Verbindungen zu verschiedenen Legionslegaten angeknüpft, und man konnte nicht wissen, ob nicht in den Provinzen, vielleicht sogar in Italien, ein Aufstand ausbrechen würde. In diesem Falle hätte der Kaiser versucht, zu den syrischen Legionen zu gelangen. Diese hatten als einzige nicht Seians Bildnisse unter ihren Feldzeichen zur Verehrung aufgestellt.
Daß nach einer so weitverzweigten Verschwörung harte Urteile gefällt werden mußten, war unvermeidlich. Aber nach dem Tode von Tiberius Caesar haben sensationslüsterne Schreiber dies alles sehr übertrieben. Es waren nicht mehr als zwanzig Todesurteile oder Selbstmorde – und weit mehr der Senat, der sich vom Verdacht Seianischer Verbindungen säubern wollte, als der Princeps ist selbst für diese verhältnismäßig geringe Zahl von Opfern verantwortlich. Auf Wunsch des Princeps wurden aber auch jene bestraft, die aus übler Gewinnsucht unschuldige Menschen verdächtigt oder angeklagt hatten.
Während dieser ganzen Zeit bewahrte sich der Kaiser einen trockenen, manchmal bissigen Humor. So zum Beispiel, als plötzlich Abgeordnete von Ilium auf Capri erschienen, um ihm ihr Beileid zum Tode seines Sohnes auszusprechen – acht oder neun Jahre verspätet! Auch er spreche ihnen sein Beileid aus, sagte er, weil sie doch in Hektor einen so ausgezeichneten Mitbürger verloren hätten!
Bei aller Unterwürfigkeit – oder gerade deswegen! – hat ihn der Senat abgründig gehaßt. Er wiederum hat diese unterwürfigen Speichellecker verhöhnt und verachtet. Als ihn der Senat einmal demütig bat, er möchte doch genehmigen, daß sein Geburtsmonat No-

vember in *Tiberius* umbenannt werde, wie seinerzeit die Geburtsmonate Divi Julii und Divi Augusti in Juli und August, hat er geantwortet: »Was werdet ihr tun, wenn es einmal dreizehn Caesaren gibt, aber weiterhin nur zwölf Monate?«
Sprichwörtlich wurde sein Ausruf, mit dem er die Curie verließ: *'ω 'άνδρες ὄι έίς δουλείαν 'ετοίμοί*
Bei allem Verfall der allgemeinen Bildung haben die Senatoren doch noch so viel Griechisch verstanden, daß es der lateinischen Übersetzung durch einen boshaft-beflissenen Redakteur in den *Acta Diurna* kaum bedurft hätte: *O Homines, ad Servitutem Paratos!* (»O Menschen, geboren für die Knechtschaft!«) Damit wurde der Vorfall, zur ohnmächtigen Wut der erlauchten versammelten Väter, in ganz Rom und in den Provinzen bekannt.
In der schweren Wirtschaftskrise nach dem Sturze Seians konnte ich meine Erfahrungen, die ich im Bankhaus Titus Pomponius Atticus gesammelt hatte, dem Kaiser zur Verfügung stellen. Der Zinsfuß, der nicht über 8 1/3 Prozent liegen dürfte, war durch eine künstliche Geldverknappung, herbeigeführt durch Wucherer und Bodenspekulanten, auf ein Prozent im Monat gestiegen. Es kam zu Panikverkäufen, zu einem Absinken der Preise und zur Zerstörung alter Vermögen, während die Neureichen immer reicher wurden.
Auf meinen Rat hin stellte der Kaiser den Wechselbanken hundert Millionen Sesterzen zur Verfügung, mit der Auflage, zinslose Darlehen auf drei Jahre auszugeben. Die Schuldner sollten dafür Grundstücke in doppeltem Werte an die Staatskasse verpfänden, eine rein fiktive Maßnahme, die aber in der allgemeinen Vorstellung den Kredit abdeckte. Damit wurde dieser wiederhergestellt, und allmählich kamen auch die privaten Geldgeber, mit gesenktem Zinsfuß, wieder zum Vorschein.
Noch einmal hat Tiberius Caesar von Capri aus entscheidend eingegriffen, wiederum mit dem gleichen hohen Betrag von hundert Millionen Sesterzen. Das war im Jahre 789, nach dem großen Brande auf dem Aventin, unter dem Consulat von Quintus Plautius Silvanus und Sextus Papinius. Kurz davor war ich zum Stadtpräfekten ernannt worden und erhielt nun den Auftrag, einen umfassenden Plan für den Wiederaufbau der zerstörten Viertel auszuarbeiten. Ich

solle dabei auch die zukünftige Entwicklung der Stadt im Auge behalten, bestimmte der Kaiser. Ihm schwebte eine Modernisierung vor, helle, gesunde Bauten mit niedriger Miete an Stelle der greulichen Wohnkasernen. Er setzte eine Kommission ein, mit der ich eng zusammenarbeitete. Gemeinsam schätzten wir die Verluste ab, welche die Bürger erlitten hatten. Sie sollten die empfangene Entschädigung zum Wiederaufbau verwenden. An die Stelle der engen Gassen mit ihren feuergefährlichen Holzhäusern traten in den neuen Vierteln breite Straßen und Häuser aus feuerfestem Tuff. Nach dem großen Brande, achtundzwanzig Jahre später, sollte mein Gesamtplan wieder zu Ehren kommen. Übrigens mache ich, entgegen einer weitverbreiteten Meinung, Nero Caesar für das Feuer nicht verantwortlich, wenn es auch stimmt, daß er vom Palatin aus verzückt in das Flammenmeer blickte, die Kithara schlug und den Untergang Troias besang!
Alle bösartige Hetze der nach außen hin so unterwürfigen Senatoren und der ganzen Adelsclique gegen Tiberius Caesar konnte die Dankbarkeit des römischen Volkes nicht unterdrücken. Seine Freigebigkeit wurde um so höher bewertet, als er bei Bauten, die seinem eigenen Ruhme dienten, höchst sparsam war. Nur den Augustustempel in Nola und eine neue Bühne für das Theater des Pompeius ließ er errichten.
Es sprach sich auch herum, daß er auf Capri seine bescheidenen Tischsitten beibehielt, um durch sein Beispiel den neumodischen Tafelluxus einzudämmen. Selbst bei Festmählern wurden in Capri, wie früher in Rom, oftmals Speisen aufgetragen, die vom Tag zuvor übriggeblieben waren. Besonderen Hohn der Emporkömmlinge und der hochnäsigen, entmachteten Aristokratie erntete er, als er einmal nur ein halbes Wildschwein servieren ließ. »Es hat genau die gleichen Eigenschaften und den gleichen Geschmack wie ein ganzes«, bemerkte er dazu. Im Volke, das noch nie ein ganzes, gebratenes Wildschwein gesehen hatte, brachte ihm diese Geschichte viele Sympathien ein. Zur selben Zeit wies er mich übrigens an, den Marktpreis von Lebensmitteln zu überwachen und jeden Wucher zu unterdrücken.
Ich sorgte für die Durchführung seiner Anordnungen, bat den Kai-

ser aber bald, von meinem Amte als Stadtpräfekt zurücktreten zu dürfen. Es ließ mir zu wenig Zeit für meine Anwaltstätigkeit in öffentlichen und privatrechtlichen Angelegenheiten.
Aber damit habe ich schon wieder vorgegriffen!
Ein Jahr nach dem Sturze Seians wurde ich unvermutet nach Capri gerufen. Mit mir zusamen traf der Enkel des Kaisers ein, Tiberius Gemellus. Ich sollte ihn genauer kennenlernen und unauffällig auf seinen Charakter, seine Wissensbereitschaft, seine Begabung achten.
Nach einigen Monaten erstattete ich dem Kaiser Bericht:
Ein Knabe, der zu großen Hoffnungen Anlaß böte, bereits mit einem beachtlichen Allgemeinwissen und mit der Gabe, da, wo er Lücken empfindet, die richtigen Fragen zu stellen. Kein Erzieher, sagte ich, könne je in seinen Schüler etwas hineinlegen, was nicht darinnen sei. Die Aufgabe der Pädagogen könne nur in der Befolgung der sokratischen Lehren bestehen: Der wahre Erzieher, habe dieser weiseste aller Irdischen gesagt, müsse die Eigenschaften seiner Eltern besitzen: seine Mutter sei Hebamme, sein Vater Bildhauer gewesen. Den Ideen in der Seele des Jungen zur Geburt zu verhelfen, und diese Seele selber, wenn sie aus edlem Stoff bestehe, wie ein Bildhauer noch vollkommener zu gestalten – das sei die Aufgabe des Erziehers.
Tiberius Gemellus war zwölf Jahre alt, als er mir anvertraut wurde. Achtzehn Jahre später wurde mir wieder ein Knabe kaiserlichen Blutes, gleichen Alters wie Tiberius Caesars Enkel, zur Erziehung übergeben. Es war Nero Caesar.

14. Kapitel

Häufig waren zwei Kinder des Germanicus auf Capri zu Gast, Gaius Caesar, genannt Caligula und Julia Livilla, die auf Lesbos auf die Welt kam, als ich meine Griechenlandreise machte. Gaius war ein weichlicher Hübschling, grundverschieden von seinem Vetter Tiberius Gemellus, einem jungenhaften, klaren Knaben. Wir mochten einander nicht, vom ersten Augenblick an. Aber daß ich schon damals den wahnsinnigen Tyrannen in ihm erkannte, kann ich nicht behaupten. Dem Kaiser und mir gegenüber, weil ich diesem nahestand, legte er ein unterwürfiges Benehmen an den Tag. Später hat man von ihm gesagt, nie sei aus einem besseren Sklaven ein schlechterer Herr geworden. Er war um sechs, Julia Livilla um ein Jahr älter als Tiberius Gemellus.
Tiberius Caesar durchschaute seinen kriecherischen Großneffen und Adoptivenkel sehr schnell. »Gaius ist zu meinem und aller Verderben am Leben geblieben«, sagte er zu meinem Vater. »Ich erziehe dem römischen Volke eine Natter, dem Erdball einen Phaëton.« Er spielte damit an auf die Sage vom Sohne des Sonnengottes, Phaëton, der den Wagen seines Vaters lenken wollte und einen Weltenbrand hervorrief. Ein viel zu schmeichelhafter Vergleich – denn an Phaëton war nichts Böses.
Geboren wurde Gaius angeblich in einem Heerlager bei Colonia Agrippinensis, damals, als sein Vater Germanicus die acht rheinischen Legionen befehligte. Seine Mutter Agrippina Maior zog ihm bald Soldatenstiefel an – Caligula, wie Du weißt. Daher sein Beiname. Wahrscheinlich sind das aber alles Geschichtslegenden, um sich bei den Legionen beliebt zu machen. In Wirklichkeit dürfte Gaius

Caesar in Antium auf die Welt gekommen sein, und er wurde im Alter von zwei Jahren zum Obergermanischen Heer geschickt. Aber Geschichtslegenden lassen sich durch geschichtliche Tatsachen bekanntlich nicht ausrotten.
Es war dem Kaiser nicht unbekannt, daß viele, die seine harte, sichere Hand fürchteten, sein baldiges Ableben herbeisehnten. Sie wünschten sich als Nachfolger Gaius Caligula, den sie für lenkbarer hielten. Er hatte überdies die ganze Germanicus-Agrippina-Legende auf seiner Seite. Die dunkle Abstammung des Marcus Antonius wurde überdeckt durch die erhabene seiner damaligen Gemahlin Octavia Minor, der Schwester von Divus Augustus. Und war nicht Agrippina Maior als Enkelin Divi Augusti Trägerin des göttlichen Blutes? So verkündete sie es bei jeder Gelegenheit – also war ein Funke von Göttlichkeit auch auf ihre und des Germanicus Kinder übergegangen. Aber auch Tiberius Gemellus hatte doch durch seine Mutter, Livia Julia, eine Schwester des Germanicus, das Blut der Octavia, und beide Jünglinge stammten von Julia Augusta ab! Der schlechte persönliche Eindruck, den Gaius Caesar auf Tiberius Caesar machte, bestärkte diesen in dem Vorsatz, ihn möglichst von der Nachfolge auszuschließen. Dazu kamen dann weitere Pläne, die mich betrafen. Der Kaiser besprach sich mit meinem Vater, ich selber hörte nur andeutungsweise davon.
Etwas klarer wurde mir alles, als Tiberius Caesar mich zu wiederholten Malen mit der damals vierzehnjährigen Julia Livilla zusammenbrachte. Sie kam auch öfters auf sein Geheiß in den Unterricht, den ich Tiberius Gemellus gab. Ich fand sie aufgeweckt, lebhaften Geistes und nicht ohne eine ausstrahlende Wärme. Wäre sie am Leben geblieben, sie hätte in ihren späteren Jahren an Bedeutung ihrer Urgroßmutter Livia Augusta gleichkommen können. Ich kann nicht behaupten, daß ich mich in sie verliebte, auch nicht, als sie heranwuchs. Aber eine Dauerverbindung, ruhend auf gegenseitiger Achtung und zum Nutzen des Gemeinwesens, hätte ich mir durchaus vorstellen können.
In der Umgebung von Tiberius Caesar wurde bald darüber gemunkelt, und irgend etwas muß zu Gaius Caesar gedrungen sein – ein weiterer Grund für seinen Haß!

Wenn ich stundenlang allein auf Capri spazierenging, steile Felswände hochkletterte, mir von herrenlosen Bäumen süße, grüne Feigen pflückte oder bei den Felsentürmen schwamm, wie immer dabei »körperfrei« und seelisch hellwach, habe ich mir groteske Dinge ausgedacht.
Schon mit hundert Goldstücken könnte ich mir, so überlegte ich, von einem Berufsgenealogen, von denen es in Rom nur so wimmelt, einen neuen Stammbaum anfertigen lassen. Annaeus – das läßt sich leicht in *Aenaeas* umdeuten, damit wäre dann meine Familie eines Stammes mit dem Julischen Hause und hätte gleich diesem Venus-Aphrodite zur Ahnfrau.
Wie aber kam dann dieser halbgöttliche Seitenzweig nach Hispanien? Sehr einfach! Auf Grund einer vollgöttlichen Verfolgung. Juno – die Hera der Griechen – hat es bekanntlich, wie Vergil es trefflich geschildert hat, auf Aenaeas abgesehen, und damit wird sie, gegen ihren Willen, zur Gründerin von Rom. Mein guter Freund Petronius hat dann viele Jahre später seine köstliche Satire auf die vergilsche *Äneis* geschrieben, jenes Werk, welches *Gastmahl des Trimalchio* heißt und das ich *Satyrikon* nenne. Da ist es Priapus, ein nicht zu verachtender kleiner Gott, der den armen Enkolpius verfolgt und ihm immer wieder seinen geliebten Giton wegnimmt. Was Wunder, daß dieser hübsche Lausejunge es mit Askyltos hält, der all das kann, was Priapus dem Enkolpius versagt ...!
Auch wir, dachte ich mir aus, sind ein Opfer himmlischen Neides geworden, genau wie die Hauptlinie und durch die gleiche Juno. Und zwar hat sich Herkules, nachdem ihm eine geile Nymphe seinen Liebling Hylas geraubt hatte, zum Ersatz einen Knaben aus meiner Familie genommen – wahrscheinlich gemäß den Grundsätzen des Attalus, daß »es richtiger sei, einen verlorenen Freund durch einen neuen zu ersetzen, als ihm nachzuweinen«.
Nun ist ja Herkules der Juno ganz besonders verhaßt – das weiß doch jeder! Erst hat sie versucht, ihn, als er noch in der Wiege lag, durch zwei Schlangen umbringen zu lassen. Aber der kleine Kraftprotz erwürgte sie beide – woran man eben doch merkte, daß er ein Sohn des Zeus ist, wenn auch nur ein unehelicher. Dann schmuggelte ihr Zeus dieses Kind an die Brüste, wo es sich die Unsterblich-

keit antrank. Es war schon zu spät, als sie es merkte und den Säugling wütend wegriß. Was von ihrer Milch noch übrig war, wurde über den Himmel ausgeschüttet, in einem breiten Streifen, und das kann man auch heute noch sehen und als Milchstraße bewundern! Und dann diese Liebe des Herkules zu einem Sprossen des ihr so verhaßten Geschlechtes des Aenaeas! Mein jugendlicher Vorfahr floh nach Hispanien, wo Herkules von jeher große Macht hatte, daher seine Säulen und sein Tempel in Gades. Später besorgte er seinem Liebling, als dieser dem Jugendalter entwachsen war, sogar noch eine Frau, wahrscheinlich auch wieder aus halb- oder viertelgöttlichem Geschlechte. Da soll dann unser Zweig der Familie, nur weil er in einer Provinz lebte, dem italischen nicht ebenbürtig sein?

Julia Livilla war für alle Ehrgeizigen so begehrenswert, daß sie eines besonderen Schutzes bedurfte. Daher vermählte sie Tiberius Caesar im Jahre 786, unter dem Consulat des Lucius Servius Galba und des Lucius Cornelius Sulla – ein Enkel jenes Sulla, der im Jahre meiner Geburt zusammen mit Caesar Augustus Consul war –, mit dem weit älteren Consular Marcus Vinicius. Diese Ehe ist nie konsumiert worden, und das war auch nicht die Absicht. Julia Livilla war damals erst fünfzehn Jahre alt.

Im gleichen Jahre trafen aus dem Osten, vor allem aus Judaea, beunruhigende Nachrichten ein. Dort waltete schon seit geraumer Zeit ein törichter und ängstlicher Prokurator seines Amtes, namens Pontius Pilatus. Da, wo er hart sein sollte, gab er nach, wo kluge Zurückhaltung am Platze gewesen wäre, schlug er brutal zu. Daß die Hebräer verschieden sind von allen anderen Völkern, ist bekannt. Schon Pompeius, Julius Caesar, Divus Augustus und Julia Augusta haben darauf Rücksicht genommen. Tiberius Caesar hielt es ähnlich, aber er machte einen Unterschied zwischen den Hebräern in ihrem eigenen Lande und denen im Westen des Reiches. Hier wurde ihr Kult zeitweilig zusammen mit dem aller anderen östlichen Gebräuche verboten.

Da die Hebräer, was sehr kunstfeindlich ist, keine Darstellungen von Göttern, Menschen und Tieren besitzen dürfen, haben die Kaiser es sogar vermieden, die Legionsadler nach Jerusalem tragen zu

lassen. Pilatus hielt sich nicht daran, vielleicht um seine Macht zu zeigen. Nur die unruhigsten, römerfeindlichsten Kreise hatten ihren Nutzen davon. Auch eines ganz überflüssigen Blutvergießens unter den Samaritern, harmlosen, unbewaffneten Ackerbauern, die einer hebräischen Sekte angehören, machte er sich schuldig.
Hingegen hat er sich als feige und damit als ungerechter Richter erwiesen, als er im Jahre 786 a. u. c. dem von seinen fanatischen Priestern aufgehetzten Pöbel nachgab und einen Mann zum Kreuzestod verurteilte, den er selber für unschuldig erklärt hatte. Da hat sich mein Bruder Gallio viel mutiger benommen, als er in Korinth die geifernden Anhänger des Hebräers Paulus, jenes römischen Bürgers aus Tarsos, aus dem Praetorium treiben ließ! In ihre Glaubensstreitigkeiten, sagte er, mische er sich nicht ein, ob sie die Gottheit so oder anders verehrten, sei ihm, als dem Statthalter Roms, völlig gleichgültig.
Welche Folgen das Urteil des Pilatus haben werde, konnte man damals nicht ahnen. Erst als unlängst die Massenhinrichtungen einsetzten, begann die Öffentlichkeit in Rom aufmerksam zu werden. Es war ja auch als »Volksbelustigung« gedacht, daß Nero Caesar in der Tracht eines Wagenlenkers in seinem Park unter der Menge herumfuhr, während die »Christiani«, wie man sie nach ihrem Stifter nennt, den Pontius Pilatus kreuzigen ließ, als lebende Fackeln die Dunkelheit erhellten. Andere wurden in Tierhäute gesteckt und von Hunden zerrissen, wiederum andere ans Kreuz geschlagen. Du weißt es, mein Lucilius – die Schauspiele haben zu meinem Entschluß beigetragen, Rom soweit wie nur möglich zu vermeiden. Aber habe ich damit nicht wie Pilatus gehandelt, von dem berichtet wird, er habe seine Hände in Unschuld gewaschen ...?
In der Bevölkerung haben diese nächtlichen Scheußlichkeiten Mitleid, ja Empörung hervorgerufen – wieder ein Zeichen dafür, daß es in Rom nicht nur »Pöbel« gibt.
»Verdient haben sie zwar die härtesten Strafen, meint man bei mir zu Hause«, sagte der Altrömer-Knabe Cornelius. »Aber sie sind nicht der Allgemeinheit zum Opfer gebracht worden, sondern der Grausamkeit eines einzelnen.«
Ich überhörte es, da ich ja grundsätzlich mit ihm nicht über Zeitge-

schehnisse spreche. Aber was er sagte, war nicht unwichtig, konnte ich daraus doch entnehmen, welcher Unsinn in den Kreisen seines verstorbenen Vaters geredet wird. Selbst unter den Gebildeten wird demnach die Verleumdung geglaubt, die Christiani schlachteten und verzehrten bei ihren kultischen Mahlen kleine Kinder. Am liebsten wohl römische, zum Gedächtnis ihres Meisters, der von einem römischen Statthalter gekreuzigt wurde! Also Haß gegen das menschliche Geschlecht, mit dem wir Römer uns bekanntlich gleichsetzen, und dazu druidische Menschenfresserei.
Was sich in Wirklichkeit abspielte, war mir aus den Prozeßakten des Prokurators Pontius Pilatus und aus den Berichten meines Bruders Gallio schon bekannt, ehe es Paulus mündlich bestätigte.
Die Ähnlichkeit zwischen mithräischen und den Kultfeiern der Christiani ist bemerkenswert. Deren Meister habe sich bei seinem letzten Abendmahl unter den Gestalten von Brot und Wein seinen Jüngern hingegeben. So Paulus, der zwar nicht selber anwesend war – doch habe »der Herr« ihm diese Feier geschildert. Die Kraft der Wandlung sei auf die Jünger und deren Nachfolger übergegangen. Ähnliche Opfermahle sind mir bekannt, seitdem ich noch in jungen Jahren zum vierten Mithräischen Einweihungsgrad, dem des *Löwen,* aufstieg. Der Weizen zu diesem Brote sprosse aus dem Schweif des Stieres, den Mithras tötet, und aus dem Blute des Stieres entstehe der Wein. Die Kraft des gottmenschlichen Mittlers gehe in dem einen wie in dem anderen Kulte auf die Empfänger der geweihten Opfergaben über.
»Gewaschen im Blute des Opferlammes«, sage man bei den Christiani. »Gewaschen im Blute des Stieres«, heißt es im Mithräischen Kult. Eine Sprache, die dem kosmischen Geschehen entnommen ist? Bewegt sich der Frühlingspunkt doch vom Sternbild des Stieres zu dem des Widders.
Noch weitere Übereinstimmungen sehe ich: Aus einer Jungfrau sei der Meister der Christiani geboren, aus der jungfräulichen Erde sei Mithras entsprossen, wenige Tage nach der Wintersonnenwende. Jener habe sich selber als »das Licht der Welt«, als »das wahre Licht« bezeichnet – Mithras, in seiner Gleichsetzung mit Helios-Apollo, ist der Geist der Sonne, der zu uns herabstieg.

Ob Paulus, der Tarsite, mit mithräischen Geheimnissen vertraut sein könnte? Nicht ausgeschlossen, da er aus dem Osten stammt, wo Mithras verehrt wurde, lange, ehe er mit den Legionen des Pompeius nach dem Westen kam. Ein Gespräch mit ihm hat mich auf diese Spur geführt: Als er mir vom Kommen des Erwarteten berichtet hatte, fragte ich ihn, ob nunmehr für ihn und seine Glaubensgenossen die Sabbatlampe erloschen sei, in deren Schein die Hebräer jahrtausendelang den Verheißenen ersehnt hatten.
Den Tarsiten schien diese Frage, aus der er einen Zweifel heraushörte, zu verstimmen. Statt eine klare Antwort zu geben, sagte er nur: »Wir feiern nicht mehr den Sabbat. An seine Stelle ist für uns der Tag der Sonne getreten.« *Dies Solis* – geheiligt dem Mithras! Inzwischen habe ich erfahren, daß in manchen paulinischen Gemeinden die Ankunft ihres Mittlers bald nach der Wiedergeburt des Sonnenlichtes, in den letzten Dezembertagen, gefeiert wird – am mythischen Geburtstag des Mithras!
Es war das gleiche Gespräch, in dem mir der Tarsite von der Botschaft erzählt hatte, die er »vom Herrn« empfangen habe. Ich sagte – auch das schien ihn zu verstimmen –, das Geheimnis der Wandlung sei mir bereits aus anderen Mysterien bekannt. Was ich selber im Dionysostempel in Akragas in Sizilien erlebt habe, das sagte ich ihm nicht. Dir, mein Lucilius, will ich es zur gegebenen Zeit berichten.
Ich möchte demnach die Möglichkeit einer Theophanie keineswegs ausschließen. Divus Augustus und Tiberius Caesar, als hohe Eingeweihte der Eleusinischen und der Mithräischen Mysterien, haben noch mehr darüber gewußt. Auch mit uralter Sternenweisheit, wie sie schon in den ägyptischen Kultstätten gepflegt wurde, haben diese erhabenen Geheimnisse zu tun.
In den Berichten, die ich nach der Auffahrt von Divus Augustus für die *Acta Diurna* schrieb, habe ich auf die Bedeutung der Sternenkunde auch im Leben von Tiberius Caesar hingewiesen. Was ich selber davon halte, ist nebensächlich. Allgemein bekannt ist, daß der Astrolog Scribonius ihm schon als Kind eine ruhmreiche Zukunft verhieß, die eines »Königs ohne Diadem«.
Thrasyllus starb 789. Bis zu seinem Tode war er ein unzertrennli-

cher Begleiter von Tiberius Caesar. Er war schon auf Capri, als Divus Augustus dort sein letztes Gastmahl gab. Dieser Thrasyllus war übrigens ein durchaus ernst zu nehmender Mathematiker und ein bedeutender Platonforscher. Er hat auch, wie mir mein Vater erzählte, Berechnungen am Himmel angestellt, deren Ergebnisse ziemlich genau auf jene Ereignisse in Judaea hinwiesen.
Mein Vater erzählte mir ferner, daß er selbst, zusammen mit Thrasyllus, auf Capri bei einer höchst ungewöhnlichen Audienz zugegen war, die Tiberius Caesar einem schlichten alexandrinischen Schiffskapitän namens Thamus gewährte. Das war im Jahre 786, nicht lange nach jenem Urteil des Prokurators Pontius Pilatus. Thamus' Schiff hieß *Isis.* Es brachte viele Fahrgäste und Handelswaren von Ägypten nach Italien, mußte aber der Winde wegen zuerst einen östlichen Kurs steuern. Als sich die *Isis* zwischen der syrischen Küste und den griechischen Inseln befand, habe plötzlich eine Stimme, die über die Wasser kam, »Thamus!« gerufen. Dieser antwortete erst beim dritten Mal, worauf die geheimnisvolle Stimme noch lauter rief: »Du sollst verkünden, daß der Große Pan tot ist.« Als sie um Hellas herumgefahren waren und in Küstennähe Wind und Wellen schwiegen, habe Thamus zum Lande hinübergerufen: »Der Große Pan ist tot!« Worauf sich sofort ein Wirrwarr vieler Stimmen vernehmen ließ, ein lautes Wehklagen, vermischt mit Ausrufen der Verwunderung. Deutlich habe man auch andere Ausrufe vernommen: »Der Herr der Schöpfung leidet.«
So viele Menschen haben es miterlebt, daß es sich bei der Landung in Neapel sofort herumsprach und zu Tiberius Caesar auf Capri drang. Daher der Befehl, Thamus möge sich zur Audienz einfinden. Dessen Bericht hat er solchen Glauben geschenkt, daß er Erkundigungen einziehen ließ, wer mit dem »Großen Pan« und dem »Herrn der Schöpfung« gemeint sein könnte. Vielleicht daß sein Mysterienwissen ihm weitere Aufschlüsse gab –
Das alles mag erklären helfen, warum Tiberius Caesar sofort genauere Berichte über den Prozeß anforderte, der vor Pontius Pilatus stattgefunden hatte. Nicht nur, daß er diesen absetzte. Er befahl dem Legaten von Syrien, Lucius Vitellius, ihn zur Aburteilung nach Rom zu schicken.

Dieser Lucius Vitellius hatte Armenien für das Reich gerettet, die Parther geschlagen und auf einer Schiffsbrücke die Legionen über den Euphrat geführt. Wäre er nur bis zum Tigris vorgerückt und bis zur gemeinsamen Mündung der beiden Ströme im Persischen Golf! Aber eine angeborene Zaghaftigkeit mag ihn daran gehindert haben. Handelt es sich doch um den gleichen Vitellius, von dem ich dem Altrömer-Knaben erzählte. Nachdem er den Gaius Caesar Caligula als Gott angebetet hatte, wollte er sich auch bei Claudius Caesar beliebt machen. Daher erbat er sich als höchste Gunst den rechten Schuh der Messalina, trug ihn immer zwischen Toga und Tunica bei sich und küßte ihn öffentlich auf das inbrünstigste. Dabei entbehrte er nicht eines gewissen Sinns für sarkastischen Humor. Als Claudius Caesar die Säkularspiele eröffnete, beglückwünschte ihn Vitellius mit den Worten: »Mögest du sie noch oft feiern!«
Der Sohn dieses Lucius, Aulus Vitellius, im Alter zwischen Tiberius Gemellus und Gaius Caesar Caligula, war auf Capri den beiden als Spielkamerad zugesellt. Ein recht hübscher, pausbäckiger Junge, nur damals schon mit einem Hang zur Gefräßigkeit. Jetzt ist er Proconsul der Provinz Afrika, ist unförmig dick und hat ein vom Wein kupferrot gefärbtes Gesicht.
Widrige Winde und mehrere Schiffbrüche haben die Ankunft des Pontius Pilatus so verzögert, daß er erst nach dem Tode von Tiberius Caesar in Rom eintraf. Er hat dann sein Leben als Verbannter in recht unwirtlichen Gegenden der Provinz Raetia beendet.

15. Kapitel

Zu Beginn des Jahres 790, unter den Consuln Cnaeus Acerronius und Caius Pontus, den letzten, die Tiberius Caesar erlebt hat, erwarb ich vom Fiskus die Domäne am vierten Meilenstein der Via Appia, auch heute noch mein liebstes Haus. Auch meine Landsitze Albanum in den Albaner Bergen über dem Nemi-See und Nomentanum in den Sabinerbergen stammen daher. Tiberius Caesar hatte in Italien nie viele Besitzungen, und er hat sie stets mit wenigen Sklaven bewirtschaftet. Großgrundbesitzer zu sein, fand er, sei unvereinbar mit seinem Amte als Princeps. Gegen Ende seines Lebens hat er sich nahezu aller seiner Güter entäußert und die Kaufsummen der Staatskasse zugeführt. Die kleine Villa Orestes auf der Südseite von Capri hat er mir zum Geschenk gegeben.

Auch mir liegt nicht an vielen Sklaven. Für das Gut an der Via Appia brauche ich nicht mehr als zwanzig, höchstens fünfundzwanzig, wenn Gäste kommen. Cleonicus beaufsichtigt sie, und mein Alexis spielt oft den Vermittler. Mit großem Takt und unwiderstehlichem Charme mildert er manche Härten und gleicht Gegensätze aus. Wenn ich alle zusammenzähle, Leute, die ich in Hispanien, Gallien, Britannien, Africa Proconsularis und Ägypten brauche, für die verschiedensten Zwecke, einschließlich der Arbeiter in den Weinbergen, auf den Feldern und für die Viehzucht, sind es nicht mehr als höchstens drei- bis vierhundert. Andere, die ich längst freiließ, sind aus eigenen Stücken in meinen Diensten geblieben. Ehe ich viele meiner Besitzungen Nero Caesar zurückgab, war die Zahl natürlich größer.

Auf Reisen, selbst jetzt, da mein Alter gewisse Beschwerlichkeiten

mit sich bringt, nehme ich selten mehr als fünf oder sechs mit, zehn oder zwölf, wenn ich länger wegbleiben muß. Für unsere geplante Reise nach Campanien werden sechs genügen. Daß Alexis mitkommt, ergibt sich von selber.
Pompeia Paulina, eine gute Menschenkennerin, hat ihn längst liebgewonnen. Sie sieht in ihm den Sohn, den uns das Schicksal versagt hat. Als er unlängst mit Deiner Botschaft zurückkehrte, fragte sie mich, als ob sie meine Gedanken erraten hätte, ob ich ihn nicht adoptieren möchte? Er ist edelsten griechisch-makedonischen Blutes. Daß sein Großvater nach der Schlacht von Actium seine Freiheit verlor, kann ihn menschlich doch nicht mindern!
Ich will noch etwas warten, um ihn besser kennenzulernen – nicht weil er »zu jung« sei. Auch Germanicus war sehr jung, als Tiberius Caesar ihn adoptierte. Ich könnte – nun denke ich an das Gespräch mit Subrius Flavus – dem erwachsenen Manne, den ich zu meinem Nachfolger bestimmen, aber nicht adoptieren würde, Alexis für dessen Nachfolgeschaft bindend anvertrauen.

Ich habe in den letzten Jahren von Tiberius Caesars Regierung manchen Rechtsstreit für Fiskus und Aerarium geführt und gewonnen. Auch als öffentlicher Ankläger mußte ich des öfteren auftreten, in Prozessen, die mit der Seian-Verschwörung zusammenhingen. Weitere Prozesse ergaben sich aus schweren Verletzungen der Majestätsgesetze. Persönliche Angriffe waren Tiberius Caesar ziemlich gleichgültig, doch durfte in ihm nicht die Würde des römischen Volkes verhöhnt werden. Obgleich die meisten dieser Prozesse, wie ich Dir schon schrieb, nicht von ihm, sondern vom Senat ausgingen, hat mich meine Rolle als öffentlicher Ankläger beim Adel verhaßt gemacht.
In diesen letzten Regierungsjahren wuchs Tiberius Gemellus vom Knaben zum Jüngling heran. Auf Capri, in Rom und auf meinen Landgütern gab ich ihm Unterricht in der Kunst der Staatsführung, gemäß Platons Lehren, in der Rhetorik, in Geschichte, in Sprachen und in der Philosophie.
Obgleich Julia Livilla nun schon verheiratet war – aber immer noch kinderlos, und so würde es auch bleiben –, nahm sie, wann immer

sich eine Gelegenheit bot, an diesem Unterricht teil. Es waren längst keine gewöhnlichen Schulstunden mehr. Wir besprachen die Reform der Reichsverwaltung, die nötige Ausdehnung des römischen Bürgerrechts auf die Bewohner der zivilisierten Provinzen – Gallien, Hispanien, Hellas, Teile von Nordafrika und Syrien, die großen Städte in beiden Germanien, die Griechenstädte in Asien. Den Senat könnte man in eine Vertretung der Provinzen umwandeln.
Auch über die gebotene Erweiterung der römischen Herrschaft sprachen wir. Die völlige Einverleibung Britanniens würde dazu gehören, die Wiederaufnahme der Germanienpolitik, ohne Rücksicht auf die Niederlage der Varus-Schlacht, und im Osten die Ausdehnung der Grenzen mindestens bis zum Tigris und zum Persischen Golf, besser noch bis zum Indus, gemäß dem Vorbild Alexanders des Großen.
Ich fand Julia Livilla nicht weniger gelehrig und aufmerksam als ihren Vetter Tiberius Gemellus!
Das alles war sehr zeitgemäß, und dies ist es noch immer. Die dauernden Unruhen im Osten, in Armenien, mit den Parthern, die Zusammenstöße in Judaea zeigen, daß das Reich vorwärts wachsen muß, wenn es nicht allmählich eingedrückt werden soll.
Unter Claudius Caesar sind wir in Britannien ein gutes Stück weitergekommen. Aber das Land muß entwickelt und dem römischen Geiste erschlossen werden. Ich habe mich, worüber ich Dir noch Genaueres schreiben werde, mit einer sehr erheblichen Anleihe daran beteiligt. Als die ersten Unruhen ausbrachen, hat der Prokurator Catus Decianus, ein etwas grobschlächtiger Mann, ohne mich vorher zu fragen, die sofortige Rückzahlung verlangt. Seitdem behaupten meine Gegner, ich hätte die armen Briten durch Wucherzinsen zum Aufstand getrieben.
Eines Tages, hoffe ich, wird auch die große westliche Nachbarinsel Ibernia römisch werden. Nur so kann man den Aufständischen in Gallien und Britannien ihre Zufluchtsstätten nehmen und das Druidentum ausrotten, mit seinen Menschenopfern und allen uns feindlichen Machenschaften.
Je deutlicher es wurde, daß Tiberius Gemellus und nicht Gaius Caesar Caligula zur Nachfolge ausersehen war, desto mehr wuchs

dessen Haß. Der Kaiser scheint sogar noch mehr in den Sternen gelesen zu haben, denn einmal, in meiner Gegenwart, umarmte er seinen Enkel unter Tränen und sagte zu Caligula, der mit bösem Gesichte dabeistand: »Den wirst du ermorden, und dich wird ein anderer ermorden.«

Eine günstige Verheißung hingegen, die Thrasyllus den Sternen entnommen haben wollte, erwies sich als verhängnisvoll falsch: ... daß Tiberius Caesar noch zehn Jahre leben und also genügend Zeit haben werde, den Übergang der Macht auf seinen Enkel sicherzustellen.

Als ich dessen Erziehung anvertraut erhielt, dachte ich da an den jungen Dion von Syrakus, war ich eitel genug, mich mit Platon zu vergleichen, der ihn leiten durfte? Wahrscheinlich wäre auch Tiberius Gemellus, so wie später mein anderer Zögling, Nero Caesar, seine eigenen Wege gegangen ... aber wie verschieden wären diese gewesen –

Mitte Februar 790, in einer Jahreszeit, da es auch auf Capri kalt und naß ist, verließ Tiberius Caesar die Insel und begab sich in sein Landhaus auf Kap Misenum, das einstens dem Lucullus gehört hatte. Er nahm Tiberius Gemellus, Gaius Caesar und meinen Vater mit. Zum weiteren Gefolge gehörte aber auch der Leibarzt Charikles. Das sei nur eine vorbeugende Maßnahme, sagte mein Vater, denn Tiberius Caesar, jetzt 78 Jahre alt, sei heiteren Gemüts und erfreue sich bester Gesundheit. Aber so ganz wollte es mir doch nicht behagen.

Um die gleiche Zeit verließ auch ich Capri, verbrachte einige Tage in Rom mit öffentlichen Geschäften und fuhr dann zu meinem Landhaus am vierten Meilenstein der Via Appia. Dort erreichte mich eine Botschaft meines Vaters: Tiberius Caesar beabsichtige, nach Jahren der Abwesenheit nach Rom zurückzukehren. Wagen, Leibwachen, Sklaven seien bereitgestellt, die Consuln hätten schon die Weisung erhalten, alles für einen würdigen Empfang vorzubereiten.

In den ersten Märztagen wurde Campanien von einem so heftigen Erdbeben erschüttert, daß wir die Stöße in Rom und Latium spürten. Bald erfuhr man, daß der große Leuchtturm auf Capri zusammengestürzt sei. In der Villa Jovis sei die Decke des neuen Thronsaals eingebrochen, die Privatgemächer des Kaisers, die Zisternen und der Thron- und Speisesaal Divi Augusti seien aber unbeschädigt. Auch mein kleines Haus auf der Südseite der Insel, die Villa Orestes, war unbeschädigt geblieben.

Später hat man dieses Naturereignis als Vorzeichen gewertet. Der Altrömer-Knabe, bei einem seiner unerwünschten Besuche, wollte sogar gehört haben, daß in der Kaiservilla in Misenum Asche, die von den Kohlen im Kamin des Speisezimmers übriggeblieben, aber längst erloschen war, wieder aufleuchtete, und zwar bis tief in die Nacht hinein. Als ob die Götter in Aschenhaufen herumstocherten!

Am 10. März – ich weiß das Datum noch ganz genau – erschien mein Vater unangemeldet, begleitet nur von zwei Sklaven, bei mir in meinem Landhaus. Er war damals schon über 90 Jahre alt, aber von erstaunlicher Frische. Er teilte mir mit, daß sich der Kaiser in einem kleinen Hause am siebenten Meilenstein aufhalte und daß die Nachricht ausgegeben worden sei, er würde nach Misenum und Capri zurückkehren, statt Rom zu besuchen. Um alle Spuren zu verwischen, werde zur Befriedigung des Aberglaubens der Massen das folgende ausgestreut:

Er habe wie schon seit langem, eine große gezähmte Schlange mitgeführt, die ihm aus der Hand fraß. Als er sie jetzt füttern wollte, fand er sie von Ameisen getötet und aufgefressen. Das sähe er als eine Warnung des Schicksals an, sich vor der Übermacht der Menge zu hüten, und so wolle er eilends nach Campanien zurückkehren. Für die Absperrung der Via Appia in beiden Richtungen sei gesorgt.

Noch ehe ich nach dem Sinn dieser Mitteilungen fragen konnte, sagte mein Vater: »Du darfst nur die zuverlässigsten Sklaven im Haus behalten, und nicht einmal diese sollen erfahren, daß dein Besucher morgen früh Tiberius Caesar sein wird. Nur ich selber und ein junger Offiziersaspirant (Subrius Flavus, wie ich so viele Jahre später erfuhr!) werden anwesend sein.«

Zeitig am nächsten Morgen – die Sonne war eben über den Albanerbergen aufgegangen – durchschritt der Kaiser, von der Via Appia kommend, das Parktor. Sechs Mann von der germanischen Leibwache hielten das Tor besetzt. Der gesamte Verkehr nördlich und südlich davon wurde auf Nebenstraßen umgeleitet.

Ein Frühlingsgewitter zog herauf, die ersten Blitze zuckten aus sehr dunklen Wolken, als der Kaiser den Park durchschritt – wie immer mit etwas zurückgelehntem Kopf, sehr aufrecht. Sein graues Haar bedeckte nach der Sitte des Claudischen Hauses den Nacken und fiel bis auf die Schultern herab.

Es war verabredet, daß ich ihn erst dicht vor dem Hause begrüßen solle. Er kam auf mich zu mit ausgestreckter Rechten. Sein Händedruck war stark, herzlich – nichts verriet in seiner Haltung seine 78 Jahre, und nichts, wie nahe er sich selber schon an seinem Ende fühlen mochte ...

Seine Miene war ernst und verhalten gewesen, doch schon im Atrium, als ein Sklave ihm die Schuhe auswechselte, zeigte er wieder eine ruhige Heiterkeit. Lebhaft, wie ich ihn seit so vielen Jahren gekannt hatte, begann er das Gespräch – erst nur Höflichkeiten, Fragen nach dem Befinden meiner Mutter, nach dem Stande der Aussaat auf den Feldern, nach den Weinbergen in Italien und Hispanien.

Von dieser Haltung, die er auf Capri und in der Villa des Lucullus bewahrte, ist natürlich einiges an die Öffentlichkeit gedrungen. Der Altrömer-Knabe hat mich einmal gefragt, ob dies nun als Unbeugsamkeit, Verachtung des Schicksals und der Götter oder als Ausdruck besonderer Heuchelei auszulegen sei.

Als wir das offene Peristyl durchschritten, fielen die ersten schweren Regentropfen. Blitze erhellten die Marmorgestalten des inneren Gartens. Ich sah auf den frischen Lorbeerkranz, den Tiberius Caesar trug – kein unerwarteter Schlag kann das Haupt eines so gekrönten Fürsten treffen – Apollo selber muß ihn beschützen.

Wir gingen in das innerste, in tiefem Dämmern liegende Gemach. Ein Sklave wollte eine Leuchte bringen, aber der Kaiser wies es ab. Seine großen, klaren Augen hatten die Eigenschaft, selbst im Dunkeln sehen zu können.

Außer dem Kaiser und mir war nur noch mein Vater anwesend, und an der Türe, wie eine leblose Jünglingsstatue, der junge Offiziersaspirant.

Der Kaiser eröffnete das Gespräch: Er hatte eben die letzten Protokolle des Senats erhalten, aus denen sich ergab, daß die Anklage gegen verschiedene Personen, die des Hochverrats verdächtig waren, ohne daß auch nur ein Verhör stattgefunden hatte, niedergeschlagen worden sei. Der Kaiser hielt dies mit Recht für eine Mißachtung seiner Persönlichkeit, denn er selber hatte den Senat gebeten, eine Untersuchung einzuleiten. Als Anwalt seines Amtes als Princeps des Senats ersuchte er mich, diese Angelegenheit sofort aufzugreifen. Auf eine Verurteilung, sagte er, käme es ihm nicht an, wohl aber darauf, daß die Majestät des römischen Volkes nicht ungesühnt verhöhnt werden dürfe. Sollte ich die Beschuldigten für unschuldig halten, dann sollte ich selber auf Freispruch plädieren.

Dann kam er zum eigentlichen Grund seines Hierseins.

»Es gibt Menschen, und zu denen gehört auch der neue Gardepräfekt Naevius Sertorius Macro, die die untergehende Sonne verlassen und der aufsteigenden entgegengehen möchten. Sie meinen, diese aufgehende Sonne sei mein Großneffe, Gaius Caesar. Sie werden sich irren. Dieser besitzt alle Laster Roms, ohne eine einzige römische Tugend.«

Das konnte nur bedeuten – was ich seit langem geahnt hatte –, die Benennung von Tiberius Gemellus als Nachfolger sollte jetzt vollzogen werden – oder sie stand bereits fest. Tiberius Gemellus war erst 18 Jahre alt, aber unvergleichlich gereifter als sein 25jähriger Vetter Gaius Caesar Caligula.

Eine gute und richtige Wahl, obgleich Gaius, als Sohn des Germanicus, die Gunst des Volkes besaß – bis diese Gunst in Haß und Verachtung umschlug.

Der Kaiser mag, wie mir mein Vater erzählte, eine Weile an Claudius Caesar, den jüngsten Bruder des Germanicus, gedacht haben. Der war reif an Jahren und zweifellos ein Gelehrter, der dem lateinischen Alphabet drei neue Zeichen hinzufügte. Aber er kam von ihm ab, denn er hielt ihn für schwach, wenn nicht gar schwachsinnig. Daher hatte er ihm schon vor Jahren das Consulat verweigert. Er bewilligte ihm nur die consularischen Abzeichen und schickte ihm zum Trost vierzig Goldstücke, damit er sich bei den Saturnalienfesten Ende Dezember gut unterhalten könne!

Was gegen Gaius sprach, war auch, daß der Einfluß Macros fast schon den Seians erreichte. Er bemühte sich von Tag zu Tag eifriger um die Gunst des jungen Mannes, dem er sogar seine eigene Frau, Ennia, ins Bett schmuggelte. Sie nahm ihm ein Eheversprechen ab, und Macro konnte hoffen, damit die höchste Macht zu erringen, die Seian versagt geblieben war. Aber knapp ein Jahr nach dem Gespräche mit Tiberius Caesar hat Gaius Caesar Caligula den Macro und dessen verkuppelte Frau hinrichten lassen!

Das Schweigen im dämmernden Lichte dieses Raumes war drükkend. Mein Vater und ich wagten kaum zu atmen. Plötzlich richtete der Kaiser seine großen, wie hellsehenden Augen auf mich.

»Mein Enkel trägt das Knabengewand. Doch noch in diesem Jahre soll er die Männertoga erhalten. Du sollst dennoch sein Erzieher bleiben, mindestens bis zu seinem 21. Jahre. Ich werde noch dafür sorgen, daß du in seinem Namen alle Regierungsgeschäfte erledigen kannst. Im kommenden Monat, wenn der Senat zusammentritt, wirst du auf meinen Antrag für fünf Jahre die tribunizische Gewalt übertragen bekommen.«

Es gab ein Testament von Tiberius Caesar, das der Öffentlichkeit bekannt war. Er hatte es zwei Jahre zuvor von einem Freigelassenen schreiben lassen. Tiberius Gemellus und Gaius Caesar waren darin zu gleichen Teilen als Erben eingesetzt, und ein jeder sollte des anderen Nacherbe sein.

»Sobald ich wieder auf Capri bin«, sagte er, »werde ich dieses Testament durch ein handgeschriebenes umstoßen und meinen Enkel zum Alleinerben erklären.«

»Knapp vor seinem Tode«, fuhr er mit leiser Stimme fort, »hat Thrasyllus noch einmal in den Sternen gelesen. Da schien es ihm, als ob Tiberius Gemellus nicht lange unter den Lebenden weilen werde, vielleicht nicht einmal bis zu seinem 21. Jahre. Auch dafür werde ich Vorsorge treffen. Marcus Antonius und Marcus Vipsanius Agrippa waren weit niedrigeren Standes als du, als man sie mit Frauen julischen und augusteischen Blutes vermählte. Heute sind sie die Vorväter aller Mitglieder des Caesarenhauses, mit mir als einziger Ausnahme.«

Nun wußte ich, was geschehen werde – er nannte den Namen der auf Lesbos geborenen jüngsten Tochter des Germanicus und der Agrippina Maior – Julia Livilla.

»Du hast sie auf Capri kennengelernt. Sie kam in deinen Unterricht. An Jahren ist sie noch fast ein Kind, aber in ihrer Gesinnung und ihrer Haltung ist sie eine gereifte Frau. Sie schätzt dich – sie kennt die Staatsnotwendigkeit, und so ist sie bereit, im Einverständnis mit ihrem Manne Marcus Vinicius sich von ihm zu trennen. Die Kinder, die die Götter euch geben mögen, hätten durch Agrippina Maior das Blut der Julia, der Tochter von Divus Augustus, und durch Antonia Minor, Julia Livillas Großmutter, auch das Blut der Octavia. Julia Livilla hat sowohl Marcus Antonius wie Marcus Vipsanius Agrippa im Stammbaum.«

Wie ein buntes Gemälde tauchte das Bild des Römischen Reiches vor mir auf – von den britischen Nebelinseln bis zum Euphrat, von Rhein und Donau bis nach Nordafrika und bis zum südlichen Ägypten, wo die Sonne im Mittsommer keinen Schatten wirft, von den Säulen des Herkules und den Gestaden Lusitaniens bis zu den Grenzen Sarmatiens, dessen Stämme nicht einmal wissen, daß es Römer gibt, bis zum Pontus Euxinus und zum Caspischen Meer. Aber ein anderes Bild schob sich dazwischen: Einer korrupten Schicht von Adeligen und Neureichen, denen ihre Macht und der Fleischmarkt wichtiger sind als das Wohl des Römischen Reiches. Dazu ein gieriger Pöbel, in Rom nicht weniger als in Alexandria. An die Legionen dachte ich, unter ihren selbstbewußten Befehlshabern, und an die prätorischen Kohorten in Italien.

Selbst die Herrschaft von Tiberius Caesar wollten die Germanischen und Pannonischen Legionen erst nicht anerkennen. Sie wollten Germanicus als den Träger des augusteischen Blutes zum Kaiser ausrufen. Wie sollte dann ich, ein Homo Novus aus Hispanien, da noch Nachkommen des Julischen Hauses am Leben sind, mit dem Gehorsam der Legionen rechnen können?

Tiberius Caesar hielt mich noch immer mit seinen hellsehenden Augen fest. »Ich weiß, woran du denkst«, sagte er. »Die Aufgabe erscheint übermenschlich. Doch als Vater von Kindern julischen Blutes trüge dich der ganze Ruhm des Caesarenhauses.«

Noch erwartete er keine Antwort, und so fuhr er fort:

»Sollte ich, entgegen einer anderen Prophezeiung des Thrasyllus, an des Tiberius Gemellus 21. Geburtstag nicht mehr am Leben sein, dann würdest du selber, als Gemahl der Julia Livilla und Vater ihrer Kinder, in alle Rechte und Pflichten des Principats eintreten. Suchst du nach Vorbildern, wie du das Reich regieren sollst? In den Annalen Divi Augusti findest du sie, und meine eigene Herrschaft hast du von Jugend an miterlebt.«

Frühe Bilder – der golddurchwirkte Purpur auf Tiberius Caesars Schultern, als er an der Seite von Augustus in Rom einzog, umjubelt von einer festlichen Menge – *Volk,* nicht Pöbel! Wie ein Blitzstrahl hatte mich der Anblick des Purpurs durchzuckt. Auch in meinen Wachträumen blieb dieses Sinnbild höchster Macht vor meinen Augen.

Die Knabenspiele mit Quintus, als wir Ämter und Provinzen verteilten – wie in einer Ahnung früher Auffahrt zählte er sich nicht dazu, aber er sagte mir, in der Purpurtoga würde ich aufs Capitol ziehen. Ja selbst in neuerer Zeit auf Capri, wenn ich unter den Feigen- und Olivenbäumen und in den lauen Wassern bei den Felsentürmen mir ausmalte, daß ich mir einen Stammbaum zulegen könnte, der bis Aenaeas zurückreicht –

Nun war die Wirklichkeit da. Von Angesicht zu Angesicht stand ich dem Träger der höchsten irdischen Gewalt gegenüber, und diese sollte auf mich übergehen, oder doch auf meine Nachkommen julisch-claudischen Blutes. Damit war der Augenblick gekommen, der eine Antwort erheischte. Ich blickte in Tiberius Caesars Augen und sagte:

»Ich bin bereit.«

Auf dem Wege durch den Park erwähnte mein Vater, daß er Tiberius Caesar nach Misenum und Capri begleiten werde. Ich solle reisefertig sein. Hinter uns, stumm wie er am Gespräch teilgenommen hatte, ging der junge Offiziersaspirant.

An der Pforte zur Via Appia grüßte die germanische Garde ihren Imperator. Noch einmal wandte sich dieser zu mir:

»Mögen die Götter mit dir sein. Lebe wohl!«

16. Kapitel

So viel Neues stürmt täglich auf mich ein, daß es manchmal nicht leicht ist, mit stoischer Ruhe die Geschichte meines Lebens aufzuzeichnen. Die Zeiten gehen durcheinander; wie wirst du sie entwirren können – wie das »Heute«, unser Jahr 817, trennen können von Geschehnissen in meiner Jugend?

Gegen das »Heute« bieten die Mauern und Hecken meines Parks kaum mehr Schutz. Manchmal liegt sogar noch ein leichter Brandgeruch in der Luft, obgleich das Feuer schon seit Monaten erloschen ist.

Ein böser Witz geht in Rom von Mund zu Mund:

Die Hauptstadt habe die Doppelhochzeit ihres Princeps mit Brautfackeln gefeiert. Hat sich doch Nero Caesar kurz zuvor aus der Schar seiner Günstlinge einen gewissen Pythagoras zum Ehemann erkoren. Man nennt ihn auch Doryphoros, den Speerträger, nicht ohne einen gewissen Nebensinn ...! In der Hochzeitsnacht wurde unserm Kaiser der Brautschleier angelegt, die Vogelbeschauer kamen, die Hochzeitsfackel – die dann auf Rom übergriff! – wurde entzündet, und um das Ehebett standen Senatoren, Consulare und würdige Priester, die nach altem Brauche beteten: Die Götter möchten dem hohen Paare legitime Nachkommen schenken. In den Armen seines speertragenden Gemahls ahmte Nero Caesar dann das Stöhnen und die Aufschreie einer entjungferten Braut nach. So hat sich Divus Julius, auf den sich unser Princeps beruft, bestimmt nicht verhalten, als er als Jüngling mit dem König Nikomedes von Bithynien das Lager teilte.

Sporus, einen schönen, freigeborenen Knaben edler Sinnesart, erkor sich Nero Caesar zur Gemahlin. Er ließ ihn in einen roten Brautschleier hüllen, verschaffte ihm eine Mitgift und ließ dann gleichfalls die Hochzeitsfeierlichkeiten öffentlich vollziehen. Seitdem führt er ihn überall in einer Sänfte mit und küßt ihn vor aller Welt herzlich ab.

Darüber ist nun wieder ein Witz im Umlauf: »Welch ein Glück für die Menschheit wäre es doch gewesen, hätte auch der Vater unseres erhabenen Kaisers ein solches Weib gefreit!«

Anstoß erregt dies im Volke alles nicht, denn bei uns in Rom schätzt man heute die Laster des Fürsten höher als seine Tugenden. Auch ich halte diese Dinge nicht für entscheidend. Aber für künftige moralisierende Geschichtsschreiber, wie der kleine Cornelius einer werden könnte, dürften dergleichen Geschehnisse den Hauptinhalt der neronischen Zeit ausmachen.

Auf Veranlassung von Subrius Flavus bin ich unlängst nach längerer Zeit doch wieder nach Rom gefahren. In einer dunklen Spelunke in der Nähe der Milvischen Brücke fand eine wichtige Zusammenkunft statt. Alexis ließ ich zurück, nahm aber einen guten Freund mit, den Du kennst, Fabius Rusticus, der vor kurzem auf meinem appischen Landgut eingetroffen ist. Auch er schreibt neuerdings Geschichtsbücher, und ich erhoffe mir von ihm eine freundlichere Beurteilung als vom Altrömer-Knaben. Zusammen mit Subrius Flavus kam sein Kamerad Gavius Silvanus, Tribun der Zweiten Prätorischen Kohorte. Auch einige der entschlossensten Centurionen fanden sich ein, Sulpicius Asper, Maximus Scaurus und andere. Als wichtigster Mann erschien Faenius Rufus, der neue Gardepräfekt, Nachfolger meines verstorbenen Freundes Afranius Burrus. Ich hatte ihm seinerzeit die Aufsicht über die Brotversorgung verschafft. Seine Uneigennützigkeit, eine wahre Seltenheit heutzutage, hat ihn beim Volke sehr beliebt gemacht. Nicht verhindern konnte ich leider, daß er als seinen Stellvertreter von Burrus den üblen Ofonius Tigellinus übernehmen mußte, der alle schlechten Eigenschaften des Macro und des Seian besitzt.

Um nicht erkannt zu werden, fuhr ich in einem Bauernwagen, der mich ziemlich durchrüttelte, und zog mich an wie ein Provinzler niedrigen Standes.

Daß ich dann auch meinen kleinen Neffen Lucanus antraf, hat mich weniger gefreut. Er ist zu eitel und geschwätzig. Ich mußte ihn ermahnen, weder in Versen noch in Prosa sein Herz allzusehr auszuschütten. Worauf er mich noch mehr als davor für den »bösen, alten Onkel« hält, der für die Jugend kein Verständnis aufbringt. Dabei kann ich ihn gut leiden, und der Gedanke, daß ihm etwas zustoßen könnte, erfüllt mich mit Grauen –

Der Wiederaufbau der zerstörten Viertel hat mich beeindruckt. Die Stadtbaumeister Severus und Celer richten sich ziemlich genau nach dem Plan, den ich für Tiberius Caesar nach dem Brand auf dem Aventin ausgearbeitet hatte. Nur sind sie viel zu aufwendig und verschwenden die Staatsmittel. Dennoch ist bemerkenswert, was sie in diesen wenigen Monaten geschafft haben.

Die neuen Häuser werden in regelmäßigen Reihen, getrennt durch breite Straßen, errichtet, auch ihre Höhe wird beschränkt. Große Hofräume werden frei gelassen und Säulengänge angebaut, um die Front der Mietshäuser zu verdecken. Mit dem Schutt sollen die Pontinischen Sümpfe und die Moraste bei Ostia aufgefüllt werden. Die Schiffe, die mit Getreide den Tiber aufwärts fahren, müssen als Rückfracht Brandschutt mitnehmen.

Meinem Plane entspricht auch, daß die Häuser bis zu einer gewissen Höhe ohne Gebälk, nur aus feuerfestem Gabiner und Albaner Stein, vulkanischem Tuff, gebaut werden dürfen. Wie es zur Zeit meiner Präfektur der Fall war, werden die Wasserleitungen wieder unter Aufsicht gestellt, damit niemand zum Schaden der Allgemeinheit Wasser abzapfen kann. Auch Löschgeräte sollen in den Vorhöfen bereitgestellt werden, und die Häuser dürfen keine gemeinsamen Wände haben.

Damit dürfte ein schöneres und moderneres Rom entstehen, wobei es immer Leute gibt, die dem alten nachtrauern und meinen, die engen Gassen und hohen Häuser hätten die Sonnenglut besser abgehalten. Jetzt würde es in den breiten, schattenlosen Straßen im Sommer sehr heiß sein. Dann soll man eben Bäume pflanzen!

Nun müssen auch die Götter versöhnt und für den Verlust mancher Altäre entschädigt werden. Besser noch: Man muß ihnen dafür danken, daß sie unserm Princeps ein so erhabenes Schauspiel gestattet und ihm ermöglicht haben, Roma in »Neropolis« umzubenennen. Man hat hierzu die Sibyllinischen Bücher befragt, die »echten«, wie die *Acta Diurna* betonten. Sie rieten, Vulcan, Ceres und Proserpina Opfer zu bringen. Matronen sollten aber der Juno opfern, erst auf dem Capitol, dann an der Küste von Ostia. Dort schöpften sie Wasser und besprengten das Bild der Göttin – aus feuerfestem Stein, wie ich annehme! –, Ehefrauen, Knaben und Mädchen schlossen sich an, eine ungeheuere Volksbelustigung, durch welche die Feuersbrunst etwas in Vergessenheit geriet.

Das alles kostet Geld, was sollte unser Princeps also tun? Um die Götter gebührend zu versöhnen, müssen ihre Tempel herhalten, in Rom und in den Provinzen. Zwei gewissenlose Kumpane hat man mit entsprechenden Aufträgen nach dem Osten geschickt, den Acratus, einen ehemaligen Sklaven, der auch als ein rechtlich freier Mann immer ein Sklave wäre, und den Callinas Secundus, einen griechisch gebildeten Lumpen. Aus den Tempeln von Hellas und aus den Griechenstädten Asiens sollen sie nicht nur die Weihegaben, sondern auch die Götterbilder selbst nach Rom schaffen. In der Stadt Pergamon hat es darob einen großen Volksaufstand gegeben. Zum Ruhme des Proconsuls Barea Soranus, eines mir gut bekannten Stoikers, sei gesagt, daß er das Volk dabei unterstützte. Ich kann nur hoffen, daß selbst die gewissenlosen Räuber Acratus und Callinas Secundus die gold-elfenbeinerne Jupiterstatue des Phidias im Tempel von Olympia nicht zu berühren wagen! Schon einmal hat sich der Olympier erfolgreich zur Wehr gesetzt, wenngleich in etwas unüblicher Weise: Als ihn Caligula auseinandernehmen und stückweise nach Rom bringen lassen wollte, stieß er ein solch gellendes Gelächter aus, daß die Arbeiter vor Schreck von den Gerüsten fielen. Wobei man über Caligula sogar noch etwas Gutes sagen könnte: wenn er Götterstatuen wegschleppen ließ, dann nicht, um sie einzuschmelzen, sondern nur, um ihnen die Köpfe abzuhauen und sie durch seinen eigenen zu ersetzen. Das hatte doch noch Stil!

Auch die römischen Tempel werden bald wie leere Markthallen aussehen, und dann können wir sie den Hebräern überlassen, die bekanntlich weder Bilder noch Statuen in ihren Heiligtümern dulden.

Vielleicht, daß wir sie damit versöhnen könnten und auf diese Art um den drohenden Aufstand in Judaea herumkämen!
Sei es, daß sich Nero Caesar daran erinnerte, daß der Plan zum Wiederaufbau ursprünglich von mir stammte, oder weil er mir die Verantwortung zuschieben wollte: Jedenfalls brachte mir ein Bote seine Bitte, ich möchte doch für längere Zeit nach Rom zurückkehren, um die Arbeiten zu überwachen ... und als *Post Scriptum*, als wäre es nur eine nebensächliche Angelegenheit, ich solle im Interesse des Gemeinwesens die Beschlagnahme der Tempelschätze mit meiner Unterschrift decken.
Diese »Bitte« erhielt ich, kaum daß ich auf meinem appischen Gute zurück war. Meine Fahrt war beobachtet worden, oder mein kleiner Neffe hat wieder einmal geschwätzt.
Dem *Post Scriptum* war noch hinzugefügt, daß es sich ja nicht um Raub handle, wie bösartige Zungen behaupteten, sondern um die Beseitigung unwürdigen alten Gerümpels und somit um eine Verherrlichung der Götter, die im neuen Rom glanzvoller dastehen würden als bisher. Auch werde zwar manches beseitigt, was frommen Gemütern zusage, aber vom künstlerischen Standpunkt aus der Würde der Unsterblichen nicht entspräche.
Im Volke sieht man es anders an, nicht nur in Asien, sondern auch in Rom. Wahrscheinlich in Abwesenheit des verantwortlichen Herausgebers der *Acta Diurna* hat ein kühner, studentischer Mitarbeiter es fertiggebracht, ganze Absätze aus meinem Werke *De Beneficiis* hineinzuschmuggeln – staunend las man es in der Hauptstadt, in den Provinzen, bei den Legionen. Als die Ausgabe verboten wurde, war es schon zu spät. Mein Buchhändler Dorus sagte mir, daß die Polizei auch bei ihm gewesen sei, um *De Beneficiis* und andere meiner Werke zu beschlagnahmen. Seitdem verkaufe er in einem Hinterzimmer mehr als früher.
Der Auszug in den *Acta Diurna* begann mit dem folgenden Satze aus dem VII. Buche von *De Beneficiis*: »Auch ein Gotteslästerer ist nicht imstande, Gott Schaden zuzufügen, denn Seine Würde hat Ihn über jeden Bereich erhoben, in dem Ihm etwas angetan werden könnte – aber dennoch wird diesen Missetäter Strafe treffen, weil er danach getrachtet hat, Gott Schaden zuzufügen. Die Strafe wird

kommen, kraft unserer, ja kraft seiner eigenen Überzeugung der Schuld. Derjenige also, der etwas Heiliges wegschleppt, begeht ein Sakrileg, selbst wenn der Ort, wohin er seinen Raub trägt, als solcher nicht unwürdig wäre.«

Das war schon deutlich genug. Und nun fügte mein wackerer, mir unbekannter Jünger aus dem IV. Buche von *De Beneficiis* einige meiner Begriffsbestimmungen Gottes und Seiner Allmacht und Güte hinzu, um die mich, wie er es selber sagte, der kluge Paulus aus Tharsos beneiden könnte:

»Gott hat für euch ein großes Haus gebaut, das keine Feuersbrunst zu fürchten braucht« ... anders also, als das von Menschenhänden erbaute Rom. Auch anderes aus meinen Werken, ursprünglich rein philosophisch gemeint, erhält jetzt, angesichts der Vergottung eines Menschen, durch die Veröffentlichung in den *Acta* geradezu einen revolutionären Sinn:

Gott allein ist der Urheber allen Lebens, aller Kunst: »ob wir mit dem Hauche unseres Mundes der Flöte ihre Töne entlocken oder ob wir auf Wasserorgeln spielen« ... neben der Kithara Nero Caesars liebste Instrumente! Nichts, was wir Menschen »erfunden« haben, stammt von uns selber, wie auch das Wachstum unseres Körpers ohne unser Zutun erfolge.

Selbst das Bekenntnis zur Unsterblichkeit der Seele, das in meinen Werken ständig wiederkehrt, erlangt hier, der vielen täglichen Morde wegen, eine »subversive« Bedeutung!

Die »Bitte« Nero Caesars habe ich sofort abgelehnt mit der Begründung, mein Gesundheitszustand erlaube mir nicht, mich wiederum mit Staatsgeschäften zu befassen. Selbst auf meinem appischen Gut fände ich kaum mehr ausreichende Ruhe, und daher wolle ich mich bald nach Campanien, ins Sabinerland oder in die Albanerberge zurückziehen.

Wie mir berichtet wird, hat Nero Caesar hierauf geantwortet:

»Dann wollen wir dafür sorgen, daß mein müder Pädagoge wirkliche Ruhe findet.«

So muß ich Dir denn mitteilen, lieber Lucilius, daß sich mein Freigelassener Cleonicus, der die Aufsicht über meinen Haushalt führte, seit einigen Tagen auf Reisen befindet. Ich habe ihn nach Hispanien geschickt, daß er sich dort um meine Weinberge kümmere. Mehr konnte ich nicht tun, und überdies hat er Reue gezeigt. Spreche ich wieder in Rätseln? Die Lösung ist einfach: Alexis hat mir zurückgegeben, was ich ihm geschenkt habe: Das Leben. Er hat mich darauf aufmerksam gemacht, daß Cleonicus die Weisung erhalten habe, mich zu vergiften. Ich ließ ihn kommen, sah ihn fragend an, aber ehe ich noch ein Wort sagen konnte, bekannte er, daß er, unter Zusicherung reicher Belohnung, zu dieser Untat verleitet werden sollte.

Nun ist Alexis in meinem Haushalt an seine Stelle getreten. Ich habe vor dem ganzen Gesinde seinen Status als den eines Freigeborenen und Sohn eines Freien bekanntgegeben. Damit ist die Adoption, zu der ich jetzt entschlossen bin, wesentlich erleichtert worden.

Da ich aber nicht weiß, ob außer Cleonicus noch andere einen so freundschaftlichen Wink bekommen haben, ernährte ich mich auf Rat meines ärztlichen Vetters, Statius Annaeus, einige Tage lang nur von frischem Obst und klarem Quellwasser. Es ist übrigens er, der für mich das sokratische Elixier der Unsterblichkeit vorbereitet hat, damit ich wenigstens im Tode, den ich mir aber nicht aufdrängen lasse, dem großen Meister gleichen kann. Aber Pompeia Paulina meinte, es werde des Schierlingsbechers gar nicht mehr bedürfen, die Rohkost von Wasser und Obst werde es von alleine schaffen. Eine kluge Frau! Und so bin ich zu den gewohnten Formen der Nahrung zurückgekehrt.

Ich habe ihren Rat befolgt, auch aus Liebe und Verantwortung gegenüber meinen Nächsten. Ein Mann muß leben, solange es die Pflicht befiehlt, nicht solange es ihm Spaß macht. Soviel Gewalt muß ein Mensch über sich haben, wenn es die Liebe zu den Seinen verlangt: Nicht sterben, selbst wenn er möchte, ja dem Tode noch im letzten Augenblick Einhalt gebieten.

Immer legt mir Paulina ans Herz, auf Leben und Gesundheit zu achten, und dadurch bin ich mir selber lieber geworden. Denn ich weiß: Wenn ich sterbe, so wird auch sie nicht weiterleben wollen.

Und nun warte ich auf Dein Eintreffen, mein lieber Lucilius. Hier wird es schon sehr herbstlich. Sah ich doch gestern Züge von Schwalben, Kranichen und wilden Schwänen hoch über den Ponti-

nischen Sümpfen nach dem Süden ziehen. Mein Herz krampfte sich zusammen, als ich mich fragte: »Wo werde ich sein, wenn sie nach Italien zurückkehren?«
Statius Annaeus wird uns auf der Reise nach Campanien begleiten. Aber mehr als zehn Sklaven werden wir dennoch nicht brauchen, und Alexis versteht sehr gut, mit ihnen umzugehen. Faenius Rufus hat den Tribunen Gavius Silvanus beauftragt, für unsere Sicherheit zu sorgen. Gegen gewöhnliche Straßenräuber, meint er, die sich seit einiger Zeit wieder munter herumtummeln. Unter Tiberius Caesar hatte dieser Unfug, der eines geordneten Staatswesens unwürdig ist, völlig aufgehört.
Pompeia Paulina wird nach unserer Abreise das Haus in Ordnung bringen und den Winter über in unserm Nomentanum im Sabinerland wohnen. Wir bleiben in ständiger Verbindung, dafür sorgt schon Faenius Rufus, auf dessen Rat schließlich diese ganze Reise vor sich geht.
Das habe ich selber geschrieben. Nun kommt Alexis mit seinen Täfelchen und einem scharfen Griffel, und ich kann mit meinem Lebensbericht fortfahren, zurück vom Jahre 817 auf das Jahr 790, in dem Tiberius Caesar starb.

17. Kapitel

Über die Ereignisse während der letzten Lebenstage von Tiberius Caesar und über die Umstände seines Todes am Tage nach den Iden des März des Jahres 790 a. u. c. gibt es immer noch die verschiedensten Berichte. Die meisten sind entweder ganz falsch – etwa, daß Gaius Caesar ihn in den Kissen erstickt habe, oder sie enthalten nur halbe Wahrheiten oder verdrehen die Tatsachen.

Zum Glück, mein lieber Lucilius, bin ich im Besitze des einzig echten Berichtes – meines Vaters, der alles miterlebt hat. Er starb erst zwei Jahre später, im höchsten Alter, war aber klar bei Verstand bis zum letzten Augenblick und hat mir wiederholt alles genau geschildert. Fabius Rusticus weiß durch mich Bescheid, aber ob sich die Wahrheit gegen so viele Grusellegenden durchsetzen kann –?

Die Geschichte mit den Kissen hat mir erst unlängst der Altrömer-Knabe wieder erzählt, und der kann es nur von seinen Eltern haben. Nicht daß ich Gaius Caesar Caligula dieses Verbrechen nicht zutrauen würde – er hat nur keine Gelegenheit gehabt, es zu begehen!

In Begleitung meines Vaters und eines kleinen Gefolges – darunter der junge Subrius Flavus – reiste der Kaiser, ohne sich längere Ruhepausen zu gönnen, nach Süden. Er wollte möglichst rasch nach Capri zurückkehren. Im Küstenstädtchen Astura in Latium erlitt er einen Schwächeanfall – es ist der gleiche Ort, an dem auch Augustus zuerst sein baldiges Ende nahen fühlte. Astura ist malariaverseucht – nicht ausgeschlossen, daß Tiberius Caesar sich diese Krankheit, die durch rhythmisch wiederkehrende Fieberanfälle gekennzeichnet ist, dort zuzog. Jüngere Menschen überwinden solche Anfälle meistens – bei älteren können sie verhängnisvoll werden. Als das

Fieber schon am nächsten Tag abklang, setzte er die Reise bis Circeii fort und wohnte sogar einem Freizeitspiel junger Legionäre bei. Zum allgemeinen Staunen, ja zur Bewunderung der jungen Leute, schoß er mit einem Wurfspieß von seiner Loge aus auf einen Eber drunten in der Arena und traf ihn bereits beim ersten Wurfe tödlich. Allerdings scheint er – obgleich er sich auf das äußerste zusammennahm – gleich danach heftigen Schüttelfrost erlitten zu haben. In einem kalten Märzwind verschlimmerte sich sein Zustand. Dennoch wurde nach Misenum weitergefahren, und er änderte in nichts seine Lebensweise – ausgedehnte Mähler für seine Gäste, mit schlichtestem Essen für sich selber –

Der Kaiser wollte nur eine Nacht in der Villa des Lucullus in Misenum bleiben und dann nach Capri übersetzen, aber die See war zu stürmisch.

Noch am Abend der Ankunft in Misenum fertigte er zwei Dokumente aus – das handgeschriebene Testament, in dem er das frühere, das Tiberius Gemellus und Gaius Caesar zu gleichen Teilen als Erben eingesetzt hatte, für nichtig erklärte – Tiberius Gemellus sollte der Alleinerbe werden. Mich setzte er in diesem Testament zum Sachwalter von Tiberius Gemellus ein, mindestens bis zum Zeitpunkt, da dieser die Knabentoga ablegen würde. Das zweite Dokument war für die beiden Consuln bestimmt. In seiner Eigenschaft als Princeps des Senats ersuchte er sie, diese Körperschaft zum 21. April, dem Gründungstage Roms, einzuberufen. Einziger Punkt der Tagesordnung sollte sein: die Übertragung der tribunizischen Gewalt auf mich, für fünf Jahre.

An den Iden des März verschlechterte sich das Wetter. Große Brecher schlugen hoch hinauf auf die Steintreppen, die zur Villa des Lucullus führen. Man konnte deutlich sehen, daß Capri, ganz von sprühender Gischt umgeben, von einem schweren Sturme gepeitscht wurde. In der Nacht hatte es überdies ein schlimmes Gewitter gegeben, das dem Kaiser den Schlaf raubte. Am Morgen fühlte er sich fiebrig, wollte es aber nicht zugeben. Entgegen dem Rate meines Vaters und des Arztes Charikles bestand er sogar darauf, daß ein Gastmahl, das für den Abend der Iden angesetzt war, wie geplant abgehalten werde.

Unter den Gästen waren Tiberius Gemellus und Gaius Caesar. Der Gardepräfekt Macro war da, und mein Vater bemerkte, daß dessen tückische Augen lauernd den Kaiser beobachteten. Charikles, römische und campanische Würdenträger und Vertreter des Senats von Neapel waren gleichfalls geladen.
Als das Mahl zu Ende war, ergriff Charikles, der auf eine Urlaubsreise gehen wollte, die Hand des Kaisers, um sie zu küssen – aber anscheinend glaubte dieser, der Arzt wolle ihm den Puls fühlen. Lächelnd forderte der Kaiser alle Gäste auf, wieder Platz zu nehmen, und dehnte das Gastmahl bis tief in die Nacht aus. Dann, in der Mitte des Speisesaals stehend, verabschiedete er sich, seiner Gewohnheit gemäß, von jedem einzelnen mit Handschlag.
Alles spielte sich in heiterster Stimmung ab, niemand hätte ihm seinen wahren Zustand anmerken können.
Der Sturm schien abzuflauen, und der Kaiser sagte zu meinem Vater, er hoffe in zwei Tagen nach Capri zurückkehren zu können. Am nächsten Morgen fühlte er sich aber wieder sehr schwach, und Charikles und mein Vater, die sich mit den Blicken verständigten, fürchteten, daß es dem Ende zugehe.
Gegen Mittag ließ der Kaiser meinen Vater rufen und behielt ihn über zwei Stunden bei sich. Er schien nun zu wissen, daß Thrasyllus, der ihm weitere zehn Jahre versprochen hatte, in den Sternen falsch gelesen hatte. Aber das beruhigte ihn auch wieder:
»Dann mag sich Thrasyllus auch darin geirrt haben, daß mein Enkel ein frühes Ende finden werde«, sagte er.
Im Laufe des Gesprächs trug er meinem Vater auf, mir zu bestellen, ich solle mich rasch um zuverlässige Befehlshaber der Legionen kümmern. Macro müsse umgehend durch einen anderen Gardepräfekten ersetzt werden, er selbst habe hierzu nicht mehr die Kraft. Für das Consulat nannte er einige Senatoren, die ihm würdig schienen. Im übrigen solle ich mich, wie auch er es stets getan habe, an die Richtlinien von Divus Augustus halten. Die Grenzen dürften nur dann ausgedehnt werden, wenn dies aus Gründen der Verteidigung nötig sei. Im Osten könnte es jedoch erforderlich sein, die Legionen bis zum Tigris zu führen, um einen besseren Schutz gegen die Angriffe der Parther zu schaffen.

Dann verlangte er ein Pergament und schrieb mit fester Hand seinen Wunsch nieder, daß die Ehe Julia Livillas mit Marcus Vinicius getrennt werde, auch, weil von diesem keine Kinder zu erwarten seien. Ein Jahr nach der Scheidung solle sie meine Frau werden, er wisse, daß sie damit einverstanden sei. Die Kinder, die uns die Götter schenken mögen, sollen als vollberechtigte Mitglieder des Caesarenhauses betrachtet werden.

Als der Abend zu dämmern begann, beendete der Kaiser das Gespräch und zog sich in Begleitung meines Vaters in sein Schlafgemach zurück. Er fragte nach seinem Enkel, aber dieser war unten auf den Steintreppen, um Wind und Wellen zu beobachten. Ob freiwillig oder, was wahrscheinlicher ist, ob ihn Macro unter diesem Vorwand weggeschickt hatte, weiß mein Vater nicht. Macro selber und Gaius Caesar Caligula hielten sich in angrenzenden Räumen auf.

Als das letzte Tageslicht erloschen war und Fackeln hereingetragen wurden, bedeckte plötzlich eine tiefe Blässe das Antlitz des Kaisers. Er richtete sich auf, nahm seinen Siegelring ab, den er an der linken Hand trug und stand vom Lager auf. Er ging auf meinen Vater zu, der am Fenster lehnte, um ihm den Ring zu übergeben. Aber seine Hand verkrampfte sich, und als er die ersten Silben des Namens seines Enkels gesprochen hatte, brach er tot zusammen.

Macro und Caligula hörten den Fall und stürzten herein. Wie von Schmerz übermannt ergriff dieser die Hand des Toten, klemmte sie auf und nahm den Ring an sich. Macro, auch er mit allen Zeichen äußerster Erschütterung, bemächtigte sich der beiden Dokumente und, ohne daß mein Vater es verhindern konnte, auch der letzten Aufzeichnungen über Julia Livilla und mich.

Gaius Caesar Caligula und nach ihm Claudius Caesar haben demnach über die geheimsten Besprechungen der letzten Tage genaue Kenntnis erhalten. Beide wußten, daß sie vom Principat zu meinen Gunsten ausgeschlossen werden sollten. Daher ihr Haß und das furchtbare Schicksal, das sie Julia Livilla bereiteten.

Noch in der gleichen Nacht eilte Macro nach Rom. Als handle er gemäß dem letzten Willen von Tiberius Caesar, veranlaßte er die Consuln, den Senat einzuberufen. Sofort nach Beginn der Sitzung wurde das handgeschriebene Testament für ungültig erklärt, mit der Begründung, Tiberius Caesar selber habe dies kurz vor seinem Tode gewünscht, konnte aber seinen Willen nicht mehr schriftlich niederlegen. Das andere Testament, das zwei Jahre davor entstand und Tiberius Gemellus und Gaius Caesar als gemeinsame Erben einsetzte, wurde als das allein gültige bestätigt. Da aber Tiberius Gemellus noch die Knabentoga trage, solle Gaius Caesar privat und öffentlich in seinem Namen handeln dürfen. Was blieb dem Senat schon übrig, trotz der Zweifel vieler seiner Mitglieder, als dies alles einstimmig zu billigen!

Unter reichlich fließenden Tränen hielt Caligula, dem der Senat sofort alle Macht und alle Würden von Divus Augustus und Tiberius Caesar übertrug, die Leichenrede auf den Verstorbenen.

Es war auch rechtzeitig eine Volksversammlung zusammengerufen worden, die stürmisch verlangte, daß ihr »Püppchen«, ihr »Hühnchen«, ihr »Schoßkind«, Sohn des Germanicus, Enkel der Agrippina, der Enkelin von Divus Augustus, die ganze Herrschaft übernehme! Alle diese süßlichen Beinamen, lächerliche Koseworte für einen römischen Princeps und Imperator, stammten aus seiner Kinderzeit, da ihn Agrippina in einem Soldatenmäntelchen, mit zu großen Stiefeln, in den Lagern herumtrug.

Was das »Püppchen« von seinem römischen Volke hielt, stellte sich bald heraus: Bedauerte er doch öffentlich, daß es nicht nur *einen* Hals habe! Wobei sich freilich ergab, daß der *eine* Hals ihm gehörte, das römische Volk aber viele Hände hatte.

Einhundertundsechzigtausend Opfertiere mußten innerhalb der ersten drei Monate sterben, damit die Götter gnädig auf »Püppchen«, »Hühnchen«, »Schoßkind« herablächeln möchten!

»Zur Bekämpfung der Arbeitslosigkeit«, wie er sagte, begann er seine Regierung mit großen Bauprojekten. Dämme ließ er aufwerfen, wo das Meer am tiefsten und bewegtesten ist, Ebenen sollten zu Bergen, Berge zu Ebenen werden. Um den Perserkönig Xerxes nachzuahmen, der den Hellespont überbrückt hatte, tat er das gleiche mit dem Meeresarm zwischen Baiae und Puteoli. Drei Meilen lang war diese Brücke, und tagelang zog er darüber hin und her, als habe er eine neue Provinz erobert. Bei der ersten Sturmflut brach

das Ganze zusammen. Hunderte von Menschen fanden dabei den Tod.
In weniger als einem Jahre brachte er es fertig, den Staatsschatz zu vergeuden, den Tiberius Caesar, als sorgsamer und sparsamer Hausvater, angesammelt hatte – es waren drei Milliarden Sesterzen, selbst nach heutigen Maßstäben eine ungeheuere Summe. Dazu muß man bedenken, daß es in gutem Gold- und Silbergeld war, nicht in den verschlechterten Denaren der jetzigen Regierung.
Seinem Vetter Tiberius Gemellus hängte er selber die Männertoga um, »adoptierte« ihn und ernannte ihn zum Princeps Iuventutis. Das ist, seit den Tagen von Augustus, der traditionelle Titel des voraussichtlichen Thronerben.
Rasch will ich, mein Lucilius, über diese unsägliche Epoche hinweggehen. War sie doch so, daß ich anfangs sogar Claudius Caesar als Reiniger und Wiederhersteller des römischen Gemeinwesens begrüßte.
Ich habe Tiberius Gemellus und Julia Livilla ein einziges Mal wiedergesehen. Beide ahnten ihr Schicksal, das ich nicht abwenden konnte. Und nichts ist beschämender für einen Lehrer und älteren Freund, als seine Machtlosigkeit eingestehen zu müssen.
Thrasyllus hat mit seiner Sternenschau recht behalten. Kaum ein Jahr nach dem Tode von Tiberius Caesar ließ Caligula Tiberius Gemellus durch einen Kriegstribunen ermorden, und damit wurden die nächsten Jahrzehnte unserer Geschichte bestimmt. Tiberius Gemellus als Princeps und Imperator – welch echter Erbe des großen Vermächtnisses von Caesar Augustus und Tiberius Caesar wäre er gewesen.
Der Sohn Alexanders des Großen, Caesars Sohn Caesarion, in unsern Tagen Britannicus, Claudius Caesars Sohn – sie alle haben ein ähnliches, vom menschlichen Standpunkt aus unbegreifliches Schicksal erduldet.
Mit dem kleinen Cornelius Tacitus spreche ich bekanntlich nie über die Geschehnisse von heute. Nur wenn er mir mit seiner falschen Moral zu sehr auf die Nerven geht, bekommt er eine gebührende Antwort. So sagte er doch neulich:

»War für Britannicus nicht der Tod ein Ereignis, das eher zu spät als zu früh eintrat?«

»Wegen der Unteilbarkeit der Herrschaft?« sagte ich steif, weil ich ihn hindern wollte, fortzufahren – wußte ich doch genau, was kommen würde!

»Darüber möchte ich mich nicht mündlich auslassen!« sagte er. »Ich habe, auf Grund der Erzählungen meines Vaters, ein Gedächtnisprotokoll angelegt.« Er reichte mir eine Rolle. Darin stand in recht klaren, ausgewachsenen Schriftzügen, gar nicht denen eines erst zehnjährigen Jungen, das folgende:

»Zeitgenössische Beobachter berichten, Nero Caesar habe sich an Britannicus in den Tagen vor seiner Ermordung mehrfach sittlich vergangen. Danach würde sein Tod nicht verfrüht, sondern eher eine Wohltat für ihn gewesen sein.«

»Kann ich die Aufzeichnung wiederhaben?« sagte er und versteckte die Rolle unter seiner Knabentoga.

Ich habe grundsätzlich den Namen des regierenden Kaisers nie vor ihm genannt, und auch jetzt vermied ich es, darauf einzugehen. Aber höchst unstoisch und entgegen meinen eigenen Grundsätzen wallten Zorn und Verärgerung in mir auf.

»Hast du einen Vetter, der einige Jahre älter ist als du?« fragte ich.

Er nickte.

»Wenn du vierzehn Jahre alt bist und er dich in gewisse Tatsachen des Lebens praktisch einweihen sollte, wirst du dir also spätestens nach dem dritten Male die Adern öffnen, weil der Tod eine Wohltat wäre, verglichen mit einem vierten Male ...?«

Der Pädagoge zuckte merklich zusammen, das Bürschlein verkniff die Lippen und bat, sich verabschieden zu dürfen. Was aber nicht bedeutete, für immer!

Julia Livilla, wie gesagt, sah ich ein einziges Mal wieder, in meinem Landhaus in der Nähe von Capua. Beide wußten wir plötzlich, daß es nicht nur das Wohl des Staates war, das uns zusammenführen sollte – und auch mehr als nur gegenseitige Achtung. Und dies, obgleich ich um einundzwanzig Jahre älter war als sie ...

Dieses Treffens wegen, das trotz aller Vorsicht nicht verborgen blieb, hat man mich des Ehebruchs mit einer fürstlichen Frau beschuldigt. Weder Caligula noch Claudius Caesar hätten je gewagt, den wahren Grund ihres Hasses zu nennen und zu sagen, warum sie Julia Livilla so fürchteten.

Caligula, als er Julia Livilla schändete, hat sie laut verhöhnt: sein Schwesterchen sei trotz ihrer Ehe mit Marcus Vinicius (und trotz meinem »Ehebruch«!) immer noch Jungfrau gewesen. In unsern Tagen hat man erlebt, daß eine edle Frau verstoßen wurde, weil sie unfruchtbar sei und gleichzeitig, weil sie von einem Freigelassenen ein Kind geboren habe.

Um sie ganz zu zerstören, hat Caligula Julia Livilla seinen Buhlknaben vorgeworfen. »Damit sie endlich etwas von ihrer Jugend habe«, spottete er. Um sie der Lächerlichkeit preiszugeben, hat er ihr zur selben Zeit die Ehrenstellung einer Vestalischen Jungfrau verliehen. Auch seine Schwester Agrippina vergewaltigte er, die Mutter Nero Caesars, die bereits mit Cnaeus Domitius Ahenobarbus verheiratet war. Aber sie war aus zu hartem, ja aus zu gutem Holze, als daß er sie brechen konnte. Mit seiner Schwester Drusilla lebte er sogar öffentlich zusammen und berief sich dabei auf die alten Pharaonen, die auch nur ihre Schwestern als ebenbürtige Gattinnen anerkannten. Als Drusilla starb, baute er ihr einen Tempel, schwor »bei ihrer Gottheit« und lebte von nun an mit ihrem Witwer zusammen, dem jungen, hübschen Aemilius Lepidus. Bis er plötzlich dem Tribunen Dexter von den prätorischen Kohorten befahl, seinem Geliebten den Kopf abzuschlagen, weil er als Gemahl der verstorbenen Drusilla Ansprüche auf die Herrschaft erheben könnte.

Nicht nur auf die Pharaonen berief sich Caligula zur Rechtfertigung seiner Blutschande, sondern auch auf seinen Urgroßvater Divus Augustus. Dieser habe mit seiner Tochter Julia die Agrippina Maior gezeugt, Caligulas Großmutter. Denn als Nachkomme von Marcus Agrippa, dem Vater der Agrippina Maior, wollte Caligula nicht gelten. Agrippas Name durfte nicht mehr genannt, und die Schlacht von Actium, wo dieser für Augustus und alle Caesaren den entscheidenden Sieg erfocht, durfte nicht mehr gefeiert werden.

Welche Machtstellung es war, Drusillas und Julia Livillas Gemahl zu sein, zeigte sich auch nach Caligulas Ermordung. Damals hat es – ich komme darauf zurück – Stimmen im Senat gegeben, die dem

Consular Marcus Vinicius, Gemahl der Julia Livilla, Schwager der längst toten Drusilla, die Herrschaft zuerkennen wollten. Daher hat Claudius Caesar, kaum ein Jahr später, Julia Livilla erdrosseln lassen. Sie war bei ihrem Tode vierundzwanzig Jahre alt und, wie man mir berichtet hat, immer noch von jungmädchenhaftem Reiz.
Nicht lange danach hat die Gemahlin Claudius Caesars, jene Valeria Messalina, auch Marcus Vinicius ermorden lassen. Sicher ist sicher, mag sie gedacht haben. Zweifellos hätte mich das gleiche Schicksal getroffen, wäre ich ihr Gemahl gewesen – es sei denn, ich hätte die Herrschaft schon fest in Händen gehabt ...
Als Julia Livilla noch lebte, habe ich auf Rat meiner Tante die Nichte ihres verstorbenen Gemahls, des langjährigen Präfekten von Ägypten, geheiratet, Gaia Galeria Maxima. Dies tat ich auch zum Schutze von Julia Livilla. Denn nun würde keine Möglichkeit mehr bestehen, daß ich sie nach dem Tode des so viel älteren Marcus Vinicius doch noch heiratete ...!
Ich habe Gaia Galeria Maxima große Achtung entgegengebracht, und ich bin ihr immer in Dankbarkeit verbunden geblieben. Sie gebar meinen Sohn, dem ich den Namen Quintus gab. Ein Rausch des Glückes, als dieses Kind zur Welt kam! Gaia Galeria starb bald nach der Geburt, und was ich zu ihrem unvergänglichen Ruhme sagen kann, das hat Propertius in seiner *Cornelia-Elegie*, der Königin aller Elegien, ausgesprochen:

»Treu von den Fackeln der Braut, bis zu den Fackeln der Gruft.«

II. TEIL

18. Kapitel

So als hätte sich nichts geändert, konnte ich anfangs meine Tätigkeit für das Aerarium, ja sogar für den kaiserlichen Fiskus fortsetzen. Aber Gaius Caesar Caligula hatte rednerischen Ehrgeiz, daher nahm er bald Anstoß an meinen rhetorischen Erfolgen, und daß ich im Senat niemals Schmeichelreden auf ihn hielt, machte mich bald noch unbeliebter.

Dann geschah das Folgende: Eines Nachts, bei herrlichem Vollmond, wurden Lucius Vitellius, den ich schon erwähnt habe, und ich zur Audienz auf den Palatin befohlen.

Nachdem Caligula seiner Schwestern überdrüssig geworden war, blieb ihm nur übrig, unmittelbar mit den Göttern zu verkehren. Zum Tempel des Jupiter Capitolinus hatte er eine Brücke bauen lassen. Man sah ihn oft, wie er dem Gott etwas ins Ohr wisperte und dann sein eigenes Ohr an den Mund der Statue hielt. So mag er von höchster Stelle die Weisung erhalten haben, sich mit Luna, der Mondgöttin, zu vermählen. Dagegen konnte auch Aemilius Lepidus, den er noch nicht hatte köpfen lassen, nichts einwenden, weder als sein Liebhaber noch als sein Geliebter. Er schien gerade aus dessen Gemächern zu kommen, denn er war mannweiblich bekleidet, mit einer bestickten, seidenen Tunika ohne Gürtel, wie auch Männer sie manchmal tragen, aber mit geschlossenen Frauenschuhen aus feinstem Leder.

Ohne unsern Gruß zu erwidern, wies er auf ein festlich geschmücktes Lager, wie es für Brautnächte bereitet wird. Ein breiter silberner Strahl des Mondlichts fiel darauf.

»Sie wartet schon – kannst du sie sehen?« fragte er mich.

»Gewiß, Caesar«, antwortete ich. »Luna gießt ihr wundervolles Licht über Rom und diese erhabene Lagerstätte aus!«
Verärgert wandte er sich an Vitellius:
»Und du? Siehst du die Göttin, nackt hingestreckt, lieblich, mit weit ausgebreiteten Armen?«
Erschauernd vor Ehrfurcht angesichts des Göttlichen, heftete Vitellius den Blick zu Boden.
»Oh, mein Herr und Gebieter«, flüsterte er. »Solchen Anblicks bin ich nicht würdig. Nur ihr Götter vermögt euch gegenseitig wahrzunehmen.«
Zu meinem Finanzbericht, dessentwegen ich meinte, herbestellt worden zu sein, kam ich nicht mehr, so rasch und ungnädig wurde ich entlassen. Als ich bald danach diesen Bericht im Senat vortrug – die Finanzen lagen bereits im argen –, hat sich Gaius Caesar bissig geäußert: Mein Stil sei wie Sand ohne Kalk, und meine Reden seien aus lauter Fugen zusammengesetzt. Damit meinte er wohl, was immer ich sage oder schriebe, werde einstürzen wie eine Mauer, deren Steine nicht durch Mörtel gebunden sind. Darüber wird die Geschichte zu entscheiden haben ...!

Schon seit einiger Zeit fühlte ich mich nicht mehr wohl. Des Abends leichtes Fieber, ein Husten, der nicht weichen wollte, Schweißausbrüche in der Nacht, am Morgen wieder fieberfrei, aber schwach – die Gespenster jener Krankheit, die mich nach Ägypten vertrieben und so viele Jahre meiner Jugend gekostet hatte.
Als ich wieder im Senat sprechen sollte, machte ein Blutsturz schon nach wenigen Sätzen meiner Rede ein Ende. Ich wurde in unser Stadthaus auf dem Esquilin gebracht und dann von den Ärzten den Winter über nach Sizilien geschickt. Als der Frühling kam und es anfing, mir besserzugehen, besorgte ich mir einen Reisewagen, und, begleitet nur von drei oder vier zuverlässigen Sklaven, erkundete ich diese zauberhafte Insel. So viele Wellen sind über sie hinweggegangen von Völkern und Kulturen, und jede hat etwas zurückgelassen. Griechen, Karthager, und dazu Afrikaner aus Landstrichen südlich der Garamanten waren hier, Kaufleute und Gewerbetreibende aus Asien, Etrusker und sicherlich auch Iberer aus meiner hispanischen

Heimat, bis wir Römer die Herrschaft übernahmen, die vielen kleinen Tyrannen stürzten und für Recht und Ordnung sorgten.
In Syrakus besuchte ich das Grab Dions, des edlen Fürsten, des Schülers und Geliebten Platons. In den Steinbrüchen, diesem furchtbaren Massengrab des athenischen Heeres, brachte ich ein Opfer dar für die Manen der Toten. Mit Alkibiades an der Spitze wäre es nie zu dieser Katastrophe gekommen. Aber die Stadt rief ihn ja zurück, als wollte sie sich selber, seiner Wahnsinnstat wegen, strafen. Es ist Lycidas, dem ich jene einzig überzeugende Erklärung verdanke: Die Verstümmelung der Hermessäulen in der Nacht vor der Ausfahrt der Flotte war ein Ersatzmord an Sokrates, die Rache dafür, daß dieser Alkibiades' Werbung zurückgewiesen hatte.
Die Erinnerung an Lycidas, schmerzlich erneuert in der großgriechischen Luft Siziliens, führte mich auch nach Akragas. Pindaros, in seinem Lobgesang auf Midas, den Sieger im Flötenspiel, hat Akragas gepriesen: »Der Sterblichen schönste Stadt / Persephones Sitz / Die den Glanz du liebest / Und thronst auf dem Hügel / Mit herrlichen Häusern.« Der Tempelbezirk ist vollständig erhalten, die Opferfeuer sind nie erloschen, und die Sprache der Priester, die von vielen verstanden wird, ist Griechisch geblieben.
Noch lebendiger wurde die Erinnerung an Lycidas, als ich zum Helios-Apollo-Tempel kam und das Vorfeld bedeckt fand mit Sonnenblumen und Hyazinthen, die einen zur Huldigung vor seiner Gottheit, die anderen mit dem eingegrabenen *A* – *I* (*A*pollo – *I*akinthos). In Aigina war mir die Bedeutung dieser Inschrift klargeworden, und ich dachte auch an eine von Lycidas' scherzhaft-ernsthafte Bemerkungen, daß wir Römer es in *A*ugustus *I*mperator umgedeutet hätten, unseres »Machtwillens« wegen.
Oh, daß wir doch wieder einen Augustus Imperator hätten, der die Macht mit dem Rechte verbindet ...!
Auch den Tempel des Dionysos besuchte ich. Dieser, so sagt man, sei der jüngste der Götter, gezeugt von Zeus mit der thebanischen Königstochter Semele. Um sie zu verderben, hatte ihr die eifersüchtige Hera geraten, als Beweis seiner Gottheit von ihm zu verlangen, daß er sie nicht anders umarme als seine olympische Gemahlin. In Flammen verging Semele, aber Zeus rettete das eben empfangene

Kind und verbarg es in seiner rechten Hüfte. Als es herangewachsen war, verschaffte er ihm den Trank der Unsterblichkeit.
Hier, wo jetzt der Tempel steht, sagte mir einer der Priester, habe Ampelos, des Dionysos Liebling, ähnlich dem Hyakinthos, im Spiele eine tödliche Wunde empfangen. Und gleich Apollo war es auch Dionysos verwehrt, das fliehende Leben zurückzurufen. Kann doch nicht einmal Zeus gegen das Schicksal entscheiden.
In seinen *Metamorphosen* hat Ovid mit dichterischer Kraft berichtet, daß Venus-Aphrodite vor dem höchsten Throne vergeblich um das Leben Julius Caesars flehte, ihres geliebten Sprosses. Doch als die verruchte Tat geschehen war, durfte sie die Seele ihres Kindes in einer leuchtenden Bahn, als ein neues Gestirn, zum Himmel tragen.
In Akragas war es Eros, der Sohn der Aphrodite, der sich der Liebenden erbarmte. Auf seine Bitte verwandelte Zeus den sterbenden Knaben in einen Weinstock und sein Blut in den ersten Wein. So wurde Dionysos zum Herrn der Reben, die er nach Indien brachte. In allen Ländern rings um das Innere Meer sorgte er dafür, daß die Völker teilhaftig würden des Blutes des Ampelos, das zu Wein geworden war. Doch auch die Kraft des Eros lebt im Weine, wovon alle Symposien und die heilige Trunkenheit der Liebenden Zeugnis ablegen.
Ein Priester reichte mir einen goldenen Kelch, gefüllt mit dunkelrotem Weine, und ich, der ich seit früher Jugend keinen mehr gekostet hatte, leerte ihn bis zum letzten Tropfen. Kein Rausch erfaßte mich, vielmehr eine Aufhellung des Bewußtseins, wie bei der Einweihung in die Mithräischen Mysterien. Quintus, der Frühverstorbene, war mir nahe, und Lycidas stand fast sichtbarlich an meiner Seite. Ich hörte ihn den Spruch der Pythia wiederholen, den außer mir nur er kannte. Immer noch scheue ich mich, ihn aufzuzeichnen. Nur daß der Name der Ceres-Demeter genannt wurde, in deren Heiligtum zu Eleusis er die Einweihung empfangen hatte, und daß der delphische Gott von den Cerealien sprach, die den Iden des April folgen, will ich jetzt festhalten.
So ging ich, erfüllt von dem ampelischen Weine, zum Demeter-Tempel, der wie eine Festung in die Felsen gebaut ist. Seit Jahrhunderten ist er eine Schutzstätte für Verfolgte, die kein Tyrann je zu

verletzen wagte. Nicht einmal der ruchloseste von allen, jener Phalaris, aus der Zeit, da bei uns die letzten Tarquinier herrschten. Im kleinen Senatsgebäude der Stadt zeigt man noch heute den eisernen Stier, in dem er seine Opfer einschloß. Über einem offenen Feuer brachte er ihn zum Glühen und weidete sich am Duft gebratenen Menschenfleisches.
Bei diesem Besuch fiel mir zum ersten Male ein, daß man hier seine geheimen Briefschaften und andere Aufzeichnungen niederlegen könnte, um sie vor dem Zugriff eines modernen Phalaris zu sichern. Zum Gedenken an Lycidas und unsern Besuch in Delphi spendete ich dem Tempel hunderttausend Sesterzen. Die Priester versprachen mir dafür, in ihren Gebeten sich meiner anzunehmen und jedes Jahr, während der Cerealien, und besonders an deren letztem Tage, dem Hochfeste der Göttin, besondere Opfer für mich darzubringen.

Im Frühsommer kehrte ich nach Rom zurück. Da erst hörte ich, daß ich dieser Krankheit mein Leben verdankte! Meine Tante hatte gerade noch rechtzeitig erfahren, daß das Todesurteil schon ausgefertigt sei und nur noch der Unterschrift Caligulas bedürfe. Es gelang ihr, ihn davon zu überzeugen, daß ich im letzten Stadium der Schwindsucht angelangt sei – wie mein Bluthusten zeige! –, warum also den Senat durch die Hinrichtung eines seiner Mitglieder verärgern?
Die »Gründe« für das Todesurteil? Was bedarf es für einen Tyrannen irgendwelcher Gründe? Am verbreitetsten ist die Meinung, daß er mich beseitigen wollte, weil ich im Senat besser sprach als er, noch dazu in seiner Gegenwart. Auch habe ihm jemand aus Freundschaft für mich, oder aus Bosheit, gesagt, Rom besäße jetzt in mir einen Sokrates, auf den alle stolz sein könnten.
»Dann soll er auch die Ehre haben, das Los des Sokrates zu teilen«, habe das »Püppchen« tückisch geantwortet.
Aber sicherlich spielte auch mit, daß ich in meinen Finanzberichten im Senat die Mißwirtschaft der öffentlichen Hand aufdeckte. Von der gewaltigen Summe von drei Milliarden Sesterzen, die Tiberius Caesar hinterließ, sei bereits kein As mehr übrig. Auch die neuen Steuern deckten nicht den Fehlbetrag im Haushalt, und nun wür-

den die Provinzen weißgeblutet. Ich zitierte ein Wort Tiberius Caesars: »Ein guter Hirte soll seine Schafe scheren, er darf ihnen aber nicht das Fell abziehen.« Die wahren Gründe, warum er mich beseitigen wollte, liegen natürlich tiefer. Wie mir berichtet wurde, hat er, als ich in Sizilien war, noch einmal das handgeschriebene Testament Tiberius Caesars gelesen und auch dessen Weisung an die Consuln, mir die tribunizische Gewalt übertragen zu lassen.
Diese beiden Dokumente sind übrigens nie vernichtet worden, ich habe sie selber gesehen, als ich Nero Caesars Sachwalter war. Sie liegen in den Archiven im Tabularium auf dem Capitol. Immer wieder haben sie eine Rolle gespielt. Auch Subrius Flavus, der ihre Entstehung miterlebt hat, sind sie gut bekannt.
Bemerkenswert ist, daß jenes Todesurteil seinen Urheber, Caligula, »überlebte«. Claudius Caesar hat es in der Hand gehabt, er kannte die Zusammenhänge, auch die der jüngsten Zeit, dennoch verbannte er mich »nur« nach Corsica. Vielleicht weil er, wie vor ihm Caligula, nicht gleich das Blut eines Senators vergießen wollte. Später war er nicht mehr so zimperlich. Erst als ich aus Corsica zurückkam, hat Agrippina Augusta die formelle Aufhebung des Todesurteils erreicht.

Daß Caligula eines Tages, wie ein wildes Tier, das aus seiner Höhle hervorbricht, erschlagen werden würde, habe ich nie bezweifelt. Es kam also darauf an, ihn zu überleben. Ich schloß mich im Senat der schweigenden Minderheit an, die sich von allen Schmeicheleien fernhielt. Was wir *nicht* sagten, was also in den *Acta Diurna* nicht zu lesen stand, wurde in den Provinzen und bei den Heeren genau beobachtet und erhöhte unsern guten Ruf.
Meine Arbeit für das Aerarium und den Fiskus gab ich auf und beschränkte mich auf meine private Anwaltstätigkeit.
So selten wie nur möglich ging ich nach Rom, ein Zustand, nicht unähnlich dem heutigen. Die Stadt kam mir vor wie die Löwenhöhle in Aesops Fabel: Alle Fußspuren führen hinein, aber keine wieder heraus.
Schon damals erhielt ich viele, meist anonyme Briefe, in denen es hieß: »Was tust Du, Seneca? Verläßt Du Deine Partei?« Die gleiche

Frage, die auch jetzt oft an mich gerichtet wird! Manche hielten – und halten! – mir gewisse stoische Lehren entgegen, die ich anscheinend vergessen hätte: »Bis zum Ende unseres Lebens sollen wir uns der Arbeit hingeben für das Gemeinwohl, um anderen, selbst noch unsern Feinden, zu helfen.«

Ein weiterer Vorwurf, damals wie heute: Ich nenne mich Stoiker und folge in Wirklichkeit den leichteren Lehren Epikurs, der gesagt habe: »Der Weise wird sich in keine öffentlichen Angelegenheiten einlassen, es sei denn, er müßte.« Zeno, der Vater der Stoischen Schule, verlangte hingegen: »Der Weise wird sich in öffentliche Angelegenheiten einlassen, es sei denn, etwas hindere ihn daran.«

Du, mein Lucilius, kennst die wahren Gründe meiner Zurückgezogenheit und weißt, warum ich sie öffentlich nicht darlegen konnte. Auch heute nicht –

So ungerecht diese Kritik war und so sehr sie an der Sache vorbeigehen mußte, hatte sie doch ihren Nutzen. Sie zwang mich zu neuen Überlegungen, zu einer schriftstellerischen Anstrengung, um zu einem brauchbaren Kompromiß zwischen Epikur und Zeno zu gelangen, etwa der Art, wie ich es in meiner Abhandlung *De Otio*, gewidmet meinem unvergeßlichen Annaeus Serenus, ausdrückte: »Wenn das Gemeinwesen zu verderbt ist, wenn es ganz von bösen Kräften beherrscht wird, dann wird sich der Weise nicht mehr in einem hoffnungslosen Kampf erschöpfen. Wenn ihm Einfluß und Macht fehlen und der Staat nicht bereit ist, seine Dienste anzunehmen, wird er sich nicht in einen Streit einlassen, für den er sich nicht gerüstet fühlt, ebensowenig wie er nicht in einem lecken Schiff in See stechen oder sich zum Heeresdienst melden würde, wenn er ein Krüppel ist.«

Und dennoch schrieb ich, sei der Dienst eines guten Bürgers niemals nutzlos. Er dient, indem er gehört und gesehen wird, durch seinen Gesichtsausdruck, seine Bewegungen, durch seinen schweigenden, eisigen Widerstand. Ich habe in der gleichen Schrift meine Gedanken über die beiden »Städte«, die *Civitas Dei* und die *Civitas Terrestris*, aus meiner auf Corsica geschriebenen *»Trostschrift an Marcia«* – worüber ich noch sprechen werde – aufgegriffen und vervollständigt.

Der *Civitas Dei* kann man auch dienen, ohne nach außen hin tätig zu sein – vielleicht sogar noch besser. Denn ungestört durch des Tages Geschäfte, können wir darüber nachsinnen, was *Virtus* bedeutet – nicht ein bloßes Unterlassen, Verzicht auf sinnliche Freuden, sondern, gemäß der Ableitung des Wortes von *Vir*, dem Manne, was diesem zieme.

In der äußeren Muße, die in Wahrheit höchste geistige Tätigkeit ist, kann man auch darüber nachdenken, ob diese Welt, die, als ein Spiegelbild der Gottesstadt, so schön ist mit ihren Meeren, Ländern und Landschaften, eine einmalige Schöpfung sei, oder ob Gott viele ihrer Art im All verstreut habe. Ja, unser Geist mag selbst die Tiefen der Gottheit erforschen: Ob der Große Baumeister unbeteiligt auf das Werk Seiner Hände blicke, oder ob Er es leite – ob die Welt ewig sei oder zu den Erscheinungen gehöre, die nur für eine bestimmte Zeit geschaffen wurden, um dann ins Nichts zurückzusinken.

Diesen Überlegungen habe ich hinzugefügt: »Wenn du mich nun fragst, mein Serenus, welchen Dienst vor Gottes Angesicht ein Mensch leiste, der über solche Dinge nachsinnt, dann antworte ich dir: Er sorgt dafür, daß Gottes hohe Werke nicht ohne Zeugen bleiben!«

Die beschauliche Ruhe, der ich mich hingab – auch wenn es mir innerlich oft gar nicht danach zumute war –, hat mir geholfen, jene Zeit zu überleben. Denn ich vermied es, die Aufmerksamkeit meiner Feinde auf mich zu lenken!

Mit meinem kleinen Quintus, seinen Kinderfrauen und einigen Sklaven habe ich die Sommermonate meist in meiner Villa auf der Südseite von Capri verbracht.

Ich schwamm bei den Felsentürmen und ließ mich »leibfrei« im lauen Wasser treiben, pflückte grüne Feigen, an denen ein goldener Honigtropfen hing, und spielte sorglose, zurückgekehrte Jugend. Viele der Inselbewohner waren die Söhne, wenn nicht gar die Enkel jener Knaben und jungen Männer, die ich bei meinen ersten Besuchen und zur Zeit des großen Abschiednehmens von Divus Augustus gekannt hatte.

Manchmal stieg ich zur Villa Jovis hinauf – in schmerzlichen Erinnerungen! Mehr und mehr wurde sie ihrer Einrichtungen entblößt, ausgeraubt nicht von dem ehrlichen Inselvölkchen, sondern von neugierigen Besuchern vom Festland. Manche von ihnen mochten mit den Gegenständen, die Divus Augustus und Tiberius Caesar berührt hatten, magische Vorstellungen verbinden. Daß Kranke, denen man kleine Mauerbrocken, Teile der Freskomalereien oder was immer auflegte, geheilt wurden, das kam vor – wohl kraft ihres Glaubens an die Göttlichkeit der Caesaren.
Zu Füßen des Leuchtturms wohnte ein Wärter mit den Seinen. Wie in vergangenen Zeiten leuchtete der Schein weit über den Golf, bis zum Hafen von Neapel, bis nach Misenum und Surrentum.
Den Herbst und Winter verbrachten wir meistens in meinem Landhaus in den Albaner Bergen oder in Nomentanum im Sabinerland. Das appische Haus besuchte ich selten. Es lag mir zu nahe bei Rom!
Nach dem Tode meines Vaters trat meine Mutter Helvia – sie war damals 65 Jahre alt – stärker in mein Bewußtsein. Nicht daß es davor eine Mutter-Sohn-Feindschaft gegeben hätte. Aber es war mein Vater, der das Bild beherrschte und von dem ich mein Römertum geerbt hatte. Meine Mutter empfand ich als liebe Verwandte, als sei sie eine treubesorgte Stiefmutter. Mein älterer Bruder war durch Adoption aus der Familie ausgeschieden, so blieb nur mein jüngerer, Marcus Annaeus Mela, übrig. Ich hatte stets das Gefühl, daß sie sich nur ihm gegenüber wirklich als Mutter empfand – eine liebende Großmutter daher für ihren Enkel, den Dichterknaben Lucan, Melas Sohn.
Die innigeren Beziehungen zu meiner Mutter habe ich auch meinem kleinen Quintus zu verdanken. Sie hat sich des mutterlosen Kindes in großer Liebe angenommen, und das hat sich auf mich übertragen. Ich konnte Quintus unbesorgt Mutter Helvia anvertrauen, wenn ich verreisen mußte, manchmal sogar für einige Wochen, um mich um meine Besitzungen in den Provinzen zu kümmern.
Schon mit zwei Jahren konnte Quintus sprechen, es war, als brächte er die Weisheit und die Erfahrungen früherer Leben mit. Aber darüber soll man nicht nachsinnen. Ich hörte einmal einen indischen Weisen: Der Buddha selber habe davor gewarnt, ein Grübeln über

Karma und frühere Verkörperungen von Menschen, die man liebt, oder über die eigenen, seien Wege zum Wahnsinn.
Aber das Gemeinwesen in jener Zeit ...! Alles duckte sich, alles schwätzte gierig über die echten oder erfundenen Streiche, über die Liebesspiele und Vergnügungen unseres verrückten Caesars – manche davon recht blutig. Aber wenn sie ihn auch alle haßten, sie fürchteten ihn und gehorchten.
Von der heiteren Seite habe ich genommen, daß er sein Pferd *Incitatus,* den »Heißsporn«, dem er einen marmornen Stall mit elfenbeinernen Krippen gebaut hatte und dem er purpurne Decken und edelsteinverzierte Trensen anlegen ließ, zum Consul machen wollte! Warum nicht ein edles und kluges Pferd an Stelle der unfruchtbaren Maulesel oder des viermaligen Consuls Caligula selber? *Incitatus* hätte bestimmt weniger Unsinn angerichtet.
Diese reine und schuldlose Kreatur hat auf die himmlischen Mächte bestimmt versöhnend gewirkt, als Caligula sie zu seinem Priesterkollegen ernannte. Nun hatte sie auch im Tempel eine Krippe – seiner eigenen Gottheit war dieser Bau errichtet, in dem er sich als Hoher-Priester selber vorstand!
Wichtiger als alle diese Geschichten scheint mir, daß das Römische Reich darüber nicht zugrunde ging. Auch unter diesem Wahnsinnigen wurde es sorgsam und tüchtig verwaltet, und die Provinzen erholten sich schnell von der zu großen Steuerlast. Außerhalb der Hofkreise und der geschwätzigen Menge in der Hauptstadt hat man von den Bubenstreichen Caligulas kaum etwas gemerkt.
Nur in *einer* der Provinzen hat sich seine Herrschaft verhängnisvoll ausgewirkt, bis zum heutigen Tage: in Judaea. Sein Größenwahn hat das hebräische Volk bis dicht zu einem bewaffneten Aufstand getrieben. Befahl er doch, seine goldene Statue im Tempel von Jerusalem aufzustellen – in dieser Stadt, in der nicht einmal bei einem Durchmarsch der Legionen deren Adler und die Kaiserbilder gezeigt werden können, ohne blutige Unruhen hervorzurufen.
Hätte sich der Legat von Syrien, Publius Petronius, ein Vetter meines guten Freundes Gaius Titus Petronius, des Verfassers des *Satyricon,* diesem Befehl nicht mutig widersetzt, es wäre zu einer Massenschlächterei gekommen. Zehntausende von Hebräern hatten

ihm bereits erklärt, sie stürben lieber, als daß sie das Gesetz verletzt sehen möchten.
Wenngleich für den Augenblick das Ärgste vermieden wurde, so ist doch in Judaea das Vertrauen, das die weise Politik Julius Caesars, Divi Augusti und Tiberius Caesars für Rom gewonnen hatte, erschüttert worden. Das habe ich selber feststellen müssen, als ich das letzte Mal, noch im Auftrag Nero Caesars, in Syrien und Judaea war.
Aber ich bin ja in meinem Lebensbericht erst bei der Zeit Caligulas angelangt – und um ein Haar hätten viele meiner Freunde und ich selber ihn doch nicht überlebt! Das war zur Zeit seines »Feldzugs« nach Britannien. Er ließ die Legionäre am Ufer Galliens aufmarschieren und in ihren Helmen Muscheln sammeln. Das sei der Tribut, sagte er, den Poseidon dem römischen Volke schulde.
Es konnte aber selbst seinem wirren Hirn nicht ganz verborgen bleiben, daß dieser »Sieg über den Okeanos« ein allgemeines Lächeln hervorrief. In verdrießlichster Stimmung kehrte er in die germanischen Provinzen zurück und beschloß, die Legionen, die nach dem Hinscheiden von Divus Augustus gemeutert hatten, samt und sonders niedermetzeln zu lassen, als Strafe dafür, daß sie seinen Vater Germanicus, seine Mutter Agrippina und ihn selber, der damals noch ein Kind war, im Lager festgehalten hatten.
Sechsundzwanzig Jahre waren inzwischen vergangen, und keiner der damaligen Legionäre stand noch bei der Truppe am Rhein. Der Senat erfuhr rechtzeitig davon und hatte endlich den Mut, sich kraftvoll zu widersetzen. Aber auch das hätte vielleicht nichts geholfen, wäre ihm nicht in einem lichten Augenblick zu Bewußtsein gekommen, daß man zum Abschlachten vieler Tausender ebenso viele Schlächter bräuchte, und woher diese nehmen!
Wütend kehrte er nach Rom zurück und beschloß, die Hauptstadt des Reiches nach Antium, besser noch nach Alexandria zu verlegen. Vorher wollte er aber alle Senatoren umbringen, durch Gift, oder »nach der Väter Art« – da steckte man die Köpfe der Verurteilten in eine Gabel und peitschte sie mit Ruten langsam zu Tode. Auch aus dem Ritterstande sollten die bekanntesten Männer sterben. Hierzu hat man in seinen Papieren genaue Anweisungen gefunden, und au-

ßerdem entdeckte man einen Kasten mit den verschiedensten Giften. Als man diesen ins Meer werfen ließ, brach er auf und verursachte ein großes Fischsterben. Zu Zehntausenden wurden die armen Tiere tot ans Land gespült.
Dieser Mann, der nicht einmal schwimmen konnte, der sich bei jedem Gewitter unter der Bettdecke verkroch, der aus Messana floh, weil ihn das Grollen des Aetna erschreckte – der wollte also mit einem Schlag dem römischen Gemeinwesen den Todesstoß versetzen!
Jetzt mußte rasch gehandelt werden. Ich war in seinen Augen ungefährlich geworden, denn ich starb ja an der Schwindsucht und redete nicht mehr im Senat, aus Furcht vor einem neuen Blutsturz, wie er meinte. Ich hatte also die Möglichkeit, mich unbemerkt mit dem Tribunen Lucius Cassius Chaerea in Verbindung zu setzen, den das »Püppchen« in seiner Mannesehre gekränkt hatte.

19. Kapitel

Orakel richtig zu deuten, ist nicht jedermanns Sache. Sie sprechen zwar die Wahrheit, aber wie jener Prokurator Pontius Pilatus gesagt haben soll: »Was ist Wahrheit?« Immer noch habe ich den Spruch der Pythia, den ich als Jüngling in Delphi empfing, nicht zu deuten vermocht – trotz der Aufhellung meines Bewußtseins, wie ich sie nach dem Genuß des ampelischen Weines in Akragas erlebte, und mehr noch, als ich in den Mithräischen Mysterien zum vierten Grade, dem des *Löwen,* und dann zum fünften aufstieg, dem des *Persers* oder *Romanus,* wie wir sagen sollten.

Nero Caesar hat, wie man erfährt, vor kurzem einen Rat des delphischen Gottes empfangen, der ihm seiner Jugend wegen Sicherheit verleiht: Er solle sich vor dem dreiundsiebzigsten Lebensjahr hüten! Erst die Zukunft wird lehren, was dieser Spruch bedeutet.

Themistokles, der kluge, verstand, was die Pythia ihm sagen wollte: »Ihr sollt euch hinter hölzernen Mauern verteidigen.« Er gab Athen, ja ganz Attika preis und schlug mit seiner Flotte, die er gegen den Willen der kurzsichtigen Adelspartei hatte bauen lassen, die Perser in der Seeschlacht von Salamis. Kroisos hingegen, der König der Lyder, verfiel einem verhängnisvollen Irrtum: Nach zwanzigjähriger glücklicher Regierung ließ er sich durch einen Orakelspruch verleiten, Kyros II. anzugreifen, den mächtigen persischen König. »Wenn du den Halys überschreitest, wirst du ein großes Reich zerstören«, war ihm gesagt worden. Er meinte, das Persische, aber es war sein eigenes, dessen Untergang begann, als er den Grenzfluß überschritt. Diese Geschichte hört man meist schon im ersten Schuljahr – Gaius Caesar Caligula hätte besser aufpassen sollen! Ihm wurde die delphische Warnung zuteil: »Hüte dich vor Cassius!« Er dachte nur an Lucius Cassius Longinus, einen Neffen des Gatten der Drusilla. Unverzüglich ließ er ihn umbringen und übersah dabei, daß es noch einen anderen Cassius gab: Lucius Cassius Chaerea.

Hätte das »Püppchen« doch wenigstens auf einen Traum geachtet, bei seinen guten Beziehungen zu den Göttern! Es träumte ihm, wie man weiß, in der Nacht vor seiner Ermordung, er sei im Himmel und stünde neben Jupiters Thron. Doch statt ihn als Kollegen zu begrüßen, habe ihn der Gott mit der großen Zehe seines rechten Fußes fortgeschoben und auf die Erde hinabgeschleudert.

Verhängnisvoll wurde ihm dann eine Eigenschaft, die ich schon bei vielen beobachtet habe, deren Neigung zum männlichen Geschlecht hingeht: Andere ebendieser gleichen Neigung wegen zu verhöhnen.

Daß er selber zwischen den Geschlechtern keinen Unterschied machte, hat er nie verheimlicht. Lebte er doch öffentlich mit seinem hübschen Schwager Marcus Aemilius Lepidus zusammen, seinem Erastés und Erómenos in einem. Auch mit dem schönen Tänzer Mnester, den er im Theater öffentlich zu küssen pflegte, teilte er das Lager – und das wußte doch ganz Rom. Wer bei einem Tanze des Mnester auch nur im geringsten störte, den peitschte er persönlich aus. Diesen gleichen Mnester, immer noch jung und schön, hat sich ein wenig später Claudius Caesars Gattin Messalina zu Gemüte führen wollen. Aber weder durch Drohungen noch Versprechungen erreichte sie, daß er mit ihr ins Bett ging. Schließlich veranlaßte sie ihren kaiserlichen Gemahl, dem widerstrebenden Jüngling einen allerhöchsten Befehl zu erteilen, sich nicht länger ihr zu verweigern. Vielleicht meinte sie, ihn damit auf den rechten, das heißt den weiblichen Weg gebracht zu haben –? Viele Frauen verspüren ja einen solchen Missionsdrang! Aber ihr »Opfer« war umsonst:

Als einmal die von seinem Tanz und seinen Liebreizen begeisterte Menge ein weiteres Auftreten von ihm verlangte, steckte er den Kopf von der Bühne hinten hervor und sagte: »Ich kann jetzt nicht – ich liege mit Orestes, meinem jungen Partner, im Bett!«

Daß Caligula viele junge Fürstensöhne, die als Geiseln in Rom lebten, ob sie wollten oder nicht, zu seinen nächtlichen Gespielen machte, auch das war allgemein bekannt. Die Zahl seiner Buhlknaben läßt sich kaum abschätzen. Und da machte er nun den Lucius Cassius Chaerea zum Gegenstand seines Spottes! Er nannte ihn einen »weibischen Lüstling«, und da Chaerea, ein älterer, durchaus männlich wirkender Offizier, eine etwas hohe Stimme und ausladende Hüften hatte, fragte er ihn – noch dazu vor seinen Untergebenen –, wie viele Kinder er geboren habe. Wenn der Tribun um das Losungswort bat, gab er ihm Parolen, die ihn lächerlich machen sollten, etwa »Phallus«, »Venus« oder »Priapus«. Wenn Chaerea ihm für etwas zu danken hatte, reichte er ihm mit einem schmutzigen Lächeln und einer unzüchtigen Gebärde die Hand zum Kuß. Es konnte nicht ausbleiben, daß die frechen Buben in der Umgebung Caligulas den Tribun statt Lucius »Lucia« nannten, »Cassia« statt Cassius, und »Domina« und »Regina«.

Auch Cornelius Sabinus, den Tribun einer anderen prätorischen Kohorte, verhöhnte Caligula in ähnlicher Weise. Er sei wohl der Vater der Kinder der Lucia Cassia Chaerea, doch nun lebten sie wahrscheinlich als zwei tugendhafte Jungfern zusammen. Aber gäbe es denn nicht genügend junge Männer in Rom, die sich auch mit älteren einflußreichen Damen gerne einließen?

Der nötige Haß war also vorhanden, aber einen Caesar töten, sakrosankt durch seine tribunizische Gewalt, einen Sohn des Germanicus, Urenkel Divi Augusti – das war doch ein erschreckendes Unterfangen. Lucius Cassius Chaerea war der entschlossenere, wenn man so will: der männlichere der beiden Tribunen. Ihn galt es zu überzeugen, daß Tyrannenmord von jeher eine ehrenvolle Tat gewesen sei. Inzwischen hatte ich auch seinen Lebenslauf und seine militärische Laufbahn überprüft:

Chaerea stammte aus dem Mannschaftsstand, hatte sich aber bald zum Centurio hochgedient. Er stand bei der fünften Legion des Untergermanischen Heeres, dem auch die Erste, die Zwanzigste und die Einundzwanzigste Legion zugehörten. Sie alle lagen im Gebiete der Ubier auf dem linken Rheinufer. Das Standquartier desLegaten Aulus Caecina befand sich in dem Städtchen, das später Colonia Agrippinensis genannt wurde. Oberbefehlshaber sowohl des

Untergermanischen wie des Obergermanischen Heeres, auch dieses vier Legionen stark, unter dem Legaten Caius Silius, war Germanicus.

Nach dem Untergang der drei Legionen in der Varus-Schlacht, als Augustus einen Angriff der Germanen fürchtete, hob man allerlei Großstadtpöbel aus, um die Grenzverteidigung zu stärken. Das war ein schwerer Fehler, denn Kampfwert besaßen diese Burschen nicht. Sie waren bar jeder soldatischen Ehre, gewöhnt nur an Laster, Müßiggang, an Brot und Spiele.

Als das Hinscheiden des Kaisers Augustus bekannt wurde, bemächtigte sich der Zweiten, Dreizehnten, Vierzehnten und Sechzehnten Legion des Obergermanischen Heeres eine große Unruhe. Sie warteten aber ab, was die Untergermanischen Legionen tun würden. Bei diesen brach nun der helle Wahnsinn aus, angefacht vom römischen Pöbel in Legionsausrüstung. Die anständigen, aber unerfahrenen Kameraden wurden aufgehetzt: jetzt sei der richtige Augenblick gekommen, für die jungen Soldaten höheren Sold, für die älteren frühere Entlassung zu fordern, Erleichterung im Dienst und Einschränkung der Macht der Centurionen. Bald wurde daraus ein Aufruf zur Rebellion, ja zum Hochverrat: »In unsern Händen liegen die Geschicke Roms – *wir* haben zu bestimmen! Unsere Siege machen das Reich groß, nach uns, den Germanischen Legionen, erhalten die Feldherrn den Namen *Germanicus.*«

Der Legat Caecina verlor völlig die Fassung. Er unternahm nichts, als sich die Meuterer auf die Centurionen stürzten, je sechzig auf einen, so daß es zur Zahl der Centurionen paßte. Zuckend, zerfleischt, totgeschlagen, wurden die Opfer über den Lagerwall oder in den Rhein gworfen.

Der einzige, der Mut bewies, war ein junger, kühner Centurio: Lucius Cassius Chaerea. Mit dem blanken Schwert bahnte er sich den Weg durch die Masse der bewaffneten Meuterer. Unverletzt gelangte er zum Tribunal des Legaten, sprach ihm Mut zu und erweckte durch sein Beispiel bei vielen seiner Kameraden Scham und Reue.

Allmählich begannen immer mehr und mehr Legionäre das Verbrecherische ihrer Handlungsweise einzusehen – und das war von entscheidender Bedeutung für die endgültige Niederwerfung des Aufstands durch Germanicus selber. Er verlieh Chaerea hohe Auszeichnungen und beförderte ihn zum Centurio Erster Ordnung.

Doch nun zum Sohn dieses Germanicus ... Gaius Caesar, genannt Caligula, nach den großen Soldatenstiefeln, in denen Chaerea ihn herumstapfen gesehen hatte ...

Ich hielt Chaerea vor, daß die Beseitigung des unwürdigen Sohnes jenes großen Mannes den Namen des Caesarenhauses von unerträglicher Schande reinigen werde. Ich selbst wäre zu dieser Tat bereit, doch hätte ich keine Gelegenheit, an Caligula heranzukommen. Nur er, sein Freund Cornelius Sabinus und andere Offiziere der prätorischen Kohorten besäßen dazu die Möglichkeit. Sie müßten aber darauf achten, Caligula von seiner germanischen Leibwache zu trennen, die, nach Germanenart, ihrem Führer blindlings ergeben sei.

Bei der entscheidenden Unterredung war auch Cornelius Sabinus anwesend. »Wer soll ihm nachfolgen?« fragte er zögernd. »Er ist der letzte männliche Nachkomme von Divus Augustus.« Ich schwieg beharrlich – bis Chaerea plötzlich sagte: »Doch gibt es weibliche, die männliche Nachkommen gebären können. Divus Augustus selber hatte auch keinen Sohn. Alle Caesaren stammen von seiner Tochter Julia oder seiner Schwester Octavia ab.«

Immer noch schwieg ich und sah ihn unverwandt an. Da stieß er hervor: »Es gibt den Consular Marcus Vinicius, Julia Livillas Gemahl. Doch von ihm sind keine Kinder zu erwarten. Aber es gibt dich selber: Du hast meinen Lebenslauf überprüft, das weiß ich. Und ich auch deinen –«

Ein Schimmer des Purpurs, wie ich ihn zuerst erlebte beim Triumphzug Tiberius Caesars nach Niederwerfung der Germanen – und wie dieser Purpur dann zum Greifen nahe schien, als Tiberius Caesar bei mir war, am vierten Meilenstein der Via Appia.

»Ich bin bereit«, sagte ich – die gleichen Worte wie damals.

Es dauerte dann etwas länger, als wir geplant hatten. Jeder Tag Verzögerung hätte uns allen das Ende bringen können. Denn wie man später erfuhr, waren auch zahlreiche Höflinge, Freigelassene und

Mannschaften der prätorischen Kohorten Mitwisser. Der Verrat eines einzigen, ein unvorsichtiges Wort, und die Kurie wäre vom Blute aller Senatoren überschwemmt worden.
Caligula feierte die Palatinischen Spiele. Während er aß und trank, saß der Consul – es war Pomponius Secundus, ein übler Angeber zur Zeit Tiberius Caesars – ihm zu Füßen und überhäufte seine Schuhe mit Küssen. Ein beschämender Anblick für jeden freiheitsliebenden Römer!
Wiederholt fragte ich Chaerea und Sabinus, ob alle neun prätorischen Kohorten gewonnen seien. Für fünf von ihnen, deren Tribune sie persönlich kannten, konnten sie sich verbürgen. Auch der Befehlshaber der prätorischen Schwadron mache mit. Die übrigen Kohorten würden sich anschließen, sobald erst die Tat vollendet sei. Ich hatte meine Bedenken, aber was konnte ich tun? Die Szene mit dem stiefelleckenden Consul hätte Chaerea und Sabinus zum sofortigen Handeln bewegen müssen, aber sie warteten weitere fünf Tage.
Da verkündete Gaius Caesar Caligula, er werde jetzt als Tänzer auftreten, erst in einer Tragödie und gleich darauf in einem Singspiel. Heute würde ich sagen: Er verband Nero Caesars und Cnaeus Calpurnius Pisos »Bühnentalente«, Komödiant und Tragöde in einer Person! Zur würdigen Vorbereitung seines öffentlichen Auftretens wollte er die Palatinischen Spiele um drei Tage verlängern, und nun langte es den Tribunen. Sie erinnerten sich an meine Worte, daß der unwürdige Sohn eines großen Mannes Schande über das Caesarenhaus und über Rom bringe.
Angeblich um sie in einem Festspiel zu seinen Ehren als Hymnensänger auftreten zu lassen, hatte Caligula die schönsten Knaben und Jünglinge edelster Geburt aus Hellas und Ionien nach Rom kommen lassen. Der wirkliche Grund war nicht schwer zu erkennen, und das empörte Chaerea und Sabinus noch mehr, im Gedanken an die ihnen öffentlich angetane Schmach!
Es war der 24. Januar, ungefähr um die siebente Stunde, also zur Mittagszeit. Caligula saß im Theater und rang mit sich selber, ob er essen gehen solle. Sein Magen war noch gefüllt von all den Speisen des vorhergehenden Tages. Endlich, auf Drängen von Vertrauten,

die Mitverschworene gewesen sein dürften, verließ er seinen Platz. In einer Krypta, dem unterirdischen Gang vom Palatin zum Forum, probten einige der jungen Edelinge ihre Rollen. Caligula blieb bei ihnen stehen, lauschte erst ihrem Gesang und begann dann schäkernd und girrend auf sie einzureden: eigentlich habe er keinen Hunger, er wolle mit zwei oder drei von ihnen – er suchte sich die hübschesten aus – in seine Theaterloge zurückkehren.

Da trat Chaerea auf ihn zu und bat um die Parole. Als Caligula als Losung »Jupiter« ausgab, rief der Tribun: »So erfülle sich denn dein Schicksal!« Mit einem kräftigen Streich spaltete er Caligula das Kinn, der zu Boden stürzte, sich vor Schmerz wand und schrie: »Ich lebe ja noch!«

Mit dem gemeinsamen Rufe »Los!«, so wie der Priester am Altar es dem Opferschlächter sagt, stürzten sich nun Sabinus und alle anderen auf ihn und machten ihm mit dreißig Streichen den Garaus. Einige der Verschwörer stießen ihm das Schwert durch die Schamteile. Wie bei Caesars Ermordung an den Iden des März hatten sich nämlich alle verpflichtet, an der Tat teilzunehmen.

Nun eilte die germanische Leibwache herbei, schlug wild um sich, tötete einige der Verschworenen, ja sogar ein paar Senatoren, die hinzugekommen waren. Die Prätorianer und die Stadtpolizei hatten Mühe, die wütenden Barbaren zu entwaffnen. Nicht alle Prätorianer waren aber mit dem Mord einverstanden. Sie schrien aufgeregt, wer denn die Täter seien? Da sprang der Consular Valerius Asiaticus auf einen Marmorblock und beruhigte die Gemüter auf höchst eigenartige Weise: »Ich wollte, ich hätte ihn getötet!« rief er. Dieser Valerius Asiaticus, ein reicher und angesehener Mann aus Vienna in der Provinz Gallia Narbonensis, zeichnete sich unter Claudius Caesar im Britannienfeldzug aus und wurde fünf Jahre nach der Ermordung Caligulas noch einmal Consul. Dann aber fiel er der Habgier der Messalina zum Opfer. Es gelüstete sie nämlich nach den »Gärten des Lucullus«, die jetzt im Besitz von Valerius Asiaticus waren und die er auf das prächtigste pflegte und hatte verschönern lassen.

Die oberen Stände, flüsterte sie dem schwachen Claudius Caesar ins Ohr, haßten das Caesarenhaus, weil dieses sich der ärmeren Schichten annehme. Am liebsten würden sie zu dem Zustand zurückkehren, den sie »Freiheit« und »Republik« nennen – in Wirklichkeit aber zur Willkürherrschaft des Adels und zur Ausbeutung des Volkes durch die Reichen.

Das Gefährliche an diesen Behauptungen war, daß sie ein Körnchen Wahrheit enthielten!

Dann kam der entscheidende Angriff: Weil er zu diesen »Republikanern« gehöre, sei Valerius Asiaticus der Hauptanstifter der Ermordung Gaius Caesars gewesen, und bestimmt führe er auch gegen Claudius Caesar Böses im Schilde. Durch bezahlte Unzucht mit vielen Soldaten habe er diese bereits verdorben und zu jeder Schandtat willig gemacht.

Messalina fand einen Helfershelfer in jenem Lucius Vitellius, der als erster Caligulas Gottheit verehrt hatte, und in einem gewissen Publius Suillius Rufus. Weil dieser sich als Richter hatte bestechen lassen, war er von Tiberius Caesar aus Italien verbannt worden. Unter dessen Nachfolgern kehrte er zurück und wurde zu einem der gefürchtetsten Angeber, dessen »Freundschaft« käuflich war.

Es gehört zum Bilde dieser Heuchelei, daß Suillius dem Valerius Asiaticus, so wie einst Caligula dem Tribunen Cassius Chaerea, vorwarf, daß er sich im Geschlechtsverkehr als Weib gebrauchen ließe. Da bekam der Beschuldigte einen Zornanfall und verteidigte sich auf bemerkenswerte Weise: »Frage doch deine Söhne«, schrie er den Suillius an, »die werden dir bestätigen, daß *ich* der Mann bin, wenn sie das Lager mit mir teilen!«

Ich erzähle Dir das so ausführlich, mein Lucilius, obgleich es wieder einmal nicht chronologisch in meinen Bericht hineinpaßt. Aber vielleicht gehört das Ende des Valerius Asiaticus zu einer nicht allzufernen Zukunft –

Der liebe Lucius Vitellius, der sich darob sehr menschenfreundlich vorkam, erreichte, daß man dem Valerius Asiaticus die Todesart freistellte. Seine Freunde rieten ihm, alle Nahrung zu verweigern, dies sei die leichteste Art. Aber er lehnte dieses freundliche Ansinnen lächelnd ab. Er machte weiter seine gewohnten Leibesübungen, nahm heiter ein Mahl ein, sagte, nun käme er ums Leben durch die Tücke eines bösen Weibes, des berufsmäßigen Angebers Publius

Suillius Rufus und des schamlosen Schwätzers Vitellius. Dann öffnete er sich die Adern, nachdem er vorher noch seinen Scheiterhaufen besichtigt und angeordnet hatte, ihn an einer anderen Stelle aufzuschichten, damit seine schönen, tiefschattenden Bäume nicht unter dem Rauche litten!

Merkwürdige Verflechtung – merkwürdige Laune des Schicksals! Den Valerius Asiaticus hat sein Zornanfall nicht gerettet, wohl aber einen der nichtsnutzigen Söhne jenes Angebers, den Suillius Caesoninus. Dieser gehörte zum Kreis der Messalina, in dem allgemeine Promiskuität die einzig gültige Regel war. Nach ihrer Ermordung wurde auch er des Ehebruchs angeklagt und sollte, gleich so vielen anderen, dafür mit dem Tode büßen.

Da berief er sich mit Erfolg auf die Aussage des im Jahr davor verstorbenen Valerius Asiaticus: niemals habe er mit einer Frau den Geschlechtsverkehr ausgeübt, dazu sei er gar nicht im Stande. Nur mit Männern, die ihn selber wie eine Frau gebrauchten, fände er Befriedigung.

Die Prätorianer, die Caligulas Leiche umringten, *die* hatte Valerius Asiaticus zu besänftigen verstanden. Nicht aber die vier anderen prätorischen Kohorten, von denen Chaerea und Sabinus gehofft hatten, daß sie nach vollendeter Tat mitmachen würden.

Zuerst schien alles nach unserm Plan zu gehen. Die Consuln wurden benachrichtigt. Sie schafften sofort den Staatsschatz auf das Capitol und ließen es, um Plünderungen zu verhindern, von Truppen und Stadtpolizei umstellen. Auch der Senat wurde auf dem Capitol zusammengerufen. Gleich bei Eröffnung der Sitzung stellte der Consul Cn. Sentius Saturninus den Antrag, Marcus Vinicius als neuen Princeps anzuerkennen, mit der Machtvollkommenheit der Caesaren, und mir die tribunizische Gewalt zu übertragen. Dies entspräche dem Willen Tiberius Caesars, dessen Testament vom Tyrannen Gaius Caesar auf das schändlichste mißachtet worden sei. Vier Jahre habe das römische Volk darob unter einem Usurpator leben müssen, der nun seine gerechte Strafe erlitten habe. Quintus Pomponius Secundus, der vom Stiefellecken nichts mehr zu wissen schien, stimmte leidenschaftlich zu, und ich mußte an Tiberius

Caesars Ausruf denken: »Oh, ihr Menschen, geboren für die Sklaverei!«
Es gab aber auch einige Stimmen, die von der »alten Freiheit« schwärmten und wiederherstellen wollten, was sie die »Republik« nannten. Sie stellten sogar den Antrag – auf den sie sich später nicht besinnen konnten –, die Erinnerung an die Caesaren zu tilgen und ihre Tempel zu zerstören.
Weder Marcus Vinicius noch ich konnten in eigener Sache sprechen, und so vergingen kostbare Stunden. Die Tribunen Chaerea, Cornelius Sabinus und weitere Mitverschworene mischten sich ein, die Reden für und wider zogen sich hin, bis tief in die Nacht hinein, um beim Morgengrauen da zu beginnen, wo man aufgehört hatte. Inzwischen aber hatte sich das Schicksal des Römischen Reiches bereits entschieden.
Du kennst ja die tragikomischen Umstände, durch die Claudius Caesar, der 50jährige jüngere Bruder des Germanicus und Oheim Caligulas, zur Herrschaft berufen wurde. Da es aber verschiedene Darstellungen gibt, will ich den folgenden Bericht als authentisch bestätigen: Er war mit seinem Neffen im Theater, schlich sich jedoch fort, als er merkte, daß irgend etwas geschehen werde. Er zog sich in ein Gartenhaus, das »Hermaeum« zurück, und dort erreichte ihn die Nachricht von der Bluttat. Voll Entsetzen entwich er durch eine Seitentür und wollte sich auf einem Dachgarten verbergen. Ehe er dorthin gelangte, hörte er Schritte; ein gemeiner Soldat kam in das Zimmer und sah sich um, ob es etwas zum Plündern gebe. Da bemerkte er Füße, die unter den Vorhängen einer Tür herausschauten. Er wollte wissen, wer sich da verborgen hielt, und so zog er den zitternden Claudius Caesar aus seinem Versteck. Mit einem lauten Aufschrei fiel ihm dieser zu Füßen und flehte um sein Leben. Der Soldat begriff das nicht, er erkannte den Bruder des Germanicus und begrüßte ihn als Imperator.
Dann führte der Mann Claudius Caesar seinen Kameraden vor, die noch nicht wußten, was sie tun sollten und nur Drohungen ausstießen. Da alle Sklaven geflüchtet waren, trugen sie ihn aber in einer Sänfte auf ihren Schultern in das Lager der prätorischen Kohorten – jener, die man übersehen hatte! Es soll wie ein Zug zur Hinrich-

tungsstätte ausgesehen haben. Im Lager übernachtete Claudius Caesar zwischen Wachtposten und schwankte immer noch zwischen Todesfurcht und einer leisen Hoffnung.
Am nächsten Tag wurde er durch die Volkstribunen in den Senat entboten, der nach wie vor unschlüssig war. Nun lief das Volk zusammen, verlangte *einen* Herrscher, und die Soldaten erklärten, vom Senat ließen sie sich nichts mehr vorschreiben. Daraufhin gestattete Claudius Caesar den Bewaffneten ringsherum, ihm den Huldigungseid zu leisten. Jedem einzelnen versprach er fünfzehntausend Sesterzen – der erste Kaiser, der sich die Treue der Soldaten mit Geld erkaufte.
Die Consuln – das muß man zu ihrer Ehre sagen – haben noch eine Weile versucht, eine so rechtlose Machtübernahme zu verhindern. Sie sandten ihm die Volkstribunen und forderten ihn auf, sich der Autorität des römischen Volkes, dem Senat und den Gesetzen zu unterwerfen. Als aber die soldatischen Begleiter der Volkstribunen diese verließen und dazu Claudius Caesars Anhängern übergingen, gaben auch sie nach. Sie selber stellten dann den Antrag, der Senat möge Claudius Caesar, was er bereits durch Waffengewalt erworben hatte, übertragen: Die volle Machtstellung aller seiner Vorgänger im höchsten Amte des Römischen Reiches.

20. Kapitel

Schon während meiner letzten Nacht in Rom habe ich versucht, meinen Gefühlen einen dichterischen Ausdruck zu geben. Aber weder damals noch später habe ich andere Worte gefunden als die des Ovid aus seinen *Tristia,* geschrieben, als er als Verbannter an barbarische Küsten ziehen mußte, von denen er nie zurückkehrte:

> Cum subit illius tristissima noctis imago
> qua mihi supremum tempus in urbe fuit,
> cum repeto noctem, qua tot mihi cara reliqui,
> labitur ex oculis nunc quoque gutta meis.
> Iam prope lux aderat, qua me discedere Caesar
> finibus extremae iusserat Ausoniae ...

Wie bei Ovids Abschied, »so lenkte der Mond hoch oben sein nächtlich Gespann«, als ich vom Forum zum Capitol hinaufschritt ...

> »Tempel, die ich schon bald nimmer mit Augen soll schauen,
> Götter, von denen ich scheide, umhegt von der Burg des Quirinus, droben – für alle Zeit seid mir in Ehrfurcht gegrüßt ...«

Immer weiter sprach mein Herz die Ovidschen Verse, als ich zu Füßen des Tabulariums aus der glitzernden Fontäne von dem Wasser schöpfte, das Agrippa auf das Capitol hinaufgeleitet hatte. Ich ging zum Tarpeiischen Felsen, von dem man die Hochverräter herabstürzt. Drunten, in den engen Straßen, wimmelte es trotz der späten

Stunde wie von Ameisen. Ganz im Hintergrund sah ich, gleich einem silbernen Pfeil, den großen Obelisken, den Divus Augustus in Ägypten behauen und von dort herüberbringen ließ ...
Dann kehrte ich zum Forum zurück, über die Gemonischen Treppen, wo die Leiche des Seians gelegen hatte. Ich setzte mich an die Pforte des Castor-und-Pollux-Tempels, zu Füßen seiner weißen Säulen. Nahe vor mir plätscherte die Quelle, aus der die Nymphe Juturna die Pferde der göttlichen Siegesboten getränkt hatte.
Das Haus der Vestalinnen lag im Dunkeln, in der glatten Oberfläche des kleinen Teiches im Vorgarten spiegelte sich der volle Mond. Droben auf dem Palatin sah man den rötlichen Widerschein vieler Fackeln. Ein Gewirr von Stimmen und abgerissenen Tönen drang durch die ruhige Nacht. Claudius Caesar, an der Seite seiner Messalina, die viele ihrer Liebhaber mitgebracht hatte, feierte ein Fest, während ich in die Verbannung ging.
Aber daß ich überhaupt noch lebte, erschien mir wie ein Wunder der Götter. Denn als wenige Tage zuvor Chaerea mit einigen seiner Mitverschworenen hingerichtet wurde, hatte auch ich den Todesbefehl erwartet. Nicht als der Rächer seines Neffen handelte Claudius Caesar, sondern aus Furcht, der Caesarenmord könnte Schule machen. Dabei war er doch der Nutznießer dieser Tat und verbarg auch keineswegs seine Freude darüber.
Cornelius Sabinus ließ er frei, vielleicht weil er sich von ihm weitere Aufschlüsse über die Hintermänner der Verschwörung erhoffte. Aber Sabinus, edlerer Gesinnung als der kaiserliche Henker, wollte seinen langjährigen Freund nicht überleben. Er öffnete sich die Adern und bat, mit ihm den Scheiterhaufen teilen zu dürfen. Diese Bitte wurde ihm gewährt.
Gleichzeitig mit der Hinrichtung von Cassius Chaerea war Julia Livilla auf Betreiben Messalinas verbannt worden – unter dem Vorwand des Ehebruchs mit mir. Noch ehe ich Rom zur Mittagsstunde nach jener Mondnacht verließ, erhielt ich die Nachricht von ihrer Ermordung.
Anders also denn Ovid, »der so viel Teueres zurückließ«, besaß ich außer meiner Mutter niemanden mehr, der mir in Rom nahestand – und nichts mehr auf der Welt, außer Rom selber. Doch der

Schmerz um diese Stadt wurde, fast möchte ich sagen, gemildert durch einen menschlich noch größeren. Knapp drei Wochen, ehe mich der Bannstrahl traf, starb mein Quintus in den Armen von Mutter Helvia. Aus den Sümpfen um Ostia war das Fieber heraufgestiegen, es kroch den Tiber entlang, bis es Rom erreichte. Es hat vor allem unter den Kindern furchtbar gewütet.
Der Mann, der da am Scheiterhaufen seines Söhnleins stand, war kein stoischer Philosoph mehr, auch kein Epikuräer, der allem eine tröstliche Seite abzugewinnen versteht. Ich, damals schon 46 Jahre alt, blind vor Tränen, wurde von meiner Mutter, gestützt auf zwei Freunde, fortgeführt.
Viele Jahre später, mein Lucilius, hast Du einen Brief von mir erhalten, dem ich ein Trostschreiben beifügte, bestimmt für Deinen Freund Marullus, der den Tod seines kleinen Sohnes übermäßig betrauerte. Ich gestehe Dir jetzt, daß ich mich jenes Schreibens schäme und daß ich es wohl nur abfaßte, weil in mir selber der Schmerz um mein Kind neu aufgeflammt war. Ich war es demnach, den ich ausschalt – nicht Marullus.
Sätze sind in jenem Schreiben, die ich mir selber immer wieder vorsagte: »›Er ist als Knabe gestorben‹, wirfst Du ein. Noch will ich nicht behaupten, dem ergehe es besser, der früh aus dem Leben abberufen wird. Aber betrachte den Mann, der ein hohes Alter erreicht hat. Wie wenig hat er dem Kinde voraus! Stelle Dir die gewaltige Größe der unergründlichen Zeit vor – erfasse das Weltall und dann vergleiche das, was wir ein Menschenleben nennen, mit dieser. Dann wirst Du merken, wie klein das ist, was wir verlängert sehen möchten.«
Dann schrieb ich aber – und auch das bezog sich auf mich selber – trotz der vielen Jahre, die mich vom Scheiterhaufen meines Sohnes trennen: »Rede oftmals von ihm und feiere sein Andenken! Hast Du Dir bestimmte Redewendungen und Scherze des Kleinen gemerkt, so wiederhole sie Dir öfters. Erkläre kühn, er habe alle Hoffnungen Deines väterlichen Herzens erfüllt. Es ist nicht menschenwürdig, seine Lieben zu vergessen, ihr Andenken zu verbrennen zusammen mit der Leiche, erst Ströme von Tränen zu vergießen und nachher kaum mehr an sie zu denken. So lieben Vögel und wilde Tiere ihre

Jungen. Ihre Liebe ist kurz, aber leidenschaftlich und hört mit dem Verlust gänzlich auf.«

Aber warum habe ich dann in jenen Brief, der für Deinen Freund Marullus bestimmt war, Vorwürfe ob seiner Trauer eingewoben, ja Schelte wegen ihrer Unmäßigkeit? Ist meine Trauer denn mäßiger gewesen, je mäßiger geworden –?

Dreiundzwanzig Jahre lang, trotz all meiner weisen Ermahnungen, die ich für andere übrig hatte, habe ich um meinen kleinen Sohn getrauert. Vergessen wird er nie sein, aber die Trauer ist nun zu Ende gegangen: Vor einigen Tagen, mein Lucilius, als ich in Alexis einen neuen Sohn gewann. Die Adoption ist vollzogen. Der, den Du bald wieder treffen wirst, heißt jetzt Alexander Annaeus Seneca, wenngleich Pompeia Paulina und ich ihn weiter Alexis nennen.

Ovids Seefahrt war lange und böse. Die meine, die ich von Ostia aus antrat, und die mich nach dem einzigen größeren Hafen Corsicas brachte, nach Alalia, war zwar kurz, aber sie war stürmisch und gefahrvoll. Fand sie doch im Spätherbst statt, da es im allgemeinen nur noch Küstenschiffahrt gibt.

Mein Vermögen war nicht beschlagnahmt worden, aber die ersten Monate mußte ich mich mit dem wenigen behelfen, was ich auf diesem kleinen, brüchigen Schiffe mitführen konnte.

Eine Spelunke, kaum Gasthaus zu nennen, dicht am Hafen, war den ganzen ersten Winter hindurch meine Bleibe. Ich habe mir damals das Kaltbaden angewöhnt, woraus ich dann später eine Tugend machte. Wobei ich zugeben muß, daß die Temperatur des Badewassers an sich nichts mit Moral oder Unmoral zu tun hat. Es ist nicht lange her – oder doch? – denn ich stand noch mitten im öffentlichen Leben! –, da schrieb ich Dir einen Brief über meinen Besuch in der Villa des Scipio Africanus, des Besiegers Hannibals. Ohne ihn gäbe es Rom vielleicht nicht mehr und statt des Jupiter Capitolinus müßten wir den Baal verehren und ihm kleine Kinder in den Rachen schmeißen.

Zur Zeit dieses Scipio gab es immerhin schon viele moderne Einrichtungen. Die Reichtümer Asiens, die Kunstschätze Griechenlands waren uns bekannt geworden, Sizilien war fest in unserer

Hand. Auch Sardinien war es, und dieses Corsica – wenn man ihm auch die Jahrhunderte römischer Gesittung kaum anmerkt.
Des Scipio Africanus und mein Bad in Corsica sahen sich also zum Verwechseln ähnlich: Mehr Ritzen als Fenster, wahrscheinlich, um ohne Schaden für das Mauerwerk die Sonne hereinzulassen. Kein eigenes Heißluftzimmer, wo man auf seine Verdauung warten kann. Die wackeren Corsen teilen wohl die Meinung unserer Vorfahren, daß nur, was dunkel ist, auch Wärme spendet – oder einen doch nicht erfrieren läßt.
Wenn also der Schrecken Karthagos unter so armseligem Dache auf gestampftem Fußboden stehen und dann in das enge, kleine Bad hineinturnen konnte, ohne sich dadurch erniedrigt zu fühlen – dann würde ich es doch auch fertigbringen.
Wenn man sich heute dagegen die Bäder der Plebejer, gar der neureichen Freigelassenen anschaut! Die Wände im Schmuck großer, kostbarer Rundscheiben, alexandrinischer Marmor, der mit numidischen Mosaikplatten wechselt – das Gewölbe verborgen hinter Kristall, und dazu weißer Marmor aus Tharsos, einst selbst in Tempeln eine Seltenheit. Kümmerlich kommen diese Leute sich vor, wenn nicht das Wasser aus silbernen Hähnen strömt. Ringsherum Haufen von Statuen und von Säulen, die gar nichts tragen, sondern nur des Prunkes wegen eitel herumstehen.
»Ich beneide den Scipio nicht – trotz seines Ruhmes!« hörte ich jemanden neben mir sagen. »Wer so badete, der lebte wahrhaftig in der Verbannung.« Nun – so badete ich auch, so lebte ich in der Verbannung, aber die neureichen Protzer habe ich dennoch nicht beneidet.
Dieser Scipio, geboren zum Wohle des Staates, gilt heute sicherlich als unglaublich unsauber. Denn wonach wird er gerochen haben? Nach Kriegsdienst, nach Arbeit, nach Mann. Aber jetzt, nach Erfindung der hochfeinen Bäder, sind die Menschen viel schmutziger. Zwei-, dreimal am Tag übergießen sie sich mit Salböl und rühmen sich dieses Duftes, als sei er ihr eigener.
Auf Corsica bin ich zu der Erkenntnis gelangt, daß der beste Geruch des Körpers die Geruchlosigkeit ist.
Nur begleitet von zwei Dienern habe ich allmählich, noch im Win-

ter, meine nähere Umgebung erforscht. Dann wagte ich mich tiefer ins Innere, bis zu Füßen des schneebedeckten Mons Aureus, den man auf über achttausend Fuß Höhe schätzt.
Der Rhotanus, der bei Alalia mündet, ist nur für kleine Barken befahrbar. Im Winter dafür kaum. Auch die anderen Flüsse sind steinig und raschen Gefälles, so der Guorold beim kleinen Hafen Mariana, nördlich von Alalia, und der Sacer, weiter im Süden. Dafür sind sie voll von guten Fischen, vor allem von Regenbogenforellen, die ich sehr schätze. Auch Krebse wohnen in den corsischen Flüssen, schmackhaftere Tiere als die Mittelmeerlangusten.
Die Briefe aus Rom schienen zwar zensiert zu sein, aber sie kamen ungekürzt an – vielleicht, weil ihre Sprache gut verschlüsselt war. Endlich hörte ich auch von meiner Mutter. Sie war zwei Tage vor meiner Verbannung zu ihrem hochbetagten Vater nach Corduba zurückgekehrt. Vielleicht erhielt sie die Nachricht von meinem Unglück schon auf der Reise, doch konnte sie zuerst nicht wissen, wohin sie mir schreiben solle.
Auch eine Todesnachricht fand sich unter den ersten Briefschaften. Marcia, eine enge Freundin der verewigten Kaiserin Julia Augusta, teilte mir mit, daß ihr siebzehnjähriger Sohn, Aulus Metilius, gestorben sei. Ein neues, großes Leid – war sie doch das Kind des ungerecht zum Tode verurteilten Geschichtsschreibers Aulus Cremutius Cordus, den ich zu Beginn meines Lebensberichtes erwähnte. Ihm habe ich die Worte in den Mund gelegt über die Befreiung von Zeit und Raum, und ihn ließ ich von der großen Schau aller Jahrhunderte sprechen.
Ich habe den toten Jüngling Aulus Metilius nur flüchtig gekannt, aber es war doch schon zu Gesprächen gekommen, die mich auf eine Freundschaft, auf eine Jüngerschaft, hoffen ließen. Er war hochbegabt und von erlesener Schönheit. So hat mich sein Tod zutiefst berührt, und die Trostschrift an seine Mutter Marcia, eines der ersten Werke in der Verbannung, war nicht zuletzt für mich selber bestimmt.
Von allen Zufälligkeiten des Lebens, schrieb ich, ist kein einziges Stück für immer unser eigen – weder die Ehren, die uns umglitzern, der Reichtum, prunkvolle weite Hallen und Vorräume voll

von Clienten, die niemand eingeladen hat, auch nicht der berühmteste Name. Was immer wir besitzen, es ist nur geliehenes Gut, über das wir Rechenschaft ablegen müssen. Unsere Freunde, nicht einmal unsere Kinder – auch sie sind nicht unser Eigentum. Sie sind Leihgaben der Götter, und je inniger wir sie lieben, desto grausamer empfinden wir es, wenn sie von uns zurückgefordert werden.
In jenem ersten Winter auf der unwirtlichen Insel hatte sich mein Bluthusten wieder eingestellt, und ich muß geglaubt haben, daß ich den Frühling nicht mehr erleben würde. Daher wohl jene Stellen in der Trostschrift an die arme Mutter, die ihr kaum Trost gebracht haben dürften.
»Was ist der Mensch?« fragte ich und gab zur Antwort: »Ein Gefäß, so zerbrechlich, daß der leiseste Stoß es zerscherben kann. Keines Sturmwindes bedarf es, um uns auseinanderzureißen. Wogegen wir auch stoßen, es mag unser Ende sein.«
»Was ist der Mensch?« Ein Körper, schwach und verwundbar und, anders als viele Tiere, ohne natürlichen Schutz, abhängig von seinen Gefährten und hilflos ausgesetzt allen Launen des Schicksals. »Zoon Politikon«, hat Aristoteles ihn genannt. Schutzlos geboren – und so bliebe er, wenn seine älteren Mitmenschen ihm nicht ihre Erfahrungen liehen. In seiner Abhängigkeit von ihnen steht er sogar unter den Tieren. Diese wissen vom ersten Augenblick an, was ihnen frommt und was ihnen schadet. Das göttliche Schöpfungswort ist in ihnen noch ungetrübt wirksam. Wie kommt es denn, daß die Kücken den Kater fürchten, den Hund aber nicht? Schon ganz junge Tiere wissen um ihre Feinde. Bereits der Schatten vorüberfliegender Raubvögel warnt sie vor Gefahren!
Mit welcher Feinheit bauen doch die Bienen, die »kleinen Quiriten«, wie Vergil sie nannte, ihre Waben! Wie einträchtig verteilen sie die Arbeit untereinander und führen sie durch. Wie unnachahmlich für den Menschen ist das Netz der Spinne! Das ist angeborene, nicht erlernte Kunst. So kommt es auch, daß kein Tier der gleichen Art kenntnisreicher ist als das andere. Alle Spinngewebe gleichen einander ebenso wie die sechseckigen Zellen der Bienenwaben. Der Mensch hingegen ist frei in seinem Schaffen, und so darf ich die Frage wiederholen:

»Was ist der Mensch?«
Und schon genügt es nicht mehr, darauf zu antworten: Ein dünnes Gespinst einander feindlicher Baustoffe, angsterfüllt vor der Nahrung, die er braucht und ohne die er stürbe, immer besorgt um seine Sicherheit, zusammenschreckend bei jedem unerwarteten lauten Geräusch – ein Opfer von Krankheiten, viele davon selbstverschuldet, um schließlich zu verfaulen oder zu einem Häuflein Asche zu werden. Welche Antwort ist demnach die richtige auf unsere Frage: »Was ist der Mensch?«
In seiner Verweslichkeit Träger einer unsterblichen Seele, eines Geistes, der sich selbst erkennt und über Dinge nachsinnt, die Ewigkeitswert haben und Pläne macht für kommende Geschlechter. Platon, Sokrates, Pythagoras, Aristoteles bestimmen noch immer unser Denken, Jahrhunderte nach ihrem Tode. Wird ihr Wirken je ein Ende nehmen? Nicht einmal an dem Tage, da das Menschengeschlecht vom Weltenbrand verzehrt wird.
Große Geister, schrieb ich, verweilen nicht gerne lange im Fleische. Aber ich bleibe darin – betrachte ich mich also nicht als großen Geist? Warum habe ich nicht schon damals einen der vielen Wege gewählt, die uns die Natur wies, um diesem Leben zu entfliehen? Glaubte ich an die Zukunft – glaube ich jetzt an eine? Schrieb ich doch an Marcia: Zwar sei die Zukunft ungewiß, gewiß aber sei, daß sie eher schlechter sein werde als besser.
Vielleicht war es der tote Jüngling, Marcias Sohn, der mich am Leben hielt. Ich hatte damals keinen Freund, niemanden außer meiner Mutter im fernen Hispanien und meine Brüder, von denen nur Gallio mir etwas näherstand. So schuf ich mir in Aulus Metilius einen Gefährten, und es gelang mir fast, ihn mit Leben zu erfüllen – mit meinem eigenen, das ich seinetwegen nicht wegwerfen durfte.
An seine Muter schrieb ich: »Schon als er noch ein Knabe war, hat man Deinen Sohn seines edlen Charakters wegen in das Priesterkolleg aufgenommen, dann, als Jüngling, war er von erlesener Schönheit. Scharen gieriger Weiber umringten ihn, sie drängten sich auf sein Lager, aber er wies sie alle ab. Er errötete vor Scham schon bei dem Gedanken, in ihnen geile Lust entzündet zu haben. Ein junger Mann noch, aber mit der Weisheit reifen Alters, geboren für

Freundschaft und Jüngerschaft und bestimmt, bald selber Meister zu werden.«

In den rauhen Winternächten verschmolz sein Bild allmählich mit dem meiner Jugendfreunde Quintus und Lycidas, und neben ihnen tauchte das kindliche Antlitz meines Sohnes auf.

»Eine Weile noch«, schrieb ich an Marcia, »ist Dein Sohn in Erdennähe geblieben. Er reinigte sich von den letzten Resten seines sterblichen Daseins, um sich dann dem Reigen der seligen Geister anzuschließen. Eine heilige Schar hieß ihn willkommen – Dein Vater, Marcia, hat als erster ihn begrüßt.« An Vergils Fünfte *Ekloge* dachte ich dabei, an die Verklärung des Hirtenknaben Daphnis:

»Lichtumstrahlt bewundert des ungewohnten Olympos
Schwelle nun Daphnis und sieht zu Füßen Wolken und Sterne –
Gäbe es Größeres wohl für uns als solch eine Gabe?
War der Jüngling doch selber würdig des Liedes ...«

Doch diese Schrift, entstanden aus der Einsamkeit meines Herzens in einem grausigen Winter und geschrieben zum Troste einer verlassenen Mutter, enthält noch mehr: Einmal das schreckenerregende Bild vom Untergang aller Schöpfung, im Zusammenprall der Himmelskörper, im Flammenmeer des Weltenbrandes, und daneben bereits den ersten Gedanken von den »zwei Städten«, wie ich ihn später in meinem Schreiben an Annaeus Serenus entwickelt habe.

»Auch auf der irdischen Ebene«, schrieb ich an Marcia, »gibt es zwei *Civitates,* zwei Gemeinschaften, eine gute und eine böse. Nimm Sizilien als Beispiel: Da findet man in der Nähe von Syrakus die herrliche Quelle Arethusa mit ihrem leuchtenden Becken, klar bis zum tiefsten Grund. Ein Strom, sagt man, ginge von ihr aus, der das Innere Meer durchfließt, ohne mit unsauberen Wassern vermischt zu werden.

Und Syrakus selber – eine so schöne Stadt mit ihrem milden Winter, kein Tag, an dem nicht die Sonne schiene, dazu der große Hafen, in dem Schiffe aus aller Welt sicher vor Anker gehen können, selbst in den wildesten Stürmen. Aber auf dieser gleichen, den Göttern so wohlgefälligen Insel gab es auch den Tyrannen Dionysius, den selbst der Umgang mit Platon nicht auf die Dauer zum Guten bekehren konnte. Es gab in Akragas, dieser ›der Sterblichen schönsten Stadt‹, wie Pindaros sie genannt hat, jenen Phalaris unvergeßlicher Schande, während Dion, ein edler Herrscher, Platons geliebter Jünger, grausam ermordet wurde.

Marcia, nun habe ich Dir gezeigt, was in Sizilien Deiner wartet – Herrliches und Grauenvolles, Gutes und Böses. Nimm jetzt den Tag Deiner Geburt: Da schicktest Du Dich an, eine Stadt zu betreten, die von Göttern bewohnt ist, von Menschen und von Dämonen, eine Stadt, die das All umfaßt, die ewigen Gesetzen gehorcht, den gleichen, die den Himmelskörpern ihre Bahnen weisen – doch auch eine Stadt, an der das Böse seinen Anteil hat ....

In irdischen Gleichnissen zeige ich Dir nun die *Civitas Dei*: Eine Stadt, erhellt vom Lichte zahlloser Gestirne, durchstrahlt von einer ewigen Sonne. Bruder Mond wirst Du hier finden, in seinem silbrigen Glanze, den Helios-Apollo ihm geliehen, und dazu den Reigen der Planeten, die sich dem Wirbel des Himmelsgewölbes entgegenstellen. Wenn Du die volle Schönheit der *Civitas Dei* begreifen willst, blicke herab auf die Erde, die ein Abglanz ist der ewigen Gottheit! Betrachte in ihrem makellosen Schnee die königlichen Berggipfel, die kristallklaren Ströme und Bäche – sieh die wogenden Getreidefelder und die fruchttragenden Haine, die duftenden, blühenden Wiesen und die lieblichen Meeresbuchten. Sieh all die Edelsteine, die uns geschenkt wurden von einer allgütigen Natur, und die Körner reinen Goldes inmitten des Gerölls niederbrausender Wildbäche.

Doch nur was ewig ist, wird Bestand haben – die *Civitas Terrestris* wird vergehen – in einem ungeheueren Weltenbrand, der alles Geschaffene zu Asche verwandelt. Wenn diese Stunde gekommen ist, werden alle Dinge einander durch ihre eigene Kraft zerstören, die Sterne werden vom Himmel fallen, und das Feuer der Welt, das jetzt noch gebändigt ist, wird hervorbrechen in einer einzigen, lodernden Flamme –

Aber die *Civitas Dei* kennt nicht den Tod. Keine Schauder der Dunkelheit, kein erbarmungsloser Seelenrichter, keine Feuerbäche erwarten den Bürger dieser Stadt. Sie hat ihren Urgrund in den Hei-

ligen Bergen, und die Mächte des Orkus können sie nicht überwältigen.
Am Tage des Weltgerichts werden die Seelen der Heiligen teilhaftig werden der Unsterblichkeit. Dann, wenn es Gott gefällt, den Kosmos neu zu erschaffen, werden wir inmitten des zusammenstürzenden Alls der Vernichtung entgehen und verwandelt werden.«
Diese Schrift, mein Lucilius, ist in vielen Auflagen erschienen, auch auf Griechisch. Paulus, der Tarsite, kannte sie genau. »Manches darin entspricht fast wörtlich den Weissagungen unseres Meisters«, bemerkte er. »Vor allem, was du über den Weltenbrand geschrieben hast und über das Zusammenprallen der Himmelskörper.«
Ich sehe es schon kommen! Wie die Hebräer und jetzt die Christiani den Vergil, so werden sie auch mich noch einmal zu einem ihrer Propheten machen wollen!

21. Kapitel

Seit einigen Tagen, mein lieber Lucilius, bin ich in meinem Albanum, und dorthin bitte ich Dich zu fahren, wenn Du mich zu unserer gemeinsamen Fahrt nach Campanien abholst. Du kommst ja vom Süden, und so biegst Du von der Via Appia, bald nachdem Du die Seitenstraße, die nach Velitrae führt, nach rechts ab und folgst dem Oberlauf des Asturaflüßchens bis zum Nemisee. Dort kennst Du Dich ja aus, warst Du doch bereits ein- oder zweimal hier bei mir.

Albanum um diese Jahreszeit ist nicht ganz so behaglich wie mein appisches Landhaus, aber Faenius Rufus, Subrius Flavus und sein Kamerad, der Tribun Gavius Silvanus, haben mir dringend zu diesem Ortswechsel geraten. Der schöne Jüngling, den sie mitbrachten, Claudius Senecio, war der gleichen Meinung. Er ist immer noch einer von Nero Caesars Lieblingen. Mit Widerwillen läßt er alles über sich ergehen, sagt er, und das glaube ich ihm aufs Wort. Ich werde Dir das noch genauer erklären, sobald ich einen zuverlässigen Boten finde. Von Alexis möchte ich mich im Augenblick nicht trennen. Laß Dir also zuerst meine Übersiedlung schildern, Du kennst meine Freude am Erzählen.

Wir brachen etwas zu spät auf, Alexis und ich, begleitet nur von fünf Sklaven – die anderen sollen in einigen Tagen nachkommen. Claudius Senecio riet ab, einen Bauernwagen zu nehmen, das würde nur noch mehr auffallen. Ein gewöhnlicher Reisewagen für Alexis und mich, für den Kutscher und einen Schreiber, und ein zweiter für das Gesinde und das Gepäck – solche Gefährte gibt es zu Hunderten auf der Via Appia, da fragt kein Mensch danach.

Mittags machten wir Pause, um ein schlichtes Mahl einzunehmen. Die Zubereitung hat nicht länger als eine Stunde gedauert. Inzwischen nahm ich selber meine Schreibtafel zur Hand – Alexis kann meine Kurzschrift gut lesen, und er schreibt sie auch selber schon recht geläufig. Eine Matratze, die wir unter einen Feigenbaum legten, diente mir als Ruhestätte – ich war im Frieden mit mir selber, ohne Furcht, ohne Begierden. Ich schrieb noch, als das Gesinde über einem Erdloch eine Suppe, Gemüse und eine magere Fleischspeise zubereitet hatte. Da bat mich Alexis »zu Tisch«; als Zukost wurden getrocknete Feigen gereicht – ein Brotersatz. Mit dieser Neujahrsspeise verwandelte sich der Reisetag in ein Fest.

Als wir weiterfuhren, mußte ich feststellen, daß die Grundsätze, die ich für richtig halte, noch keine unbedingte Geltung in meiner Seele gewonnen haben. Ich schäme mich, es zu sagen: aber ich wurde rot, als wir prunkvollen Fahrzeugen begegneten, mit numidischen Vorreitern und buntgeschmückten Läufern, die »Platz! Platz!« schrien. Scharen von Lieblingsknaben in eigenen kostbaren Gefährten folgten den reichen Reisenden, und ich merkte, daß nicht wenige, denen wir auf der Straße begegneten, mich erkannten und mir erstaunte oder spöttische Blicke zuwarfen.

Ich schämte mich also meiner einfachen Fahrzeuge und meiner spärlichen Begleitung – immer kümmere ich mich noch allzuviel um die Meinung selbst neureicher Protzen, die meinen Weg kreuzen! Dabei weiß ich doch, wie viele von ihnen ihren Landbesitz, ihre schönen Häuser, ihre glänzende Sklavenschar mit fremdem Gelde gekauft haben. Zahlen sie einmal ihre Gläubiger aus, bleibt ihnen nichts übrig. Denn etwas anderes als Geld, noch dazu geliehenes, besitzen sie ja nicht.

Nicht weit von meinem mittäglichen Feigenbaum kampierte einer, der auf seiner Reise goldenes Tafelgeschirr mitführte und der so viel Land dicht bei Rom besitzt, daß es Neid erregen könnte, selbst wenn es im ödesten Teil Apuliens läge. Der Wind trug einige hämische Bemerkungen zu mir herüber. Ich konnte nur lachen, wußte ich doch, daß all sein Besitz auf Schulden ruht – bei den Wucherern und beim Schicksal. Es kommt aufs gleiche heraus, wo man borgt. Treffend hat mein Freund Caius Petronius, genannt Arbiter, der

Vergnügungsdirektor an Nero Caesars Hof, in seiner *Cena Trimalchionis* das Leben eines solchen Emporkömmlings geschildert.
Die Reise war nicht lang, nur etwas über zwanzig Meilen, aber sie hat mich doch ziemlich ermüdet. Ich werde darauf achten müssen, wenn wir nach Campanien fahren. Es war schon ziemlich spät nachts, als wir auf meinem Albanum ankamen. Niemand war auf unser Kommen vorbereitet, weder Koch noch Bäcker, noch die Haussklaven.
Aber vielleicht hat der Verwalter Brot, oder mein Hausmeister oder mein Pächter auf dem Nachbargut? Alexis holte für uns und die fünf Begleitsklaven einen ganzen Korb voll. Es war grob gebacken, in phallischen Formen, aber der Hunger machte feines Weizenbrot daraus. Auch Salate ließen sich auftreiben, Gurken, Artischocken, Oliven, frische Eier, gesalzener Fisch. In unserm Reiseproviant fand sich noch genug Schafskäse, auch die getrockneten Feigen hatten wir nicht aufgegessen. Rotbäckige Äpfel bildeten den Abschluß dieses köstlichen Mahles, und gegen Mitternacht legte ich mich zu Bett und überlegte, wieviel im Leben doch überflüssig sei und wieviel man sich nur anschafft, weil es die lieben Nachbarn auch haben, weil alle Welt es hat! Das ist ja eine der Ursachen unseres Elends, daß wir uns nach dem Beispiel anderer richten, statt uns von der Vernunft leiten zu lassen. Aber deren Stelle wird mehr und mehr von einem Massenwahn eingenommen.
Seit dieser ersten Aufzeichnung sind nun schon einige Tage vergangen, die restlichen Sklaven sind eingetroffen, von Pompeia Paulina höre ich, daß sie das Haus in Ordnung gebracht habe und nach Nomentanum in den Sabinerbergen abgereist sei.

Nun drehe ich das Rad der Zeit wieder zurück: Als der Frühling kam, übersiedelte ich auf eine ganz kleine Insel, die der Südostspitze von Corsica vorgelagert ist. Sie heißt Palla, so wie das Hafenstädtchen gerade gegenüber. Größere Fischerboote, mehr nicht, können dort vor Anker gehen. Die Überfahrt, bei frischem Westwind, dauert knapp eine Stunde. Die kleine Villa, die ich in Auftrag gab, ist fast fertig. Jedenfalls kann ich schon darin wohnen. Auch für die paar Sklaven, die ich mir aus Rom nachkommen ließ, ist Platz. Das

übrige Gesinde besteht aus »freien« Corsen, wahrscheinlich die Nachkommen von entlaufenen Sklaven oder von Kolonisten, die Gaius Marius und Lucius Cornelius Sulla, achtzig oder neunzig Jahre vor meiner Geburt, hier angesiedelt haben, Veteranen ihrer Bürgerkriegsheere!
Beliebt sind wir Römer weder auf Corsica noch auf Sardinien – ein weiterer Grund, warum ich mich auf diese kleine Insel zurückzog.
»Wo der Römer erobert, da siedelt er«, schrieb ich zwar in meinem Trostbrief an Mutter Helvia – aber hier stimmt dies nicht. Eine Entschuldigung gibt es dafür nicht, denn schon der Consul des Jahres 495, Lucius Cornelius Scipio, hatte Stadt und Hafen von Aleria-Alalia erstürmt. Das war bald nach dem ersten großen Seesieg unserer Flotte über die karthagische, bei Milae, dem Vorgebirge von Messana in Sizilien. Er rächte damit die Gefangennahme seines Bruders Gnaeus, der 496 Consul war. 517 sind dann die beiden Inseln zur ersten römischen Kolonie geworden, über zweihundertzweiunddreißig Jahre, ehe ich auf die Welt kam, genauer noch: zweihundertsieben Jahre vor der Schlacht von Actium.
Es wäre demnach genügend Zeit gewesen, etwas Ordentliches daraus zu machen, statt, genau wie die Etrusker, zweihundert Jahre nach Gründung der Stadt, uns damit zu begnügen, daß uns die Eingeborenen mit den Erzeugnissen ihrer armen Insel zinsten: Pech, Wachs und Honig.
Dazu gab es – und es soll sie immer noch geben! – eine einträglichere Einnahmequelle schändlicher Art: Die Menschenjagd. Dieses schöne Gewerbe wurde in großem Umfang schon vom Consul der Jahre 577 und 591 eröffnet, Tiberius Sempronius Gracchus, einem Vorfahren des edlen, weltverbessernden Bruderpaares Caius und Tiberius vierzig Jahre danach. Allein in Sardinien hat er zur Herstellung des »inneren Friedens« achtzigtausend Insulaner erschlagen oder auf den römischen Sklavenmarkt geschleppt. Der Kaufpreis sank so tief, daß es zum Sprichwort wurde: »Billig wie ein Sarde.« In Corsica war es nicht anders. Bis in die neueste Zeit hat man die Eingeborenen mit Bluthunden gehetzt und dann als Sklaven verkauft.

Kein Wunder, daß die gequälte Bevölkerung Räuberbanden bildete, die jeden Römer, wo sie ihn erwischen konnten, totschlugen. Zur Zeit von Tiberius Caesar hat dann der Senat viertausend freigelassene Hebräer aus Rom ausgewiesen und nach Sardinien und Corsica geschickt, um dort das Raubgesindel zu bekämpfen. Wenn das ungesunde Klima dieser Inseln sie hinwegraffe, sagten die menschenfreundlichen Väter, sei der Schaden ja nicht groß.
Einige von ihnen waren noch am Leben, als ich dem »ungesunden Klima« ausgesetzt wurde, auch eine junge Generation gab es bereits. Ein wahres Glück – es waren so ziemlich die einzigen Menschen, mit denen ich mich vernünftig unterhalten konnte.
Als ich nach meiner Rückkehr nach Rom die Regierungsgeschäfte führte, habe ich mich besonders einer Verbesserung der wirtschaftlichen und vor allem der menschlichen Verhältnisse auf Corsica angenommen. Die Anfänge des Wein- und Getreidebaus auf diesem öden Felsbrocken gehen auf meine Anregung zurück.
Meine Übersiedlung nach Palla hatte aber noch weitere Gründe: einen sentimentalen, weil mich die Insel im kleinen an Capri erinnerte, und einen höchst praktischen. Ich konnte von hier genau übersehen, wer sich mir näherte ... war es doch unter Caligula ständige Übung, jemanden erst in die Verbannung zu schicken und ihn dann, unbemerkt von der römischen Öffentlichkeit, umbringen zu lassen. Da ich mich also zugegebenermaßen nicht zu jenen großen Geistern zählte, die sich ungern in einem menschlichen Leibe aufhalten, konnte ich das moralische Recht in Anspruch nehmen, auch den Claudius Caesar überleben zu wollen. Bot mir meine kleine Insel schon einen gewissen Schutz, so wollte ich doch in Rom weitere Vorsorge treffen.
Es gab, wie Du weißt, am Hofe einen Freigelassenen von Claudius Caesar, namens Polybius, einen Mann großer Gelehrsamkeit, großen Einflusses im ganzen Reiche und von nicht geringen menschlichen Eigenschaften. Ihm unterstanden die wichtigsten Bibliotheken, er war in Fragen der Kunst, der Wissenschaft und Literatur der Ratgeber des Kaisers. Als Sekretär *a libellis* kamen aus der ganzen Welt Bittschriften an ihn, Tausende und Tausende. Er mußte, wie es hieß, »seine Augen trocknen, um die Tränen derer stillen zu kön-

nen, die in Bedrängnis waren, und um ihre Anliegen der Gnade Caesars empfehlen zu können.«

Dieser gleiche Polybius hat uns eine meisterhafte lateinische Übersetzung von Homer und eine ebensolche griechische von Vergil geschenkt – und daß er wohlhabend war, konnte man ihm nicht als Charakterfehler anrechnen. Nie hat er sich auf Kosten anderer bereichert.

Daß ich mich also an ihn wandte, in der Fährnis meines corsicanischen Exils, kann mir nicht, wie meine Feinde es noch immer tun, als Verrat an den stoischen Lebensregeln oder als unterwürfige Schmeichelei ausgelegt werden. Und wer von meinen Kritikern täte nicht noch viel mehr, um am Leben zu bleiben ...!

Ich nahm den Tod seines Lieblingsbruders zum Anlaß, um ihm eine Trostschrift zu schicken, in der ich meine eigene Sache vertrat. Immer ausschauend nach einem Schiff mit schwarzen Segeln, schrieb ich darin: »Gesegnet sei Deine Gnade, o Caesar, die es Verbannten gestattet, unter Deiner Herrschaft friedlicher zu leben, als vor kurzem noch Fürsten unter der des Gaius! Sie sind nicht unruhig, fürchten nicht von Stunde zu Stunde das Henkersbeil, noch zittern sie beim Herannahen jedweden Schiffs. Durch Dich ist der Grausamkeit ihres Schicksals eine Grenze gesetzt, ja sie dürfen hoffen, daß Fortuna ihnen bald milder gestimmt sein möge. Dürfen sie doch sagen, daß diese Blitzstrahlen, die selbst die noch verehren, die von ihnen getroffen wurden, höchst gerecht sind ...«

In meinen »Schmeicheleien« steckte sogar ein Körnchen Wahrheit, so wenn ich schrieb: »Möge Fortuna ihm gestatten, das menschliche Geschlecht, das so lang krank darniederlag, zu heilen, und eine gute und gerechte Ordnung wiederherzustellen, die der Wahnsinn seines Vorgängers zerstört hat ... Möge er Germanien Frieden bringen und Britannien erschließen – möge er erneut die Triumphe seines Vaters Drusus feiern und eigene hinzufügen!«

Jetzt, da Caligula tot war, hörte man erst so recht, welche Schmach er über das Menschengeschlecht gebracht hatte – und da konnte Claudius Caesar bereits als ein strahlendes Gegenbild erscheinen. So erfuhr ich erst auf Corsica, daß Caligula aus Blutdurst viele seiner Opfer bei Lampenlicht persönlich enthauptete, während er mit vornehmen Damen und Senatoren auf der Terrasse der Gärten seiner Mutter, nahe vom Tiberufer, lustwandelte. Andere ließ er mit Strick, Feuer und Spitzhacken zu Tode foltern oder ihnen die Glieder ausreißen. »Heute hat sich nichts Besonderes ereignet«, sagte er dann des Abends. Einen Mann, dessen unschuldigen Sohn er eben grausam hatte hinrichten lassen, lud er zum Abendessen ein – und der kam auch und verriet mit keiner Miene, wie ihm zumute war. Du fragst warum? Er hatte noch einen zweiten Sohn ...!

In diesem Schreiben an Polybius, dessen ich mich, wie meine Feinde meinen, später selber geschämt hätte, ist schon viel von meiner Staatsphilosophie enthalten. Hätte ich, wie die Vulgärstoiker es tun, die Herrschaft der Caesaren von Grund auf abgelehnt, wie hätte ich später als Nero Caesars Erster Ratgeber handeln können, verbessernd, ausgleichend, planend für die Zukunft? Mag mein kleiner Neffe Lucanus, Nero Caesars enttäuschter Liebling, sich jetzt trotzigem Republikanertum hingeben – er hat ja nie sich um ein Weltreich sorgen müssen! Oder soll dieses wirklich wieder von zwei stadtrömischen Gemeindevorstehern regiert werden, die man »Consuln« nennt, und dazu von den buntgemischten Volksmassen am Tiber, die nur nach Brot und Spielen lechzen? Was liegt denen am Wohle von Gallien, von Hispanien, Britannien, Germanien, Syrien, Ägypten, Nordafrika? Haben sie – es sei denn, sie waren dort Sklaven – jemals von Thrazien und Dazien gehört, und daß hinter dem Euphrat eine Welt beginnt, die vielleicht hundertmal größer ist als das ganze Römische Reich?

Nicht Pompeius und seine republikanische Adelsclique haben uns vor dem Ansturm der Barbaren gerettet. Es ist Julius Caesar, dem unsere Welt, vielleicht auf Jahrhunderte hinaus, ihren Bestand und die Menschheit die Erhaltung unseres geistigen Erbes verdanken. Selbst die rohesten Stämme, die noch nie von Sokrates und Platon, ja kaum von Athen und Rom etwas gehört haben, werden eines Tages an diesem Erbe teilhaben!

Zwar sind alle menschlichen Einrichtungen kurzlebig und dem Untergang geweiht, aber in der Stille meines Exils bin ich doch zur Erkenntnis gelangt, daß Caesars Werk den Ansturm der Zeiten überdauern werde, denn er schuf nicht nur ein neues, römisches Gemeinwesen, sondern legte die Grundlagen für die Gemeinschaft der gebildeten Menschheit.

Um ein solches Reich, in dem die Römer eine Minderheit bilden, zusammenzuhalten, bedarf es des Amtes, für das Julius Caesar die Grundlagen schuf und das Divus Augustus weise ausbaute. Es ist königlich, ohne so zu heißen, seine Stützen sind das Volkstribunat, das Recht der Gesetzesinitiative und der militärische Oberbefehl. Schon der alte Gaius Sallustius wußte, wie seine Briefe an Julius Caesar zeigen, daß dieser Name bereits zu einer Amtsbezeichnung geworden sei. Nur der Mann, der den Rubicon überschritt und die Adelspartei des Pompeius niederwarf, konnte das römische Volk und sein Gemeinwesen erneuern.

Vom »Wüten und Toben der Nobilität« spricht Sallust. Diesen zerstörenden Kräften Einhalt zu gebieten, dazu bedarf es der *Macht* und des Namens ihres Begründers.

Auf Corsica ist es mir klar geworden: Ich selber würde mich Caesar nennen, erhielte ich das höchste Amt, und auch meine Nachfolger würde ich so bezeichnen. Wenn ich in meinem Schreiben an Polybius sagte: »Caesar besitzt die ganze Welt, seine Wachsamkeit beschirmt aller Menschen Schlaf, seine Arbeit gibt ihnen Muße, sein Fleiß verschafft ihnen ihre Freuden, sein Werk ermöglicht ihnen, zu rasten« – all diese Sätze, die man mir als grobe Schmeichelei vorwirft, beziehen sich auf das Caesarische Amt, nicht notwendigerweise auf dessen jeweiligen Träger. Ich bleibe dabei, daß »Caesar«, als er sich dem Erdkreis weihte, sich seiner selbst beraubte und auf seiner Bahn nicht stillstehen kann, gleich den Gestirnen, die ruhelos ihre Kreise ziehen.

Ich habe Claudius Caesar ein langes Leben gewünscht, damit, anders als im Falle von Tiberius Caesar, der Nachfolger herangereift sei und gesichert die Herrschaft übernehmen könne – also keine Wiederholung des Trauerspiels um Tiberius Gemellus! So schrieb ich an Polybius: »Möge Claudius Caesar seinen Sohn Britannicus zum Herrscher über das Römische Reich bestimmen, und möge dieser seines Vaters Mitregent werden, lange, ehe er zu dessen Nachfolger wird.«

Es ist diese Stelle meines Schreibens, die Agrippina genau gelesen hat, als sie sich überlegte, ob sie nicht Britannicus gegen ihren unbotmäßig gewordenen Sohn Nero Caesar ausspielen könne. In allerneuester Zeit haben meine Feinde auch diesen auf meinen Polybiusbrief aufmerksam gemacht –

Du mußt Dich in meine Lage versetzen, mein Lucilius, um jenes Schreiben zu verstehen. Freilich habe ich gehofft, Polybius werde es Claudius Caesar vorlegen und ihn damit bewegen, mich zurückzurufen. Hat nicht Ovid seine *Briefe vom Pontus* geschrieben, seine Trauerlieder – unzählige Bittschriften, und alle bestimmt, Caesar Augustus unterbreitet zu werden?

Wenn mich etwas an der *Trostschrift für Polybius* stört, dann ist es ihr oftmals schlechtes Latein. Das war mir schon damals bewußt, entschuldigte ich mich doch dafür am Ende des Schreibens:

»Ich habe nach bestem Können meine Argumente zusammengetragen – aber mein Geist ist geschwächt und abgestumpft, wie eingerostet. Sieh es mir nach, wenn ich Deinem Genius nicht gerecht wurde und Deinen Schmerz nicht zu heilen vermochte. Bin ich selber doch in den Krallen meines Mißgeschicks und daher kaum geeignet, anderen Trost zu spenden. Bedenke auch, daß ein gutes Latein einem Manne kaum mehr zur Verfügung steht, dessen Ohren widerklingen von den rauhen Tönen barbarischer Mundarten, verletzend selbst schon für jene Barbaren, die einen etwas höheren menschlichen Stand erreicht haben.«

Dieses Schreiben hat nicht meine Rückberufung bewirkt, aber vielleicht doch dazu beigetragen, mich vor den Mordabsichten der Messalina zu retten. Polybius, einer ihrer zahllosen Liebhaber, scheint ihr während eines Beilagers ihre bösen Gedanken ausgeredet zu haben. Leider hatte ich nicht Gelegenheit, ihm dafür persönlich zu danken. Denn etwa ein Jahr vor meiner Rückkehr nach Rom hat sie ihn verleumderisch eines geplanten Hochverratsversuchs beschuldigt und hinrichten lassen – wohl weil er nicht mehr mit ihr schlafen wollte. Sie grause ihm, hatte er in einem Freundeskreis, in dem einer ihrer Spitzel war, gesagt, wenn sie des Morgens zu ihm geschlichen komme, um sich vom Dunst der Bordelle, wo sie unter dem Namen Lycisca die Nacht verbracht hatte, zu säubern und ihr vom Qualm schwelender Lampen verschmiertes Gesicht zu waschen.

Sein Tod hat aber schließlich ihren eigenen Untergang herbeigeführt, denn nun haben sich alle anderen Freigelassenen, die um ihr eigenes Leben bangten, gegen sie verbündet und Claudius Caesar bewogen, sie aus dem Weg zu räumen.
Leid kann einem der schöne Mnester tun! Der sah nämlich nicht ein, warum *er* hingerichtet werden solle. Er zerriß sein Gewand, rief, Claudius möge doch die Striemen ansehen von Messalinas Peitsche, und er solle sich daran erinnern, daß er ihn diesem Weibe zum Gehorsam verpflichtet habe! Andere hätten aus Gewinnsucht oder aus Hoffnung auf Beförderung sich des Ehebruchs mit Messalina schuldig gemacht – er aber aus Not. Viel lieber wäre er Nacht für Nacht mit seinem Orestes ins Bett gegangen.
Claudius Caesar, obgleich er für diese Art der Liebe bekanntlich nichts übrig hatte, war gerührt und wollte Milde walten lassen. Aber seine Höflinge bestürmten ihn, doch mit einem Mimen nicht solche Umstände zu machen – was läge denn schon an ihm, wo so viele angesehene Männer hingerichtet würden! Ob er den Ehebruch – wie konnte man bei dieser öffentlichen Dirne Messalina überhaupt noch von »Ehe« reden! – freiwillig oder gezwungen begangen habe, mache keinen Unterschied.
Worauf Claudius Caesar Roms besten Tänzer dem Henker preisgab.

22. Kapitel

»Das Römische Reich selber, liebste Mutter«, so schrieb ich aus meinem corsicanischen Exil, »hat einen Verbannten zum Gründer – einen politischen Flüchtling, der aus seiner eroberten Vaterstadt entkam. Ein kleines Häuflein seines Volkes nahm er mit, immer weiter getrieben von der Furcht vor dem Sieger, suchte er ein fernes Land, bis ihn sein Schicksal nach Italien führte.«
Grundnote dieses ganzen langen Schreibens war der folgende Satz: »Du brauchst nicht den Berichten anderer Leute über mich Glauben zu schenken. Ich selber teile Dir mit, daß ich nicht unglücklich bin, ja daß es nichts gibt, was mich unglücklich machen könnte.«
Darauf konnte ich dann manches aufbauen, was mir auch heute noch von bleibendem Werte erscheint. Lächeln muß ich freilich, wenn ich an die Stellen denke, die meinem kleinen, damals wirklich noch sehr kleinen Neffen gewidmet sind. Irgendwie versöhnen sie mich sogar mit seinem jetzigen Benehmen – denn ist er nicht das Kind geblieben, das Mutter Helvia Trost bringen sollte: »Ein munteres Büblein, dessen Anblick alle Sorgen vertreibt – wessen Tränen vermöchte dieser Kleine nicht zu stillen – wessen Herz würde sich bei seinem Geplauder nicht entkrampfen – wen würde sein Herumtollen nicht fröhlich stimmen?«
Aber warum habe ich hinzugefügt: »Ich bete zu den Göttern, daß uns das Glück beschert werde, vor ihm zu sterben. Möge die ganze Grausamkeit Fortunas sich erschöpfen, mit dem, was sie mir angetan hat ...!«
Seines Vaterlandes beraubt zu sein, hatte mir Mutter Helvia geschrieben – ist *das* nicht ein untragbares Geschick? Liebste Mutter,

wer unter den ungeheueren Menschenmengen, die die Häuser des großen Rom kaum noch fassen können, ist denn ein »Einheimischer«? Die überwiegende Mehrheit besteht aus Fremden, aus Zugereisten, die ihre Heimat verloren haben. Von ihren Geburtsorten, Städten und Kolonien, ja von der ganzen Welt sind sie hier zusammengeströmt. Einige kamen aus Ehrgeiz, andere als Beamte, als Studenten – wiederum andere, weil sie ein bequemes Leben suchten auf Kosten des Staates, Brot und Fechterspiele, oder weil sie für ihre Laster ein Betätigungsfeld brauchten. Jünglinge und junge Frauen kommen nach Rom von den entlegensten Flecken der Erde, weil hier für ihre Liebreize höhere Preise geboten werden. Viele, die sich in Rom als Gastarbeiter verdingen, um ihre Ersparnisse nach Hause zu schicken, stammen aus wirtschaftlich schwachen Gebieten. Mit einem Worte: Alle Nationen, alle ihre Schichtungen schwärmen in unsere Stadt, die für Tugend und Laster hohe Preise bietet.

In den Provinzstädten, ja auf dem flachen Lande ist es nicht anders. Weit über die Hälfte unserer Bevölkerung ist nicht mehr römisch, nicht mehr italisch. Der Wandertrieb ist dem Menschen nun einmal angeboren – und darin gleicht er den Planeten, die niemals stillstehen können, der Sonne selber, die ruhelos weiterrückt und, obgleich sie mit dem ganzen Weltall kreist, dennoch in entgegengesetzter Richtung alle Tierkreiszeichen durchläuft und niemals haltmacht.

Immer von neuem beginnen die Bewegungen des Himmels – wie kann man also von der menschlichen Seele, die aus den gleichen ätherischen Stoffen gebildet ist, wie jene göttlichen Wesen über uns, erwarten, daß sie sich ruhig verhält, wo doch Gottes ganze Schöpfung ihre Erfüllung nur in dauernder und schnellster Bewegung findet, ja dieser ihr Dasein verdankt.

Ganze Stämme und Völker haben ihren Wohnplatz verändert – griechische Städte gibt es heute im Herzen barbarischer Länder, hellenische Mundarten spricht man inmitten von Indien und Persien. Unter den Skythen und in Sarmatien und nördlich des Pontus – riesige Landstrecken voll von wilden und unbezwungenen Stämmen – findet man achaiische Städte. Nicht die Grauen eines ewigen Winters, nicht der Charakter der Einwohner, der in nichts ihrem furchtbaren Klima nachsteht, hat die Einwanderer abhalten können, hier neue Wohnplätze zu suchen. Viele Athener wohnen im Innern von Asien, ganz Süditalien ist zu Groß-Griechenland geworden – aus Asien stammen unsere Etrusker, Griechen sind nach Gallien, Gallier nach Griechenland zugezogen. Nicht die Alpen und nicht die Pyrenäen haben die keltischen und germanischen Kriegsscharen aufhalten können.

Weiber, Kinder, alte Leute haben sich durch weglose, unbekannte Länder mitgewälzt. Endlose Wanderungen verändern auch heute noch das Antlitz der Erde, auch wenn ganze Völker dabei im Meer versinken oder in Kälte und Hitze, in Dürre und Wasserfluten zugrunde gehen.

Corsica gab mir das nächste und beste Beispiel. Wo kann man einen Felsbrocken finden, der unfruchtbarer wäre und von allen Seiten mehr von jähen Abstürzen eingefaßt als diesen. Wo gäbe es ein Volk, das unzivilisierter wäre und immer gerade knapp an der Grenze des Hungertodes vegetiert.

Und dennoch – selbst hier gibt es mehr Fremdlinge als Einheimische. Als sich mein Ohr an die barbarischen Laute, über die ich Polybius gegenüber klagte, zu gewöhnen begann, entdeckte ich in dem Sprachengemisch einen großen Teil der Geschichte dieser Insel. Phoenikische, gallische, ligurische, kelto-iberische, etruskische, griechische und lateinische Wortgemengsel, wie das ausgespieene Essen neureicher Gastgeber – das ist die corsische Umgangssprache. Aber wenn man *die* nun auseinandernimmt –

So viele Bausteine es in dieser Mischsprache gibt, so viele Völker haben hier geherrscht. Als mir dies bewußt wurde, erkannte ich auch, daß man auf diesem mit Dornengestrüpp und verfilztem Unterholz bewachsenen Steinhaufen manche Zusammenhänge der Weltgeschichte studieren kann.

Wen der Große Baumeister, der allmächtige Gott im Urbeginn auf diese Insel gesetzt hat, verliert sich im Dunkel der Vorgeschichte. Es gibt einige wenige von diesen merkwürdigen Turmbauten, an denen Sardinien so reich ist, sie haben unten einen Durchmesser bis zu hundert Fuß und sind fünfzig bis sechzig Fuß hoch. Die Mauern sind sehr dick, auch die Höfe mit Brunnen und Zisternen sind fest

ummauert. Festungsähnliche Bauten also – welchen Volkes und gegen welchen Feind? Die Kupfergeräte, die man gefunden hat, manche legiert mit Zinn, dürften aus Sardinien stammen.
Die »notgestählten Ligurer«, wie Vergil sie in seiner Zweiten *Georgica* preisend nennt, scheinen sich zur Zeit der Gründung der Stadt hier niedergelassen zu haben. Ihren genauen Ursprung kennt man noch nicht, sie dürften mit keltischen Stämmen vermischt sein. Marius und Sulla schlugen sich noch mit ihnen herum, und erst seit Divus Augustus ist ihr jetziges Gebiet, Liguria, mit wichtigen Straßen nach Gallien, fest in unserer Hand.
Um zweihundert nach Gründung der Stadt setzten sich die Etrusker in Alalia und nördlich davon in Nikaea fest. Als Lucius Iunius Brutus das Königtum in Rom stürzte, standen die Etrusker auf dem Höhepunkt ihrer Macht. Wir mußten um 247 sogar das rechte Tiberufer an den Etruskerkönig Lars Porsenna abtreten und alle unsere Waffen abliefern. Dazu beherrschte die tuskische Flotte, die tyrrhenische See. Verbündet waren sie mit den Karthagern und schließlich sogar, am anderen Ende unserer Welt, mit den persischen Großkönigen! Aber gerade dadurch kam die Rettung – denn alle italischen Stämme und die hellenische Nation in Ost und West fühlten sich gleichermaßen bedroht. Nicht weit von meinem Albanum kann ich auf dem Schlachtfeld von Aricia immer noch Speer- und Lanzenspitzen finden, da, wo uns ein griechisches Heer aus Kyme – das wir jetzt Cumae nennen – zu Hilfe kam und die Siegesbahn der Tusker beendete.
Ich schrieb Dir schon von den Bildern des Grauens, die mich manchmal bedrängen – wir, inmitten unbekannter wilder Völkerschaften, die erst in Jahrhunderten das Licht des Geistes empfangen werden –, daß alles, was Hellas und Rom geschaffen haben, ausgesetzt sei einer Springflut, die es in den Abgrund ewigen Vergessens reißen könnte …
Vielleicht daß diese Gesichte sich in Corsica zum ersten Male an mich herandrängten, als ich begriff: Was man die »Perserkriege« nennt, Stoff für den Geschichts- und Griechischunterricht heranwachsender Knaben, erscheint mir jetzt wie ein Vorspiel des Weltuntergangs – oder doch der Welt, wie wir sie kennen und lieben …

Überlege Dir diese weltstrategische Lage: das Bündnis zwischen Karthago und Xerxes, der Etrusker mit Karthago. Asiatische Massenheere, die sich auf Griechenland stürzen, phönizische auf Sizilien, die Etrusker immer noch in Latium. Mit einem einzigen Schlage sollte die Freiheit und Menschlichkeit vom Angesicht der Erde getilgt werden.
Da hat die Seeschlacht von Salamis im Jahre 274 der Stadt das eigentliche Hellas gerettet, und am gleichen Tage, durch den Willen des *Zeus Eleutherios,* wie die Griechen sagen, schlugen die Herren von Syrakus und Akragas, Gelon und Theron, das karthagische Heer, das Xerxes zum Angriff auf Sizilien aufgefordert hatte, bis zur Vernichtung. Simonides hat diesen herrlichen Sieg gefeiert, mit dem der Sturz der Seeherrschaft von Karthagos westlichen Bundesgenossen, den Etruskern, beginnt.
Pindaros hat in seiner *Ersten Pythischen Ode* den Seesieg Hierons von Syrakus bei Kyme über die tyrrhenische Flotte gefeiert. Vergeblich haben ihr die Karthager Hilfe zu bringen versucht.

> »... vor Kyme durch der Syrakusier Fürsten / Gezähmt ward der Phönizier Macht und der Tyrrhenier Kriegsgeschrei / Hellas ziehend aus tiefer Knechtschaft –«

Aenaria mit seinen vielen heilenden Wassern wurde von Hieron besetzt, der damit die Verbindung zwischen den südlichen und den nördlichen Etruskern unterbrach. Großgriechische Landetruppen setzten sich auf Corsica fest, weitere Griechen kamen herüber von der Hafenstadt Massilia im südlichen Gallien, an der Mündung des Rhodanos, einer uralten ionischen Siedlung.
Diese weltgeschichtlichen Zusammenhänge sollte man im Unterricht herstellen. Denke daran, mein Lucilius, wenn Du einmal einen Sohn haben solltest, so wißbegierig wie mein Alexis, der mich im Diktat immer wieder unterbricht, um Fragen zu stellen. Ganz genau möchte er die Beziehungen – zwischen Hellas und Rom, von Ost und West kennen. Unlängst schenkte ich ihm eines meiner Bücher. Als Widmung schrieb ich die Verse von Simonides hinein:

»Fremdling, Korinth mit dem köstlichen Wasser war einst unsre Heimat,
Jetzt hält uns Salamis fest, Aias' Inselbereich.
Hier, durch den Sieg über Meder, Perser und punische Flotte,
Haben wir Rettung gebracht Hellas, dem heiligen Land.«

Rettung auch Rom und der gebildeten Menschheit! Er, der Hellene vom östlichen Rande unserer Welt, ich, der Römer vom westlichsten – daß wir zusammenfanden, ist ein Sinnbild der Oekumene, einer Völkergemeinschaft, die im Römischen Reiche ihren Ursprung hat.
Corsica, meine steinerne Chronik, zeigte mir freilich auch, daß es mit dem Niederringen der etruskischen Macht nicht getan war. Die Insel kam unter karthagische Vorherrschaft, punische Kaufleute siedelten sich an, Tempel wurden errichtet für ihren scheußlichen Baal, dem sie lebende Kinder in den Rachen schmissen. Erst als wir nach dem Muster eines gestrandeten karthagischen Fünfruderers unsere Flotte bauten und mit Enterbrücken versahen – ganz wesentlich für unsern Seesieg von Milae –, wurden wir Herr der Meere und damit auch von Corsica und Sardinien.

Da es mir an Geld nicht mangelte, konnte ich das Haus auf Palla wohnlich ausbauen. Ich ließ einen schönen Garten anlegen und Wein pflanzen, wohl den ersten hier überhaupt. Neun Sklaven genügten mir, wenig für römische Begriffe, aber immer noch dreimal soviel als Platon hatte. Homer, heißt es, besaß einen einzigen.
Ich begann mich einzugewöhnen, wie man schließlich selbst ein Gefängnis, ein Hospital, einen Fleck afrikanischer Wüste, ein Dorf bei den Hyperboräern liebgewinnen kann. Um darüber nicht zu verstumpfen, ließ ich meine Bibliothek nachkommen, zahllose Rollen, Schreibtäfelchen, Griffel, und was man sonst noch alles braucht. An den einsamen Abenden vertiefte ich mich auch wieder in die Lehren Sotions von Alexandria, des Pythagoreers, der auf meinen Jugendfreund Quintus Sertorius und mich so großen Einfluß hatte. Der Gedanke wiederholter Erdenleben stand mir vor Augen, als ich in meinem Trostschreiben an Mutter Helvia schrieb:

»Nie hast Du versucht, Deine Schwangerschaft zu verbergen, als sei sie eine unanständige Bürde, noch hast Du jemals die Hoffnung von Kindern, die Du in Deinem Schoße trugst – Hoffnung auf eine neue Verkörperung –, zunichte gemacht.«

Divus Augustus, dank seiner Einweihung in die Eleusinischen Mysterien, muß gleichfalls mit dem Gedanken von Reinkarnation und Karma vertraut gewesen sein. Erst unlängst las ich die Rede wieder, die er nach der Katastrophe der Varus-Schlacht vor den versammelten, kinderlosen Vätern hielt – solche, die keine Kinder haben wollten.

»Mord begeht ihr, indem ihr die, die euere Nachkommen sein sollten, des Lebens beraubt – der Gotteslästerung seid ihr schuldig, wenn ihr die Namen und Würden euerer Ahnen austilgt. Wißt ihr nicht, daß die Familie göttlichen Ursprungs ist und das menschliche Leben das größte aller Gottesgeschenke?«

In Worten von einer bei ihm ungewohnten Härte, sagte er ihnen, daß sie den Staat selber zugrunde richteten, denn nicht Marmorhallen, Säulengänge und Foren seien die Größe des Gemeinwesens, sondern seine Menschen. Räuber und wilde Bestien seien weniger gefährlich als jene Bürger, die das Leben kommender Geschlechter ausrotten, bis schließlich der römische Name selber verschwinden und die Stadt in die Hände von Barbaren fallen werde.

Je mehr die Zeit hinging, desto sicherer konnte ich mich vor den Mordanschlägen Messalinas fühlen – aber würde ich das Klima hier überleben – gab es jemals eine Rückkehr? Viel von dem, mein Lucilius, was ich Dir später schrieb, ist im corsicanischen Exil herangereift – so die Erkenntnis, daß dieses irdische Leben nur ein Vorspiel sei für ein längeres, besseres. Wie wir neun Monate im Mutterleib sind, reifen wir durch Jugend, Alter und Tod heran für eine neue Geburt. Damit harrt unser ein neuer Anfang, eine neue Daseinsform.

In meinen Tagebüchern finde ich auch die Sätze:

»Schau unverzagt auf die entscheidende Stunde, sie ist die letzte nur für den Leib, nicht für die Seele. Alles Irdische ist nur wie das Gerät in einer Gaststätte – denn wir müssen weiterwandern.«

Diese Betrachtungen liegen nun über zwanzig Jahre zurück – aber sie fügen sich ein in meine abendlichen Meditationen, an denen Alexis teilnimmt. Seit wir hier in den Albanerbergen vor Spitzeln sicherer sein können, habe ich ihn in alles eingeweiht. Er weiß sogar schon, daß es ein hohes Amt geben mag, auf das er sich vorbereiten muß – hat mir doch Subrius Flavus die Versicherung gegeben, daß Titus Flavius Vespasianus nicht darauf bestehen würde, einen seiner Söhne zum Nachfolger zu ernennen.
So jung auch Alexis ist, er hat den Tod in seiner grausamsten Art kennengelernt. Blieb doch unter den vierhundert Kreuzen ein einziges nur leer – jenes, das für ihn bestimmt war. Ich habe ihm eingeprägt, in der Stunde, da ich scheiden muß, sich eines Wortes von mir zu erinnern, in dem ich alle Weisheit und Erkenntnis zusammenfassen könnte:
»Der letzte Lebenstag, vor dem uns so graut, ist der Geburtstag der Ewigkeit.«
Auf Corsica habe ich auch gelernt, mich nicht mehr unnötig zu ärgern. Später habe ich in meinen philosophischen Betrachtungen *De Ira* ausführlich darüber geschrieben. Ich überreichte das Büchlein Claudius Caesar, und er, der sehr zum Jähzorn neigte, hat sich davon wirklich beeindrucken lassen. Würde nur mein kleiner Neffe Lucanus es auch beherzigen und nicht jede Kleinigkeit als persönliche Kränkung auffassen!
Auch Verdächtigungen und Vermutungen sollen einen kalt lassen. Etwa: »Dieser dort hat meinen Gruß nicht freundlich genug erwidert – da hat sicher jemand gegen mich gehetzt! Schon das letzte Mal hat er mir keinen Kuß gegeben. Der andere dort – der hat unsere Unterhaltung jäh abgebrochen und ist lachend weggegangen. Zum Gastmahl bin ich nicht eingeladen worden – was steckt dahinter?«
Das sind keine ausgeklügelten Fälle. Von Zeit zu Zeit kamen Senatoren, vornehme Bürger, angesehene Kaufleute nach Corsica. War ich in Alalia, mußten sie mir Besuch machen – auch in der Verbannung war ich immer noch ein Senator. Wie verlegen sie waren, wie rasch sie wieder verschwanden – welche Entschuldigungen sie vorbrachten, warum sie mich nicht einladen konnten. Aber als die Jahre hingingen, änderte sich ihr Benehmen. Wer weiß, moch-

ten sie denken, ob er nicht eines Tages doch nach Rom zurückkehrt . . .

Später haben manche dieser Leute mir versichert, sei seien doch nur nach Corsica gekommen, um nachzusehen, wie es mir ginge, und in ihrem Herzen seien sie immer schon meiner Meinung gewesen. Über solche Menschen kann man sich nicht ärgern. Man kann über sie nur lachen.

Da das Trinkwasser auf Corsica von Natur aus kalt ist, brauchte ich mich auch nicht mehr über einen Sklaven zu ärgern, der vergessen hatte, es mit Schnee zu kühlen. Da ich in meinem Triclinium meist allein war, gab es keinen Grund zur Aufregung, wenn der Tisch schlampig gedeckt oder die Liegepolster durcheinandergebracht wurden.

In meiner Einsamkeit hörte ich selten jemanden husten oder niesen, daher habe ich mich auch später durch solche Geräusche nicht mehr gestört gefühlt. Auf unverständige Kinder und auf Tiere, die einem nicht schaden können, weil ihnen die böse Absicht fehlt, oder gar auf das Wetter, auf Regen, Kälte, Hitze, soll man schon gar nicht böse werden.

Wird ein Manuskript sich bessern, wenn ich es wütend zerknülle und in die Ecke schmeiße, weil die Schrift zu klein oder voller Fehler ist? Hat Jupiter sich »geärgert«, als Gaius Caesar Caligula ihm drohte, er werde Ihn aus dem Olymp vertreiben? Gewiß nicht, aber Er hat zugelassen, daß Lucius Cassius Chaerea und Cornelius Sabinus zum Schwerte griffen! Wahrscheinlich schüttelt Er nur Seine »ambrosischen Locken«, wie Homer es ausdrückt, wenn Er erfährt, was unsere Dichter Ihm alles anhängen: Die einen geben Ihm Flügel, die anderen Stierhörner, andere machen Ihn zum Schwan oder zu einem Goldregen, oder sie schildern Ihn als Ehebrecher, der sich nächtelang herumtreibt.

Jupiter Optimus Maximus kennt die menschlichen Schwächen und weiß, daß diese sterblichen Geschöpfe sich gerne auf die Götter berufen, als Ausrede für ihre eigenen Untugenden.

Wenn also Jupiter selber sich durch so viel kindisches Geplapper nicht gekränkt fühlt, soll ich es dann, wenn einer meiner Mitmenschen mich verkennt und verleumdet?

Im Rückblick darf ich sagen, daß ich die Jahre auf Corsica nicht missen möchte, so unerträglich, so hoffnungslos sie schienen. Sie gehören untrennbar zu meinem Schicksal, sie sind, wie die Inder sagen würden, Teil meines *Karma.* Diese Jahre haben mich Geduld und Nachsicht gelehrt und mir manche tiefe Erkenntnis geschenkt – beginnend in einer sternenhellen Nacht:
Ich verließ die Hütte, die meine Diener für mich auf der äußersten Spitze des *Mons Aureus* gebaut hatten, und ganz allein im flimmernden Reigen des Kosmos wußte ich plötzlich: Ich brauche Gott nicht zu suchen, denn Er sucht mich, Er ist in mir und mit mir. Wie ein Licht in der Finsternis werden wir leuchten, wenn wir diesem göttlichen Seelenfünklein in uns eine würdige Stätte bereiten.
Als ich Jahre später jenem Paulus aus Tarsos von diesem Erlebnis auf dem *Mons Aureus* erzählte, hat er mir von einem ähnlichen berichtet, das ihm auf dem Wege nach Damaskus zuteil wurde. Er sei in Unkenntnis des Göttlichen, ja als sein Verfolger, ausgezogen, und er, der blind war, sei sehend geworden durch den »Geist Gottes«.
Heute weiß ich noch mehr: Jene Jahre haben mich vorbereitet auf den fünften Einweihungsgrad der Mithräischen Mysterien – des *Persers* oder, wie ich Dir schrieb, des *Romanus,* der mir den Geist des römischen Volkes erschlossen hat. Wäre mir eine noch längere Prüfungszeit vergönnt gewesen, vielleicht hätte ich sogar den Rang meines Vaters erreichen können, den sechsten Grad, den des *Heliodromos,* des Sonnenläufers, der mir einen tieferen Blick in den gesamten Kosmos erlaubt hätte.
Schon im Trostschreiben an Mutter Helvia finden sich Hinweise auf meine innere Wandlung: »Meine Seele«, schrieb ich, »ist jetzt frei, sich ihren wahren Aufgaben zu widmen, im Suchen nach dem Ewigen und dem Urgrund aller Schöpfung. Als erstes erforsche ich das Land, das mich umgibt, dann die See, die es umspült im immer gleichen Rhythmus ihres Wellenschlages. Hierauf wende ich den Blick zum Raume zwischen Himmel und Erde, der so viele Schrecken enthält, Donner und Blitz, rasende Stürme, Regenfluten, Schnee und Hagel. Schließlich dringe ich vor zu den geistigen Bereichen,

und dort genieße ich den Anblick der erhabensten göttlichen Geheimnisse. Bewußt ihrer Unsterblichkeit, erhebt sich meine Seele zur Anschauung von allem, was einst war, und von allem, was sein wird, durch alle Jahrhunderte der Jahrhunderte.«

Aber bedenke, mein Lucilius: Selbst Eingeweihte jener höchsten Stufen, die ich nicht erreicht habe, können das Göttliche immer nur für Bruchteile eines Augenblicks festhalten. Wenn Platon meint, man liebe auf Erden das Schöne, weil es die Schau widerspiegelt, deren man in der geistigen Welt zwischen Tod und neuer Geburt teilhaftig war, so frage ich mich, ob denn ein jugendlich-schönes Antlitz, im Frühling die blühenden Mandel- und Oleanderbäume auf Capri, die sprühenden Funken einer Bergquelle, nicht selber schon göttlich seien.

23. Kapitel

Noch vor dem Tode der Messalina, im sechsten Jahre meiner Verbannung, kam ich mit Agrippina, der Mutter Neros, in Verbindung. Unser wichtigster Mittelsmann war ein Tribun der prätorischen Kohorten, namens Sextus Afranius Burrus. Ich wußte von ihm. Er war in der prätorischen Kohorte, die Claudius Caesar zur Herrschaft rief, Centurio Erster Ordnung gewesen. Seine Beförderung zum Tribunen verdankte er sowohl jener Tat wie auch seiner militärischen Tüchtigkeit.

Dieser heimliche Nachrichtenaustausch mit Agrippina war eine überaus gefährliche Sache. Wäre eine unserer Botschaften in die Hände von Messalinas Kreaturen gefallen, es hätte Agrippinas und meinen sofortigen Tod bedeutet.

Agrippina war ja die einzige überlebende Tochter des Germanicus und der älteren Agrippina, der Enkelin von Divus Augustus. Sie war umkleidet vom Ruhme ihres Hauses und besaß im Volke einen großen Anhang. Auch bei der Truppe galt ihr Name viel. Ihr Bruder Caligula und seine Spießgesellen hatten sie nicht zu zerstören vermocht, dazu war sie aus zu hartem und, wie ich Dir schon einmal schrieb, aus zu gutem Holze. Daß sie einen Domitier geheiratet hatte, einen ungeschlachten, politisch ganz uninteressierten Mann, schützte sie vor den Nachstellungen der Messalina. Daß diese meine Feindin war, machte Agrippina von selber zu meiner Freundin und Verbündeten.

Was diese gefahrvolle Konspiration sollte, wohin sie führen würde, war mir zu Anfang nicht klar. Auf keinen Fall dürfte ich an eine eheliche Verbindung Agrippinas mit Claudius Caesar gedacht ha-

ben ... für den Fall, daß Messalina eines Tages verschwände. Er war ihr Onkel, ihres Vaters Bruder, und nach geltendem Recht galt eine solche Verbindung als Blutschande, ein Greuel in den Augen der Götter und Menschen.
Wichtig war mir, daß ich nunmehr Nachrichten über die wahre Lage in Rom erhielt. Den »Sklaven der Freigelassenen« nannte man Claudius Caesar und belustigte sich ganz ungehemmt über seine Weiberwirtschaft und seine Geilheit. Keine Nacht kam er ohne mindestens zwei Konkubinen aus. Daß er selbst bei Staatsbanketten laute Winde ließ und die Gäste ermutigte, das gleiche zu tun, mochte gesundheitlich sehr angebracht sein. Seinem Ruf als Princeps und Imperator war es wenig nützlich! Da er beim Reden oft stotterte, sagte man respektlos, mit seinem hinteren Organ hätte er ein neuer Demosthenes werden können.
Doch soll man auch seine Verdienste nicht bestreiten, so, daß er die Eroberung Britanniens, die schon Divus Julius geplant hatte, weitgehend durchführte. Jetzt wird man das nördliche Gallien und die belgische Provinz besser vor Barbareneinfällen schützen können.

Von dem Wahnsinnsplan der Messalina, den jungen, schönen und ehrgeizigen C. Silius zu heiraten, mit Brautzeugen, Fackeln und Hochzeitschören, erfuhr ich früher als der betrogene Ehemann Claudius Caesar. Nicht lange danach erhielt ich auch die Nachricht von ihrer Ermordung. Claudius Caesar hatte widerstrebend zugestimmt, aber sofort vergaß er es oder tat wenigstens so. Am Tage nach ihrem Tode soll er bei einem Gastmahl ausgerufen haben: »Warum kommt die Kaiserin nicht zu Tisch?«
Dann dauerte es nicht mehr lange, bis der Name Agrippinas von Rom zu mir herüberklang, und bald erfuhr man, daß der römische Senat Gesetze geben könne, die stärker seien als die der Natur! Ich merkte den Wandel der Zeiten daran, daß immer häufiger hohe Würdenträger zu mir zu Besuch kamen und die Provinzialbeamten mir gegenüber höflicher wurden, bald schon fast unterwürfig.
Hatte ich in den ersten Jahren nach einem Schiff mit schwarzen Segeln Ausschau gehalten, so jetzt nach den kaiserlichen Postschiffen. Zum Arbeiten fand ich keine rechte Muße mehr. Mein Haus in Palla

gab ich auf und schenkte es, zugleich mit der Freiheit, zweien meiner Lieblingssklaven, einem jungen Freundespaar. Der ältere von den beiden ist ein angesehener Arzt geworden, und des öfteren bin ich bei ihm in jenem Hause zu Gast gewesen. Der jüngere war schon als Knabe ein ausgezeichneter Gärtner. Heute haben ihm die Parks und Weinberge in Corsica, zu deren Anlage ich ihm das nötige Geld vorstreckte, viel zu verdanken.

Ich zog nach Alalia – die Taverne von damals war inzwischen zu einer modernen Regierungsraststätte geworden, mit Bädern und was so dazugehört. Das Gerücht von meiner Rückberufung war dann wiederum schneller als der kaiserliche Bote, der sie mir brachte.

Jahrelang hatte ich darauf gewartet – hoffend, verzweifelnd, schließlich mit meinem Lose nahezu abgefunden. Jetzt, beim Eintreffen der Nachricht, erfaßte mich zuerst ein tiefes Erschrecken. Rom – es war mir fremd geworden –, wo hatte ich denn noch Freunde? Auch Mutter Helvia war das Jahr zuvor gestorben, und wie sehr fühlte ich mich gealtert, stand ich doch jetzt im 54. Lebensjahr.

Die Einsamkeit auf Corsica, die mich anfangs bedrückt hatte, war mir teuer geworden – wenige Menschen nur sah ich, ich lebte mit mir selbst, meinen Arbeiten, mit der Erde, der Landschaft, dem Himmel.

Mit Grauen dachte ich an die Menschenmassen von Rom – in diesen letzten acht Jahren, das wußte ich, war die Steinwüste weiter gewachsen, der Tiber noch verschmutzter geworden, die Luft geschwängert von Rauch, Staub, menschlichen Ausdünstungen.

Die Rückberufung war ein Befehl, ebenso unausweichlich, wie der Bannstrahl es gewesen war. Dennoch zögerte ich zwei Tage, bis ich mich bereit erklärte, Folge zu leisten.

Als das Schiff aus dem Hafen auslief und die Berge Corsicas im Meer versanken, war es fast, als verließe ich mein Vaterland, um ins Exil zu gehen. Soll ich sagen: zum Glück hatte ich nicht viel Zeit, darüber nachzudenken? Denn als wir zwei Stunden vom Hafen entfernt waren, brach jäh ein Sturm los, mit Wellen, die zwanzig, dreißig Fuß hoch gingen, das Deck überschwemmten und das Schiff, das

außerdem falsch beladen, also überlastig war, umzustürzen drohten. Und Du weißt ja, welch schlechter Seefahrer ich bin ...
Sollte ich jetzt untergehen, nachdem ich Caligula, den Haß der Messalina, die Jahre der Verbannung überlebt hatte – jetzt, da ein neues Leben vor mir stand? Ich klammerte mich fest, ließ mich von einem Matrosen am Mast anbinden und setzte meinen Willen gegen die Wut der Elemente. Eine ganze furchtbare Nacht tobte der Sturm – einer der schlimmsten, hörte ich später, in vielen Jahren. Als die Sonne aufstieg, von dort, wo ich Italien ahnte – noch konnte man die Küste nicht sehen –, glätteten sich die Wellen.
Den Rest der Reise lag ich matt auf Deck, mit dem Gefühl, weder der einen noch der anderen Welt anzugehören. Zwei Heimaten hatte ich verloren und keine noch wiedergefunden.
Dann liefen wir in den neuen Hafen von Ostia ein, und eitel, wie man trotz aller philosophischen Vorsätze ist, erwartete ich eine feierliche Abordnung, die mich auf italischem Boden, mich, den Philosophen, Staatsmann und ungerecht Verbannten, willkommen heißen würde! Aber nur einige von meinen eigenen Sklaven waren da, denen ich Nachricht hatte zukommen lassen. Auch einer meiner Wagen wartete auf mich – als Privatmann kehrte ich in die fremdgewordene römische Heimat zurück!
Erst als ich im Familienhaus auf dem Esquilin angekommen war – ich fand es in bester Ordnung vor –, erhielt ich die Nachricht, daß Claudius Caesar Augustus und Agrippina Augusta mich beim nächsten Morgenempfang zu sehen wünschten. Als ehemaliger Quästor, kein sehr hohes Amt in Anbetracht meines Alters, ging ich auf den Palatin, als Prätor, einstens das zweithöchste, kam ich zurück. Es sei die Vorstufe zum Consulat, sagte die Augusta, und gleichzeitig fragte sie mich, ob ich die Erziehung ihres zwölfjährigen Sohnes, Nero Domitius Ahenobarbus, übernehmen wolle.
Am Nachmittag des gleichen Tages fand die erste Begegnung statt. Trotz allem, was seitdem geschehen ist, rechne ich diese Stunden zu den glücklichsten meines Lebens. Ein hellblonder Junge lief mir entgegen, legte beide Arme um meinen Hals, und mit strahlenden blauen Augen dankte er mir, daß ich, der Weise, Roms Sokrates, die Erziehung eines so ungelehrten Knaben übernehmen wolle.

Aus dem Geschlecht der Domitier, sagte er, habe er viel Rohes und Böses mitgebracht, das wisse er, aber ich solle nicht die Geduld verlieren. Dann würde ich auch ein julisches Erbe in ihm entdecken und überdies eine Liebe zur Kunst, zu Hellas, zu allem, was dem menschlichen Geschlecht Sinn und Würde gäbe. Ich solle darauf achten, daß all dies in ihm nicht verschüttet werde – ich solle streng mit ihm sein, wenn ich Gefahren sehe, hart ihn züchtigen, er werde mich dann nur noch heißer lieben und verehren.
Es war mir nicht vergönnt gewesen, der Erzieher und Führer Tiberius Gemellus zu sein. Nun, nach den Jahren der Verbannung mit ihrer Hoffnungslosigkeit, sah ich plötzlich die Erfüllung meines Lebens vor mir – die Möglichkeit, meine Träume und Pläne für Staat und Volk zu verwirklichen – durch diesen Knaben, sicherlich eines Tages der Mitregent von Britannicus, dem etwas jüngeren Sohn von Claudius Caesar.
Das abscheuliche Bild seines Oheims Gaius Caesar Caligula ließ den Sohn Agrippinas nur noch schöner erscheinen. Caligulas Gesicht, häßlich-fahl, war das eines Wahnsinnigen. Unstet flackerten seine Augen unter den Brauen einer alten Hexe, sein fleckiger Kahlkopf trieb Büschel spärlichen Haares, sein Stiernacken war mit Pickeln und Borsten bedeckt. Dazu kamen spindeldürre Hüften und riesige Füße! Ein solches Scheusal fand seinen Spaß darin, sich über andere Menschen lustig zu machen. So hat er einmal bei Tisch dem Valerius Asiaticus, dem er die Frau weggenommen hatte, grinsend erzählt, wie sie sich beim Geschlechtsverkehr benehme.

Lucius Domitius Nero war am zweiten Tage nach den Iden des Dezember, gerade zu Beginn der Saturnalien, im Todesjahr von Tiberius Caesar geboren worden. Onkel Caligula regierte – wenn man seine Tätigkeit »regieren« nennen will – bereits seit neun Monaten.
Später wurden allerlei Vorzeichen in die Begleitumstände seiner Geburt hineingeheimnist. So, daß mit ihm die *Saturnia Regna*, von denen Vergil gekündet hat, wiederkehren würden. Geboren zu Beginn der Saturnalien, was konnte es anderes bedeuten, als daß sich die Worte aus der *Vierten Ekloge* nun erfüllen sollten:

»Schon kehrt wieder saturnische Herrschaft
Schon wird neu ein Sproß entsandt aus himmlischen Höhen ...«

Und die andere Vergilische Weissagung aus dem Sechsten Buche der *Äneis,* bestimmt für Caesar Augustus, doch gewiß auch für dessen Nachkommen – für dieses Kind ...

»Der Sproß göttlichen Geschlechtes – goldene Weltzeit
Wird er wieder für Latium gründen, dort wo vor Zeiten
Rings die Fluren Saturnus beherrschte ...«

Aus dem väterlichen Geschlechte, sagte ich ihm, brächte er gleichfalls große Gaben mit. Achtmal in acht Generationen hätten die Domitier das Consulat bekleidet. Durch seinen Großvater, der im Jahre 737, elf Jahre vor meiner Geburt, Consul war, Lucius Domitius Ahenobarbus, den Gemahl der älteren Antonia, Tochter von Caesar Augustus' Schwester Octavia und des Marcus Antonius, sei er schon in der Frühzeit des Caesarenhauses mit diesem verwandt geworden. Nun träfen sich in ihm, durch seine Mutter, Urenkelin von Divus Augustus, die beiden großen Ströme des Julisch-Claudischen Hauses. Als Enkel des Germanicus stamme er auch von der vergöttlichten Kaiserin Julia Augusta ab!
Dann erzählte ich ihm, alles während unserm ersten Zusammensein, von meiner Begegnung in Hellas mit seinen Großeltern, Germanicus und Agrippina Maior. Das schien ihn aber weniger zu interessieren als meine Schilderung von Hellas selber. Er habe schon mit Homer angefangen, sagte er, auch von Platon habe er einiges gelesen. Mit guter Aussprache zitierte er Verse aus der Ilias und einige Absätze aus dem *Symposion* und dem *Phaidros.*
Unser Gespräch wurde unterbrochen, als Agrippina Augusta mich zu sich befahl. Ich mußte ihm versprechen, bald wiederzukommen. »Der Zeitpunkt hängt von dem Willen deiner Mutter ab«, sagte ich, worauf er jungenhaft-verärgert das Gesicht verzog.
Agrippina empfing mich in ihren Privaträumen. Auch die Dienerinnen wurden weggeschickt. Ob sie die Beziehungen kannte, die zwischen ihrer jüngeren Schwester Julia Livilla und mir bestanden

hatten? Ich vermutete ja, obgleich in Einzelheiten nicht darüber gesprochen wurde. Jedenfalls behandelte sie mich, als ob ich irgendwie, wenn schon nicht zur Familie selber, so doch zu einem inneren Kreise gehörte.
Sie war bei dieser ersten Wiederbegegnung 33 Jahre alt, eine schöne Frau, deren sinnliche Reize ganz im Dienste ihres Willens und ihres Ehrgeizes standen – in völligem Gegensatz also zu ihrer Vorgängerin und Cousine, Valeria Messalina. Für diese waren Macht und Reichtum nur Werkzeuge zur Bedienung ihrer unersättlichen Vagina.
Doch will ich nicht ausschließen, daß sich Agrippina zu mir, dem um 21 Jahre älteren Manne sinnlich hingezogen fühlte – eine nicht seltene Erscheinung bei Frauen mittleren Alters, die von Knaben, Jünglingen und jungen Männern genug haben. Schon die erzwungene Erfahrung mit ihrem eigenen Bruder Caligula, als sie noch fast ein Kind war, dann mit dessen Buhlknaben, denen sie, genau wie ihre Schwester Julia Livilla, vorgeworfen wurde, haben ihr frühzeitig die Freude an jugendlichen Bettgenossen verdorben.
Bis dann ihr eigener Sohn heranwuchs ... (Was die Ödipus-Sage anbelangt: Ich habe nie so recht geglaubt, daß Iokaste wirklich nicht wußte, mit wem sie das hochzeitliche Lager teilte.)
So mag Agrippina, was ihr allein wichtig war – die *Macht* – mit dem verbunden haben, was ihr nicht unangenehm war, als sie mich, den weit Älteren, so eng an sich heranzog. Meine Rückberufung, die sie durchgesetzt hatte, war eine durchaus populäre Maßnahme, denn in der Öffentlichkeit war ich bekannt als Gegner Caligulas und der verachteten Messalina. Zu meiner eigenen Überraschung hatte ich festgestellt, daß ich in Rom jetzt als großer Philosoph und Schriftsteller galt. In den *Acta Diurna* stand bald nach meinem Zusammentreffen mit Agrippina, und bestimmt auf ihre Veranlassung hin, meine Weisheit überträfe bekanntlich nicht nur die aller Römer der heutigen, sondern auch die aller vergangenen Tage. Darum sei mir auch die Erziehung des jungen Lucius Domitius Nero anvertraut worden. So ging es sicherlich auf seine Mutter zurück, daß er mich als den »neuen Sokrates« begrüßte, zweifellos eine übertriebene Ehrung, aber eine, die mich zutiefst verpflichtete. Denn wenn er

mein Alkibiades war, dann mußte ich mich verhalten, wie Platon es im *Symposion* geschildert hat. Mit allen Folgerungen ... worüber ich Dir gleich zu Beginn dieses Lebensberichtes geschrieben habe.

Bald erkannte ich noch weitere Beweggründe für Agrippinas Handeln. Sie rechnete mit meiner persönlichen Dankbarkeit und würde daher meiner tätigen Beihilfe zur Durchsetzung ihrer Herrschaftspläne immer gewiß sein. Claudius Caesar hingegen, den Urheber meiner achtjährigen Verbannung, würde ich immer hassen, und vielleicht wußte sie sogar durch ihre verstorbene Schwester Julia Livilla von bestimmten Zusammenhängen und Plänen vor und nach der Ermordung Caligulas.

Noch andere Überlegungen mögen bei dieser ehrgeizigen Frau mitgespielt haben: Wenn sie mich in jeder Weise an sich band, sich selber, ihren Sohn und mich in ein durch Eros bestimmtes Dreiecksverhältnis brachte, mußte eine so verschworene innerste Gemeinschaft, gebunden überdies durch Mitschuld, den Griff nach der Macht gewährleisten. Denn ohne die Macht konnten solche Beziehungen auf die Dauer nicht bestehen. Unweigerlich würden sie nach einiger Zeit zum Sturz und zum Tode führen.

Hätte sie die Tugend der Mäßigung besessen und warten können, unter Verzicht auf die äußeren Zeichen der Macht, die man in Rom einer Frau nicht gerne zugesteht – wie Julia Augusta, nunmehr Diva Julia, der jene Tugend in hohem Maße zu eigen war, hätte sie als eine der größten Frauengestalten in die Geschichte des Imperiums eingehen können.

Bei den nächsten Zusammenkünften, zu denen Claudius Caesar manchmal hinzugezogen wurde, haben wir den Unterrichtsplan meines Schülers besprochen. Wie ich ihn in Einzelheiten ausgestalten wolle, blieb mir überlassen. Nur die Umrisse wurden festgelegt. Merkwürdigerweise wollte Agrippina, daß sich ihr Sohn so wenig wie möglich mit der Philosophie beschäftige. Dabei entfuhr ihr eine unvorsichtige Bemerkung: »Für einen künftigen Herrscher wäre dies ein schädliches Studium.« Also muß sie schon damals geplant haben, Britannicus zu seinen Gunsten zu verdrängen.

Ich weiß, daß in Rom heute gesagt wird, ich hätte meinen Zögling

vom Lesen der alten Redner abgehalten, um ihm eine Bewunderung für meine eigene Rednergabe einzupflanzen. Das ist nicht richtig. Sein Griechisch war so gut, daß ihm das Studium der Reden des Demosthenes, des Themistokles, des Perikles und all der anderen keine Schwierigkeiten bereitete. Cicero langweilte ihn, er fand seinen Stil altmodisch, und außerdem nahm er ihm übel, daß er gegen Caesar aufgetreten und seinen Urgroßvater Marcus Antonius – auf den er persönlich, dessen niedriger Geburt wegen, sonst keineswegs stolz war – in seinen *Philippica* scharf angegriffen habe.
Julius Caesars knappe, großartige und oftmals sarkastische Reden fesselten ihn – auch an Augustus bewunderte er den schlagfertigen Redner, wenngleich der sich fast immer eines Manuskripts bedienen mußte. Tiberius Caesars Reden fand er recht abgewogen und gehaltvoll, wenn auch manchmal absichtlich dunkel. Auch dem wahnsinnigen Caligula konnte man nicht eine wirkungsvolle Beredsamkeit absprechen.
Aber je mehr wir uns im Unterricht damit befaßten – seine Mutter hatte gewünscht, daß ich auf die Rhetorik großes Gewicht legen solle –, desto fahriger, desto niedergeschlagener wurde er. Bis er eines Tages über einer Rede Caesars an seine Soldaten vor der Schlacht von Pharsalus weinend zusammenbrach.
»Ich schäme mich – ich schäme mich, Lucius«, stammelte er. Ich richtete ihn auf, er lehnte den Kopf an meine Schulter, sein Gesicht war tränenüberströmt. »Ich weiß es jetzt – nie werde ich ein Redner sein wie Divus Julius – wie soll ich mich im Senat durchsetzen – wie den Heeren befehlen –?«
Ich strich ihm über seine blonden Haare. »Carissime puer«, sagte ich leise.
Sofort hellte sich sein Gesicht auf. »Solange du mir hilfst, du mich nicht verläßt, ist alles gut«, sagte er, und ohne daß ich es verhindern konnte – oder verhindern wollte? –, überhäufte er mich mit Küssen.
Eine andere Eigenschaft, merkwürdig für einen Jungen, der an die Herrschaft dachte und für den diese von seiner Mutter geplant wurde, begann ich allmählich zu entdecken: im Grunde interessierte er sich überhaupt nicht für den Staat, für die Lehren der Regierungskunst, die ich ihm beizubringen hatte. »Wie herrlich, das ganze

Römische Reich im Gedicht zu fassen«, sagte er des öftern. »Das Werk Vergils ist mir lieber als das meines Ahnen Augustus –«
Wie anders war Tiberius Gemellus gewesen, auch er erst zwölf Jahre alt, als er mir anvertraut wurde. Mit innerer Anteilnahme folgte dieser meinem Unterricht in der Kunst der Staatsführung, in der Rhetorik – und das Studium der Philosophie war ihm nicht verwehrt. Als er zum Jüngling heranwuchs – haben wir da nicht über die Reform der Reichsverwaltung gesprochen, die Ausdehnung des römischen Bürgerrechts auf manche Provinzen, und über die notwendige Ausweitung der römischen Herrschaft über die von Augustus gezogenen Grenzen hinaus ...?
Gewiß – als wohlerzogener Knabe hörte sich mein neuer Zögling all dies an (ich konnte später, als Corbulo über den Euphrat ging, darauf zurückgreifen!), aber im Grunde bewegte es ihn nicht.
So versuchte ich, andere Talente in ihm zur Entfaltung zu bringen – große und mannigfaltige. Mit dreizehn Jahren begann er, Marmor zu meißeln. Sein erstes Werk war eine meisterhafte Nachbildung eines griechischen Jünglingskopfes mit Siegerbinde, aus der ersten nach-perikleischen Zeit. Vielleicht ist es Alkibiades selber? Bald schuf er aber auch eigenes, in römischer Art, und das heißt, mit individuelleren Zügen.
Seine farbigen Skizzen, die er mir schüchtern zeigte, verrieten gleichfalls Sinn für Form und Gestaltung. Lehnten sich seine Gedichte – deren erste auf sein achtes Lebensjahr zurückgehen – anfangs noch an die Vorbilder Ovid, Vergil und Horaz an, gewann er doch auch hier, schon mit dreizehn und vierzehn Jahren, seinen eigenen Stil. Möchten doch seine künstlerischen Werke die Erinnerungen an seine Taten als Herrscher überleben!
Wäre er statt Kaiser ganz Künstler geworden, gleich bedeutend als Bildhauer, Maler, Dichter und Schriftsteller, man müßte ihn zu den Großen im Reiche des Geistes rechnen.
Eine andere Betätigung, der er sich hingab, war ihm weniger gemäß: Seine Singstimme war schwach, sein Gehör nicht unbedingt zuverlässig, und beim Schlagen der Kithara griff er manchmal in die falschen Saiten. Was machte das schon! Als er die Macht besaß, konnte er die falschen zu richtigen Tönen umdekretieren!

Als mein Zögling dreizehn Jahre alt war, unter dem Consulat des C. Antistius und des M. Suillius (ein anderer der Söhne jenes üblen Angebers), wurde er von Claudius Caesar adoptiert. Damit hieß er nun nicht mehr Lucius Domitius, sondern Nero Claudius Drusus Germanicus Caesar. Es war das erste Mal, daß in der Patrizierfamilie der Claudier eine Adoption vorkam. Von ihrem Stammvater Attus Clausus, zur Zeit der Gründung der Stadt bis heute, hatte sich das Geschlecht in natürlicher Blutsfolge erhalten. Gleichzeitig bestätigte der Senat Agrippinas Titel als Augusta, den sie schon seit ihrer Vermählung führte.

24. Kapitel

Wann, mein Lucilius, kann ich Dich erwarten? Subrius Flavus und Gavius Silvanus haben mir die Centurionen Sulpicius Asper und Maximus Scaurus in mein Albanum gesandt, um mich zu drängen, bald nach Campanien abzureisen. Sie teilten mir auch mit, daß Anicetus, diese Sklavenseele, auf Sardinien eines natürlichen Todes gestorben sei:

Und sein Nachfolger? Zögernd berichtete Sulpicius Asper, daß es nicht Gavius Silvanus sei, wie man gehofft hatte, sondern daß Nero Caesar dem bisherigen Stellvertretenden Befehlshaber der Flotte, dem Kapitän Volusius Proculus, das Kommando übertragen habe. Dieser Handlanger des Anicetus soll jetzt in Campanien für meine Sicherheit sorgen!?

Im Auftrage der beiden Tribunen berichtete Sulpicius Asper allerdings auch, daß es doch etwas gäbe, was für den neuen Flottenpräfekten spräche: Er sei erbittert gegen Nero Caesar, da er sich für seine Verdienste, das heißt, für seine Untaten, nicht genügend belohnt fühle. Das Amt des Flottenpräfekten reiche nicht aus. Er habe die Berufung in den Senat und ein Geldgeschenk von mindestens einer Million Sesterzen und dazu ein Landgut in Campanien erwartet. Ohne ihn hätte doch Anicetus die Beseitigung von Agrippina Augusta nicht bewerkstelligen und den Caesar und das römische Gemeinwesen vor einer ungeheueren Gefahr erretten können. In kleinerem Kreise, ergänzte Maximus Scaurus, ginge Volusius so weit, für die schlechte Behandlung, die ihm widerfahren sei, Nero Caesar Rache zu schwören.

Ich habe Alexis zu diesen Gesprächen hinzugezogen. Daß er alle

Gefahren, die ihm die Sohnschaft bringen könnte, freudig auf sich nimmt, das weiß ich. Aber er soll sie kennen, um ihnen begegnen zu können.
Ob mein geschichtsschreibender Freund Fabius Rusticus uns auf der Reise nach Campanien begleiten kann, steht noch nicht fest. Da ich mir mehr Nachruhm von ihm erwarte als vom Altrömer-Knaben Cornelius Tacitus, soll Alexis für ihn eine Abschrift meiner Lebenserinnerungen herstellen.

Damit begebe ich mich zurück in den Strom der neronischen Frühzeit. Gleich nachdem aus dem Domitier ein Claudier geworden war, veranlaßte Agrippina Augusta den Consul Mammius Pollio, einen Nachkommen des C. Asinius Pollio, dem Vergil seine *Vierte Ekloge* widmete, im Senat den Antrag zu stellen: Der junge Nero solle mit Octavia, der Tochter von Claudius Caesar und Schwester des Britannicus, verlobt werden. Das geschah natürlich auch, aber wenn kraft Senatsbeschluß eine eheliche Verbindung von Onkel und Nichte heute nicht mehr als Blutschande gilt, so konnte man doch nicht gut Bruder und Schwester miteinander verheiraten – war doch Nero durch seine Adoption Bruder der Octavia geworden. Auswege finden sich immer – so ließ man Octavia, ein edles und sittsames Mädchen, rasch in die Familie der Calpurnier aufnehmen.
Dem Himmel schien es aber dennoch nicht zu gefallen – am Tage der Verlobung stand er flammenrot über Rom. Eine nicht ungewöhnliche Naturerscheinung, wahrscheinlich, weil der Südwind Wüstenstaub aus Afrika nach Italien getragen hatte. Aber im Volke galt es als böses Vorzeichen – die Götter schämten sich ob so vieler, gesetzlich dünn verbrämter Blutschande.
Nun stand also mein Zögling auf der gleichen Stufe wie Claudius Caesars echter Sohn Britannicus, dieser im Leben so schöne, nach dem an ihm verübten Giftmord so furchtbar entstellte Knabe. Er war frühreif, ohne altklug zu sein. In seiner Lauterkeit und Aufgeschlossenheit für das Gemeinwohl erinnerte er mich an einen anderen Frühvollendeten: Tiberius Gemellus. Über sein Schicksal schien er nicht im Zweifel zu sein. Allmählich begann ihn sogar seine Dienerschaft zu vernachlässigen, während Agrippina, vor al-

lem, wenn Claudius zugegen war, ihn mit höchst unerwünschten Liebkosungen überschüttete. Der Junge ließ sie spöttisch lächelnd über sich ergehen, denn er durchschaute genau ihre Falschheit.

Agrippinas Macht wuchs von Tag zu Tag. Solange Claudius Caesar lebte und auch noch eine Weile danach, hatte ich darüber nicht zu klagen. Kaum war ihr Sohn zu einem Claudier geworden und mit Octavia verlobt, setzte sie durch, daß in der Hauptstadt der Ubier, wo sie geboren war, eine Veteranenkolonie gegründet werde. Fortan hieß der Ort Colonia Agrippinensis, und als eine Gründung der Kaiserin mußte die neue Stadt in jeder Weise gefördert werden. Ein prächtiger Tempel wurde errichtet, geweiht der Venus Genetrix, als der Stamm-Mutter des Julischen Hauses. Ein Altar, noch aus der Zeit der Feldzüge ihres Vaters Germanicus, wurde von Agrippina vergrößert und modern ausgestattet, zu Ehren von »Roma und Augustus«. Als Nachkommin Divi Augusti war nun Agrippina selber konsekriert als Erbtochter der Göttin Roma.

Wenn man aber so durch und durch göttlichen Geblütes ist, dann darf man auch im Wagen auf das Capitol fahren, eine Ehre, die bislang noch keine Frau genossen, und die nur den höchsten Priestern zusteht, wenn sie die heiligsten Kultbilder zum Tempel des Jupiter Capitolinus oder der Juno Moneta bringen.

Ich war bei dem großen Volksfest zugegen, das Claudius Caesar gab, als der tapfere Britenkönig Caratacus, der uns neun Jahre lang Widerstand geleistet hatte, als Gefangener nach Rom gebracht wurde. Begleitet wurde er von seiner Gattin, seiner Tochter, seinen Brüdern und vielen königlichen Gefolgsmännern. Wie einst der große Gallierfürst Vercingetorix in Julius Caesars Triumphzug, so schlug auch Caratacus die Augen nicht nieder. Weder durch Blicke noch durch Worte bat er um Gnade.

In voller Rüstung umstanden die prätorischen Kohorten das Tribunal des Kaisers – gekrönt mit goldenem Lorbeer, umwallt von der purpurnen, golddurchwirkten Toga, war er nun nicht der stotternde, humpelnde, von Weibern betrogene, von Freigelassenen beherrschte Claudius. Er war das Römische Reich selber, er war der *»Autokrator«* – so übersetzen ja die Griechen unser Wort »Impe-

rator« –, der Herr des Menschengeschlechtes, die Majestät schlechthin des die Welt regierenden Populus Romanus.
Vor solch ausstrahlender Macht ungebeugt dazustehen – das ist Größe, und jener König von der fernen, barbarischen Nebelinsel besaß sie. Seine Rede ist in den Annalen des Reiches aufgezeichnet und in den öffentlichen Archiven bewahrt worden:
»Ave Caesar! Wäre ich im Glück so mäßig gewesen (er spielte darauf an, daß er die ganze Insel hatte unterwerfen wollen) wie ich groß war durch meine Herkunft und meine Macht, so hättest du es nicht verschmäht, mich als Freund und Gast in dieser Stadt zu begrüßen, in der ich jetzt ein Gefangener bin. Wie du bin auch ich der Sproß erlauchter Ahnen, und ich war Herr über zahlreiche Volksstämme. Dein Bundesgenosse hätte ich werden können, und gemeinsam hätten wir den Frieden geschützt. Jetzt ist mein Los so schmählich für mich, wie erhebend für dich. Einst besaß ich Pferde und Mannen und Waffen und Schätze. Ihr wollt die Herren sein der ganzen Welt. Aber muß sich deshalb ein jeder euerem Joche fügen? Wäre es nicht rühmlicher, ihr übtet euere Herrschaft aus als die Ersten in einem Bunde freier Völker?
Hätte ich mich gleich ohne Widerstand in deine Hände geliefert, so hätte die Welt von mir nie gehört noch hätte man deinen Ruhm gesungen. Lässest du mich hinrichten, so wird mein Name und wird dein Triumph über mich bald vergessen sein. Läßt du mich am Leben, so bleibe ich für immer ein Denkmal deiner kaiserlichen Milde.«
Großzügiger als Divus Julius, der Vercingetorix nach sechsjähriger Kerkerhaft hinrichten ließ, begnadigte der Autokrator Claudius den königlichen Gefangenen, seine ganze Familie und alle Gefolgsleute. Die Fesseln wurden ihnen abgenommen – und nun kam der eigentliche Höhepunkt! Sie huldigten nicht nur dem Kaiser, sondern auch Agrippina Augusta, die unfern auf einer anderen Tribüne Platz genommen hatte. Sie trug ein Diadem, wie nur die Statuen der Göttinnen oder orientalischen Herrscherinnen es tragen.
Nach hergebrachten Begriffen, oder was man so die »Sitten der Vorfahren« nennt, war das etwas Unschickliches und Unerhörtes, daß eine Frau römische Truppenteile befehligte und die Huldigung

unterworfener Fürsten entgegennahm. Aber sie handelte als die Mitinhaberin des Thrones, den ihre Vorfahren geschaffen hatten.
Nicht lange nach diesem Fest riet sie mir, mich des Caratacus anzunehmen, der nun frei und als ein Freund des Kaisers in Rom lebte, aber immer noch gute Beziehungen zu seiner Heimatinsel unterhielt. Denkwürdig bleibt mir sein Ausruf, als er als freier Mann in meiner Begleitung zum ersten Male einen Rundgang durch Rom machte: »Wie könnt ihr, die ihr so viele und so herrliche Besitztümer habt, euch nach unsern armen Zelten gelüsten lassen?«
Die Kämpfe in Britannien gingen noch weiter, trotz Caratacus' Gefangennahme. In seinen Ratschlägen war viel Vernünftiges: Wir sollten doch, statt nur mit Waffen, die Insel durch unsere feinere Lebensart zu erobern trachten. Heute schon verlangten die britischen Adeligen nach römischen Luxuswaren – Schmuck, Glas, schönes Eßgeschirr, Metallarbeiten und nicht zuletzt nach Wein! Sie pflanzten jetzt zwar auch etwas Wein, aber der sei doch recht sauer, und eigentlich könne man die Trauben nur in Brennereien zu einem recht üblen, stark berauschenden Gesöff verwerten. Zahlen könnten seine Landsleute für alle Importe mit Getreide, Vieh, Häuten, Jagdhunden, hübschen jungen Sklaven und Sklavinnen, blond oder dunkelhaarig, je nach Geschmack, und nicht zuletzt mit Zinn, Gold, Silber und Eisen.
Als ich mich vergewissert hatte, daß er noch über geschäftliche Beziehungen zu seiner Heimatinsel verfügte, kam das erste Handelsabkommen zustande: Ich lieferte von meinen hispanischen Weinen auf dem Seeweg erst ein paar hundert, dann allmählich bis zu zehntausend Amphoren jährlich nach Britannien. Auch die erste größere Entwicklungsanleihe haben wir vereinbart, zehn Millionen Sesterzen, zu dem für Übersee-Geschäfte zulässigen Zinsfuß von 12 Prozent per annum. Das Geld wurde Gemeinden und Stammesfürsten zur Verfügung gestellt, durch unser Handelshaus in Londinium, eine Filiale der Firma Titus Pomponius Atticus, für die ich in meiner Jugend gearbeitet habe und die inzwischen zu einem großen Teil in meinen Besitz übergegangen ist. Daß ich mir diese Anleihe, deren Gesamtsumme schließlich auf vierzig Millionen Sesterzen anstieg, von den Prokuratoren in Britannien garantieren und mir von den

britischen Empfängern Sicherheiten verschreiben ließ, kann man mir nicht übelnehmen.

Die 12 Prozent, die man mir immer noch vorwirft, liegen tief unter dem Zinssatz, den der »edle Brutus« den unglücklichen Bewohnern auf unserer neuerworbenen Inselkolonie Cypern abverlangte. Das waren 48 Prozent. Und doch preist man diesen törichten Caesarenmörder, zusammen mit seinem Schwiegervater, dem Tugendbold Cato Uticensis, als »letzten Römer«. Um sein Geld einzutreiben, hat der edle Mann sogar militärische Hilfe angefordert.

Da mir Claudius Caesar nach wie vor mißtrauisch gegenüberstand, war ich in den ersten Jahren nach meiner Rückkehr völlig auf die Hilfe Agrippina Augustas angewiesen. Durch sie konnte ich allerlei, woran mir lag, durchsetzen. So stellte ich ihr vor Augen, daß die wachsende Zahl der Sklaven eine neue Haltung erfordere. Da gab es doch unlängst den Fall der reichen Modedame Manilia, worüber selbst die *Acta Diurna* kritisch berichteten. Sie saß vor ihrem Spiegel, ließ sich von mehreren Mägden die Haare bürsten, stach sie mit einer langen, silbernen Nadel in die Hände, wenn es nicht flink genug ging, und fing schließlich an, sich zu langweilen. Sie ließ ihren Mann rufen, der von ihrem Gelde abhängig ist, und befahl ihm, den jungen Sklaven Rufus, aus der Provinz Galatia, ans Kreuz schlagen zu lassen – vor ihren Augen!

»Aber was hat er denn verbrochen?« stammelte der Ehemann. »Welche Zeugen gibt es? Überlege doch – es geht um ein Menschenleben!«

Worauf das Weib ihn anfauchte: »Du Narr! Ein Sklave ein Mensch? Mag sein, daß er nichts verbrochen hat. Aber ich will es, ich befehle es – statt eines Grundes gelte mein Wille.«

So geschah es dann auch – ihr unsägliches *Hoc volo, sic iubeo sit pro ratione voluntas* ist bereits zum Sprichwort geworden für alles, wessen wir uns in Rom schämen sollten – was uns auf die Stufe mörderischer Druidenpriester stellt.

Daß der Haushalt jener Manilia, wie der zahlloser anderer römischer Familien, von dauernder Furcht vor Rache geschüttelt wird, ist ein geringer Trost. Aber wäre es nicht besser, ein menschlicheres Verhältnis anzustreben, statt von Zeit zu Zeit zu entsetzlichen Strafen greifen zu müssen – die vierhundert Kreuzigungen weniger eine nach der Ermordung des Stadtpräfekten Pedanius Secundus, die Tausenden die Via Appia entlang, wie nach den Sklavenkriegen? Daß die Sklaven Menschen sind wie wir, entspricht, wie Du weißt, meiner Überzeugung. Aber mit solchen Argumenten zu arbeiten, hätte bei Agrippina keinen Sinn gehabt. Nicht daß sie grausam war oder Freude am Quälen empfand, sei es von Sklaven oder von Tieren. Aber man mußte ihr mit Verstandesgründen kommen, nicht mit humanitären.

So sagte ich nicht, was ich eigentlich im Sinne hatte: daß die Sklaven genau wie wir der Macht des Schicksals unterliegen, daß sie atmen, leben, sterben, leiden, lieben wie Du und ich. War mein Alexis kein Mensch, weil sein Großvater bei Pharsalus in Gefangenschaft geriet – wurde er es erst mit fünfzehn Jahren, als Nero Caesar ihn für frei und zum Sohne eines Freigeborenen erklärte?

»Das menschliche Geschlecht wird auf die Dauer nicht bestehen können, zu zwei Dritteln Sklaven, zu einem Drittel frei.« Das sprach ich aus, und es schien ihr Eindruck zu machen. So fuhr ich fort: »Wieviel Sklaven – soviel Feinde! Ein böses Wort, das viel Wahrheit enthält. Die Grenzen des Reiches schützen die Legionen, wer schützt uns im eigenen Hause?«

»Soll ich denn alle meine Sklaven an meine Tafel holen?« fragte sie.

»Genausowenig wie alle Freien. Unsere Vorfahren wußten, worum es ging. Die Herren nannte man ›Hausväter‹, die Sklaven ›Hausgenossen‹. So haben sie die Saturnalien eingeführt ...«

»..., zu deren Beginn dein Sohn geboren wurde«, wie ich einfügte ..., »bei denen Herren und Sklaven zusammen speisten, ja die Rollen vertauschten – den Sklaven gewährte man den Ehrenplatz, ließ sie Recht sprechen und betrachtete das Haus als einen Staat im kleinen. Dies alles, um ihnen zu zeigen, daß sie trotz ihrer dienenden Stellung immer noch Menschen seien.«

Damit kam ich zu meinem Anliegen, ohne eine Bitte auszusprechen –

Es sei in Rom üblich geworden, trug ich ihr vor, daß Herren ihre kranken oder arbeitsunfähigen Sklaven auf der dem Aeskulap geweihten kleinen Tiberinsel aussetzen, nun möge der Gott die Verantwortung übernehmen! Manche seien sogar zu träge, die Unglücklichen dorthin schaffen zu lassen, sie töteten die alten oder kranken Sklaven gleich selber oder ließen sie durch deren Mitsklaven umbringen.

Mir schien, als sei Agrippina Augusta, trotz ihrer Unbeteiligtheit am Schicksal der Sklaven, von meinem Bericht menschlich beeindruckt. Aber das wollte sie nicht zeigen. »Ich werde darüber nachdenken«, sagte sie und entließ mich.

Wenige Tage danach wurde ein kaiserliches Edikt vom Senat einstimmig zum Gesetz erhoben: Sklaven, die auf der Aeskulap-Insel ausgesetzt werden, erlangten damit die Freiheit. Im Falle ihrer Genesung bräuchten sie nicht in den Dienst ihrer früheren Herren zurückkehren. Wenn aber ein Herr einen Sklaven töte, solle er des Mordes angeklagt werden.

Ich rechne diese erste Schutzbestimmung, die es irgendwo in der Welt gibt, zu den bleibenden Erfolgen meines Lebens, wichtiger vielleicht als alle politischen und militärischen, die ich später noch erzielen durfte.

Am Zustandekommen einer weiteren Maßnahme Claudius Caesars habe ich zwar mitgewirkt, kann aber nicht das ausschließliche Verdienst dafür in Anspruch nehmen. Es ist sein Verbot des Druidenkultes in Gallien und Britannien. Ich hatte Agrippina Augusta in vertraulichen Gesprächen von den furchtbaren Erfahrungen berichtet, die wir während eines Aufstands in Britannien machten. Caratacus verdankte ich weitere Einzelheiten. Ich weiß, daß sie all dies ihrem Gemahl vortrug und ihn damit zu diesem Verbot bewog. Bringen doch die Druidenpriester immer noch Menschenopfer dar. Vielfach, ehe sie sie töten, foltern sie ihre Gefangenen zu Ehren ihrer bösen, dunklen Geister – Götter kann man sie nicht nennen –. Noch lebend reißen sie den Opfern Herz und Eingeweide heraus, um sie für ihre Zukunftsdeutungen zu benützen. Sie besprengen sich und die Teilnehmer an diesen dämonischen Festen mit dem heißen Blute. Ja es wird behauptet, sie verzehrten Teile noch zukkenden Fleisches. Schon Divus Julius hat in seinen *Kommentarien* zum Gallischen Kriege davon berichtet.

Überall bilden die druidischen Priester Widerstandsnester gegen unsere Herrschaft. Aus Gallien sind viele von ihnen nach Britannien geflohen, um von dort aus weiterzuhetzen. Später hat man bei der Eroberung der Insel Mona, eines Horts der schwarzen Magie, neue Abscheulichkeiten entdeckt.

Zwei Jahre nach meiner Rückkehr veranlaßte Agrippina Augusta ihren Gemahl, die Befehlshaber der prätorischen Kohorten, Rufrius Crispinus und Lusius Geta, abzusetzen. Rufrius Crispinus war damals mit Poppaea Sabina vermählt, jetzt, als Nachfolgerin von Octavia Augusta, unserer regierenden Kaiserin. Agrippina Augusta wies auf Eifersüchteleien zwischen den beiden Befehlshabern hin. Das schaffe Unruhe unter den Soldaten. Besser sei es, die Führung aller prätorischen Kohorten in *eine* Hand zu legen. Der Mann ihrer Wahl war niemand anderer als unser Mittelsmann von einst, Sextus Afranius Burrus! Claudius Caesar stimmte sofort zu, als Agrippina ihn daran erinnerte, daß die Kohorte des damaligen Centurios Burrus ihm zum Throne verholfen habe. Seine Treue und menschliche Lauterkeit seien erwiesen.

Daß sie mit seiner Dankbarkeit rechnete, wie mit der meinen, kann man ihr nicht verdenken.

Burrus und ich, beide italischer Abstammung, aber aus westlichen Provinzen mit einem Tropfen keltischen Blutes, haben als Freunde vertrauensvoll zusammen gearbeitet, bis zu seinem Tode, jetzt vor zwei Jahren. Entgegen einer weitverbreiteten Meinung, die in Anbetracht der Zeitläufte nicht verwunderlich ist, starb er nicht durch Gift. Mein Vetter Statius Annaeus hat ihn selber gepflegt. Seiner Meinung nach dürfte es sich um Kehlkopfkrebs gehandelt haben. Burrus' Hals schwoll innerlich immer mehr an, bis ihn schließlich keine ärztliche Kunst vor dem Ersticken retten konnte. Statius Annaeus hatte auch überlegt, ihn nach Ägypten zu schicken, wo man schon mehrfach Krebsoperationen meisterhaft durchgeführt hat. Auch soll es dort Mittel geben, durch die der Eingriff schmerzlos vollzogen werden kann. Aber es war schon zu spät, da der Kranke, pflichttreu bis zum letzten, sich weigerte, rechtzeitig die Reise anzutreten.

Burrus, das muß ich offen zugeben, hat oft mehr Mannesmut ge-

zeigt als ich. So hat er sich viel entscheidener der Scheidung Nero Caesars von seiner unglücklichen Gemahlin Octavia Augusta widersetzt. Als Nero Caesar ihn umstimmen wollte und ihn aufforderte, seine Meinung zu überprüfen, hat er scharf und kurz geantwortet:
»Wenn ich mich zu etwas geäußert habe, frage mich nicht noch einmal!«

Aber um zum Heute zurückzukehren, mein Lucilius: Es war ein recht guter Tag. Ungestört konnte ich Alexis diktieren und selber einige Aufzeichnungen machen. Kein Besucher, nicht einmal ein willkommener, unterbrach mich bei der Arbeit, die ich jetzt meist im Liegen mache. Nur wenig Zeit habe ich den gewohnten Leibesübungen gewidmet. Von meinem appischen Landhaus sind einige meiner Lieblingssklaven angekommen, die ich alle in meinem Testament bedenken will. Unter ihnen ist auch mein »Turnlehrer«, ein liebenswerter, ganz süßer Junge, den ich Amyntas nenne. Er ist erst neun Jahre alt, ist griechischer Abstammung und in Pharos geboren. Die Familie hat seit den ersten Ptolemäern in Ägypten gelebt. Sein Urgroßvater kämpfte in den Reihen von Marcus Antonius, und so wurde er nach der Schlacht von Actium als Sklave nach Rom gebracht. Alexis liebt ihn wie einen kleinen Bruder und kümmert sich um seine Erziehung. Scherzhaft sagt er sogar schon, daß er ihn, wenn ich einverstanden sei, eines Tages adoptieren wolle. Warum nicht? Polla Argentaria, das sittsame Weib meines kleinen Neffen Lucan, scheint keine Kinder bekommen zu können oder zu wollen.
So würde mein Name in geistiger Sohnschaft weiterleben, in Trägern griechischen Blutes und römischer Tradition! Aber Alexis ist erst 18 Jahre alt, und man braucht sich mit dieser Frage noch nicht zu befassen. Dennoch freut es mich, daß er über solche Dinge nachdenkt.
Im Wettlauf schlägt mich der kleine Amyntas übrigens schon. Recht witzig meint er, wir hätten doch das gleiche Alter, denn uns beiden fielen die Zähne aus. Aber er steigt aufwärts, ich abwärts ...
Nach dieser Anstrengung – sportliche Übung wäre zuviel gesagt –

ging ich ins kalte Bad. Ich nenne es immer noch so, in Erinnerung an meine Bäder in Corsica. In Wirklichkeit ist es lauwarm! Ich sehe es schon kommen: Bald werde ich einem der »Laster« frönen, die uns, unter manchen anderen, die Britenkönigin Baudicca – möge die Erde ihr leicht sein! – vorgeworfen hat, nämlich warm zu baden!

25. Kapitel

Welche Götter es auch geben mag – sie waren mir damals gewogen. Gleichzeitig mit der Ernennung von Afranius Burrus zum Präfekten der prätorischen Kohorten erhielt mein Bruder Novatus, genannt Lucius Junius Gallio, zusammen mit Claudius Caesar das Consulat. Wenn auch dieser dem Namen nach immer noch höchsten Würde des Gemeinwesens nicht mehr die alte Bedeutung zukam, so war doch noch eine erhebliche Einflußmöglichkeit mit ihr verbunden. Auch bemühte sich Claudius Caesar, nach außen den Anschein republikanischer Freiheit aufrecht zu erhalten. Auf seine Eitelkeit konnte Rücksicht genommen werden, indem man die Handlungen des anderen Consuls ihm gutschrieb. Verbunden mit dem Einfluß, den Agrippina Augusta ausübte, war mir damit eine noch größere Handlungsfreiheit gegeben.
Nicht gelang es meinem Bruder und mir, die erfolgreiche Wiederaufnahme der Politik in Germanien, wie sie vor der Varus-Schlacht bestand, zu Ende zu führen. Cnaeus Domitius Corbulo hatte als Legat in Untergermanien die alte, strenge Zucht wieder eingeführt. Viele Legionäre hatten nämlich die Lust am Dienst und an den Schanzarbeiten verloren und gingen auf kleine Plündereien aus – die sie »Andenkensammeln« nannten. Der Wacht- und Postendienst mußte bei Tag und Nacht wieder bewaffnet ausgeführt werden. Einen Legionär ließ er hinrichten, weil dieser ohne Waffen in den Schanzgräben arbeitete, und einen anderen, weil er nur einen Dolch bei sich trug.
Dieses strenge Regiment hat unsere Leute stärker und mutiger und die Barbaren zaghafter gemacht. Dazu kam, daß er der Seeräuberei an der gallischen und germanischen Küste Einhalt gebot. Nach

dem Tode von Corbulos Vorgänger, des Legaten Quintus Sanquinius Maximus, da unsere Legionen als führerlos erschienen, waren die Chatten in Niedergermanien eingebrochen. Einer ihrer Anführer, römisch ausgebildet und dann desertiert, ein gewisser Gannascus vom Stamme der Kanninefatten, organisierte gleichzeitig die Seeräuberei. Mit seinen kleinen Schiffen lief er in gallischen Häfen ein, raubte, plünderte ungestraft – dank des unkriegerisch gewordenen Wesens vieler Gallier.

Corbulo ließ seine eigenen Schiffe rheinabwärts fahren und weitere auf den Kanälen herbeikommen. Die feindlichen Boote wurden samt und sonders in Grund gebohrt, und damit stellte er die Autorität Roms im ganzen nördlichen Gebiete wieder her. Als aber der Seeräuberführer Gannascus, nicht ohne Zutun von Corbulo, bei den Groß-Chauken, wo er Zuflucht gesucht hatte, getötet wurde, kam es erneut zu einem Aufstand.

Die Legionen standen schon tief in Feindesland, einige Vorposten hatten bereits das Gebiet der Langobarden erreicht und schickten sich an, Brücken über die Albis zu bauen. Da erreichte den Legaten der Befehl Claudius Caesars, die vorgeschobenen Truppen auf das linke Rheinufer zurückzuziehen. Viele Gedanken stürmten auf ihn ein – Ehrfurcht vor dem Kaiser – die Verachtung der Barbaren – der Spott der Bundesgenossen. Aber er sagte nichts weiter als: »Wie glücklich waren einst die Feldherrn Roms« ... wohl in Erinnerung an Julius Caesars Unterwerfung von ganz Gallien, unbekümmert um irgendwelche Weisungen aus der Hauptstadt. Dann gab er Befehl zum Rückzug.

Damit das faule Leben der Soldaten nicht wieder anfinge, gab er Auftrag, zwischen Maas und Rhein einen Kanal zu bauen, 23 Meilen lang. Damit wurden die Fahrten auf dem gefährlichen Ozean überflüssig.

Erfolgreicher waren Gallio und ich in der Behandlung der führenden Geschlechter des jenseitigen Gallien. Seit langem war darüber gesprochen worden – viele gallische Adelige besaßen längst das römische Bürgerrecht, nun sollten sie auch zum Senat und zu hohen Staatsämtern zugelassen werden. Wieso nicht – stammte doch Afranius Burrus auch aus Gallien!

Seit Jahren wurden von einer verknöcherten Adelsclique, die für ihre Sonderstellung bangte, die alten, abgedroschenen Argumente dagegen vorgebracht: Ursprünglich seien überhaupt nur geborene Römer in den Senat berufen worden, dann habe man ganz überflüssigerweise die Veneter und Insubrer aus der Gegend von Mediolanum hereingeholt. Müssen jetzt ganze Scharen von Ausländern kommen und uns geradezu zu Gefangenen machen? Welches Vorrecht bleibt dann noch den Resten des alten Adels und den armen Senatoren latinischen Stammes? Alles wird von diesen neureichen Männern in Beschlag genommen – Gallier noch dazu, deren Vorväter feindliche Stämme gegen uns führten, unsere Heere niedermetzelten, den Divus Julius in Alesia belagerten? Das alles habe sich in jüngster Zeit abgespielt, und wenn wir gar noch weiter zurückgehen! Da waren es doch die Gallier, die die gottgeweihten Schätze aus dem Capitol raubten! Mögen sie römische Bürger heißen, aber die Abzeichen von Senatoren und hohen Staatsbeamten dürfen sie nicht erniedrigen!

Also alles Einwände von Leuten, die ihre Vergangenheit nicht bewältigen können und die meinen, ein paar Familien könnten ein Weltreich aus hundert und mehr Nationen beherrschen, wie einst ihre Vorfahren das kleine latinische Landstädtchen Rom!

Claudius Caesar hatte sich verdienstvollerweise schon mehrmals gegen solche wirklichkeitsfremde Ausflüchte gewandt – aber nicht kraftvoll genug, in stotternder, unzusammenhängender Rede. Durch die Vermittlung von Agrippina, die das sehr taktvoll machte, wurde ich nun gebeten, den Entwurf für eine kaiserliche Erwiderung im Senat zu erarbeiten. Wie es sich dann ergab, hat Claudius Caesar meine Vorschläge ziemlich wörtlich vorgetragen, denn sie kamen seiner Vorliebe für geschichtliche Betrachtungen entgegen! Auch die Claudier seien ursprünglich nicht römisch gewesen – ihr Ahnherr Clausus stammte aus dem Sabinerland und wurde gleichzeitig mit dem römischen Bürgerrecht in die Patrizierfamilien aufgenommen. Als Staatsoberhaupt obliege ihm die Pflicht, alles Bedeutende nach Rom zu verpflanzen. Die Julier stammten aus Alba Longa, andere große Familien aus Tusculum, Etrurien, Lucanien. So ist schließlich ein einheitliches Italien entstanden, bis hin zu den

Alpenrändern – denn nicht nur einzelne Männer, sondern ganze Landschaften wurden zu Römern, ihre Stämme wuchsen zusammen zu *einem* Volke.
Manche der versammelten Väter mögen es nicht gerne gehört haben, als er fortfuhr: durch die Aufnahme der kräftigsten Leute aus den Provinzen in unsere Legionen, durch die Ansiedlung der Veteranen in allen Ländern der Erde haben wir dem erschöpften Römischen Reiche einen neuen Rückhalt gegeben!
Er nannte nicht unsern Namen, sagte aber doch, ob es denn ein Unglück sei, daß hervorragende Familien aus Hispanien und treffliche Männer aus Gallien nach Rom übersiedelt seien?
Wichtig schien mir auch, daß er die folgenden Stellen ungekürzt vortrug: »Was war denn trotz ihrer kriegerischen Erfolge das Verhängnis der Athener und Lakedämonier? Nichts anderes, als daß sie sich die Unterworfenen als Ausländer fern hielten. Wie weise war dagegen Romulus, daß er viele Völkerschaften, mit denen er im Kriege gelegen hatte, gleich bei Friedensschluß zu Mitbürgern machte. Fremdlinge waren es, die Könige von Rom wurden ...«
Doch nun kam eine Einschiebung, die nicht von mir stammte: »Freigelassenen hohe Staatsämter zu übertragen, ist keine neue Erfindung, wie so viele wähnen, sondern von alters her beim Volke in Gebrauch ...«
Man solle doch endlich aufhören mit diesen überlebten Geschichten von den bösen Galliern, die Rom erobert und geplündert haben! Heute leben wir mit ihnen in einem dauernden und aufrechten Frieden, schon sind sie durch ihre Lebensgewohnheiten, durch die Wissenschaften und Verschwägerungen mit uns verbunden. Ihr Gold und ihre Schätze bringen sie lieber zu uns, als daß sie sie für sich allein behalten.
Er schloß: »Alles, was man heute für uralt hält, war einmal eine Neuerung. Denn die geschichtliche Entwicklung geht weiter: nach den patrizischen Beamten kamen plebejische, nach den plebejischen latinische und danach solche aus allen anderen italischen Völkerschaften. Auch die jetzige Neuerung wird zu etwas altem werden, und was wir heute durch Beispiele aus der Vergangenheit zu beweisen suchen, wird eines Tages als Beispiel angeführt werden.«

Der Senat hat hierauf einstimmig beschlossen, als ersten der gallischen Stämme die Äduer in seine Reihen aufzunehmen!

Das Interesse meines jungen Zöglings gewann ich dadurch, daß ich ihn auf Vergil hinwies: In seinen berühmten Versen, die Roms Aufgabe schildern – mit Macht zu herrschen, die Völker die Sitten des Friedens zu lehren, die Unterworfenen zu schonen, doch zu brechen den Trotz der Empörer –, habe der Dichter nicht an stadtrömische Geschlechter gedacht – Rom müsse eins werden mit dem menschlichen Geschlechte, eine Stadt über allen Städten, eine Gemeinschaft, größer als alle einzelnen Völkerschaften zusammen. Nur ein solches Rom, und nur ein Herrscherhaus, das ihm diene, dürfe sagen, daß »nur das Weltmeer die irdische Grenze und nur die Sterne die Grenze des Ruhmes seien«.
Noch vor Ablauf seines Consulatjahres wurde meinem Bruder Gallio die Provinz Achaia, mit dem Amtssitz in Korinth, zugewiesen. So kam es, daß ich schon in den letzten Jahren der Herrschaft von Claudius Caesar mit einigen Schriften jenes Paulus bekannt wurde – Du weißt, es ist der Mann, den zu richten mein Bruder ablehnte. Denn wie sollte er auch entscheiden, welche Art der Gottesverehrung nach dem Gesetze der Hebräer die richtige sei! Es möge doch ein jeder dem Göttlichen dienen, wie es ihm gemäß ist, und glücklich werden, wie es seiner Eigenart entspricht.
Persönlich kennengelernt habe ich den Tarsiten erst später, zwei Jahre vor dem Tode des Burrus. Er hat klug von seinem römischen Bürgerrecht Gebrauch gemacht, indem er an Nero Caesar appellierte, obgleich er bereits von unsern Prokuratoren von Judaea, Marcus Antonius Felix und Porcius Festus, als unschuldig im Sinne des Gesetzes befunden worden war. Auch der Klienten-König Herodes Agrippa II. fand nicht, daß er irgend etwas getan habe, was den Tod oder auch nur Gefängnis verdiene. Der König soll sogar ausgerufen haben: »Paulus, es fehlt nicht viel, und du überredest mich, daß ich ein Christianus würde!« Worauf Paulus geantwortet habe, er wünschte, daß nicht nur der König, sondern alle Menschen es würden! Nun hatte sich Gallio unter den Hebräern, als er den Paulus freiließ, viele Feinde gemacht, und er mußte damit rechnen, daß sie

ihn in Rom verleumden würden. Hier haben sie ja viele Glaubensgenossen. Aus den Prozeßakten, mit denen ich mich amtlich zu befassen hatte, konnte ich ersehen, daß die rachsüchtigen Priester in Jerusalem schon den Prokurator Pontius Pilatus unter Druck setzten: »Wenn du diesen freiläßt, bist du kein Freund des Kaisers.« Was immer sie meinem Bruder angedroht haben mögen, er war aus besserem Stoffe als jener Pilatus und ließ sich in seinem Urteil nicht beirren. Daß er dennoch Vorsorge traf, um sich gegebenenfalls verteidigen zu können, und daß er überdies pflichtgemäß feststellen ließ, wie es um die wahren Gedanken und Pläne jenes Mannes stehe, das ist selbstverständlich. Er hat daher seine nachgeordneten Behörden in der ganzen Provinz Achaia angewiesen, alle Schriften dieses Mannes, um den herum dauernd so viel Unruhe herrsche, aufzutreiben. Vor allem interessierte es Gallio, die Briefe kennenzulernen, die er an seine Anhänger und Jünger in den verschiedenen Städten Griechenlands, die er besuchte, gerichtet hat. Es war übrigens nicht schwer, in den Besitz dieser Schriften zu gelangen, sie wurden stets willig herausgegeben, gleich in mehreren Exemplaren. Gallio behielt je eines davon und sandte mir die anderen mit der Bitte, als verantwortlicher Ratgeber erst von Claudius, dann von Nero Caesar, den Inhalt genau zu prüfen, und, wenn nötig, ihn, Gallio, beim Kaiser zu verteidigen.

Ich habe Dir ja schon früher geschrieben, daß ich auf erstaunliche Parallelen stieß zwischen den Auffassungen des Paulus und den meinen und der ganzen stoischen Schule. Daß unser Leib nicht das Heim, sondern nur eine Herberge ist, und das nur für kurze Zeit – daß des Menschen Seele aus höheren Sphären stammt und daß, wer sich seiner Herkunft erinnert, auch das Ziel seiner Wanderung kennt, und daß unser Todestag in Wahrheit der Geburtstag der Ewigkeit sei – all diese Gedanken, die Du seit Jahren aus meinen Schriften kennst, ich habe sie bei diesem Zeltmacher aus Tarsos, dessen Griechisch und Latein ich überdies bewundere, wiedergefunden. Hier ein Beispiel:

»Da ich ein Kind war, da redete ich wie ein Kind und war klug wie ein Kind und hatte kindische Vorstellungen; da ich aber ein Mann wurde, tat ich ab, was kindisch war. Jetzt sehen wir wie durch einen

Spiegel, in einem dunklen Worte – dann aber von Angesicht zu Angesicht.«
Das steht in einem Sendschreiben jenes Mannes aus Tarsos, gerichtet an seine Anhänger in Korinth. Dort blieb er volle zwei Jahre, nachdem ihn mein Bruder Gallio vor seinen eifernden, ehemaligen Glaubensgenossen gerettet hatte.
Ebensogut hätte ich jene Worte schreiben können, wenn Du Dich an einen Brief erinnerst, den ich Dir sandte, lange ehe ich mit den Schriften des Tarsiten bekannt wurde:
»Ich weiß, der Tag kommt, da sich alle Geheimnisse der Natur enthüllen werden. Die Finsternis wird schwinden, von allen Seiten wird das helle Licht der Erkenntnis hereinbrechen. Kein Schatten wird die strahlende Helle trüben. Dann wirst Du sagen: ›Im Dunkel habe ich gelebt‹, wenn Du erst mit voller Sehkraft das wahre Licht schaust, das Du auf Erden nur durch den engen Spalt Deiner Augen matt erblicktest und das Du nur aus der Ferne bewundern konntest. Wie wird das göttliche Licht Dir erstrahlen!«
Im Sendschreiben an die Korinther finde ich diese Stelle:
»Ihr seid Gottes Tempel, und der Geist Gottes wohnt in Euch. Euer Leib ist ein Tempel des Heiligen Geistes.« Dir, mein Lucilius, habe ich vor etlichen Jahren geschrieben: »Gott ist Dir nahe, Er ist in Dir, ein heiliger Geist wohnt in uns. Niemand ist vollkommen ohne Gott. Oder vermag sich ein Mensch ohne Gottes Hilfe über sein Schicksal zu erheben?«
Was soll's? Viele weitere Gedankengänge könnte ich anführen, einmal aus seinen, dann aus meinen Schriften. Keiner hat von dem anderen etwas entlehnt. Unsere Erkenntnisse stammen eben aus der gleichen Quelle, wie das Licht immer dasselbe ist, der Sonne, des Mondes, der Sterne. Selbst daß wir Menschen Leuchten schaffen und die Nacht zum Tage machen können – doch nur, weil es das *Licht* gibt.
Vom politischen Standpunkt aus – und damit sollte ich mich in erster Linie befassen – fand ich weder in seinem Gehaben noch in seinen Lehren staatsgefährdende Elemente. Zu seinem Schutze und damit auch meines Bruders Gallio, habe ich viel von dem gesammelt, was seine unbedingte Treue zu Rom und dessen Gesetzen be-

weisen kann. So nimmt er zum Unterschied von seinen höchst unduldsamen früheren Glaubensgenossen, die ihn jetzt verderben möchten, an Darstellungen von Tieren, Menschen und Göttern keinen Anstoß. Auch nicht an den Caesarenköpfen und ihren Umschriften auf unsern Münzen: *Divi Filius* auf denen von Caesar Augustus, *Divi Augusti Filius, Divi Nepos* auf denen Tiberius Caesars. »Daß man Caesarenmünzen nicht als Steuergroschen verwenden darf«, sagte er mit harter Stimme, »das ist doch nur, damit die Geldwechsler im Tempel von Jerusalem ihre Geschäfte machen können. Aber mein Meister hat sie hinausgetrieben.«

Er zählt die Jahre nicht »seit Erschaffung der Welt« – ein höchst unsicheres Datum! –, sondern vernünftigerweise *Ab Urbe Condita.* Auch bedient er sich des von Julius Caesar angeordneten Kalenders und der römischen Monatsnamen. Wichtig ist ferner, daß er gegen die Opposition selbst einiger seiner neuen Glaubensgenossen eine Befreiung von hebräischen Gebräuchen durchsetzte. Wer Schweinefleisch essen will oder Austern (die ich persönlich nicht leiden kann), mag es tun, und niemand braucht sich mehr beschneiden zu lassen. Das wäre auch eine Zumutung für griechische und römische Jünglinge, eine so schmerzhafte und entstellende Operation! Mich schaudert es bei dem Gedanken, wie häßlich die Götterstatuen aussehen würden, Hermes' und Apollos und griechischer Athleten, wären die Bildhauer Hebräer gewesen ...!

Die Tatsache allein, daß er sich auf den Kaiser berufen hat, ist ein Ruhmesblatt für unsere Rechtssicherheit. Da wird für einen unbekannten, hebräischen Zeltmacher aus Tarsos, weil er von Geburt römischer Bürger ist, das ganze Römische Reich in Bewegung gesetzt! Wenn man allein die Kosten bedenkt: Bewachungsmannschaften, Schiffbruch auf Melita, Versorgung viele Monate lang, ein neues alexandrinisches Schiff, das ihn endlich nach Puteoli bringt. Dann in Rom in so mildem Gewahrsam, daß er öffentlich predigen und mich und wahrscheinlich noch viele andere besuchen kann.

Aber auch all seine anderen Reisen, von denen er berichtet: Asien–Europa und zurück, Makedonien, Griechenland, Cypern – ohne unsere Straßen, Poststationen, Legionslager und Straßenpolizei wäre dies nicht möglich.

Der Tarsite weiß also genau, was er uns zu verdanken hat. Divus Augustus nennt er einen »Gottgesandten«, unter dem »die Zeit erfüllt war«. Durch sein Gebot vom Jahre 753, daß alle Welt geschätzt werde, habe er ein Prophetenwort verwirklichen geholfen, nach dem der Erwartete in einer bestimmten kleinen Stadt geboren werden sollte. Einer seiner Freunde, berichtete er mir, ein griechischer Arzt namens Lukas, habe eine Schrift verfaßt, die Caesar Augustus in den Mittelpunkt eines heiligen Geschehens stelle. Der gleiche Lukas habe auch Tiberius Caesar in einem wichtigen und ehrenvollen Zusammenhang genannt.
»So werden die Namen von Caesar Augustus und von Tiberius Caesar auf den Lippen der Menschen sein, bis an das Ende der Zeit«, fügte er hinzu, nicht ohne einen Anflug seines ererbten hebräischen Hochmuts. Dies werde ich für mich behalten, denn es könnte klingen, als ob er seinem Kulte eine längere Lebensdauer beschiede als dem Römischen Reiche.
Wie ich durch Gallio erfuhr, hat der Tarsite, ehe er nach Korinth kam, sogar vor den spottsüchtigen Athenern im Areopag eine Rede gehalten: Sein Gott sei der »unbekannte Gott«, dem die Athener einen Altar geweiht hätten. Eine sehr kluge Beobachtung! Entscheidend dürften aber, gemäß Gallios Bericht, die folgenden Bemerkungen sein: »Gott, der die Welt erschaffen hat, hat gemacht aus *einem* Blute aller Menschen Geschlechter, um auf dem ganzen Erdboden zu wohnen.« Dann wieder Sätze, die meinen Schriften entnommen sein könnten: »Die Menschen brauchen nicht weit zu gehen, wenn sie Gott finden wollen, denn Er ist nicht ferne von einem jeglichen von uns.«
Es ist, wie ich Dir schrieb, nichts Heimliches in seinen Episteln, doch bedarf es manchmal eines Schlüssels, um den Sinn zu erfassen. So finden sich in den beiden Sendschreiben an seine Jünger in Thessalonike einige höchst merkwürdige Sätze: Kommen werde der »Mann der Sünde – das Kind des Verderbens«, der Widersacher von allem, was göttlich und menschlich ist. Ein Untergang in Feuer und Grauen, wie er auch schon von seinem »Meister« vorausgesagt worden sei.
Du weißt, mein Lucilius, daß mich ähnliche Gesichte des Schrek-

kens seit langem verfolgen. Ich sehe unsere Fluren und Städte verwüstet, unsere Tempel zerschlagen, unsere Altäre verhöhnt und geschändet ...

Eine Zeit sehe ich also kommen, in der es kein Recht mehr geben wird, kein Gesetz, keinen Frieden zwischen den Völkern, nicht einmal mehr einen schlechten. Volk wider Volk, Stamm wider Stamm, Eltern wider Kinder, Kinder wider die Eltern.

Schon Vergil muß solche Bilder des Grauens geschaut haben, als er in seiner *Zweiten Georgica* schrieb:

> »Hier ist Recht ja und Unrecht verkehrt, Wie die Kriege auf Erden wachsen / So heben in grausiger Zahl ihr Haupt die Verbrechen ... Nachbarstädte zertreten das Recht und heben die Waffen wider einander. Bruderkrieg tobt überall auf dem Erdkreis ...«

In jenem Sendschreiben an die Thessaloniker steht: »Erinnert Ihr Euch an das, was ich Euch sagte, als ich noch bei Euch war? Jetzt wißt Ihr doch um das Hindernis, welches das Kommen des Verderbens aufhält und das erst hinweggenommen werden muß, ehe es losbricht.«

Auf meine Frage, was er damit meine, hat er ohne zu zögern geantwortet: »Das Hindernis, das dem Verderben noch entgegenwirkt, ist das Römische Reich – sein weltweites Recht, die Pax Augusta.«

Wie richtig war es also, daß Gallio ihn gegen seine geifernden Feinde schützte. Setzte sich Paulus durch, bliebe uns der drohende Aufstand in Judaea erspart.

Bei einem seiner letzten Besuche wußte er noch von zwei Römern zu berichten, »die sehr vornehmer Abstammung waren« – wobei man ihm manchmal eben doch noch den kleinen Handwerker aus Tarsos anmerkt, trotz all seiner Gotterfülltheit und Selbstsicherheit.

Beide waren sie Offiziere der Dritten Syrischen Legion *Gallica,* die bekanntlich Hellios-Apollo und Mithras als ihre Schutzgötter verehren.

»Dadurch sind sie vielleicht schon frühzeitig auf die kosmische Bedeutung der Logosinkarnation und auf die Möglichkeit eines

göttlich-menschlichen Mittlers vorbereitet worden«, sagte er. Wie er überhaupt in Gesprächen mit mir gerne solche Begriffe verwendet, von denen er annimmt, daß sie meinem philosophischen Wortschatz mehr entsprächen als etwa hebräische Ausdrücke.
»Der ältere der beiden«, fuhr er fort, »war Befehlshaber der Garnison in Kapharnaum am See Genezareth, der Centurio Gnaeus Cornelius Lentulus, ein naher Verwandter von –«
»Ich weiß«, unterbrach ich ihn etwas ungeduldig, »des damaligen, höchst verdienstvollen Legaten von Obergermanien und Freundes von Tiberius Caesar, des Consulars Gnaeus Cornelius Lentulus Gaetulicus.«
Er nickte befriedigt. »Dieser Centurio erbat sich in frommen Sätzen, die mein Freund Lukas gleichfalls aufgezeichnet hat, die Heilung seines Knechtes, und durch ein bloßes Wort wurde sie ihm gewährt.«
Aus Indien und Ägypten waren mir ähnliche Heilungen bekannt. Also schwieg ich, und das schien ihn zu verstimmen. Denn von der Unduldsamkeit seines Volkes hat er ein erhebliches Stück mitbekommen – in allem, was er für die einzige Wahrheit hält, oder doch für die einzig erlaubte.
Der Name des zweiten Centurio ließ mich aufhorchen:
»Ein junger Mann, kaum älter als achtzehn Jahre. Wie man sagt, fürstlichen Blutes, Claudius Julius Italicus.« Der Sohn des Arminius –
Im Zustand der Entrückung schien dem Tarsiten das Tageswissen verlorenzugehen: daß ich die Prozeßakten und manche seiner eigenen Schriften gelesen hatte. Daher verhielt ich mich still, als er mit der Vorsicht eines Eleusispriesters, der einem Nichteingeweihten etwas mitteilen will, fortfuhr:
»Der Centurio Claudius Julius Italicus war im Jahre 786 mit der Dritten Syrischen Legion über die Pascha-Tage nach Jerusalem gekommen. Seine Einheit hatte gemäß dem Befehl des Prokurators Pontius Pilatus den Hügel mit der Richtstätte zu bewachen. Erst tat er wie unbeteiligt seinen Dienst, da er aber sah, was geschah, und den Ausruf hörte: ›Mein Gott, mein Gott, warum hast Du mich verlassen?‹, war er der erste, dem eine Erleuchtung zuteil wurde:

Nicht ein Schrei der Verzweiflung, sondern des stellvertretenden Leidens für die Menschheit, die sich von Gott verlassen fühlt. Ein Hohngelächter der Feinde wollte losbrechen, aber Claudius Julius Italicus gebot wie ein König Schweigen und rief dann mit jugendlich-starker Stimme: ›Dieser Mann war wahrlich Gottes Sohn!‹«
Eine Weile war Stille. Mir schien, als ob der Geist des Tarsiten von einer längeren Reise in seinen Körper zurückkehren müsse.
Bei seinem nächsten Besuch wurde über diese Vorgänge nicht mehr gesprochen. Da ich aber allen seinen Berichten zugehört hatte, nur manchmal fragte, aber nie widersprach, mag er erwartet haben, daß ich wie sein König Agrippa sagen würde:
»Es fehlt nicht viel, und du überredest mich, daß ich ein Christianus würde.«
Statt dessen sagte ich nur: »Was du mir vom Wirken des Geistes Gottes, vom Logos, berichtest, könnte mir zeigen, daß diese Religion, die man jetzt die christliche nennt, schon immer in der Welt war. Dann bräuchte ich nicht Christianus zu werden, ich wäre es bereits.«
Was ihn offensichtlich enttäuschte oder ihm zu bestätigen schien, was man ihm sicherlich von mir erzählt hatte: daß ich auch in der Philosophie keinem System die Ausschließlichkeit einräume. Gibt es doch sowohl bei Epikur wie bei den Stoikern und in den Lehren des Pythagoras beachtenswerte Wahrheiten. Welche von ihnen ist nun die »wahrere«? Sind sie nicht vielmehr alle nur verschiedene Seiten einer und derselben Wahrheit?
Ich habe dann dafür gesorgt, daß er rechtzeitig, ehe die Verfolgungen einsetzten, aus seinem milden römischen Gewahrsam entlassen werde. Aus meiner Geburtsstadt Corduba höre ich, daß er sich längere Zeit dort aufhielt. Die mir seit meiner Kindheit wohlbekannte hebräische Gemeinde habe sich genauso aufgespalten, wie überall, wo er predigte. Ich hoffe nur seinetwegen, daß er nicht so bald nach Rom zurückkehrt. Ich könnte für seine Sicherheit keine Gewähr mehr bieten.

26. Kapitel

Am Himmel steht ein Komet, der unsern Princeps nicht weniger beunruhigt als das gewöhnliche Volk. Als sei dieser leuchtende Haarstern ein rachsüchtiger Höllengeist, wolle ihm Nero Caesar, wie ich aus der Hauptstadt höre, als Sühneopfer das Blut eines hervorragenden Mannes darbringen. Da es aber mehrere hervorragende Männer gibt, hat er mit der Wahl auch die Qual.

Vor einigen Jahren gab es auch auf der Erde gewisse »Vorzeichen« drohenden Unheils: Ein Weib, hieß es, habe eine Giftschlange geboren, ein anderes sei in der Umarmung ihres Mannes vom Blitz erschlagen worden, Kinder mit zwei Köpfen seien geboren worden, und – furchtbarstes aller *Omina:* Ein Schwein warf ein Junges, das Habichtsklauen hatte.

Nero Caesar nimmt dergleichen Dinge gern zum Anlaß, um auf Rat seiner Chaldaeer und Haruspices »das drohende Unglück von sich auf weniger wichtige Römer« abzuwälzen. Claudius Caesar, meint er, habe dies versäumt, als die Götter ihm ähnliche Warnungen sandten: Nicht lange vor der verhängnisvollen Pilzmahlzeit hätten sich unheilverkündende Vögel auf dem Capitol niedergelassen, und daneben, ohne Furcht, in deren Schnäbeln zu verschwinden, hätten sich Tausende von Bienen eingenistet. Häufige Erdbeben erschütterten Campanien, und Blitze steckten Feldzeichen und Soldatenzelte in Brand. Ein bläulich-weißer Kugelblitz sei sogar in den Tempel des Capitolinischen Jupiter gerollt und dort mit lautem Knall zerplatzt.

Welch beschämende Auffassung von der Gottheit, solche Naturerscheinungen als Rechtfertigung, ja Aufforderung zum Menschenmord zu betrachten. Als wenn das Weltall von allmächtigen, lausbübischen Caligulas regiert würde. Doch ist ja heute jeder Vorwand gut genug, um sich mißliebiger Mitbürger zu entledigen. Damals – Burrus lebte noch – gelang es mir, dem Morden Einhalt zu gebieten, indem ich sagte: »Caesar, so viele du auch töten magst, deinen Nachfolger kannst du nicht töten!«

Der Komet, mein Lucilius, ist jetzt so hell, daß man ihn auch am Tage sehen kann. In Campanien will ich von einem Berggipfel aus meine Beobachtungen machen, sei es auf dem Vesuv oder vom höchsten Punkte der steilen Felswand auf Capri. Dort ist die Luft viel reiner und auch öfter wolkenlos. Den Mons Aureus auf Corsica, obgleich dort, wie ich höre, immer noch meine Hütte steht, möchte ich nicht mehr betreten, aber wenn ich mich wohl fühle, besteige ich vielleicht den Mons Epomeus auf Aenaria mit seinen zweitausendfünfhundert Fuß – ein etwas unruhiger Geselle, weil in ihm, nach Meinung des Volkes, ein gefangener Titan, ein Feind Jupiters, haust.

Wenn schon nichts anderes, so hat dieser Komet eine erzieherische Aufgabe – die Menschen zu ermahnen, ihren Blick von der Erde wegzuwenden und zum Himmel zu richten. Selbst die Sonne und den Mond betrachten die meisten nur noch, wenn sie sich verdunkeln, und dann aus törichtem Aberglauben und zitternd vor Furcht. Furcht bewegt die meisten freilich auch beim Anblick des Kometen, statt daß sie dankbar seien für diese herrliche Himmelserscheinung und dankbar dem, der diesen Haarstern auf seine von Menschen noch unerforschte Bahn gesetzt hat. Nur daß sich diese Bahn, anders als die der Planeten, nicht schließt oder erst in unendlicher Ferne, ist bekannt. Vermuten doch manche, daß einige der Kometen in gewaltigen Zeitabständen wiederkehren. Vielleicht daß der Menschengeist erst über sich selber Bescheid wissen muß, ehe er in die Tiefen des Kosmos eindringen kann.

Es sind jetzt ungefähr tausendfünfhundert Jahre, daß man in Griechenland anfing, die Sterne zu zählen und ihnen Namen zu geben. Dennoch gibt es immer noch Völker, die mit Trommeln und wilden Schreien das Untier verjagen möchten, das Sonne und Mond, wenn sie sich verfinstern, aufzufressen droht!

Sicherlich wird eines Tages vieles, was jetzt noch geheimnisvoll erscheint, durch die Genauigkeit der Beobachtungen enträtselt werden. Dann wird man sich wundern, daß uns Römern, die wir uns als gebildet betrachteten, viele offenkundige Tatsachen noch unbekannt waren.
Vielleicht daß wir selber in der vom Qualm und Küchendunst der Großstädte unberührten Luft Campaniens bereits zu tieferen Einblicken in manche Naturgeheimnisse kommen werden.
Heute nur noch das über unsern schönen Kometen: *Mir* hat er, wenn nicht gute – noch kann ich es nicht beurteilen –, so doch wichtige Nachricht gebracht.
Als Pilzweiblein verkleidet erschien eine Frau namens Epicharis bei mir, eine Freigelassene des Senators Afranius Quintianus, der mit dem Senator Flavius Scaevinus in enger Verbindung steht. Sie scheint mehr männlichen Mut zu besitzen als die meisten Männer. Durch sie erfuhr ich, daß die beiden Senatoren gut befreundet sind mit Faenius Rufus, Subrius Flavus, Maximus Scaurus und deren Kameraden gleicher Sinnesart. Ein weiterer Centurio, namens Paulus Venetus, hat sich unlängst angeschlossen.
Epicharis, die ein gebildetes Latein spricht und anscheinend auch das Griechische beherrscht, kannte selbst die geheimsten Absprachen von Subrius Flavus mit Faenius Rufus, Gavius Silvanus und den Centurionen. Aus Taktgefühl sprach sie diese Dinge nicht allzu deutlich aus, aber ich verstand dennoch, was sie meinte:
Cnaeus Calpurnius Piso, ein tragischer Schauspieler, sei für den Ruf des römischen Namens auch nicht besser als ein leierklimpernder Komödiant. Das höchste Amt müsse gründlich gesäubert werden, und dies zu tun, meinten die Tribunen und Centurionen, sei nur ein Mann geeignet, der sich als Philosoph, Staatsmann und auch als Verschwörer für die Freiheit einen Namen gemacht habe …
Die beiden Senatoren Flavius Scaevinus und Afranius Quintianus kenne ich natürlich recht gut. Scaevinus wirkt träge und schläfrig, als verbrächte er sein Leben halb im Traum. Dann wird er plötzlich redselig und sprudelt alles aus sich heraus. Daß er vor Sklaven und Freigelassenen Überlegungen anstellt, ob er sich eines gewöhnlichen Dolches bedienen solle oder lieber eines solchen, der im

Tempel der Salus oder vielleicht der Fortuna geweiht worden sei, hält Epicharis nicht für klug. Eine gute Meinung hat sie von Plautius Lateranus, dem für das übernächste Jahr das Consulat gesichert erscheint. Seine Beweggründe seien nur seine Liebe zur Freiheit und zum Vaterland.
Bei Afranius Quintianus liegt der Fall anders. Nero Caesar hat ihn in einem groben Schmähgedicht seiner passiven Neigung zum männlichen Geschlechte wegen so verhöhnt, wie seinerzeit Caligula den Tribunen Cassius Chaerea. Wie man weiß, ist das eine gefährliche Angelegenheit auch für einen Fürsten. Nero Caesar scheint dies zu begreifen, jetzt bereut er sein Schmähgedicht, nicht weil er den Senator damit gekränkt, sondern weil er sich damit einen neuen Feind gemacht habe. Außerdem hat jenes Gedicht, als es in der Öffentlichkeit bekannt wurde, viel Spott hervorgerufen und die Aufmerksamkeit auf unseres Princeps eigene stadtbekannte Neigungen gelenkt!
Er wurde mißtrauisch, als er erfuhr, daß Claudius Senecio den Senator Afranius Quintianus mehrmals besucht habe. Zur Rede gestellt, antwortete der schöne Jüngling mit seinem bezauberndsten Lächeln: »Caesar, du hast mir doch erlaubt, mit anderen Männern zu schlafen, wenn du keine Zeit für mich hast!« Worauf Nero Caesar, politisch beruhigt, aber gekränkt in seinem Besitzerstolz, Claudius Senecio verhöhnen wollte: Ob es ihm denn Spaß mache, bei dieser senatorischen Dame den Mann zu spielen?
»In meinem Alter muß man zur Abwechslung auch einmal Mann sein dürfen!« sagte er und brachte Nero Caesar damit zum Lachen.
Epicharis hat zu Claudius Senecio großes Vertrauen. Bei all seiner Leichtfertigkeit oder, wenn man will, seinen losen Sitten, ist er voll Hingabe an die Sache der Freiheit, und keineswegs weichlich, sondern, wenn es darauf ankommt, unbeugsam und stahlhart.
Nicht nur Flavius Scaevinus, auch die meisten anderen, meint Epicharis, seien in ihren Reden unvorsichtig. Als ob in Rom nicht die Mauern Ohren hätten und es nicht genügend Leute gäbe, die sich ausrechnen, was ein Verrat ihnen einbrächte. Offen nennen diese Schwätzer – zu denen Claudius Senecio nicht gehört – die Namen des Präfekten Faenius Rufus, der Tribunen und Centurionen. »So

habe ich selber davon erfahren«, sagte sie. Überraschend für mich war das folgende:

»Vielleicht kann ich durch eine Freundin von mir mehr herauskriegen und gleichzeitig vor zuviel Vertrauensseligkeit warnen. So soll sich Flavius Scaevinus besonders vor seinem Freigelassenen Milichus in acht nehmen, der hat einen lauernden Blick und ein böses, habgieriges Weib.« Und diese Freundin:

»Sie heißt Caenis, ist die Geliebte, eine Art anerkannter Nebenfrau des Consulars und Legionslegaten Titus Flavius Vespasianus, der jetzt bald nach Judaea geschickt werden soll und der sich in der Umgebung von Nero Caesar gut auskennt. Caenis ist im Laufe ihres Lebens sehr reich geworden und hat großen persönlichen Einfluß. Du scheinst schon von ihr gehört zu haben?«

Caenis – vor nunmehr dreiunddreißig Jahren! »Die Freigelassene von Antonia Augusta?« fragte ich. »Die, aufgezeichnet in ihrem Gedächtnis, Tiberius Caesar die Warnung ihrer Herrin vor Seianus brachte?«

»Dieselbe! Auch du hast ein gutes Gedächtnis!«

»Es gibt Dinge, die man nicht vergißt – die Begegnung in Neapel, die Fahrt mit Caenis und meinem Vater nach Capri, die Audienz bei Tiberius Caesar, der sie zur Freigeborenen erklären ließ –«

»Ich war immer frei, auch ehe ich ›freigelassen‹ wurde«, sagte Epicharis. »Meine Vorfahren haben in Thrazien geherrscht und waren verwandt mit dem Hause Alexanders des Großen. Niemals hatte ich die Seele einer Sklavin.«

Sie ahnt Böses, wenn man noch länger zögert. Denn zu viele wissen schon davon, wenn nicht alles, so doch einiges. Wie man ein Mosaik aus kleinen, bunten Steinen zusammensetzt, so könnte ein geschickter Fragesteller bald das ganze Bild erkennen.

Zu diesen Unterredungen habe ich Alexis hinzugezogen. Epicharis hat vor seinen klaren, unbestechlichen Jungensaugen bestanden. Wiederum als Pilzweiblein vermummt, ist sie dann hinausgehumpelt. Jetzt will sie zum Flottenpräfekten Volusius Proculus nach Misenum. Sie geht darauf aus – ohne ihre Verkleidung ist sie eine hübsche, reif erblühte Frau –, mit ihm das Lager zu teilen. Zweifellos nicht aus Begierde, denn dieser Mann ist weder jung noch

sonstwie anziehend. Aber er ist sehr eitel und von sich eingenommen!
Wegen Nero Caesars Vorliebe für Seefahrten hält Epicharis die Mitwirkung der Flotte für wichtig. Ich wollte sie nicht hindern, aber meine Meinung über Volusius Proculus, diesen Spießgesellen des Anicetus, kennst Du.

Mein Lucilius, Du hast mich einmal gefragt, ob mir Zeit für andere Dinge, als die, deren Entwicklung ich eben andeutete, übrig bliebe? Daß ich für die Nachwelt arbeite, weißt Du – daher diese Aufzeichnungen. Jetzt habe ich begonnen, Alexis das geschichtliche Material zu einer *fabula praetexta* zu diktieren – es mag eine Tragödie daraus werden, die eines Tages vielleicht auf manchen Bühnen zu sehen sein wird. Der Arbeitstitel ist *Octavia.* Kernstück des Ganzen bildet eine meiner letzten Unterredungen mit Nero Caesar. Ich lasse sie einleiten durch meinen Monolog, in dem ich sage: fast könnte ich es beklagen, daß mich Fortuna so hoch erhoben habe ...

»... besser lebte ich verborgen, fern von der Mißgunst,
verbannt inmitten der Klippen des Corsischen Meeres,
wo der Geist frei und Herr eigenen Rechtes mir
zu meinem Forschen immer Muße ließ.
Welche Lust war es, den Himmel zu betrachten,
dem sich an Größe nichts vergleichen läßt ...
der Sonne heiliges Gespann, des Alls Bewegung,
der Nacht regelmäßige Wiederkehr, des Mondes Scheibe,
welche die wandelnden Gestirne umgeben, und
des großen Äthers weithin funkelnde Zier ...«

Wird diese Schöpfung altern, um in ihrer ganzen Größe ins dunkle Chaos wiederum zu versinken – dann bräche für die Welt jener letzte Tag an, der ein unfrommes Geschlecht begraben soll unter den Trümmern des Himmels. Ein neues könnte hierauf erzeugt werden, rein, wie das alte in seiner Jugend war, da Saturnus noch Herr des Himmels und der Erde.
In der Schilderung jenes goldenen Zeitalters schließe ich mich an die

Vorbilder an, die Ovid uns in seinen *Metamorphosen* geschenkt hat – keine Kriege, Städte ohne Mauern, gemeinsam der Gebrauch aller Güter – die Erde selber, noch nicht durchwühlt nach Eisen und Gold, breitete ungeheißen ihren fruchtbaren Schoß aus, ihren frommen Kindern eine glückliche, schützende Mutter.
Vergil, in seiner *Vierten Ekloge,* beschwört für die Zukunft ähnliche Gesichte – aber ist es nicht schon zu spät für jede rettende Tat? Wird, wie der Dichter in seiner Heilserwartung glaubt, die Jungfrau Astraea, die zu den Sternen floh, zurückkehren können, da es auf der Erde nicht einen Fleck gibt, der nicht von Blut und Verbrechen entheiligt wäre –?
Gestern abend, gleich nach dem Abschied der Epicharis, hat Alexis aufgezeichnet:

»... ein schweres Jahrhundert lastet auf uns,
in dem Verbrechen regieren, rasende Gesetzlosigkeit tobt,
Wollust einer schändlichen Venus unverhohlen herrscht,
Üppigkeit des Erdkreises unermeßliche Schätze mit ehedem
schon gierigen Händen zusammenrafft, nur um sie
zu verschleudern ...«

Der Monolog endet mit dem Auftreten Nero Caesars und des Stellvertretenden des Gardepräfekten Ofonius Tigellinus. Dieser erhält den Befehl, für die Beseitigung des Rubellius Plautus, des Enkels von Drusus, des Sohns von Tiberius Caesar, und des Faustus Cornelius Sulla, des Halbbruders der Valeria Messalina, jetzt als Verbannter in Massilia lebend, Sorge zu tragen.
Willfährig verspricht Tigellinus die sofortige Durchführung, worauf ich, als einer der Hauptdarsteller des Stückes, mich einschalte:
»Gegen die Nächsten unüberlegt vorzugehen, schickt sich nicht!« – »Gerecht zu sein, fällt dem leicht, dessen Herz frei ist von Furcht« – ein wörtlicher Ausspruch Nero Caesars, so wie alle folgenden. »Ein mächtiges Heilmittel gegen Furcht ist Milde«, sagte ich und spielte damit auf meine Schrift *De Clementia* an, die ich ihm im ersten Jahre seines Principats überreichte.
»Ein Fürst, der milde ist und gerecht, wird beschirmt durch seine

eigenen guten Taten – er bedarf keiner Leibwächter. Die Waffen, die er trägt, sind nur zum Schmucke da.«
Dieser Satz, wie so mancher andere, ist längst in die Schulbücher eingegangen. Die Knaben sollen damit zur Liebe und Verehrung ihres Princeps erzogen werden und sich gleichzeitig in lateinischer Grammatik und, wie die Lehrer gerne erklären, »in Senecas modernem Stile« üben. Vor einem solchen Fürsten, lesen sie dann, »flieht man nicht wie vor einem Scheusal oder wilden Tier, das aus seiner Höhle hervorbricht, sondern nähert sich ihm offenen Herzens wie einem hellen und gütigen Gestirn«.
»Caesar«, fuhr ich fort, »weißt du noch, wie Burrus, dieser edle Mann, sich gezwungen sah, dir die Todesurteile zweier Männer vorzulegen – Räuber und Wegelagerer waren sie –, wie du dennoch zögertest und schließlich, als du noch deinen Namen daruntersetzen mußtest, ausriefst: ›Oh, daß ich doch nie schreiben gelernt hätte!‹ Welch erhabenes Wort, sagte ich dir damals – daß doch alle Nationen es hören mögen, nicht nur im Römischen Reiche –, vor dem ganzen menschlichen Geschlecht sollte es gesprochen werden, daß alle Fürsten und Könige sich auf deine kaiserliche Milde verpflichten können!«
Er rang mit sich – ich fühlte, daß das Gute in ihm nicht erstorben war. Aber da griff Tigellinus ein – wortlos, nur mit einer höhnischen Gebärde, die bedeutete: »Immer noch hörst du auf deinen Schulmeister?«
»Den Feind auszutilgen ist des Fürsten größte Tugend«, sagte er ... mit gewollt harter, dennoch unsicherer Stimme.
»Eine größere ist es, für den Vater des Vaterlandes das Blut der Bürger zu bewahren.« Die erlauchteste Aufgabe des Fürsten ist es, für das Land zu sorgen, den Bedrängten zu helfen, dem Erdkreis Gerechtigkeit, dem Jahrhundert Frieden zu geben. Dies alles konnte ich ihm sagen, ohne daß er mich unterbrach. »Caesar, denke an deinen Eltervater, Divus Augustus, der sich die Gestirne errang und darum heute in den Tempeln göttlich verehrt wird.«
Immer wieder verwies ich ihn auf meine Schrift *De Clementia,* die er zur Richtschnur seiner Herrschaft machen wollte ...
»In den Augen eines Fürsten ist niemand von so geringem Werte,

als daß seine Vernichtung nicht ins Gewicht fiele. Wer immer er auch sein mag, er ist Teil des Reiches.« Dieses Reich, fügte ich hinzu, sei ihm zwar anvertraut, aber es gehöre ihm nicht ... »sondern du gehörst dem Reiche als dessen erster Diener, wie schon Tiberius Caesar gesagt hat.«
Das verruchte *Oderint dum metuant,* ein Wort, das Caligula gerne verwandte, ist der sicherste Weg in den Untergang – sobald nämlich der Haß die Furcht überwiegt. Das gilt für uns alle, nicht nur für Fürsten – dabei dachte ich an die Ermordung des Stadtpräfekten Pedanius Secundus. Ich sah, wie Alexis erschauerte, als ich einfügte: »Die Grausamkeit von Männern in ihrem eigenen Hause ist durch die Hände von Sklaven gerächt worden, trotz der Gewißheit, daß sie dafür ans Kreuz geschlagen würden.«
Vielleicht daß ich das Stück in Campanien vollenden werde. Höhepunkt und Schluß wird das Wechselgespräch um Octavia Augusta bilden, die zu verstoßen er im Begriffe war.
Warum ich Dir gerade heute dies alles schreibe? Weil durch den Besuch der Epicharis die Erinnerung an eine andere mutige Frau wach wurde, Pythias, die Freigelassene Octavias, von der noch zu berichten sein wird.

Doch es gibt noch einen weiteren Grund dafür, warum ich dies alles aus mir herausstellen will: Das Bewußtsein meiner Mitschuld am verhängnisvollen Laufe dieser Herrschaft, von der ich einst so vieles erhoffte. Darf ich mich mit dem Worte trösten, daß Mensch sein schuldig werden bedeute? Und daß uns die Götter darum die Gnade des Todes gegeben haben, der uns hilft, die Schuld zu tilgen?
Ein Erdenrest wird übrigbleiben, daher die Sehnsucht nach einem Erlöser – Mithras, Buddha, dem Meister der Christiani oder wem immer. Selbst in den Nebeln von Germanien scheint man solche Hoffnungen zu nähren, sich solchen Erwartungen hinzugeben. Aber vielleicht haben Pythagoras und jene indischen Weisen recht, wenn sie meinen, mit einem Erlöser allein sei es nicht getan. Der Mensch selber müsse seine Schuld abtragen, und dazu bedürfe es vieler Verkörperungen. Nur das allgemeine Karma, die Sünden der Welt, könne der Mittler hinwegnehmen.

Manche, die ich kannte, die viel jünger waren als ich, auch mein Söhnchen Quintus und mein geliebter Jugendfreund gleichen Namens, wissen bereits um diese Geheimnisse.
Auch mir werden sie eines Tages nicht mehr verborgen sein, warum also jetzt mit Nachgrübeln Zeit darauf verschwenden, da hier und heute noch so viel zu tun ist – und auch dies hängt mit meinem Karma zusammen! So frage ich mich als erstes: Der Schurke Volusius Proculus, Mittäter bei der Ermordung von Agrippina Augusta, der meineidige Zeuge gegen Octavia Augusta – soll der uns bei der Reinigung Roms von Diensten sein? Wie jener Paulus in seiner blumenreichen, orientalischen Sprechweise es einmal ausdrückte:
»Kann man Trauben lesen von den Dornen oder Feigen von den Disteln? Ein fauler Baum bringt immer arge Früchte.«
Ohne Volusius Proculus hätte Anicetus das Mordschiff nicht erbauen und mit den nötigen Spießgesellen bemannen können. Auch für den angeblichen Ehebruch, den Anicetus mit Octavia begangen habe, trat der gleiche Proculus als Zeuge auf!
Ich weiß, mein Lucilius – hier gibt es eine Frage, die Dich seit langem beschäftigt. Ich kann Dir versichern, daß weder Burrus noch ich etwas davon wußten, welche Bewandtnis es mit dem Schiffe habe, das die Kaiserinmutter von einem Gelage in Baiae und aus den heuchlerischen Umarmungen ihres Sohnes nach Antium zurückbringen sollte. Von jener sternenhellen Nacht des Grauens haben wir erst nachher Kenntnis erhalten.
Es war noch nicht weit gefahren, dieses Totenschiff, als auf ein verabredetes Zeichen hin das durch Blei beschwerte Dach des Kajütenraumes herabstürzte. Einer der Begleiter von Agrippina Augusta war auf der Stelle tot, sie selber und eine treue Dienerin namens Acerronia wurden durch die hohen Lehnen des Ruhebetts geschützt, die den herunterstürzenden Lasten standhielten. Beide eilten an Deck – als Acerronia der mordbereiten Burschen ansichtig wurde, lenkte sie sie auf sich selber, indem sie schrie, sie sei Agrippina! Mit Stangen und Rudern wurde sie totgeschlagen, während die Kaiserinmutter unbemerkt über Bord springen konnte. Sie war eine gute Schwimmerin, und das Meer war ruhig. So erreichte sie

nicht weit von der Küste einen Kahn, der sie aufnahm und durch den Kanal zu ihrer Villa am Lucrinersee brachte.
Erst als Nero Caesar die Nachricht erhielt, seine Mutter sei dem Tode entronnen, ließ er Burrus und mich rufen. Er war halb wahnsinnig vor Angst. »Sie kommt – sie kommt«, schrie er. »Sie eilt zur Rache! Sie bewaffnet ihre Sklaven, sie hetzt die Soldaten auf, sie wendet sich an den Senat und das Volk und erhebt Klage wegen des Schiffbruchs und wegen ihrer getöteten Freunde. Wer steht noch bei mir? Nur Burrus und Seneca, ihr beide, ihr könnt mir noch helfen!«
Lange blieben wir stumm, weil wir den vergeblichen Versuch, ihm abzuraten, scheuten. Wortlos kamen wir aber zum gleichen Ergebnis: Jetzt drohte ein Aufstand, der in einen furchtbaren Bürgerkrieg ungewissen Ausgangs übergehen könne. Denn nur Agrippina Augusta, als Trägerin des Blutes von Divus Augustus, habe dem falschen Caesar, diesem Domitius Ahenobarbus, die Herrschaft übertragen können.
Schließlich suchte ich einen Ausweg, um dem Reiche eine neue Selbstzerfleischung zu ersparen, wie man sie in den Bürgerkriegen der Vergangenheit erlebt hatte. Mit einem Blick auf Burrus fragte ich, ob man die Soldaten mit der Tötung Agrippinas beauftragen könnte? Wie ich es gehofft hatte, verneinte er die Frage: die Prätorianer hätten ihren Eid auf das gesamte Kaiserhaus geleistet und erinnerten sich so lebhaft des Germanicus und seiner Gemahlin, der älteren Agrippina, daß sie deren Kind kein Leid antun würden ...
Hierauf gab Nero Caesar dem Anicetus und dem Volusius Proculus den muttermörderischen Befehl, und ich konnte – ich habe ihn schon einmal zitiert – wie jener Prokurator Pontius Pilatus »die Hände in Unschuld waschen«.
Das geschah im Jahre 812 a.u.c., und jetzt schreiben wir 817, also vor fünf Jahren. Doch steht mir alles, knapp vor der Reise nach Campanien, wo ich vielleicht mit Volusius Proculus zusammentreffen soll, in gräßlicher Deutlichkeit vor Augen. Aus einer solchen Verbindung kann nichts Gutes kommen. Ich weiß es.
Soll ich mich also dem Volksglauben hingeben, daß dieser Komet, der so leuchtend oder so drohend über dem Tyrrhenischen Meere

steht, das einer Kaiserin zum Grabe bestimmt war, uns allen, Schuldigen und Unschuldigen gleichermaßen, den Untergang verkündet –?

Aber habe ich Dir nicht früher einmal, voll von stoischer Weisheit, geschrieben: »Man soll nicht vor der Zeit unglücklich sein. Was als drohendes Unheil in uns Schauder erregt, tritt vielleicht gar nicht ein, bestimmt aber ist es noch nicht da. Und selbst wenn es wirklich bevorstünde, was hat es für einen Sinn, seinem Verhängnis auf halbem Wege entgegenzugehen? Selbst eine Feuersbrunst läßt noch Wege offen, und es ist auch vorgekommen, daß einem Schwerte unmittelbar über dem Nacken Einhalt geboten wurde.«

Ich schloß diese weise Betrachtung mit dem Satze:

»So mancher hat schon seinen Henker überlebt!«

So lasse ich also den Kometen im Tyrrhenischen Meere untertauchen, möge das gegenwärtige Jahr 817 mich eine Weile ebensowenig kümmern wie 812! Ich kehre in meinem Bericht zum Jahre 806 zurück, vier Jahre nach meiner Rückkehr aus Corsica, da sich mein 16jähriger Lieblingsschüler, Nero Caesar, mit Claudia Octavia vermählte, der Tochter der Valeria Messalina und des regierenden Kaisers Tiberius Claudius Caesar Augustus Germanicus, zu dieser Zeit Gemahl von Agrippina Augusta, der Mutter des jungen Ehemanns.

27. Kapitel

Zwei Verwandte des Caesarenhauses waren Consuln, als Nero Caesar Claudia Octavia freite: Decimus Iunius Silanus, ein Enkel Julias, Tochter des Marcus Vipsanius Agrippa und der älteren Julia, Divi Augusti Tochter; und Quintus Haterius Antoninus, ein Urenkel der Octavia, der Schwester Divi Augusti. Das Reich war also fest in den Händen ein und derselben Familie.

Der jüngere Bruder des Decimus, Lucius Iunius Silanus, hat sich gerade jetzt, wenige Tage, nachdem ich in meinem Albanum angekommen war, die Adern öffnen müssen. Das war vorauszusehen, denn in seiner Jugend war er mit Claudia Octavia verlobt worden. Da aber Agrippina Augusta schon bald nach ihrer Vermählung mit Claudius Caesar dessen Tochter für Nero Caesar bestimmte, mußte Lucius Iunius Silanus verdrängt und, da er seine einstmalige Braut auch nach deren Tode noch liebte und dies öffentlich zu bekennen wagte, schließlich ganz aus dem Wege geräumt werden.

Von allen Schwiegersöhnen Claudius Caesars ist eine solche Verbindung nur dem Sohne Agrippina Augustas gut bekommen! Denn auch den Gnaeus Pompeius Magnus, Gemahl seiner Tochter Antonia aus einer früheren Ehe, ließ Claudius Caesar beseitigen. Wahrscheinlich um Platz zu machen für eine glanzvolle Heirat mit jenem Faustus Cornelius Sulla, der im Jahre vor Nero Caesars Eheschließung Consul war. Ofonius Tigellinus hat bekanntlich dessen Ermordung auf dem Gewissen, zur gleichen Zeit, da Octavia Augusta starb.

Gnaeus Pompeius Magnus wurde in den Armen eines von ihm geliebten Knaben erstochen. »Aus Gründen des Anstands und der

Sittlichkeit«, mag Claudius Caesar seinen Totenrichtern vorgetragen haben – die gleichen »Gründe«, die ich ihn vorbringen lasse, als er sich für die Ermordung des schönen Tänzers Mnester in der Unterwelt zu verantworten hat. Darüber schrieb ich in meiner vielleicht etwas bösartigen Satire *Die Verkürbissung des Claudius.* Der Titel stammt von meinem Bruder Gallio. Später mehr davon, mein Lucilius.

Noch während der Hochzeitsfeier mit Octavia stellte ich dem jungen Ehemann meinen Neffen vor, das dichtende Wunderkind Lucanus. Er hatte mir durch seinen Vater einige Gedichte gesandt, die ich ausgesprochen begabt fand. Inniglichst bat er mich, sie Nero Caesar zu zeigen, der doch Sinn für wirkliche Kunst besäße. Er, Lucanus, ein noch unreifer Knabe von sechzehn Jahren, wage natürlich nicht, die Erzeugnisse seiner Muse mit den Werken meines erlauchten Schülers zu vergleichen.

Eines der Gedichte behandelte den Abstieg des Orpheus in die Unterwelt, auf der Suche nach seiner toten Gemahlin Eurydike. Das Gedicht hat eigene Klänge, aber es lehnt sich doch stark an das Vorbild Ovids an. Meinem kaiserlichen Schüler hat es gefallen, weil er eine versteckte Huldigung darin erblickte.

Du hast gewiß schon die neuen Münzen gesehen, mein Lucilius. Sie unterscheiden sich erheblich von allen früheren Prägungen. *Unser Heiland – Retter – Jupiter unser Schützer – Unser Hercules Augustus* und ähnliche Bezeichnungen finden sich auf der Vorderseite als Umschrift zum Kopf oder zur ganzen Gestalt unseres Princeps. Dieser trägt die Strahlenkrone, die in schlichteren Zeiten den kaiserlichen *Divi* vorbehalten war. Auf der Rückseite der Münzen verschiedener Werte in Bronze, Kupfer, Silber, Gold findet man, mit den gleichen Gesichtszügen: *Apollo Kitharoedos,* den leierspielenden Apollo.

Die Verehrung Apollos, Verkörperung göttlichen Hellenentums, reicht ganz weit zurück. Sie dürfte mit den Lucanschen Gedichten beginnen. Sie gefielen Nero Caesar in so hohem Maße, weil sie den Leierspieler Orpheus zum Sohne Apollos erhoben, während nach der Meinung Ovids er nur der Sohn eines irdischen Königs gewesen war.

Erst der leierspielende Sohn des göttlichen Leierspielers, dann dieser selbst, der Weg dahin war kein langer. Als Nero Caesar mit glühenden Wangen Lucans Gedicht gelesen und sich durch den Geleitbrief von dessen dichterischer Bescheidenheit überzeugt hatte, begehrte er, ihn kennenzulernen. Bei dem einen wie beim anderen war es Liebe auf den ersten Blick. Ich habe, mein Lucilius, wie ich Dir früher einmal schrieb, diese Beziehungen nicht ungern gesehen. Gaben sie mir doch einen noch größeren Einfluß auf Nero Caesar. Das mag selbstsüchtig klingen, aber ich handelte ja im Interesse des Gemeinwesens. Doch auch das schrieb ich Dir: meine Freude war nicht frei von Besorgnissen, denn ebenso schnell, wie Knaben und Jünglinge sich einander verbinden, ebenso jäh kann ihre Liebe in Haß umschlagen.
Noch war dies nicht zu befürchten. Seinen Patroklos nannte ihn Nero Caesar, er selbst war demnach Achilles, also wieder ein Sproß göttlichen Blutes. Als Achilles und Patroklos traten sie auch im »Troia-Spiel« der römischen Jugend auf, in Claudius Caesars Hoftheater auf dem Palatin. Schon als kleiner Junge hatte Nero Caesar, damals noch Domitius Ahenobarbus, leidenschaftlich an diesen Troiaspielen teilgenommen. Ein frühes Zeichen seiner mimischen Liebhabereien: Troilus spielte er damals, das Brüderchen Hectors, das tödlich verwundet, ein Krieger aus dem Schlachtgetümmel trägt. Oder er war ein ganz jugendlicher Paris, den er in einem seiner Gedichte seiner Schönheit wegen noch über Hector stellte. Auch sein Philhellenentum war mir lieb. Es half mir, den abscheulichen Zirkusspielen entgegenzutreten. Wenn sie sich auch nicht ganz beseitigen ließen, einschränken konnte man sie. Hatte ich ihm doch vorgetragen, daß man in Hellas ein solches Menschenmorden nicht gekannt habe.
Auf seine Bitte schrieb ich für das Hoftheater einen Einakter, in dem er als jugendlicher Apollo auftrat und Lucan als dessen Geliebter, Hyakinthos. Kein eigenständiges Kunstwerk, denn ich wob viele Verse Ovids hinein. Als ich das Stück dann auf der Bühne sah, hatte ich kein gutes Gefühl, trotz der großen Liebe, einer wirklichen, keiner gespielten, die Apollo für seinen getöteten Liebling zum Ausdruck bringt. Seitdem die Liebe in Haß umschlug, hat sich die-

ses Gefühl in mir verstärkt. Unvorsichtig genug benimmt sich Lucanus, um den tödlichen Zorn seines einstigen *Erastés* herauszufordern. Dabei hatte ich doch an Mutter Helvia geschrieben:
»Ich bete zu den Göttern, daß uns das Glück beschert werde, vor ihm sterben zu dürfen ...«

Auf Griechisch und Lateinisch bereitete ich die Reden vor, die der jungvermählte Nero Caesar halten sollte – die eine als Lobpreisung auf seinen »Vater« Claudius Caesar, die andere zur Feier seiner Hochzeit. Welch besseren Stoff konnte man sich wählen als Ilium und die Abstammung des Julischen Hauses von Aeneas und Aphrodite, für einen jungen Mann, der sowohl Hector wie Achilles verehrte und sich bereits seinem Patroklos verbunden hatte?
Diese Rede wurde eingekleidet in eine Bitte an den Senat, der Stadt Ilium, der schon Divus Julius Steuernachlaß gewährt hatte, alle weiteren Abgaben zu erlassen. Sei doch das heutige Ilium Troia, der Vaterstadt Roms, gleichzusetzen, und wie könne man von seinen eigenen Ahnen Tribute verlangen!
Geschichtslegenden – siehe den »edlen Brutus«! – verdrängen oft die Wirklichkeit. Das mag auch für die Gleichsetzung des heutigen Ilium mit Troia gelten. Als ich als junger Mann den Ort besuchte, zeigte man mir die Leier des Paris – welch kostbares Geschenk wäre dies für Nero Caesar – und eine Steinplatte, auf der griechische Helden ein Brettspiel machten – vielleicht im Bauch des hölzernen Pferdes, um sich die Wartezeit zu vertreiben.
Pallas Athene, der in geschichtlicher Zeit auch Xerxes und Alexander opferten, blieb Schutzgöttin Iliums, wie sie es auch die des vorgeschichtlichen Troia war. Doch im Bürgerkrieg zwischen Marius und Sulla, als Julius Caesar erst 25 Jahre alt war, hat ein Barbar aus dem Heere des Marius ihren Tempel niedergebrannt.
Wie auch immer – Ilium ist heute die anerkannte Nachfolgerin des alten Troia, und wenn man einmal den genauen Platz von Priams Burg finden will – nicht den, welchen man mir und den anderen Touristen zeigte! –, dann soll man die Berichte Homers ernst nehmen.

Nero Caesar betonte aber nicht nur die Abstammung der Julier vom troianischen Göttergeschlecht. Ich ließ ihn von Ganymed sprechen, auch er ein Nachkomme des Tros, von dem sich die verschiedenen Zweige des Julischen Hauses herleiten – Anchises und dessen Sohn Aenaeas gehören dem älteren an, König Priamus und seine Söhne, Hector darunter, dem jüngeren. So ist Ganymed, der schöne Hirtenknabe, den sich Zeus auf Adlerschwingen in den Olymp holte, der julische Ahnenkel, und eine solche Beziehung zum höchsten der Götter ist nicht gering zu achten!
Als eine Vorankündigung auf seine Regierung ließ ich Nero Caesar sagen: die göttliche Berufung eines Geschlechtes enthalte eine besondere Verpflichtung gegenüber den Göttern und dem römischen Volke. Dieser müsse sich jedes Mitglied des Julischen Hauses unterwerfen. So wie den Göttern ihre Natur selber es verbiete, Schaden zu stiften, so müsse auch einem Fürsten, der sich göttlicher Abstammung rühme, jede Willkür und jedes böse Wollen verwehrt sein.
Von sich aus fügte Nero Caesar hinzu: Der Herrschaftsauftrag beziehe sich nicht auf ein einzelnes Haus, vielmehr auf die Gesamtheit des römischen Gemeinwesens, ausgedrückt in den Worten: *Senatus Populusque Romanus.*
Dieser Satz hat dem jungen Fürsten die große Liebe der versammelten Väter eingebracht.
Während seiner Rede auf dem Forum stand ihm sein Patroklos zur Seite. In die Lobpreisung seines Adoptiv- und Schwiegervaters, Claudius Caesar, flocht er Sätze ein über den hohen Wert der *Philìa,* der Mannestugend der Freundschaft. Auch Vertreter der Gemeinde Ilium standen auf dem Forum, nicht weit von der Rednertribüne. Für sie wiederholte Nero Caesar einige Stellen aus seiner Senatsrede:

»Fuimus Troes – Fuit Ilium et ingens
gloria Teucrorum –«

Dieser Klage über den Untergang Troias aus dem zweiten Buche von Vergils *Äneis* hatte ich hinzugefügt:

»Sed nunc est Ilium renatum – Itaque Roma
Ilium ut Ilium est Roma nova Teucrorum gloria
Ingens Imperii gloria ...«

(»Wir waren Troianer, gewesen ist Troia, versunken
der Teucrier Ruhm –
Doch wiedergeboren ward Ilium, da Roma
Jetzt Ilium, wie Ilium Roma, erneut auch
Der Teucrier Ruhm im Ruhm des Imperiums –«)

Nicht lange nach dem Auftreten Neros Caesars im Senat und auf dem Forum erkrankte Claudius Caesar und begab sich zur Erholung nach Campanien. Aber er vermied die kaiserlichen Villen in Nola wie auf Kap Misenum, weil sie die letzten Stunden von Divus Augustus und Tiberius Caesar gesehen hatten.
Gleich nach seiner Abreise sei der Plan gereift, ihn unter Beihilfe seines Leibarztes Xenophon, dem er völlig vertraute, aus dem Weg zu räumen. Der Grund dafür sei gewesen, daß er in der letzten Zeit seinen Sohn Britannicus enger an sich herangezogen, öffentlich umarmt und dabei gesagt habe: »Es ist Zeit, daß Rom endlich wieder einen richtigen Caesar erhalte!« Das wurde so verstanden, daß er ihm den Vorrang vor dem adoptierten Domitius Ahenobarbus geben wolle. Da er in einer merkwürdigen Vorahnung hinzufügte: »Ich habe die Grenzen des Zeitlichen schon erreicht«, schien Eile geboten –
Hier setzt nun das Rätselraten ein, Berichte vom Hörensagen, Legende, Hoftratsch oder Wirklichkeit. Was immer auch gewesen sein mag, es ist die Legende, die zur Wirklichkeit wurde – jeder kennt sie heute, die Erzählung vom »Göttermahl«, dem Pilzgericht, das ihn »zum Olymp erhoben habe«.
In der Mitte einer kostbaren Schüssel aus Murra habe ein Fliegenpilz gestanden, kunstvoll aufgemacht als ein prächtiger Herrenpilz, dazu allerlei Kräuter, die den Geschmack so lange verbergen sollten, bis er genügend Bissen zu sich genommen habe. Die Vorkoster hätten vor seinen Augen die anderen, sehr ähnlichen, aber nicht giftigen Pilze geprüft.

Manches spricht für die Wahrheit dieses Berichtes, aber einen Beweis gibt es nicht. Mein geliebter junger Freund Annaeus Serenus, um den ich mir, trotz aller philosophischen Gelassenheit, fast die Augen ausgeweint hätte, ist auch nach dem Genuß eines Pilzgerichtes gestorben. Wir kennen uns in Rom eben immer noch nicht genügend mit diesen geilen, gefährlichen Gewächsen aus. Ich selbst enthalte mich ihrer schon seit frühester Jugend.
Ich war bei jenem verhängnisvollen Gastmahl nicht zugegen, man holte mich erst, als Claudius Caesars Zustand in der Nacht bedrohlich wurde. Xenophon wollte ihn zum Erbrechen bringen, und auch da wird wieder behauptet, er habe den Rachen des Kranken mit einer giftgetränkten Feder bestrichen.
In den Morgenstunden des dritten Tages vor den Iden des Oktober, am Tage vor meinem 59. Geburtstag, ist Claudius Caesar gestorben. Vielleicht ist es allzu grob, was ich in meiner Satire auf seine Himmel- und Höllenfahrt schrieb, in der *Apokolokyntosis*. Aber wie ich die letzten Augenblicke des Sterbenden schildere, entspricht durchaus den Tatsachen!
»Wie klang das letzte Wort, das man bei den Menschen von ihm hörte? Erst hatte er mit dem Organ, mit dem er sich leichter zu äußern wußte, einen kräftigen Ton von sich gegeben und dann: ›Wehe mir, ich glaube, ich habe mich beschissen!‹ Ob er das wirklich machte, weiß ich nicht; nur eins ist sicher: Alles hat er beschissen!«
Sein Tod wurde erst mehrere Stunden später bekanntgegeben – Du erinnerst Dich, daß man den Senat einberief, daß Consuln und Priester Gelübde taten für das Leben des Princeps, der schon starr dalag, bedeckt mit Tüchern und Binden. Das war die Schicksalsstunde: Wer werde ihm nachfolgen, der echte Caesar, Britannicus, oder der adoptierte, der Sohn der Agrippina Augusta? Als diese einst, so erzählt man sich, die Sterndeuter nach der Zukunft ihres Sohnes fragte, lautete die Antwort: Er werde Princeps und Imperator werden und seine Mutter töten. Worauf sie ausgerufen habe: »Möge er mich töten, wenn er nur Herrscher wird!«
Wieder lächelte der schöne Knabe Britannicus spöttisch, als seine Stiefmutter ihn fest umschlang, als sei sie außer sich vor Schmerz

und brauche Trost. Er wußte genau, daß sie ihn hindern wollte, den Palast zu verlassen!
Erst gegen Mittag wurden die Tore geöffnet, und der siebzehnjährige Nero Claudius Caesar, begleitet von meinem Freunde Afranius Burrus, trat heraus. Die wachhabende Kohorte jubelte ihm zu, als Burrus zu ihr gesprochen hatte. Einige fragten freilich nach Britannicus und hielten nach ihm Ausschau ...
Nun hob man den Sohn Agrippinas in eine Sänfte und trug ihn ins Lager. Dort hielt er eine Rede, aus der man nur heraushörte, daß er gemäß dem Beispiel seines Adoptivvaters jedem Prätorianer eine große Schenkung machen werde. Hierauf wurde er zum Imperator ausgerufen, der Senat schloß sich an, und in den Provinzen gab es keinen Widerstand. An Britannicus dachte niemand mehr – oder doch nur *einer* ... sein Freund Titus Flavius Vespasianus, der nicht lange danach einen Schluck aus dem Giftbecher nahm, der dem Jüngeren zugedacht war.
Zehn Jahre sind seitdem vergangen – aber nie vergesse ich den Festestaumel des römischen Volkes, als sich der blonde, purpurumkleidete, mit dem goldenen Lorbeer geschmückte Jüngling ihm, und damit dem Erdkreis, zum ersten Male zeigte.
Das war es also: *Initium Saeculi Felicissimi – Annus Novus.* Oh, das neue Jahr – Beginn des glückhaftesten Jahrhunderts! Darum, in zweiunddreißig Hexametern mein panegyrischer Lobspruch auf den jungen Herrscher – gesprochen von Phoebus-Apollo:

»... O macht kein Ende, ihr Parzen –
er soll das Maß des irdischen Daseins
Stolz besiegen, mir ähnlich, ähnlich an Schönheit,
Und nicht schlechter beim Klange des Lieds. Glückselige Zeiten
Wird er den Schwachen bringen und brechen das Schweigen des Rechtes.
Gleichwie des Morgensterns Strahl die fliehenden Sterne verscheuchet
Oder wie Hesperus steigt beim Wiederkehren der Sterne,
Gleichwie Helios – wenn das Dunkel lösend Aurora
Purpurrot den Tag heraufführt – leuchtend die Erde

Anschaut und das frische Gespann aus den Schranken hervorlenkt:
Solch ein Kaiser ist da, so wird jetzt Rom seinen *Nero*
Schauen! Es leuchtet der strahlende Blick in milderem Glanze,
Und das herrliche Haar umwallt den stattlichen Nacken!«

Auf diesen Lobgesang Apollos hin spendete Lachesis, die Parze, die den Lebensfaden erhält und bewahrt, »dem herrlichen Menschen, selbst schon von Herzen wohlgesinnt, mit voller Hand und gab *Nero* von sich aus noch viele Jahre hinzu«.
Dies alles, mein Lucilius, wird Dir nicht unbekannt sein – denn so schrieb ich doch in meiner Schmähschrift auf den toten Claudius Caesar, *so* pries ich, in nahezu Vergilischen Tönen, das neue Gestirn, Apollos ebenbürtigen Gefährten an Schönheit und Kunst, den Bringer des Goldenen Zeitalters, des Saturnischen Jahrhunderts – *Nero Caesar,* nun auch Augustus Imperator.
Noch am Abend selber jenes Tages, an dem sich so Großes ereignet hatte, umarmte und küßte mich mein ehemaliger Zögling und bat mich, an seiner Seite zu bleiben und durch seinen Mund meine Weisheit und Rednergabe dem römischen Volke zukommen zu lassen. In unvergänglicher Liebe und Dankbarkeit bliebe er mir verbunden –
In der Nacht, die dem Beginn dieses »glückhaftesten Jahrhunderts« folgte, hatte ich einen furchtbaren Traum, aus dem ich erst im Morgengrauen, schweißgebadet und zitternd an allen Gliedern, erwachte.
Es sei Gaius Caesar Caligula, der von den Toten zurückgekehrt sei und sich des Körpers und der Seele unseres jungen Herrschers bemächtigt habe.

28. Kapitel

Wir treffen uns also nächste Woche im Hause meines treuen Freundes und Arztes Statius Annaeus am Strande von Lavinium. Wir können bei ihm bleiben, solange wir wollen – Dir erspart das den Umweg ins Albanergebirge, und für mich ist es eine angenehme Unterbrechung der Reise. Wir haben es dann nicht weit zum Anlegeplatz von Aricia. Ich habe meinen Geschäftsführer bei Titus Pomponius Atticus schon beauftragt, ein bequemes, großes Boot anzukaufen, auf dem wir dann die Fahrt recht behaglich und ohne Überstürzung auf dem Kanalweg bis Tarracina machen werden. Sorge Dich nicht wegen der Mücken. Alle Betten sind mit engmaschigen Netzen ausgestattet, und es gibt, wie mir Statius Annaeus schreibt, eine Flüssigkeit, die man überall unter Deck versprüht. Seitdem Horaz seine fröhliche, doch eher unbequeme Tag- und Nachtfahrt auf dem Kanal machte, sind immerhin fast neunzig Jahre vergangen, und um einiges hat sich der Verkehr ja doch gebessert. Damals lebten, wie er in seiner lustigen *Fünften Ode* – die Du in der Schule bestimmt auswendig lernen mußtest – selber schildert, noch Vergil und Maecenas. Es war ein ganz primitiver, gemieteter Kahn, in dem heute kein anständiger Mensch mehr reisen würde ...

»... die bösen Schnaken und die Frösche im Kanal
verhindern uns am Schlafen; zum Ersatz
läßt uns der Schiffer und der Eseltreiber,
mit schlechtem Weine beide wohlbeträuft,
die Reize ihrer Mädchen in die Wette um
die Ohren gellen. Endlich schläft aus Müdigkeit

der Eseltreiber ein. Der Schiffer bindet
das Zugseil an den nächsten Meilenstein, läßt
das Maultier weiden gehn und legt
sich gleichfalls schnarchend auf den breiten Rücken.
Der Tag war nahe, als wir merkten, daß
der Kahn nicht weiterkomme ...«

Warum ich diese Bootsfahrt einem Reisewagen auf der Via Appia vorziehe? Ich kann mehr Bücher mitnehmen, ruhiger arbeiten und ungestörter alle Gespräche führen. Auch für die Dienerschaft ist ausreichend Platz. Mehr als fünf oder sechs meiner verläßlichsten Sklaven nehme ich nicht mit. Alexis wird sich um sie kümmern. Auf seine Bitte hin kommt auch Amyntas mit.
Ob wir für ein paar Tage nach Neapel gehen können, weiß ich noch nicht. Es dürfte gerade um diese Zeit dort allerlei los sein. Angeblich will Nero Caesar in verschiedenen Rollen im Theater auftreten. Auf unserm Hausboot können wir bleiben, solange wir wollen, das ist ein weiterer Vorteil. Dann Capri, wo meine Villa Orestes, auf der Südseite der Insel, schon bereitsteht, vielleicht mit Ausflügen nach Misenum oder Puteoli, um nachzusehen, was unser »Pilzweiblein«, die Epicharis, inzwischen angerichtet hat, später dann auf dem Festland, wahrscheinlich in meinem kleinen Hause bei Kap Misenum, um dann an den Iden des April in mein Haus an der Via Appia zurückzukehren. Oder nach Rom ...

Nun schreibe ich weiter, Alexis: wir kommen zum Jahre 807, unter dem Consulat des Marcus Asinius und des Marcus Acilius Aviola, dessen Vater sich unter Tiberius Caesar als Legat in Germanien auszeichnete. Marcus Asinius ist ein Nachkomme des berühmten Asinius Pollio, des Geschichtsschreibers und Consuls neun Jahre vor der Schlacht von Actium. Hier waren wir doch stehengeblieben, nicht wahr? Ist es doch das Jahr, da das »glückhafteste Jahrhundert« begann. Dem folgt das Consulatsjahr des Lucius Antistius Vetus, aus dem angesehenen Juristengeschlecht, und Claudius Nero Caesars, womit zum ersten Male ein Achtzehnjähriger das Consulat bekleidete.

Und danach das Consulatsjahr Deines Freundes Lucius Annaeus Seneca und des Sextus Afranius Burrus, Präfekten der prätorischen Kohorten, meines vertrauenswürdigsten Mitarbeiters!
Damit hatten wir die Leitung des Imperiums fest in der Hand, die militärische wie die politische. Es genügte, Nero Caesar Vortrag zu halten, ihn über unsere Pläne und Maßnahmen zu unterrichten, und dann geizte er nicht mit seiner Unterschrift. Wie mir der Altrömer-Knabe Cornelius erzählt, sei sogar seine Familie und mit ihm die ganze kritische Oberschicht der Meinung, daß es die besten Jahre sind, welche Stadt und Erdkreis seit Menschengedenken erlebt haben.
Schwierigkeiten gab es damals eigentlich nur mit Agrippina Augusta. Sie steigerten sich nach dem Tode von Britannicus. Erst hatte sie ihn doch durch falsche Liebkosungen abgehalten, sein Erbe anzutreten, nun versuchte sie, ihn zur Stärkung ihrer eigenen Macht gegen ihren Sohn auszuspielen. In recht unflätigen Ausdrücken drohte sie, diesen als unwürdig des Thrones zu entlarven, um dann den bald 14jährigen Britannicus ins Lager zu führen und ihn zum Princeps und Imperator ausrufen zu lassen.
Der Tod des Jungen hat sie dieser Waffe beraubt, und da sie – mit Recht – vermutete, daß ich ihren Einfluß zurückzudrängen versuchte, wandte sie sich gegen mich, schrieb, meine freche Schnauze werde sie schon zum Schweigen bringen, ich gehöre wieder in die Verbannung, aus der sie mich leider zurückgeholt habe. Nun wolle ich, zusammen mit dem Krüppel Burrus, der im Heeresdienst in Germanien einen Arm verloren hatte, die Weltherrschaft in Anspruch nehmen.
Unmittelbarer Anlaß für ihren Haßausbruch war die Geschichte mit der armenischen Gesandtschaft. Als diese nach Rom kam, wollte sie bekanntlich den Hochsitz Nero Caesars besteigen und neben ihm Platz nehmen – so als sei sie die Mitherrscherin gemäß orientalischen, aber im Gegensatz zu unsern Gebräuchen!
Alles erstarrte vor Entsetzen, aber ich fand einen Ausweg: Auf meinen Rat hin ging Nero Caesar seiner Mutter entgegen und begrüßte sie zu Füßen des Hochsitzes mit Kuß und Umarmung. So wurde unter dem Scheine der sohnlichen Ehrerbietung die Verletzung des

Anstandes verhindert, aber Agrippina Augusta hat es mir nie verziehen.

Die Geschichte mit den Münzen kam hinzu. Vielleicht besitzst Du noch einige *Aurei* aus der Frühzeit von Nero Caesars Principat. Da erscheint ihre Büste neben der ihres Sohnes, mit der Inschrift: *Agrippina Augusta Divi Claudii Neronis Uxor Neronis Caesaris Mater.* Es sind sogar noch Denare im Umlauf, auf der Vorderseite beide Büsten, aber nur ihr Name und Rang, die Angaben ihres Sohnes verbannt auf die Kehrseite! Ich habe auch hier für die nötige Änderung gesorgt, denn die Vorderseite jeder Münze zeigt dem Volke an, wessen die Herrschaft ist.

Ihre Drohungen gegen die Sicherheit des Staates mußte man ernst nehmen. Als Tochter des Germanicus verfügte sie bei den Truppen über ein hohes Ansehen. Die Gefahr eines Bürgerkrieges – die Mutter gegen den Sohn – war nicht von der Hand zu weisen. Daher fühlte ich mich dem römischen Volke gegenüber verpflichtet, für Nero Caesar die Rede zu schreiben, die dieser zur Rechtfertigung seiner Tat vor dem Senat haben wollte. Von Muttermord stand nichts darinnen. Ich ließ ihn vielmehr sagen, sie habe ihren Sohn ermorden lassen wollen, um selber die Herrschaft zu erlangen – wie eine Semiramis oder Cleopatra. Als ihr Anschlag gegen die sakrosankte Person des Princeps entdeckte wurde, habe sie sich den Tod gegeben.

Nero Caesar hat längere Zeit nicht gewagt, nach Rom zu gehen. Erst eilte er nach Neapel, dann wanderte er ruhelos von einer campanischen Stadt in die andere. Gleichzeitig schauderte ihm beim Anblick des Meeres, das er seiner Mutter zum Grab bestimmt hatte. In den Nächten schrak er auf. Er meinte, die Racheschreie der Erinnyen zu hören. Wie diese einst den Muttermörder Orestes verfolgt hätten, so verfolgten sie nun ihn.

Schließlich übersandte er dem Senat das Manuskript und ließ es durch einen Prätor verlesen. Meinen Stil erkannte man sofort, und das hat mir manchen Tadel eingetragen: Wie konnte ich nur ein solches Verbrechen denken, sagten meine Feinde. Mit leiser Stimme freilich, denn laut klatschten sie der Rede Beifall und beglückwünschten Rom, den Princeps, den Senat, daß eine so große Gefahr vom Gemeinwesen abgewendet worden sei!

Vielleicht wäre es nie zu dieser Katastrophe gekommen, und nie hätte ich Arges zu tun gehabt, um Ärgeres zu verhüten, hätte sich nicht in den Machtkampf jenes andere Element eingeschlichen, das wir aus der Ödipus-Sage kennen. Und zwar gleich in der Gestalt von *zwei* Iokasten! Trat doch neben Agrippina ihre gleichaltrige Schwägerin Domitia Lepida als Rivalin auf, Nero Caesars Vaterschwester, Mutter der unseligen Valeria Messalina und somit Großmutter von Britannicus.

Da die eine sich für die Ansprüche ihres Sohnes, die andere für die ihres Enkels einsetzte, waren die beiden Frauen miteinander verfeindet. Später hätten sie sich auf Britannicus einigen können, aber da wurden sie durch ihr gleichzeitiges Werben um Nero Caesar zu unversöhnlichen Gegnerinnen.

Lepida-Iokaste versuchte Ödipus-Caesar durch Zärtlichkeiten und Geschenke an sich zu fesseln, Agrippina-Iokaste zuerst durch Strenge und rauhe Erziehungskünste. Bis sie jäh zu handgreiflichen Liebkosungen überging, in aller Öffentlichkeit sogar, wenn ihr Sohn von Wein und Tafelfreuden erhitzt war. Auch in geschlossenen Sänften ließ sie sich mit ihm herumtragen.

Lüsterne Schwätzer wollen beobachtet haben, daß Flecken auf seiner Tunika unzüchtigen Verkehr mit der eigenen Mutter verrieten.

Die arme Lepida wurde bald aus dem Wege geräumt, aber Agrippina-Iokaste ließ sich nicht so leicht verdrängen. Schon sprach man offen von Blutschande, und es kam zu kleineren Meutereien von Soldaten, die sich weigerten, »einem so verbrecherischen Kaiser zu gehorchen«.

Ein letzter Rettungsversuch für Agrippina ging von Burrus und mir aus, aber endete mit einem völligen Fehlschlag. Es gab da ein freundliches Mädchen namens Acte, eine griechische Freigelassene aus der Provinz Asia. Ein harmloses, braves Geschöpf, das niemandem etwas zu Leid tat, knabenhaft schlank, wie es Nero Caesars Geschmack entspricht. Als Agrippina Augusta bei einem Gastmahl allzusehr zu Iokaste zu werden drohte, schickten Burrus und ich diese Acte ins kaiserliche Triclinium, um die Begierden des erhitzten jungen Trinkers auf sich abzulenken. Das fiel ihr nicht schwer,

bald zog er sich mit ihr zurück, und Mutter Agrippina hatte das Nachsehen.
Was wir nicht ahnen konnten, war, daß eine doppelte Leidenschaft daraus entsprang: Bei Nero Caesar so heftig, daß er Männer consularischen Ranges veranlaßte, die königliche Abstammung Actes zu beschwören, als wolle er sie heiraten – bei Agrippina Augusta die Leidenschaft wahnwitziger Eifersucht, die schließlich bis zur Drohung von Staatsstreich und Revolution anstieg.
Wie konnte man eine so verhängnisvolle Entwicklung aufhalten? Burrus und ich ersannen gegen Actes Einfluß auf Nero Caesar das folgende: Warum sollte dieser nicht, wie dies nun auch in Rom ein weitverbreiteter Brauch ist, statt des knabenhaften Mädchens mädchenhafte Knaben lieben – so wie späterhin den Sporus?
Bei seiner zwiefältigen Natur war es nicht schwer, ihn nach dieser Richtung abzulenken. Vielleicht sogar allzusehr ...
Als ich auch da wieder eine leichte Korrektur anbringen wollte: »Caesar, müssen es freigeborene Knaben sein, auch wenn sie die Ehre zweifellos zu schätzen wissen ...«, antwortete er mit seinem gewinnendsten Lächeln: »Lucius, du trittst doch immer für die Menschenrechte der Sklaven ein! Bei meinem vergöttlichten Vater Claudius Caesar und meiner erhabenen Mutter hast du Schutzgesetze erreicht, wie sie die übrige Welt nicht kennt. Ist es also nicht tugendhafter, sich einen Gespielen zu wählen, der ›Nein‹ sagen kann, als einen, dem sein Sklaventum dies verwehrt?«
Noch verschmitzter lächelnd fügte er hinzu:
»Außerdem liegt dies in der Familie! Hat sich nicht Zeus, wie man weiß, der Stammvater meines Ahnherrn Aenaeas, dessen jugendlichen Urgroßonkel Ganymedes erwählt? Der war doch gewiß ein freigeborener Knabe, auch wenn er auf dem Idaberge die königlichen Schafe hüten mußte! Niemand hat Zeus dies je übel genommen, außer seine liebe Gemahlin Hera, mit allem Respekt gesagt, eine richtige olympische Xanthippe! Und *der* willst du doch nicht nacheifern?«
Damit war ich in meinen eigenen Netzen gefangen – ich widersprach nicht weiter, aber überlegte im stillen: Ob meine Gegner vielleicht recht haben, wenn sie mir vorwerfen, meine Philosophie

stimme mit meiner praktischen Lebensführung nicht immer überein?
Auf einen ihrer Vorwürfe habe ich freilich schon oft geantwortet: Wie ich als Stoiker denn überhaupt einem Alleinherrscher dienen könne? Lies nach, was ich in meinem Werke *Über die Wohltaten* darüber schrieb, als mir zusammen mit Burrus das Consulat übertragen wurde. Warum die etwas gewundene Sprache, brauche ich Dir nicht zu erklären ...
»Viel hat man darüber gestritten, ob Marcus Brutus sein Leben empfangen durfte aus den Händen von Divus Julius, wenn es doch seiner Meinung nach seine Pflicht war, ihn zu töten?«
Eine Frage, die mich selber berührt: Verdanke ich doch mein Leben Claudius Caesar, der das Todesurteil gegen mich nicht vollstreckte, und Agrippina Augusta, die dann für dessen Aufhebung sorgte. Und wie ist es eigentlich mit einem Lehrer und Erzieher, der in den Tod seines ehemaligen Schülers einwilligt, selbst wenn dieser böse Wege eingeschlagen hat ...?
Ich fuhr fort: »Mag dieser Brutus in anderer Hinsicht ein ›großer Mann‹ gewesen sein, in *dieser* fiel er einem verhängnisvollen Irrtum zum Opfer. Er hat nicht gehandelt im Einklang mit den Lehren der Stoa. Entweder erschreckte ihn der Königsname, obgleich er hätte wissen sollen, daß das Gemeinwesen am besten geordnet ist unter der Herrschaft eines gerechten Königs, oder er meinte, die alte ›Freiheit‹ könne durch einen Mord wiederhergestellt werden. Das zu einer Zeit, da die Bedingungen in Staat und Gesellschaft grundlegend andere geworden waren ...«
Hat dieser Brutus, bei all seiner Bildung, denn nicht Platons Briefe an die Verwandten und Freunde seines ermordeten Jüngers, Dion, gekannt? Hätte Julius Caesar am Lupercusfest die Krone genommen, die Marcus Antonius ihm anbot, hätte er seine Diktatur in eine Königsherrschaft verwandelt – viel Unheil wäre Rom erspart geblieben! Sagt doch Platon in seinem achten Brief:
»Eine königliche Regierungsgewalt ist rechenschaftspflichtig, indem die Gesetze auch über den König selbst so gut wie über die anderen Bürger Herr sind, wenn sie etwas Gesetzwidriges tun.«
Denen, die freiheitliche Zustände haben wollen und vor dem Skla-

venjoch als vor einem Unglück fliehen, rät Platon, ja nie aus unersättlicher Begier nach übertriebener Freiheit in die Krankheit der Gesetzlosigkeit zu verfallen, eine Folge ungebändigten Freiheitsdranges.

Brutus hat also die Gesetze der Natur und die Geschichte seiner eigenen Vaterstadt nicht beachtet und Rom in viele Jahre grausamsten Bürgerkriegs gestürzt. Auch hätte er wissen müssen, daß das Römische Reich von heute nimmer »durch die Herrschaft der Vielen« regiert werden könne.

Ein wahrer König – *Basileus Autokrator,* wie die Griechen sagen – muß mehrere Eigenschaften haben: Er muß handeln als der verantwortliche erste Diener des Gemeinwesens, wie schon Tiberius Caesar sagte; er muß sich dem Gesetze untertan fühlen und verantwortlich für das Leben auch des Geringsten, und er muß nicht zuletzt den Willen zur Herrschaft haben! Sonst kann es geschehen, daß selbst eine Frau ihm die Zügel aus der Hand nimmt. So war es doch zur Zeit von Claudius Caesar, und so geschah es erneut gleich nach Beginn des »glückhaftesten Jahrhunderts«. Ich denke an die Ermordung des Narcissus – sie geschah ohne Wissen, sicherlich auch gegen den Willen des jungen Nero Caesar.

Dieser Narcissus war einer der mächtigsten Freigelassenen Claudius Caesars. Die Entlarvung und Beseitigung Messalinas war weitgehend sein Werk. Doch begünstigte er dann, als von Claudius Caesars Wiedervermählung gesprochen wurde, die Aelia Paetina, dessen erste Gattin, die ihm seine Tochter Antonia geschenkt hatte. Damit zog sich Narcissus den unverlöschlichen Haß Agrippina Augustas zu, die Pallas als Heiratskandidatin begünstigt hatte.

Um Narcissus unauffälliger beseitigen zu können, hatte ihn Agrippina Augusta, »damit er sich gut erholen möge«, als Nero Caesar die Herrschaft antreten sollte, nach Campanien geschickt. Er starb neben dem Grabe der Messalina – ein Zufall, aber vom Volke gedeutet als ein Racheakt seines Opfers. Daß er ein Vermögen von vierhundert Millionen Sesterzen besaß, wird ihm noch lange als Verbrechen angerechnet werden, so wie ja meine Gegner schon heute über die Höhe des meinen nachdenken. Der Altrömer-Knabe hat sogar schon versucht, mich darüber auszufragen:

»Ist es wahr, daß dein Vermögen nur um hundert Millionen geringer ist als das des Narcissus?«
Ich antwortete, mein wahres Vermögen sei so groß, daß niemand es von mir nehmen oder übernehmen könne. Als er mich mit verkniffenem Munde anschaute, sagte ich: »So ähnlich hat Sokrates dem Alkibiades während eines Nachtlagers erwidert. Lies es in Platons *Symposion* nach, wenn dein Pädagoge es erlaubt.«
Ich kann über Narcissus kein abschließendes Urteil fällen, aber ich weiß, daß er nicht unedel starb. Als Sekretär *a libellis* – das Amt, das vor ihm Polybius, der Empfänger meiner Trostschrift aus Corsica inne hatte – war er im Besitz geheimster Briefe und Dokumente, die für Agrippina Augusta und andere hochgestellte Persönlichkeiten gefährlich gewesen wären. Er hat sie vor seinem Tode alle verbrannt.
Ich selbst hatte kaum je mit ihm zu tun, aber Jahre später, in einem ganz anderen Zusammenhang, mußte ich wieder an ihn denken: Knapp vor der Abfahrt nach meinem Albanum blätterte ich in den Paulus-Akten und entdeckte dabei zwei Stellen, die mir früher nie aufgefallen waren. Die eine findet sich am Ende eines Briefes, den der Tarsite aus seinem milden römischen Gewahrsam an seine Freunde und Glaubensgenossen in Philippi richtete, die andere in seinem Schreiben an seine Freunde in Rom, ehe er hierher kam. Aus Rom schreibt er: »Es grüßen Euch alle Heiligen, insbesondere aber jene in Caesars Haushalt.« An seine römischen Freunde aber schrieb er: »Grüßet mir die von der Familie des Narcissus.«
Könnte er diesen Narcissus gemeint haben, gehörte *der* zu den »Heiligen«, er und seine ganze Familie? Aber wissen wir denn, was ein Heiliger ist?!
Das genaue Datum dieser Briefe kenne ich nicht. Sollte es bereits in den letzten Jahren Claudius Caesars in seinem Palast Glaubensgenossen des Tarsiten gegeben haben? Das würde ja auf eine noch schnellere Ausbreitung dieser Lehren schließen lassen, als die des Mithraskultes, die doch über siebzig Jahre gebraucht haben, um nach Rom zu gelangen, nachdem die Legionen des Pompeius sie im Osten kennengelernt hatten.
Wenn es wirklich dieser Narcissus ist, dann könnte sich sein Wider-

stand gegen die Vermählung Claudius Caesars mit seiner Nichte Agrippina aus den Anschauungen seiner Gemeinschaft erklären. Wäre es ihm gelungen, diese Ehe zu verhindern, Nero Caesar hätte nie die Herrschaft erlangt. Daher vielleicht dessen Haß gegen die Christiani, der sich bis zu den lebenden Fackeln steigerte –?
Auch die Feindschaft gegen den anderen, bald noch mächtigeren Freigelassenen, Marcus Antonius Pallas, ließe sich dann erklären. Hat doch Narcissus, wie es scheint, in echter sittlicher Empörung, in Gegenwart des jungen Britannicus, nicht lange vor dem Tode Claudius Caesars, Agrippina Augusta des Ehebruchs mit Pallas bezichtigt.
»Sie buhlt mit ihm, weil er bei Hofe großen Einfluß hat«, sagte er, »und damit ja niemand im Unklaren darüber sein solle, daß ihr ihre Ehre, ihre Keuschheit, ihr Leib, überhaupt alles, weniger gelten als die Macht.«
Der Bruder des Pallas, der langjährige Prokurator von Judaea, Marcus Antonius Felix, hat sich, wie ich später selber feststellen konnte, den Glaubensgenossen des Tarsiten gegenüber sehr feindlich verhalten. Ihn selber hat er sogar ins Gefängnis gesperrt. Auch das mag noch damit zusammenhängen, wenn es dieser Narcissus ist, den Paulus grüßen ließ! Der Kampf zwischen den beiden Freigelassenen, von denen der »Heilige« vierhundert, der andere »nur« dreihundert Millionen Sesterzen besaß, wurde auf allen Ebenen ausgetragen. Es war ein Kampf um die Macht und damit um das nackte Überleben. Pallas siegte, aber er hat seinen gestürzten und ermordeten Rivalen nicht lange überdauert. Was sich wirklich abgespielt hat, wird man erst wissen, wenn alle geheimen Archive freigegeben sind. Für ausgeschlossen halte ich es nicht, daß es schon seit mehreren Jahren Christiani im Caesarenhaus gibt, auch Anhänger der hebräischen Religion, und dazu soll unsere regierende Kaiserin Poppaea Sabina zählen! Wen kann denn unser Staatsgötterglaube heute noch seelisch befriedigen?

Trotz der Ermordung von Britannicus und anderer böser Geschehnisse zu Beginn des »glückhaftesten Jahrhunderts« denke ich nicht ungern an jene erste Zeit zurück. Für das empfindsame Gemüt des jungen Kaisers schrieb ich damals *De Clementia,* und bereitwillig übernahm er meine Redetexte. Zur Freude von Senat und Volk trug er vor, was ich ihm angeraten hatte:

Mit niemandem sei er verfeindet, er habe keine Kränkungen erlitten und sei ohne Rachegelüste. Für eine Günstlingswirtschaft sei bei ihm keinen Platz, und in seinem Hause werde es nichts Käufliches geben.

Er übernahm auch wörtlich meinen Entwurf einer Rede, die dem Senat seine alten Befugnisse zusicherte. Italien und die senatorischen Provinzen hätten sich an die Consuln, nicht an ihn, zu wenden, diese würden dann die Sache vor dem Senat vertreten. Er selber wolle für die ihm zum Schutze des Imperiums anvertrauten Heere Sorge tragen. Den ihm angebotenen Titel *Pater Patriae* lehnte er bescheiden, seiner Jugend wegen, ab.

In meinem Consulatsjahr, das mich zwang, zu öffentlichen Spielen zu gehen, mehr als mir lieb war, schien mir der Augenblick gekommen, an Nero Caesars philhellenische Gefühle zu appellieren. Da er nicht gerne Berichte in trockener Amtssprache liest, habe ich meine Erlebnisse dargestellt, als handle es sich um einen Reisebericht für ein Blatt, weniger langweilig als die *Acta Diurna*:

»... neulich ging ich mit einem griechischen Freunde zur Mittagsvorstellung im Amphitheater auf dem Marsfeld. Unser Princeps, ein großer Verehrer von Hellas, hatte es den schönen Künsten geweiht. Als ich merkte, was ein frecher Pöbel daraus gemacht hatte, war es zu spät, fortzugehen. Wir wären von der Menge niedergetrampelt worden. Zu Tode beschämt mußte ich also neben dem Gastfreund aus Athen sitzen bleiben. Er war zu höflich, um es zu sagen, aber ich weiß, was er sich dachte: In eine Barbarenhöhle blutrünstiger Wilder sei er hineingeraten, nicht aber in ein Theater in der Hauptstadt der gebildeten Menschheit.

Denn statt der schönen Spiele, voll von Scherzen und farbenprächtigen Auftritten, wie man sie bei ihm zu Hause kennt, wurde er Zeuge grauenvollster Menschenmorde. Ungeschützt traten sich die Kämpfer gegenüber – jedem Hieb waren ihre Körper ausgesetzt. Kein Helm, kein Schild – wozu auch? All das verzögert ja nur den Tod! Wir seien etwas zu spät gekommen, sagte man uns, am Morgen sei es besonders schön zugegangen – da habe man Menschen den Löwen und den Bären vorgeworfen. Wie da die Knochen geknackt hätten! Nun, jetzt warf man die Menschen den Zuschauern vor, die Sieger waren gerade gut genug für ein neues Gemetzel. Erst als die Arena leergefegt, die Leichen weggeschafft waren, konnten wir gehen. Mein griechischer Freund blieb stumm. Am nächsten Tage hat er Rom verlassen ...«

Diesem Bericht fügte ich allerlei Einzelheiten hinzu:

»Leserbriefe werden kommen, in denen es heißt: ›Der dort hat einen Mord begangen und seine Strafe verdient!‹ Aber wer gibt uns das Recht, zuzuschauen? Caesar – höre, was sie aus Deiner hellenischen Bühne gemacht haben: ›Töte, schlag zu, verbrenne ihn! Warum stürzt er sich so angstvoll gegen das Schwert? Warum haut er so zaghaft auf den anderen ein?!‹ *Das* gellt einem in den Ohren, *das* spielt sich vor den Augen eines Consuls ab und vor den Augen fassungslos-entsetzter Fremder! Caesar, höre weiter: ›Warum stirbt dieser Kerl so ungern? Man schlage sie, bis sie sich endlich gegenseitig umbringen. Brust an Brust – nackt, so sollen sie sich den Schwertstreichen darbieten!‹ Da – ein zaghafter Einwand: ›Aber es ist doch Pause!‹ Ja – und? ›So soll man den Burschen inzwischen die Kehle durchschneiden, damit wenigstens etwas geschieht, was Spaß macht.‹«

Ich wollte Nero Caesar zeigen, welch schönes Beispiel der Menschlichkeit er geben könne, wenn er diesen tief eingefressenen Greueln ein Ende mache. Der von halsstarrigen Republikanern immer noch so verehrte Pompeius, schrieb ich, ließ im Zirkus Verurteilte von achtzehn Elefanten zu Tode trampeln. Damit dachte er sich eine neue Art des Menschenmordes aus. Nur mit Schwertern und Spießen? Nur in Stücke reißen lassen? Wie langweilig, das hat man doch schon so oft gesehen! Neu, wirkungsvoller ist es, Menschen von Bestien ungeheueren Ausmaßes zerquetschen zu lassen.

Magnus ließ dieser Pompeius sich nennen, weil er sich erhaben dünkte über die Gesetze der Menschlichkeit und umjubelt vom Pöbel solche Ströme von Blut im Herzen Roms vergoß. Bis er dann in Alexandria zum Opfer des Dolches eines feilen Sklaven wurde und entdecken mußte, daß sein Beiname eitle Prahlerei war.

Nero Caesar schloß sich mit dieser Denkschrift mehrere Tage und Nächte in seinen Gemächern ein. Dann übergab er mir ein handgeschriebenes Edikt: Es verbot, im Zirkus oder im Amphitheater oder an irgendeinem anderen Platze Kämpfe bis zum Tode abzuhalten. Sieben Jahre danach, als die lebenden Fackeln seine Gärten erhellten, habe ich ihn durch einen seiner Vertrauten an sein eigenes Verbot erinnern lassen. Er wußte sofort, daß ich dies veranlaßt hatte. Mit einer Stimme, die immer dann am gefahrdrohendsten ist, wenn sie milde klingt, sagte er:
»Ich halte es damit, wie Lucius Annaeus Seneca mit seinem Verdammungsurteil des Krieges.«
Ein Wort, mein Lucilius, das mich zutiefst beschämte. Zusammen mit der Denkschrift über die blutigen Spiele hatte ich Nero Caesar eine weitere überreicht, über den Krieg.
»Alles wütet gegeneinander«, hieß es darin, »im Privatleben wie unter den Völkern. Dabei wäre es das hohe Ziel Roms, die *Pax Augusta* zu verewigen und den Janustempel für immer zu schließen. Aber während wir einzelne Mordtaten verurteilen und eindämmen, führen wir Kriege und preisen das Hinschlachten ganzer Völker als ruhmreiche Unternehmen. Auf Senatsbeschluß und Volksentscheid verübt man alle nur möglichen Grausamkeiten, und der Staat preist als hohe Tugend, was dem einzelnen verboten ist. Was bei geheimer Tat mit dem Kopf bezahlt werden müßte, loben wir, wenn es Männer im Feldherrnmantel tun. Menschen, ihrer Natur nach scheinbar sanfte Geschöpfe, haben ohne Scham Freude am gegenseitigen Blutvergießen, am Führen von Kriegen und der Erziehung ihrer Kinder zum Kriegshandwerk.«
Ich schloß: »Die vernunftlosen wilden Tiere halten untereinander Frieden. Der Mensch, dem Menschen einst heilig, wird jetzt aus Raffsucht und Machtstreben hingemordet, und längst genügt uns der Okeanos nicht mehr als die Grenze des Imperiums.«
»Ich will nicht ein Eroberer sein, mein Lucius! Ich will dem Erdkreis und den Völkern jenseits der Ströme und der Meere Frieden bringen!« Das sagte der junge Nero Caesar, als er auch diese Denkschrift gelesen hatte. Er nahm sie ernster, als ich beabsichtigt hatte. Es bedurfte daher meiner ganzen Überredungskunst – der Schilde-

rung von Indiens Bedeutung für Macht und Handel des Imperiums – und nicht zuletzt seiner eigenen, gottähnlichen Stellung, die nur am Indus zu erlangen sei, wie Divus Augustus die seine am Nil erhalten habe –, um ihn zur Erteilung der nötigen Vollmachten zu bewegen.

Es war jene Unterredung, von der ich Dir schon zu Beginn meines Lebensberichtes geschrieben habe.

Mit der Entsendung des Cnaeus Cornelius Corbulo und seiner vier Legionen über den Euphrat, die ich in Nero Caesars Namen veranlaßte, begann ein Krieg voll von Siegen und schweren Niederlagen, der unendlich mehr Blut kostete als alle Zirkusspiele und Tierkämpfe zusammen, seit den Tagen von Pompeius Magnus. Erst vor einem Jahr ist in Rhandeia in Armenien ein Abkommen geschlossen worden, das ich nicht gebilligt hätte, wäre ich noch im Amte gewesen. Es hat uns nur eine nominelle Oberhoheit über Armenien gelassen, und es birgt in sich die Keime zu neuen Kriegen.

Erreicht wurde durch dieses große Blutvergießen aber immerhin, daß der Euphrat zu einer starken Grenze geworden ist, wie in Germanien Rhein und Donau ... Was würde mit der gebildeten griechisch-römischen Menschheit geschehen, wenn diese Schutzwälle an den großen Strömen je zusammenbrächen unter dem Ansturm östlicher und nördlicher Barbarenheere? Gedanken des Grauens ...

29. Kapitel

Nur wenige Tage bis zur Abreise nach Campanien – gerade noch Zeit zu einer Gewissenserforschung. Schon einmal, als Du nach meiner Beschäftigung fragtest, schrieb ich Dir: Ich arbeite für die Nachwelt, für sie halte ich manches fest, was ihr nützen könnte – heilsame Ratschläge, sittliche Grundsätze, deren ich selber am meisten bedürfte. Meine wichtigste Aufgabe besteht also darin, unter Hinwendung zu den anderen, die ich nie sehen werde, meine eigenen Wunden, meine seelischen Geschwüre zu heilen. Das ist wichtig auch im Hinblick auf die Aufgaben, die uns die nächsten Monate bringen könnten.

Voraussetzung jeder Heilung ist die richtige Diagnose. Wie kam es, daß ich meinte, durch Zustimmung zu Verbrechen könnte ich »Ärgeres verhüten«? Wann war der Punkt erreicht, an dem ich diesen Irrtum erkannte? Der Entwurf meines Trauerspiels *Octavia* könnte eine erste Antwort geben. Es wird Dir den Beginn meines Widerstands zeigen gegen den Einfluß des Stellvertretenden Gardepräfekten Ofonius Tigellinus – ein neuer Seian, wie ich fürchte! – und gegen den der regierenden Kaiserin Poppaea Sabina.

»Beglücken wird deinen Hof mit einem himmlischen Sproß die von Divus Claudius Gezeugte, des Claudischen Geschlechtes Zier, die sich nach der Juno Weise erloste ihres Bruders Jupiter Lager.«

Das habe ich Nero Caesar gesagt. Ich sprach zu ihm von der Redlichkeit der Gattin, von ihrer adeligen Haltung, ich warnte vor der Empörung des Volkes, das bereits zu den Standbildern Octavias pilgert, dort betet und opfert, von den Göttern ihre Rückkehr erfle-

hend. Afranius Burrus war mutiger als ich. Dieser, ohne viel Worte zu machen, trat ihm hart entgegen:
»Nun gut, Caesar«, sagte er. »Dann gib ihr ihre Mitgift zurück« – damit meinte er die Herrschaft über das Römische Reich. Noch mutiger benahm sich Octavias Freigelassene Pythias – ich dachte wieder an sie, als ich Epicharis kennenlernte! – Tigellinus, wohl auf höchsten, allerhöchsten Befehl ... ließ sie foltern, wie auch alle anderen Sklaven und Freigelassenen. Man wollte falsche Geständnisse gegen die Herrin erpressen, so, daß sie sich mit einem Flötenspieler namens Eucaerus, einem Sklaven aus Alexandria, eingelassen habe! Schon dem Tode nahe, mit verrenkten Gliedern, spie sie dem Tigellinus, der immer noch in sie drang, ins Gesicht und rief aus: »Die Schamteile meiner Herrin, Octavia Augusta, sind reiner als dein Maul!«
Bald danach hat man, wie Du weißt, Octavia Augusta Fesseln angelegt und ihr an allen Gliedern die Adern geöffnet. Aber weil die Todesangst das Blut zurückhielt, wurde sie durch den Dampf eines überhitzten Bades getötet. Dann schnitt man ihr den Kopf ab, um ihn ... zu zeigen. Hier schweige ich, mein Lucilius, möge die Nachwelt die offen gelassene Stelle ausfüllen.
Da begriff ich – spät, aber ich begriff –, daß man Verbrechen nicht durch »geringere« verhüten kann. Octavia wäre nicht ermordet worden, hätte man ihres Bruders Britannicus und Agrippina Augustas Ermordung verhindert. Verbrechen zeugen sich fort wie die Brut in den Höhlennestern von Vipern – erst im Dunkeln, dann hervorbrechend in die Helligkeit des Tages.
Daß ich dennoch weiterdiente – ich will diese Schuld nicht abschieben. Aber es war Afranius Burrus, der mutige und lautere Freund, der mich bat, im Amt zu bleiben. Er fühlte bereits die tödliche Krankheit, sein Atem fing an, schwerer zu gehen – und solange er lebe, möge ich ihn doch nicht allein lassen! Schon sei er ja durch Tigellinus in seiner Arbeit für das Gemeinwohl stark beschränkt. Die Ernennung dieses Mannes zum Stellvertreter zeigte, wie angeschlagen Burrus' Ansehen bei Nero Caesar bereits war. Mehr als ich galt er als ein Günstling, ja als ein Geschöpf Agrippina Augustas. Nur durch sie sei er hochgekommen, während ich eigene Verdienste

anführen konnte. Noch zu ihren Lebzeiten lief ja die verleumderische Anzeige gegen ihn ein, er habe sich mit ihr verschworen, Nero Caesar zu stürzen und den Urenkel Tiberius Caesars, Rubellius Plautus, den ich in meinem Stück *Octavia* erwähne, zur Herrschaft zu berufen. Diesen wolle sie dann heiraten, um damit von neuem die Macht über das Römische Reich zu gewinnen.
Auf Grund einer so unsinnigen Beschuldigung sollte Afranius Burrus seines Präfektenamtes entsetzt werden! Das kaiserliche Handschreiben war bereits unterzeichnet, als ich davon erfuhr und die Absendung verhinderte. Aber diese böse Sache hat weitergewirkt. Die Ermordung von Rubellius Plautus, jetzt vor zwei Jahren, bald nach dem Tode von Burrus, steht damit im Zusammenhang.
Um dieses Verbrechen zu »rechtfertigen«, dessen Anstifter Ofonius Tigellinus war, ließ dieser verbreiten, Plautus, der sich auf eine seiner Besitzungen in Asien zurückgezogen hatte, wolle sich zu Cnaeus Domitius Corbulo begeben und diesen, mit seinen sieben Legionen, zum Aufstand bewegen. Schon habe sich die ganze Provinz Asia den Verrätern angeschlossen und zu den Waffen gegriffen! Sorglos, weil er keiner Warnung Glauben schenkte, oder weil er als Stoiker den Tod verachtete, ließ sich Plautus zur Mittagszeit von den gedungenen Mördern, einer Soldatenabteilung unter einem aus Rom entsandten Centurio und einem Verschnittenen namens Pelago, überraschen. Sie erstachen ihn, als er waffenlos war, entkleidet, um seine gymnastischen Übungen zu machen.

Daß ich im Consulatsjahr des Caesennius Paetus und des Petronius Turpilianus, jetzt vor drei Jahren, meine langgeplante Reise nach Judaea antrat, hat bei Burrus Besorgnis ausgelöst. Aber ein weiterer Aufschub war nicht möglich.
Der Prokurator Porcius Festus, der mich in Caesarea empfing, unterschied sich erheblich von seinem Vorgänger, Marcus Antonius Felix. Von diesem hieß es, er habe in jeglicher Weise von Grausamkeit und Willkür das Recht eines Königs im Geiste eines Sklaven ausgeübt. Daß er sich so lange halten konnte, verdankte er nur seinem Bruder, dem mächtigen Freigelassenen Marcus Antonius Pallas. Eine wichtige Stütze hatte er auch in seiner Gemahlin Drusilla,

einer Tochter des Königs Herodes Agrippa I. und Schwester des jetzigen Klientenkönigs, Herodes Agrippa II. Da Drusilla auch von Marcus Antonius, aus dessen Ehe mit der Königin Cleopatra, abstammt, ist sie mit dem Hause der Caesaren verwandt.

Porcius Festus war der typische römische Verwaltungsbeamte, kein Genie, weder im Guten noch im Bösen. Unter der Last seines Amtes brach er schließlich zusammen und starb in Caesarea eines plötzlichen Todes.

Das Land war bereits im Krallengriff des Schreckens, als er die Nachfolge des Felix antrat. Inzwischen sind die »Eiferer für das Gesetz«, die Sikarier, von denen ich Dir schrieb, nach allem, was ich höre, weiter angewachsen. Felix soll sich ihrer bedient haben, um den Hohepriester Jonathas, der ihn seiner verbrecherischen Amtsführung wegen zurechtwies, im Tempel von Jerusalem niedermachen zu lassen.

Seit diesem »amtlich angeordneten« Mord fühlen sich die Sikarier noch sicherer. Mit größter Dreistigkeit dringen sie in die Städte ein, an Festtagen mischen sie sich unter die Menge und machen mit ihren kleinen, krummen Dolchen rechts und links die Andächtigen nieder, sei es, um Schrecken zu verbreiten, sei es gegen Bezahlung. Um die »Heiligkeit des Ortes« kümmern sie sich nicht, diese »Eiferer für das Gesetz«. Wenn sich dann rings um ein Opfer weinende Menschen versammeln, jammern die Mörder am lautesten mit, so daß man sie kaum je erkennen und fassen kann. Auch in die Dörfer und in Stadthäuser brechen sie bereits ein, mordend, plündernd. Ställe und Scheunen brennen sie nieder.

Dazu treten jetzt »Propheten« in hellen Scharen auf, die den baldigen Untergang Roms voraussagen und zum »Befreiungskampf« aufrufen. Unser Klientenkönig Herodes Agrippa II., der hebräische Adel und überhaupt die wohlhabenden Stände, mit ihren Prunkvillen am Golf von Neapel, sind auf unserer Seite. Aber was bedeutet das schon?

Noch verworrener wird die Lage dadurch, daß sich jetzt arabische Terroristen den hebräischen Gesetzeseiferern zugesellen. Jerusalem selber hat eine ziemlich große arabische Bevölkerung, aber die ist im allgemeinen friedlich gesinnt. Doch wird sie immer mehr aufgehetzt von jugendlichen Verbrechern, die sich aus dem Ost-Jordanland einschleichen. Sammelpunkt dürfte die Stadt Rabbath-Ammon sein, oder Philadelphia, wie sie von den ersten Ptolemäern genannt wurde, die außer Ägypten auch ganz Syrien beherrschten. Aus den Landschaften der Nabathaeer, südöstlich des Salzmeeres, wo unser Einfluß recht gering ist, kommen gleichfalls arabische Messermänner herüber.

Arabische Stammesfürsten, deren Haß gegen die Hebräer bekannt ist, scheinen solchen Banden Unterschlupf zu gewähren und Waffen zu liefern.

Wie soll man die Eindringlinge erkennen? Für uns Römer sehen Hebräer und Araber fast gleich aus, und außerdem kann man den Handel mit Arabien nicht unterbinden. Im Durchgangsverkehr führt er bis nach Indien und Sinae. Auch die Sprachen dieser feindlichen Brüder ähneln einander. Woher also dieser Haß? Vielleicht ihrer kultischen Unterschiede wegen? Die Hebräer betrachten sich als das »auserwählte Volk« des Einen Gottes, der sich nur ihnen geoffenbart habe. Mit Verachtung blicken sie auf die »Fremden« herab, die »Völker«, die »Unbeschnittenen«. Je mehr Götter diese verehren, desto »ungläubiger« seien sie. Das trifft zu auf Griechen, Römer und auf die Araber. Diese, so sagt man, beten zu einer Sonnengöttin *Schams,* zum Mondgott *Almakah* und zum Venusgott *Athtar.* Eine merkwürdige Geschlechtsverkehrung – denn bei uns ist Helios-Apollo männlich, und Selene und Venus sind unverkennbar weiblich. Aber darob hassen wir die Araber doch nicht! Daß auch der größere Reichtum der Hebräer mitspielt, daß sie tüchtiger sind und in einem fruchtbareren Lande leben, mag hinzukommen. Im Namen von *Schams, Almakah* und *Athar* kann man dann, wenn die Gelegenheit günstig erscheint, auf gewinnbringende Raubzüge ausgehen. Unvergessen, so hörte ich, seien immer noch die Ereignisse des Jahres 722, als zur Zeit der Schlacht von Actium Judaea von einem furchtbaren Erdbeben heimgesucht wurde. Zehntausend Menschen, nach anderen Berichten sogar dreißigtausend, fanden unter den Trümmern ihrer eingestürzten Häuser den Tod, alles Vieh, soweit es nicht auf der Weide war, ging zugrunde. Als die Araber, denen als Nomaden das Erdbeben nichts anhaben konnte, davon erfuhren, fielen sie zu Tausenden in Judaea ein und ermordeten sogar die Gesandten, die König Herodes I. zu ihnen geschickt hatte, um Frieden zu schließen. Aber sie hatten sich verrechnet: Das Heer des Königs, das unter freiem Himmel weilte, war von dem Unglück nicht getroffen worden, und so holten sich die Angreifer eine blutige Niederlage.

Man kann also verstehen, daß die Hebräer ständig abwehrbereit sein wollen, und um so törichter ist daher die Hetze gegen uns, da wir allein ihnen Schutz gewähren können.

Ich habe mich mit dem überforderten Porcius Festus ausführlich über die Lage unterhalten. Gegen die arabischen Banden wollte er nichts unternehmen, um nicht deren Hintermänner oder Auftraggeber vor den Kopf zu stoßen. Denn, so erklärte er mir, die arabischen Könige hätten bereits wissen lassen, daß sie im Falle eines hebräischen Aufstands unseren Legionen mehrere tausend Reiter und mindestens sechstausend Bogenschützen zur Verfügung stellen würden.

Noch muß es nicht dazu kommen, und von unserer Seite sollte alles geschehen, um den Gemäßigten den Rücken zu stärken. Dazu würde auch eine Akademie gehören, in der man religiöse und philosophische Probleme gemeinsam besprechen könnte. Der Monotheismus der Hebräer braucht uns nicht, und unsere Göttervielfalt bräuchte die Hebräer nicht zu stören. Wie ich Dir schon vor einigen Monaten schrieb: Jeder gebildete Grieche oder Römer, wie viele Namen er auch für die Gottheit verwenden mag, meint im Grunde immer nur Einen, der sich unter den verschiedensten Gestalten kundtut.

Als ich von Caesarea aufbrechen wollte, um über Damascus und Antiochia zu Cnaeus Cornelius Corbulo zu reisen, der sich in einem vorgeschobenen Befehlsposten in Circesium am linken Euphratufer aufhielt, erreichte mich eine Botschaft meines guten Afranius Burrus, ich möge doch des Aufstandes in Britannien wegen sofort nach Rom zurückkehren. Es gelte gemeinsam die nötigen politischen und militärischen Maßnahmen zu treffen. Meine Anwesenheit sei auch nötig, um mich gegen die Anschuldigungen meiner Feinde zu verteidigen. Seine eigene Stellung hinge von der meinen ab, und umgekehrt. Bei diesen Anschuldigungen ging es wieder einmal um die Entwicklungsanleihe von vierzig Millionen Sesterzen, die ich den armen Briten angeblich »aufgedrängt« habe! Was blieb mir übrig, als Corbulo durch einen Boten wissen zu lassen, daß ich nicht zu ihm kommen könne. Ich erkundigte mich auch sofort nach einem alexandrinischen Schnellsegler, aber erst in vierzehn Tagen werde ein solcher von Caesarea nach Italien abfahren. Noch eine andere Nachricht war aus Rom eingetroffen, die innerhalb weniger Stunden Caesarea in einen brodelnden Kessel verwandelte. In winkligen alten Vierteln, wie es sie in Neapel und auch in Jerusalem gibt, erstaunt es einen nicht weiter, wenn brüllende Pöbelmassen aufeinander losstürzen. Da schickt man einige Hundertschaften der Stadtpolizei, um die Vernunft wiederherzustellen. Aber in einer modernen, weltoffenen Hafenstadt wie Caesarea, griechisch-römisch, mit breiten Straßen, nachts beleuchtet, wie sonst nur in Antiochia, Brunnen, Foren mit prächtigen Tempeln von *Roma und Augustus,* einem Heiligtum von Divus Julius, Straßenaltären, geweiht dem Jupiter Capitolinus, der Juno, der Vesta, der Athene, der Artemis und ihrem Bruder Apollo, der Venus-Aphrodite! Dazu, gleichfalls griechischen Stils, die Bethäuser der Hebräer, die sie mit einem griechischen Worte Synagogen nennen. In einer solchen Stadt nun diese fanatischen Horden mit Wahnsinnsaugen und schmierigen Mäulern, die sich gegenseitig totschlagen! Gleichzeitig werden im Tempel von Jerusalem, wie seit den Tagen von Divus Augustus und Diva Julia, die Opfer für das Caesarenhaus dargebracht, täglich ein Stier und zwei Lämmer. Wem? Jupiter, Zeus, Jahwe? Dem »Höchsten Gotte« sagen die klugen Opferpriester. Das ist unanfechtbar, selbst für die frömmsten Gemüter. Ich spreche es ungern aus, mein Lucilius, aber es ist Burrus, der an den wüsten Vorgängen in Caesarea Schuld hatte. Denn so tüchtig er auf militärischem Gebiete war, von Politik und von fremden Sitten verstand er nichts. Kaum war ich von Rom abgereist, erschien bei ihm eine Abordnung aus Judaea, um gegen den früheren Prokurator Marcus Antonius Felix Klage zu erheben. Grund genug gab es dafür, aber es war vorauszusehen, daß man sie nie durchsetzen werde. Erfreute sich Felix doch des Schutzes seines Bruders Pallas, und

dazu kam Drusillas Verwandtschaft mit Nero Caesar. Als Burrus noch hin und her überlegte, meldete sich bei ihm eine Abordnung der syrischen Griechen, die nur darauf gewartet hatten, daß ich nicht in Rom sei.
Burrus, der völlig Ahnungslose, empfing sie sofort und ließ sich von ihnen über die »abscheulichen Gebräuche« der Hebräer berichten, von ihrem Hochmut und wie ungewaschen ihre Knaben seien, die ihrer Verstümmelung wegen nie die öffentlichen Bäder benützten – wie die Hebräer die Standbilder der Caesaren, selbst schon die Legionsadler, als Beleidigung ihres rachsüchtigen Gottes betrachten, ihre Tiere langsam ausbluten lassen und die Prätorien als Stätten der Unreinheit betrachten.
Auch über den Ursprung der Hebräer erzählten sie dem guten Burrus, dessen Allgemeinbildung sehr zu wünschen übrig ließ, die tollsten Lügen: In Ägypten sei einmal eine Seuche ausgebrochen, die den menschlichen Körper entstellte. Da habe ein Orakel des Jupiter Ammon in der Wüste Siva den Pharao aufgefordert, sein Reich zu säubern und einen bestimmten niedrigen fremden Stamm, den man den judäischen oder hebräischen nenne, und der den Göttern verhaßt sei, in andere Länder fortzuschaffen. Erst dann werde die Seuche, deren Träger die Hebräer seien, erlöschen. So habe man sie zusammengesucht und in die Wüste hinausgetrieben. Ein Mann, ein abtrünniger Ägypter namens Moses, habe sie gesammelt und in ihre jetzigen Wohnsitze geführt, nachdem sie andere Völker verjagt und sie ihrer Heimat beraubt hätten.
Damit erreichten sie, daß Burrus ihnen ein kaiserliches Handschreiben erwirkte, durch das den Hebräern in Caesarea die Gleichberechtigung mit den Griechen aberkannt wurde. An eine friedliche Koexistenz der beiden Volksgruppen, wofür Porcius Festus und ich uns bemüht hatten, war jetzt nicht mehr zu denken. Schon wenige Stunden, nachdem das Schreiben Nero Caesars bekanntgeworden war, floß das Blut in Strömen. Die hebräische Bevölkerung ist zwar zahlreicher als die syrisch-griechische, aber auf deren Seite stand die Stadtpolizei, und gegen geruhsame, satte Bürger ist die Straße immer mächtiger.
Die hebräischen Stadtväter riefen mich um Hilfe an, aber ich besaß

nicht die Autorität, diese Entscheidung aufzuheben – so unmöglich und ungerecht sie auch war. Die Stadt stand ja auf judaeischem Boden und war von Herodes dem Großen geschaffen worden.
Aber dieser Herodes, antworteten die Griechen, sei doch »Philocaesar« gewesen, so nannten ihn auch die Hebräer (in Wirklichkeit, um ihn als Römerfreund zu brandmarken). Zu Ehren von Caesar Augustus habe er auf dem Boden einer bereits bestehenden kleinen Griechenstadt namens Strathonsturm eine neue, größere errichten wollen, wiederum griechisch und römisch dazu, auf keinen Fall eine hebräische. Anderenfalls hätte er ja keine Standbilder und Tempel, geweiht den Göttern – »Götzen« in den Augen der Frommen! –, errichten lassen.
Ein unlösbarer Konflikt, wie in einer altgriechischen Schicksalstragödie. Ich verließ Caesarea unter Militärbedeckung, und noch weit außerhalb der Stadt hörte ich das Brüllen losgelassener Pöbelmassen.
Auch Jerusalem befand sich in ziemlichem Durcheinander. Hier waren es die Hebräer, die gegen die Griechen und andere »Unbeschnittene« gewaltsam vorgingen. Aber auch untereinander bekriegten sie sich fast genauso erbarmungslos. König Herodes Agrippa II. hatte einen gewissen Joseph Kabi zum Hohepriester ernannt, nur um gleich darauf einen anderen einzusetzen, namens Ananus. Den wollten viele Priester nicht anerkennen, sie und die Sikarier, mit denen sie offensichtlich gemeinsame Sache machten, betrachteten einen gewissen Ismael als Hohepriester.
Ich hielt es für meine Pflicht, mit all diesen »Hohepriestern« Gespräche zu führen. Sie empfingen mich mit großer Höflichkeit, gingen aber überhaupt nicht darauf ein, als ich ihnen einige Pläne vortrug, die ich mit Nero Caesar abgesprochen hatte: Ob es angesichts der wachsenden Unzufriedenheit dem Volke vielleicht willkommen wäre, wieder, wie zur Zeit von Herodes dem Großen, einen König zu haben, der das ganze Land regiere? Dann könnte sich die römische Verwaltung weitgehend zurückziehen.
Sie strichen sich die Bärte, verständigten sich mit Blicken und sagten dann im Chor:
»Wir haben keinen König als den Kaiser!«

Ein sehr loyales Bekenntnis, aber es klang mir unangenehm in den Ohren. Erinnerte es mich doch an bestimmte Berichte, die zur Zeit von Tiberius Caesar der damalige Prokurator Pontius Pilatus nach Rom gesandt hatte.
Den Ernst der Lage schienen sie nicht begreifen zu wollen. Daher wurde ich noch deutlicher – was würde ihrem Volke und seinem Heiligtum widerfahren, fragte ich, selbst angenommen, die römische Herrschaft könnte gebrochen werden?
»Wer wird euch dann schützen? Ihr würdet untergehen in dem unermeßlichen Meer arabischer Völkerschaften, oder, wie schon einmal in euerer Geschichte, ihr würdet als Sklaven in fremde Länder geschleppt werden!«
»Der Herr der Heerscharen wird uns schützen«, meinten sie, worauf ich nicht umhin konnte, etwas lästerlich zu bemerken:
»Wirksamer als Caesar und sein Legat von Syrien und dessen sieben Legionen?«
Das einzige, was sie wirklich interessierte, war: Ob es in Rom schon viele Christiani gäbe, und was aus jenem Saulus geworden sei, den mein Bruder Gallio (sie waren also gut über mich unterrichtet!) in Korinth freigelassen habe. Dieser Saulus sei ein Verräter am Gesetze Moses' und ein Volksschädling, der sich auf sein römisches Bürgerrecht berufen habe, um sich seiner gerechten Strafe zu entziehen! Es war demnach sinnlos, diese Gespräche fortzusetzen.
Auch Herodes Agrippa, diesen freundlichen Lebemann, sah ich. Seine schöne Schwester Berenike war an seiner Seite. Ganz allgemein wird behauptet, sie lebten ehelich zusammen. Wenn nicht römischem und noch weniger hebräischem Brauche, würde dies ägyptisch-ptolemäischem gemäß sein. Stammen sie doch von Cleopatra ab, die vor ihrer Ehe mit Marcus Antonius gleich mit zweien ihrer Brüder verheiratet war.
Der König war auf sein Volk schlecht zu sprechen. Er hatte sich auf dem Tempelberg einen hübschen, griechisch-römischen Palast bauen lassen, von dem man einen Überblick über die Stadt genoß. Ein frommes Werk, seiner Meinung nach, denn wenn er auf einem Kissen lag, konnte er genau sehen, was im Tempel vor sich ging. Aber so etwas galt als gesetzeswidrig, und daher ließen die frommen

Eiferer eine Mauer errichten, die dem König die Aussicht auf den Tempel versperrte. Aber nicht nur ihm, sondern auch unsern Wachmannschaften, die an Festtagen die Vorgänge im Tempel zu beobachten hatten. Porcius Festus hat diese Mauer daher einreißen lassen. König und Königin zeigten mir den Entwurf einer Rede, die sie gemeinsam ausgearbeitet hatten. Sollte sich die Lage weiter verschlimmern, so werde er sie vor allem Volk halten, um es vor einem selbstmörderischen Aufstand zu warnen.
Als erstes stellte er dem Volk die weltweite Macht Roms vor Augen: »Ohne Gottes Hilfe hätten die Römer niemals ein solches Reich errichten können!«, dann führte er Dutzende von Völkerschaften an, die sich Rom unterwerfen mußten – als erste die Athener, die einst für die Freiheit Griechenlands ihre Stadt den Flammen preisgaben, den übermütigen Xerxes, dessen Reich keine Grenzen hatte, verjagten und bei Salamis die gewaltige Macht Asiens brachen – die Lakedaemonier, die Makedonen sogar, »die mit Alexander die Keime eines Weltreiches ausstreuten« – sie alle müssen sich heute den Rutenbündeln der Liktoren Roms fügen! Dazu die Iberer, die Lusitaner – »denn über die Säulen des Herkules hinaus drangen die Römer bis zur furchtbaren Brandung des Ozeans«.
Das Ganze klang wie ein Lehrbuch der Geographie und der Völkerkunde! Die Gallier, die lange für ihre Unabhängigkeit gekämpft haben – heute würden sie durch ein Häuflein von 1200 römischen Soldaten in Schranken gehalten ... »Und wer unter euch hat nicht schon von dem zahlreichen Volk der Germanen gehört? Sie bewohnen ein ungeheueres Gebiet, und noch größer als ihre Körperkraft ist ihr Stolz. Einen Mut besitzen sie, der den Tod verachtet, und eine Gemütsart, die heftiger ist als die der wilden Tiere. Und dennoch ist der Rhein jetzt die Grenzlinie ihrer Angriffe. Bezwungen wurden sie durch acht Legionen.«
Und so ging das weiter, seitenlang. Wer wird sich das je anhören, dachte ich, als er zu der folgenden Stelle kam:
»Schaut auch auf die Mauer der Briten, ihr, die ihr euere Hoffnung auf die Mauern von Jerusalem setzt. *Sie* sind von den Fluten des Ozeans geschützt und bewohnen eine Insel, die nicht kleiner ist als unser Land. Die Römer aber fuhren zu Schiff hinüber und unter-

jochten sie, und seitdem bilden vier Legionen die Besatzung der Insel.«
Ich hütete mich, auch nur anzudeuten, was ich bereits wußte: der Aufstand in Britannien, und daß ich deshalb zurückgerufen wurde ...
Möge es nie dazu kommen, sagte ich schließlich, daß er diese Rede auch wirklich halten müsse! Auf jeden Fall würde ich in Rom seine Treue zu rühmen wissen.
»Ob Nero Caesar mir dann das ganze Königreich meines Urgroßvaters Herodes des Großen geben wird?« fragte er hoffnungsvoll. Aber das konnte ich dem neuen »Philocaesar« nicht zusagen.
Am Schluß der Unterredung nahm auch ein junger Freund des Königs teil, namens Josephus, Sohn eines Priesters, und durch seine Mutter, die aus dem erloschenen Königshaus der Hasmonäer stammte, mit Herodes Agrippa entfernt verwandt. Ich schätzte ihn auf 25 Jahre. Er bat, mich in meinen Räumen in der Antonia besuchen zu dürfen, er habe ein besonderes Anliegen.
Ich empfing ihn knapp vor meiner Abreise. Im nächsten Jahre sagte er, wolle er nach Rom fahren, um sich einer frommen, gottesfürchtigen Frau von höchstem Adel vorzustellen. Sie könne manches für sein Volk tun, vor allem, da man jetzt davon spräche, daß sie bald ...
»Daß sie bald ...«, unterbrach ich ihn. Ich wußte genau, wen er meinte, wollte aber, daß er es ausspräche. »... die Gemahlin unseres erhabenen Autokrators sein wird – handelt es sich doch um Poppaea Sabina«, fuhr er fort.
Wußte er nichts von meinem Eintreten für Octavia Augusta, oder wollte er mich auf die Probe stellen? Ich gab eine ausweichende Antwort, als er mich um Empfehlungen bat, die ihm die Tore des Palastes öffnen könnten.
Sympathisch war er mir nicht, dieser junge Mann mit dem ehrgeizig gespannten Gesicht, in dem sich die kleinen, schwarzen Augen rasch bewegten, wie bei einem lauernden Wiesel. Aber er war umfassend gebildet und anscheinend, trotz seiner betonten Frömmigkeit, ohne Vorurteile. Sonst hätte er mich nicht an einem so »unreinen« Orte wie der Festung Antonia besucht. Oder er meinte, der

Zweck heilige die Mittel. Man könne sogar in ein Prätorium gehen, wenn man damit leichter Zugang zu jener frommen, gottesfürchtigen Frau erlangen würde. Natürlich müsse man nachher ein Reinigungsopfer darbringen.

Grundsätzlich römerfeindlich schien er mir nicht zu sein. Seine Entscheidungen dürften mehr von den Umständen als von festen Überzeugungen abhängen. Er machte mich sogar auf einige Dinge aufmerksam, die man ändern sollte, um den Fanatikern den Wind aus den Segeln zu nehmen: Was im Volke am meisten Haß errege, das seien die Zöllner und Steuereintreiber. Im allgemeinen Sprachgebrauch würden sie den öffentlichen Sündern gleichgesetzt. An sich nichts neues, aber es war doch wichtig für mich, es bestätigt zu erhalten. Ich nahm mir vor, von Rom aus nach dem Rechten zu sehen.

Schon vor ein paar Jahren war diese Frage aufgekommen, denn auch aus den meisten anderen Provinzen erschallen dieselben Klagen. Sogar in Sizilien und in Corsica, wie ich aus eigener Anschauung wußte, gibt es viel Anlaß zu Beschwerden.

In jugendlichem Überschwang hat Nero Caesar die Zölle überhaupt abschaffen wollen. »Lucius, bereite ein Edikt für meine Unterschrift vor«, sagte er damals. »Den Griechen werde ich eines Tages die Freiheit zurückgeben, und den Völkern des Erdkreises die Freiheit von allen Abgaben.«

Dieser Plan sagte mir zu, denn das Imperium, das sich über drei Kontinente erstreckt, würde damit zu einer Wirtschaftseinheit werden. Statt der vielen, durch Zollschranken voneinander getrennten Provinzen entstünde schließlich ein allgemeiner Freihandel, ein gemeinsamer Markt.

Die Fachleute haben mich aber dann davon überzeugt, daß ich Nero Caesar von einem solchen Schritte abraten müsse. Bei den ständig wachsenden öffentlichen Ausgaben sei man auf diese Einnahmen angewiesen. Auch bestünde die Gefahr, daß dann die Abschaffung aller anderen Steuern verlangt würde, und wo käme man da hin!

Josephus, ein höchst eigenartiger Patriot, gab mir auch sonst noch einige Ratschläge: Wir sollten die Festungen verstärken, vor allem Masada, das dreitausend Fuß über dem Toten Meer emporragt. Die Garnison in der Antonia hielt er für völlig unzureichend.

Irgendwie waren mir diese Gespräche peinlich, er merkte es auch und kam daher auf ganz andere Dinge – auf philosophische und religiöse Fragen.
In der Sekte, der er sich nach langen Studien angeschlossen habe, der der Pharisäer, hielte man dafür, daß reine Seelen eine gewisse Zeit nach dem Tode – ich gebrauche seine eigenen Worte – »wiederum in unbefleckte Leiber zurückkehren dürfen«.
Es war mir neu, daß es unter den Hebräern eine solche Lehre gab – sie stimmt überein mit der des Pythagoras, die ich in meiner Jugend zu Füßen Sotions empfing. Auch mit indischer Weisheit und den Anschauungen der Buddhisten läßt sie sich vergleichen, obgleich Josephus nichts vom Gesetze des *Karma* berichtete.
Er hat mich dann sehr höflich zum Reisewagen der Staatspost begleitet. Als er aber anderthalb Jahre später nach Rom kam, hat er mich nicht besucht oder auch nur einen Gruß geschickt. Ich war ja nicht mehr im Amte – was hätte ich ihm also noch nützen können!

Ich fand die Straße nach Norden, von Jerusalem über Sebasté mit seinem überladen-prächtigen Königspalast, dann über Nazareth und Kana in Galilaea, etwas kurvenreich, aber gut ausgebaut. Auch die Umspannungen, alle fünfundzwanzig Millien, immer noch gemäß den Anordnungen von Divus Augustus, fand ich in ordentlichem Zustand. Wo wir auch anhielten, wurde ich als Consular und Beauftragter des Princeps mit aller Ehrfurcht empfangen. Der Pferdewechsel ging rasch vor sich, aber wenn ich versuchte, mit den Leuten ins Gespräch zu kommen, blickten sie sich vorsichtig um, ob sie auch nicht beobachtet würden.
Lateinisch und Griechisch sprachen die meisten, auch unter dem einfachen Volke. Mehr als über die politische Lage hörte ich über allerlei ungewöhnliche Begebenheiten, Totenerweckungen und Speisungen von Tausenden mit einigen Broten und Fischen, von der Wandlung von Wasser in guten Wein und ähnlichen Wundermären.
Die, die davon sprachen, machten im allgemeinen einen freieren Eindruck und sahen sich auch weniger ängstlich um. Ich hatte das Gefühl, daß sie zu den Christiani gehörten, die vor allem in Galilaea recht zahlreich zu sein scheinen.

Beim Pferdewechsel an der Umspannung in Nazareth, wo ich etwas länger Rast machte, erzählte man mir noch mehr: Ein furchtbares Strafgericht werde über dieses Land kommen, von Jerusalem werde »kein Stein auf dem andern bleiben«. Ich wollte wissen, wer das gesagt habe. »Der Meister«, antworteten sie, aber den Namen wollten sie nicht nennen.
Wie das kam, weiß ich nicht, aber in Tiberias, wo ich nach einer Wegstrecke von siebzig Meilen und einer Reisedauer von vierzehn Stunden noch am Abend des gleichen Tages ankam, wußten viele der einheimischen Angestellten im Prätorium genau, wer ich sei und sogar, daß Junius Gallio mein Bruder ist. So erfuhr ich mehr von solchen Voraussagungen, etwa die folgende:
»Wenn ihr Jerusalem von einem Heer belagert seht, so merket, daß seine Verwüstung nahe ist. Dann fliehe, wer in Judaea ist, auf das Gebirge, und wer in der Stadt ist, der verlasse sie, und wer auf dem Lande ist, der komme nicht herein.«
Fast scheint mir, als sei Jerusalem nur als Beispiel genannt, während in Wahrheit uns allen das gleich Los drohe – wie ich es selber schon vor Jahren auf Corsica, in meiner *Trostschrift an Marcia,* geschildert habe ...
Noch eine weitere Verkündung des Grauens habe ich an jenem ersten Abend in Tiberias aufgezeichnet: »Wehe aber den Schwangeren und Säugenden, wenn dies geschieht! Denn es wird große Not auf Erden sein und ein Zorn über dies Volk. Sie werden fallen durch des Schwertes Schärfe und gefangen geführt werden unter alle Völker, denn Jerusalem wird zertreten werden von den fremden Völkern, bis auch deren Zeit erfülllt ist.« Selbst die des römischen Volkes?, so fragte ich mich ...
Dem König Herodes Agrippa müssen diese Weissagungen bekannt sein, denn mit Paulus, dem Tarsiten, aus dessen Kreise sie stammen, hat er lange und wiederholt gesprochen. Daher vielleicht seine lobenswerte Friedensliebe, seine Warnungen vor einem wahnwitzigen Aufstand gegen das Römische Reich. Und es ist doch ein so schönes Land, und seine Menschen könnten glücklich sein! Unter der weisen Herrschaft Divi Augusti und Tiberius Caesars, selbst noch unter Claudius Caesar waren es die meisten auch.

Daher quält mich jetzt der Gedanke: Was habe ich als Erster Ratgeber Nero Caesars getan oder zu tun versäumt – hier, in diesem von der Natur so gesegneten Lande, das jetzt am Rande des Untergangs steht –?
Am Morgen nach meiner Ankunft ging ich zum See Genezareth hinunter, sehr gegen meinen Willen begleitet von einem halben Dutzend Soldaten der III. Legion *Gallica,* die Corbulo hier in der Garnison in Reserve hielt. Aus »Sicherheitsgründen«, sagte der Stadtkommandant, ein Tribun namens Gaius Cornelius Maximus, dessen Vater bereits hier gedient hatte.
Je näher ich dem Ufer dieses großen, rautenförmigen Sees kam, desto einladender wurde die Landschaft. Sein Spiegel liegt ungefähr siebenhundert Fuß unter dem des Mittelmeers, daher diese üppige Vegetation, so als habe die Natur ihre edelsten Kinder vorgeschickt, um in einen Wettstreit einzutreten. Auch die Jahreszeiten scheinen hier nicht zu gelten.
Nußbäume sah ich, die doch sonst der Kühle bedürfen, daneben Palmen, wie im Nildelta. Der Boden sei so fruchtbar, sagten meine Begleiter, daß anscheinend einander fremde Obstsorten mehrmals im Jahre Frucht bringen. Zehn Monate lang gäbe es hier Weintrauben und Feigen, viele andere Früchte werden das ganze Jahr hindurch reif. Pfirsiche, Kirschen, Aprikosen.
Viele Fischer sah ich, deren Netze schwer waren, so fischreich ist dieser See, dessen Wasser köstlich klar und frisch ist. Der merkwürdigste Bewohner ist ein Stachelflosser, der bis zu sechs Pfund schwer wird, und den es sonst nur in einem See bei Alexandria gibt. Die Eingeborenen nennen ihn Rabenfisch, das ist eine ziemlich genaue Übersetzung seines lateinischen Namens, *Coracinus niger.*
Ein Gürtel feinen Sandes umringt den See. Da ich immer noch ein Freund kühlen Badens bin, entkleidete ich mich zum Erstaunen meiner »Wachmannschaft« und schwamm ziemlich weit hinaus. Von einem Mann meines Alters hatten sie so etwas nicht erwartet.
Im Prätorium erfuhr ich, daß ich von Tyrus aus, und zwar mit einem besseren Schiff, nach Italien reisen könne. Das war mir sehr recht, denn Caesarea war mir gründlich verleidet. Ich sandte Nach-

richt nach Tyrus, entsprechende Räume, am besten mittschiffs, für mich freizuhalten.
Das gab mir auch etwas mehr Zeit, die Gegend zu erkunden. Sollten die Parther sich je stark genug fühlen, zu einem Gegenschlag auszuholen, müßten wir auf jeden Fall die Golan-Höhen links vom Jordan und den Hermon-Berg halten. Von dessen Gipfel, den man auf achttausend Fuß schätzt, kann man bis zum Euphrat die ganze Ebene überblicken. Sollte es nämlich wirklich zu einem großen Aufstand in Judaea kommen, ist es möglich, daß sich die Parther gegen uns hineinzumischen versuchen werden. Damit könnte dann die ganze Ostküste des Mittelmeers bis hinunter nach Ägypten bedroht sein.
Mit diesen Gedanken im Sinne fuhr ich das Jordantal weit hinauf, die letzten Strecken ging ich zu Fuß. Die Quellen des Nils hat zwar noch niemand gesehen, aber es heißt, er käme nicht als Kind auf die Welt, wie alle anderen Ströme, sondern gleich als ein ausgewachsener Mann. Jede der drei Hauptquellen des Jordans, die ich sah, gibt einem starken Fluß-Jüngling das Leben! Eine dieser Quellen stürzt aus 150 Fuß Höhe herunter.
Dort steht noch immer ein Pan-Heiligtum, daher der Name Panium. Am Ilissos, im Schatten der Platane, unter der Sokrates mit dem jungen Phaidros über den Eros sprach, mag sich der Gott wohler gefühlt haben als hier!
So unrecht haben die Griechen nicht, wenn sie behaupten, Herodes sei ihren Göttern enger verbunden gewesen als seinem einheimischen Jahwe! Denn nicht nur in Caesarea und Sebasté, auch hier, an der Quelle dieses den Hebräern so heiligen Flusses, hat er einen prächtigen Tempel errichten lassen, aus parischem Marmor und geweiht dem göttlichen Genius von Caesar Augustus! Eine ganze Schar nichtstuender Priester, die das Land bezahlen muß, ist dort angesiedelt. Sie baten mich unterwürfig, in Rom zu erwirken, daß der Kult auf den göttlichen Genius von Nero Caesar ausgedehnt werde. Was dann natürlich zu einer Erhöhung ihrer Bezüge führen würde!
Erfüllt von dunklen Ahnungen habe ich dieses merkwürdige Land verlassen. Ich war froh, als ich die kaiserliche Provinz Syrien betrat,

ohne Prokuratoren und Klientenkönige. Der proconsularische Legat, Gaius Cestius Gallus, den ich gerne gesprochen hätte, hielt sich bei Corbulo, links des Euphrats, auf. Mit seinen nachgeordneten Beamten politische Meinungen auszutauschen, entsprach nicht meinem Rang. Ich verbrachte die letzten zwei Tage bis zur Abfahrt ruhig im Prätorium von Tyrus, machte mir Aufzeichnungen und entwarf eine Denkschrift für Nero Caesar.
Die Fahrt verlief dann viel angenehmer, als ich gefürchtet hatte. Sie dauerte nur zwölf Tage bei spiegelglatter See. Von Puteoli fuhr ich sofort weiter nach Rom. Ich fand Burrus in etwas besserem Zustand vor, als ich gefürchtet hatte, aber daß die Krankheit zum Tode führen werde, schien ihm bereits klar zu sein.
Es war ein Glück für das Gemeinwesen, daß dieser treue und aufrechte Mann noch bis Ende des Jahres am Leben blieb. So konnten wir gemeinsam wenigstens die schlimmsten Folgen des britannischen Aufstands zu beseitigen versuchen.

30. Kapitel

Obgleich die bösesten Nachrichten noch gar nicht bekannt waren, fand ich Rom nahezu in einer Panikstimmung vor. In meiner Jugend hatte ich einmal ähnliches erlebt, als man vom Untergang der drei Legionen in den Wäldern und Sümpfen von Germanien erfuhr.
Nero Caesar ließ Burrus und mich kommen, um die Lage zu besprechen. Ganz unrecht hatte er nicht mit seinen Befürchtungen – angenommen, der Aufstand griffe auf das Festland über, geschürt und geführt von den Druiden, die trotz strenger Verbote in Gallien noch immer tätig sind: Gallien in Aufruhr könnte unter den ewig unruhigen Germanen die Lust zum Kriege entzünden, und wer weiß, was dann aus Sarmatien und dem Innern von Asien für Stämme nachdrängen. Gleichzeitig, sagte er, seien unsere Kräfte im Osten angespannt, denn der Krieg am Euphrat und in Armenien sei noch keineswegs zu Ende.
Burrus und ich nahmen Einsicht in die Geheimnachrichten der verschiedenen Legaten aus Gallien, vom Rhein, von der Donau, die tatsächlich auf solche Gefahren hinwiesen. Schande über Schande! Der Prokurator von Britannien, Catus Decianus, war aus Angst bereits nach Gallien geflohen, als er hörte, daß die britischen Barbaren die Neunte Legion unter ihrem Legaten Petilius Cerealis auseinandergesprengt hätten. Alles Fußvolk war niedergemacht worden, Cerealis entkam mit der Reiterei in sein befestigtes Lager.
Die Anklagen gegen mich, die Geschichte mit der Entwicklungsanleihe und dem angeblichen Wucherzins, waren bis zu Nero Caesar durchgedrungen. Da es ihm selber schaden würde, wenn sein Erster

Ratgeber so angegriffen werde, konnte ich leicht bei ihm erreichen, daß die *Acta Diurna* eine entsprechende Weisung erhielten. In mehreren Ausgaben, die in großer Zahl in die Provinzen und zu den Legionen gesandt wurden, sind die Vorwürfe zurückgewiesen worden: Ohne diese Anleihe hätten die Briten ihr Land niemals auf einen moderneren Entwicklungsstand bringen können.
Öffentlich wagten sie es damals noch nicht, aber heimlich haben meine Gegner hierauf erwidert: Ohne diese Anleihe hätten die Briten auch nicht so viele Waffen einkaufen und sich aus ausgedienten römischen Offizieren so tüchtige Lehrer der modernen Kriegskunst beschaffen können.
Nero Caesar schwankte zwischen zwei entgegengesetzten Plänen: Der eine bestand darin, die Legionen aus Britannien zurückzurufen und die Provinz völlig aufzugeben, der andere, die IV. Legion *Scythica* und die XII., *Fulminata,* jetzt unter Corbulos Kommando, aus dem Osten abzuberufen und in Britannien einzusetzen.
In seiner soldatisch-freimütigen Sprache redete ihm Burrus den ersten Plan aus: Es würde ihm zur Schande gereichen, Britannien, das mit dem Ruhme seines Vaters, Divus Claudius, für immer verbunden sei, den Barbaren preiszugeben.
Den zweiten Plan – Schwächung des Ostheeres – konnte ich wirksam bekämpfen. Ich kam ja gerade von dort und berichtete von der großen Gefahr, in der die ganze östliche Reichshälfte schwebe. Zwei Legionen vom Euphrat abzuziehen, müsse die Parther zum Angriff und die Hebräer zu einem allgemeinen Aufstand ermutigen. Es gäbe nur einen einzigen Weg: der Aufstand in Britannien müsse schnellstens niedergeschlagen werden mit Hilfe der auf der Insel noch unverbrauchten Truppen. Zur Auffüllung des Mannschaftsbestandes der so schwer angeschlagenen IX. Legion *Augusta* rieten Burrus und ich, zweitausend Legionssoldaten und tausend Reiter von den Niedergermanischen Legionen und die acht bundesgenössischen Kohorten, nämlich den Heerbann der germanischen Bataver, vom unteren Rhein nach Britannien zu schicken.
Ich brachte zur Rechtfertigung dieser Truppenverschiebung vor: Im Augenblick seien die germanischen Stämme wieder einmal zu sehr untereinander verfeindet, als daß sie sich zu einem gemeinsa-

men Handeln entschließen könnten. Die Tage des Arminius, des Siegers in der Varus-Schlacht, seien längst vorüber, römische Waren, bezahlte Besuchsreisen für Stammesfürsten und ihre Familien und ihre Dienerschaft und dazu die einheimische Zwietracht hätten uns bessere Dienste geleistet als manche Feldzüge! Von Freunden unserer Sache, zwischen Rhein und Elbe, liefen immer wieder Berichte ein über mögliche Unruhestifter, für die das Wort »Freiheit« nur ein Aushängeschild sei, die als menschenunwürdig und für das große und edle Römische Reich verderblich seien und die lediglich von Zwistigkeiten etwas zu hoffen hätten.
Was aber die noch wilderen, zum großen Teil nur aus Fabeln bekannten Stämme, Sarmaten und Hunni, anbelange, östlich der Vistula und bis zu den Grenzen von Sinae, so unterschätze ich die Gefahr eines Erdrutsches durchaus nicht. Jedoch seien die Germanen von ihren östlichen Nachbarn noch getrennt durch Wälle gegenseitiger Furcht. Wenn einmal dieses Gleichgewicht des Schreckens nicht mehr bestünde, dann freilich würden wir bis hinunter zum kleinsten Jungen und bis zum ältesten Greise zu den Waffen greifen müssen.
Aber so weit sei es noch lange nicht, dafür könne ich mich verbürgen.
Hierauf erhielten wir alle Vollmachten, um die wir gebeten hatten – es sollte Burrus' und meine letzte gemeinsame Aktion großen Stiles werden.
Zur Zeit dieser entscheidend wichtigen Audienz hatten die Briten ein Heer von schätzungsweise 230000 Mann auf die Beine gebracht. Es war das Werk eines Weibes, wie es meines Wissens nach bis dahin kein vergleichbares Beispiel in der Geschichte gegeben hat. Diese Boudicca war zwar die Witwe des Königs der Icener, Prasutagus, aber daß eine Frau selber Königin werden kann, ist doch recht ungewöhnlich. In Ägypten war dies der Fall, aber sonst nirgends. Vielleicht daß Agrippina Augusta, hätte sie das noch erlebt, sagen würde: »Die Briten sind fortschrittlicher als die Römer. Dort oben im Norden sind die Frauen gleichberechtigt mit den Männern.«
Die Icener sind, wie Du weißt, ein nicht unbedeutender Volks-

stamm nordwestlich von Londinium. Sie sind zivilisierter als viele andere Stämme, und König Prasutagus hinterließ ein gewaltiges Erbe. Das verdankte er nicht zuletzt der klugen Anwendung der Gelder aus meiner Entwicklungsanleihe und der Beratung, die ich ihm durch meine Agenten im Bankhaus Titus Pomponius Atticus in Londinium zuteil werden ließ.

Als er starb, teilte er das Erbe zwischen seiner Witwe und seinen Töchtern und Nero Caesar. Die Rückzahlungen der Anleihe sollten aus Boudiccas Anteil erfolgen.

Das war eine sehr vernünftige Regelung, aber leider hat sich unsere Provinzverwaltung nicht daran gehalten. Der Prokurator Catus Decianus, der dann so feige davonlief, ließ das kleine Königreich durch seine Sklaven und Freigelassenen ausplündern und es der Provinz zuschlagen. Die Königin-Witwe soll sogar mißhandelt und ihre Töchter sollen von Sklaven und Centurionen geschändet worden sein.

Wenn nun Menschen glauben, sie hätten nichts mehr zu verlieren, lassen sie sich leicht zu Gewalttaten und Aufständen hinreißen. Von den Icenern sprang der Funke auf Nachbarstämme über.

Wie immer in solchen Fällen ereigneten sich allerlei Vor- und Wunderzeichen, die von den druidischen Priestern lustvoll auf den kommenden Untergang Roms bezogen wurden. Ähnliches spielt sich ja auch in Judaea ab!

Da sei, noch dazu nach rückwärts, als weiche es vor den Feinden Roms zurück, im Tempel des Divus Claudius in der Veteranenkolonie Camulodunum, das Standbild der Victoria umgefallen. In Wirklichkeit waren es britische Lausbuben, die sich nachts eingeschlichen und die Victoria umgeworfen haben. Statt von ihren Eltern eine Tracht Prügel zu beziehen, wurden sie auch noch als »Freiheitshelden« gelobt. Galt dieser Tempel doch als Sinnbild »ewiger Unterwerfung«. Außerdem mußte das Land, genau wie im Falle des Herodianischen Tempels an der Jordanquelle, für Scharen nichtstuender, nichtsnutziger Priester hohe Summen aufbringen. Auch diese Vorkommnisse haben meine Gegner in Rom versucht, mir anzulasten: Die gebildeteren Briten hätten meine *Apokolokyntosis* gelesen, und da sei es eine ungeheuerliche Zumutung, einen

Mann als Gott verehren zu müssen, den der Erste Ratgeber Nero Caesars, der Consular Lucius Annaeus Seneca, aus dem Olymp vertrieben und in den finstersten Orkus verstoßen habe.
Dazu weitere »Vorzeichen«: In der Kurie von Camulodunum habe man ein merkwürdiges Stöhnen, im Theater Jammern und Wehklagen gehört, aus der Brandung der Themse sei ein Bild der zerstörten Kolonie aufgetaucht. Der Ozean zwischen Britannien und Gallien sei plötzlich blutrot geworden, und beim Zurücktreten der Flut hätten sich Leichen in die Luft erhoben. Läppisches Geschwätz, aber in Anbetracht der Dummheit und Unbildung vieler unserer Legionäre nicht ungefährlich! Dazu wurde in Britannien noch das folgende verbreitet:
Auch in der Kurie des Senats in Rom gehe es gespenstisch zu. Des Nachts, als niemand darinnen war, seien barbarische, also britische Sprachbrocken herausgedrungen, untermischt mit höhnischem Gelächter, und dazu ganze Sätze in schauerlichstem Latein, so wie die Inselbarbaren es eben sprechen.
Die Briten fanden dies alles sehr ermutigend, während sich unsere Veteranen und Legionäre erschrecken ließen. Nun ist es ja kein alltäglicher Anblick für Römer, wenn sie durch die Straßen einer sauberen, modernen Kolonialstadt abscheuliche Weiber rasen sehen, mit offenen Haaren, verklebt, in Strähnen, wie Schlangen – geifernd, kreischend, ihre schmutzigen Fäuste schüttelnd –, um in ihrer häßlichen Mundart, aber doch verständlich für Leute, die länger hier gewohnt haben, den Untergang Roms zu verkünden.
Befestigungswerke besaß Camulodunum überhaupt nicht. Die verantwortlichen Offiziere haben sich nachher dafür entschuldigt: Sie hätten mehr auf die Schönheit der Landschaft, die saftigen, grünen Wiesen ringsum, die Pfade, die zwischen lieblichen Hecken hindurchführen, auf den schönen Strand nicht weit von der Stadtmitte geachtet, als auf die Sicherheit des Platzes!
Das Vorbild schlechthin für die rasenden Weiber in Britannien, wie ihnen auch unser Statthalter, der ausgezeichnete Heerführer Caius Suetonius Paulinus schon begegnete, als er die Insel Mona erstürmte, dieses böse Nest von Druiden und Rebellenführern, war die Königin Boudicca selber. Sie ist inzwischen oft geschildert und ge-

zeichnet worden, so daß man sich eine ziemlich genaue Vorstellung von ihr machen kann: Sie war hochgewachsen, eines Anblicks, der Weiber und Männer vor Grauen und Ehrfurcht erschaudern ließ, ihre Stimme klang hart und heiser, aber Tausende konnten sie deutlich vernehmen, ihre Augen sollen gorgonenhaft gewesen sein. Um den Hals trug sie eine große, goldene Kette. Bekleidet war sie immer mit einer vielfarbigen Tunika, darüber trug sie einen dicken Mantel, zusammengehalten von einer edelsteinbesetzten Brosche, zweifellos eine griechische Meisterarbeit. Ihr offenes, rotblondes Haar fiel in gewaltigen, dichten Massen bis zu den Hüften.
So zog sie durch das Land, hielt einen Speer hoch und zeigte auf einem Kampfwagen ihre Töchter, die entehrt worden seien.
Sie hat viele Reden gehalten, manche davon rhetorisch durchaus beachtlich, schon als sie die Icener und andere Stämme gegen uns aufwiegelte, dann vor jedem größeren Gefecht, schließlich vor der Entscheidungsschlacht. So römerfeindlich sie war, auf römische Bildung hat sie sich gerne berufen. Als Schülerin eines neusprachlichen Lyzeums in Londinium oder Camulodunum ist sie schon frühzeitig mit unserer Geschichte und unserer Sprache bekannt geworden. Auch über die Griechen wußte sie einiges, vor allem über deren Laster, ein Lieblingsthema bei den Briten, wenn es sich um andere Völker handelt.
Da gibt es eine Rede von ihr, in der sie sich an Andraste wendet, eine ihrer reichlich blutdürstigen Göttinnen. »Ich danke Dir als Frau«, heißt es darin, »daß ich nicht wie eine Pharaonin über lastenschleppende Ägypter zu herrschen habe, noch über schachernde Assyrer, wie Semiramis. Nein! Ich herrsche über Briten, echte Männer, die zwar nicht wissen, wie man einen Acker bestellt oder Geldgeschäfte betreibt, die aber dafür gründlich bewandert sind in der Kriegskunst, und denen alles gemeinsam ist, selbst die Kinder und die Eheweiber, auf daß auch diese gleicher Tapferkeit seien wie die Väter und Gatten!«
In den amtlichen Berichten fehlt eine Stelle, die im gegenwärtigen Zeitpunkt wirklich noch nicht zur Veröffentlichung geeignet ist. Denn obgleich diese Beschimpfungen von einer Feindin stammen, würden sie doch Nero Caesar tief verletzen. Boudicca dankt näm-

lich ihrer Andraste auch dafür, daß sie nicht über Römer zu herrschen habe: »So wie jene Messalina, dann Agrippina und schließlich Nero, der zwar dem Namen nach ein Mann ist, in Wirklichkeit aber ein Weib, wie man an seinem öffentlichen Sing-Sang, seinem Leierschlagen und seiner Schminke erkennen kann – an seinem Puder, seinen Salbdöschen, seinen Duftwässerchen. Diese Römer sind demnach Sklaven eines Kitharaspielers, noch dazu eines schlechten. Möge denn Königin Domitia-Nero nicht länger über mir und über euch Männern herrschen! Nur über den Römern möge diese Dirne, die voll ist von griechischen Lastern, weiterhin trällern und regieren! Sie verdienen es, Sklaven eines solchen Weibsbildes zu bleiben, nachdem sie sich ihm schon so lange unterworfen haben.«
Was sie uns sonst noch alles nachsagt – es könnte vom Altrömer-Knaben Cornelius stammen, sollte dieser sein vierzehntes Jahr überleben, ohne den Tod einem ärgeren Schicksal vorziehen zu müssen!
»Dreist, ungerecht, unersättlich, gottlos sind diese Leute«, erklärte die fromme Barbarin wiederholt, »wenn man solche Wesen überhaupt Menschen nennen darf, die in warmem Wasser baden, künstlich zugerichtete Leckereien essen, ungemischten Wein trinken, sich mit Myrrhe salben und auf weichen Lagern schlafen.«
Da könnte ich mich ja in die Brust werfen und um die Ehrenbürgerschaft der Icener nachsuchen. Denn immer noch ziehe ich kalte Bäder selbst den lauwarmen vor, mein Essen ist so einfach wie nur möglich, Wein trinke ich überhaupt keinen – führe ihn aber in immer größeren Mengen nach Britannien aus –, seit früher Jugend verzichte ich auf Salben, halte ich doch dafür, wie ich Dir einmal schrieb, daß »der beste Geruch des Körpers die Geruchlosigkeit sei«. Gemäß den Lehren des Attalus, der harte Matratzen empfahl, benütze ich auch jetzt nur solche, auf denen kein Körperabdruck zu sehen ist.
Auch bei uns gibt es Heuchelei in jedem Ausmaß, aber die der Barbaren erscheint mir noch abstoßender. Sie schmähen als Laster, was sie selber gerne täten, und rühmen als Tugend, was ihnen die Unterentwicklung ihres Landes vorläufig noch versagt.
Sie schwämmen nackt durch ihre kalten Flüsse, sagte Boudicca im

Lobgesang auf ihre Landsleute. Aber noch nie habe ich Briten und Germanen, die zu bezahltem Gastaufenthalt zu uns kommen, durch den Tiber oder den Padanus schwimmen sehen. Wohlriechende warme Bäder, bereitet von hübschen Griechenjungen, sind ihnen lieber. Ich kann mir auch kaum denken, daß die Briten den Wein, den ich ihnen liefere, zu zwei Drittel mit Wasser versetzen. Das schönste, mein Lucilius, kommt aber noch: auf ihren weichen Lagern »schlafen die Römer mit Jungen als Bettgenossen, noch dazu mit solchen, die dem Kindesalter entwachsen sind«!

Solange sie noch Kinder sind, etwa bis zum zwölften oder dreizehnten Jahre, erscheint den sittenstrengen Barbaren demnach alles erlaubt. Da kann man noch so tun, als handle es sich um süße Spielchen, Neckereien, ja um Opfer, die der Erwachsene bringt, um die Kleinen in die Geheimnisse des Lebens einzuweihen.

Hast Du je etwas Widerlicheres gehört, vorgetragen mit weithallender, von sittlicher Empörung bebender Stimme? Aber warum überhaupt Zeit darauf verschwenden? Vielleicht, weil es wiederum zeigt, wie nötig die Erhaltung unserer Ordnung ist, auch für jene, die heute unsere Feinde sind und uns vernichten möchten.

Wenn einmal aus den Barbaren von heute gebildete Völker geworden sind, mag sich ihnen auch das hellenische Eros- und Freundschaftsideal erschließen, wie Platon es im *Symposion* den Pausanias schildern läßt: »Wer von der hohen Liebe, dem Eros Uranios, geleitet ist, der liebt Jünglinge erst, wenn diese selbständig zu denken beginnen, es ist dies im allgemeinen um die Zeit, da ihnen der Bart keimt. Wer zu diesem Zeitpunkt den Jüngling zu lieben beginnt, wird dann auch bereit sein, sein ganzes Leben mit dem Geliebten gemeinsam zu führen und wird ihn nicht betrügen, auslachen und von ihm zu einem anderen laufen, etwas, das sich immer ereignet, wenn er den Geliebten, da dieser beinahe noch ein Kind war, genommen hat. Ich meine, es sollte ein Verbot erlassen werden, Knaben zu lieben, damit nicht ins Ungewisse hinein viel Leidenschaft verschwendet werde.«

Fast gleichzeitig mit den Berichten über Boudiccas moralische Ansprachen erhielten wir die Kunde vom Schicksal der Städte Camulodunum, Londinium und Verulanium. Caius Suetonius Paulinus,

obgleich er an kriegerischer Erfahrung dem Cnaeus Domitius Corbulo ebenbürtig war, hatte sie nicht retten können. Die IX. Legion war im Augenblick nicht einsatzfähig, die II. unter Poenius Postumus – etwas Ungeheuerliches in unserer Geschichte – hatte dem Befehl des Feldherrn, heranzurücken, nicht gehorcht. So blieben ihm nur die XIV., *Gemina,* und die XX., *Valeria Victorix,* sowie einige bundesgenössische Hilfstruppen. Das waren insgesamt zehntausend Mann, die erst kampfbereit gemacht werden mußten.
Durch das Abschlachten von 80000 Römern, Frauen, Greisen, Kindern, stellten die Briten ihre »edle«, durch keine Zivilisation verweichlichte Gesinnung unter Beweis. Gefangene zu machen, lehnten sie ab, ebenso den Sklavenverkauf, weil sie doch an die Freiheit glauben und Handelsgeschäfte mit Menschen verabscheuen. Also verbrannten, kreuzigten, hängten sie alle, die in ihre Hände fielen, als wollten sie schon im voraus Rache nehmen, in der Ahnung künftigen Gerichtes ...
Allmählich wurde auch der römischen Öffentlichkeit noch Abscheulicheres bekannt: Die vornehmsten Frauen hängten sie nackt auf, schnitten ihnen die Brüste ab und nähten ihnen diese an den Mund, damit es aussehe, als äßen sie sie auf ... Dann nahmen sie ihre Opfer ab und spießten sie den ganzen Körper hindurch auf eisernen Pfählen auf. Ringsum tobten dabei trunkene Freudenfeste, mit Opfergaben für Andraste und allgemeiner geschlechtlicher Vereinigung.
Suetonius Paulinus hatte von den Greueltaten der britischen Empörer erfahren, noch ehe er seine zehntausend Mann zur entscheidenden Schlacht aufstellte. Den Platz hierzu hatte er klug gewählt, da er durch eine enge Schlucht und im Rücken durch einen Wald abgeschlossen war. Seine XIV. und seine XX. Legion und die Kohorten bundesgenössischer Truppen ermahnte er, lieber bis zum letzten Blutstropfen zu kämpfen, als sich gefangen zu geben:
»... oder wollt ihr auf euere eigenen Eingeweide schauen müssen, die man euch aus dem Bauche reißt – wollt ihr auf rotglühenden Pfählen aufgespießt werden oder in kochendem Wasser wegschmelzen – mit einem Worte – wollt ihr euch Qualen aussetzen, als seien wir verruchten, wilden Bestien vorgeworfen?«

In der gleichen Rede hat er Sätze geprägt, die für die Nachwelt und ihre Dichter erhalten bleiben sollten:
»Laßt uns also siegen oder auf diesem Boden fallen. Britannien wird unser edelstes Denkmal werden, selbst wenn alle anderen Römer ausgetrieben würden. Denn für alle Zeiten werden unsere Körper dieses Land zu eigen haben!«
So siegesgewiß waren die Briten mit ihrem ungeheueren Heere, daß Boudicca auch die Weiber herbeibefohlen hatte. Sie sollten durch ihr Geheul die Männer anfeuern und die Vernichtung der Römer mitgenießen dürfen. Sie saßen auf Wagen, die sie am äußersten Rande des Schlachtfeldes aufgestellt hatten. Aber bald verließen sie zu Tausenden ihre Plätze und mischten sich megärenhaft unter die Kämpfenden.
Die Götter wurden sowohl von Boudicca wie von Suetonius Paulinus angerufen. »Andraste, Du, unsere einzige Herrin, gib uns den Sieg!« beschwor die Königin ihren Schutzgeist. »Als Frau zu Frau«, um sicherer Gehör zu finden.
Caius Suetonius Paulinus stellte seinen Truppen vor Augen, daß er fest auf den Sieg hoffe, »da die Götter unsere Bundesgenossen sind, denn fast immer sind sie auf Seiten derer, denen Unrecht geschah«. Auch liebten die Götter Stärke und Mut, diese Tugenden, die römisches Erbe seien. Ähnlich wie Herodes Agrippa II. es tun wolle, sollte es zum Schlimmsten kommen, drückte auch Paulinus es aus: »Ihr habt über die gesamte Menschheit triumphiert, mit Hilfe der Götter! Siegt ihr nun hier über diese Aufrührer, so gewaltig ihre Scharen auch sind, dann wird es nirgends auf Erden noch Widerstand geben. Denn alle unsere Soldaten, auch in den anderen Ländern, werden euerem heldischen Beispiel folgen, und alle unsere Feinde werden vor Schreck gelähmt sein – dann ist die Herrschaft Roms über das menschliche Geschlecht für immer gesichert!«
Ich brauche nicht aus den Kriegsberichten neu zu schildern, was ihr alle kennt: Unsere Zehntausend haben das Heer der Hunderttausende bis zur Vernichtung geschlagen. Die Wagenburgen mit den kreischenden Weibern ringsum wurden dem Feinde zum Verderben – wohin sollten sie fliehen? Über 80000 Briten wurden getötet, auf unserer Seite gab es nicht mehr als 400 Tote und ebenso viele

Verwundete. Doch Poenius Postumus, der Lagerpräfekt der II. Legion *Augusta,* stürzte sich in sein Schwert, weil er durch seinen Ungehorsam sich selbst und seine Legion darum gebracht hatte, den Ruhm der XIV. und der XX. Legion zu teilen.

Die Königin Boudicca, der man auch als Gegner eine gewisse Hochachtung nicht versagen kann, wollte die Niederlage ihres Volkes nicht überleben. Nach sicheren Berichten hat sie sich in einer Felsenhöhle vergiftet. Ihre Untertanen fanden die Leiche, als das Schlachtfeld geräumt war. Fern von den römischen Lagern gaben sie ihr ein kostbares Flammenbegräbnis.

Dazu gibt es nun ein merkwürdiges Nachspiel, von dem mir einer unserer Vertrauensmänner berichtete: Im Atlantik, vorgelagert der südwestlichen Spitze Britanniens, liegen mehrere kleine Inseln, manche felsig, andere aber mit einer südlichen Pflanzenwelt. Sogar Palmen, Feigen- und Ölbäume sollen dort gedeihen. Die Eingeborenen nennen diesen ganzen Archipel die »Inseln der Dämonen und Helden«. Eine davon, die nur wenige Bewohner hat, gilt den Briten als besonders heilig und unverletzlich. Und diese ist es, die unser Vertrauensmann, ein Grieche namens Demetrios, besuchte.

Was nun folgt, erinnert an den Bericht des Kapitäns Thamus, den Tiberius Caesar, wie ich Dir schrieb, auf Capri in Audienz empfing. Wollte Thamus, auf der Fahrt von Ägypten nach Italien doch den Ruf gehört haben: »Der große Pan ist tot«, und dazu ein lautes Wehklagen vieler Stimmen, untermischt mit Ausrufen der Verwunderung.

Die Bevölkerung der kleinen Insel wußte noch nichts vom Tode Boudiccas, als plötzlich ein furchtbares Ungewitter hereinbrach, Stürme losrasten und Blitze niederfuhren. Da sagte der Inselälteste: »Die Königin der Briten ist tot!« Als Demetrios (der sein eigenes Wissen aus Furcht vor der Bevölkerung verschwiegen hatte) fragte, wie er denn dazu käme, antwortete der alte Mann: »Wir wissen, daß ein höheres Wesen sein Dasein beendet hat – die Stürme und die Blitze haben es uns gesagt. Denn wie eine Lampe, wenn sie angezündet wird, Freude verbreitet, wenn sie aber erlischt, viele mit Furcht und Schmerz erfüllt, so ist auch das Aufleuchten großer See-

len wohltätig und gut, aber ihr Erlöschen und Vergehen löst oft in der Natur Blitzschlag und Ungewitter aus.«
Ich habe aus dieser Begebenheit, wie immer auch die naturwissenschaftlichen Erklärungen sein mögen, gelernt, daß wir an diese Frau, wie an manche andere unserer Gegner, nicht nur unsere eigenen Maßstäbe anlegen und sie nicht bloß nach dem beurteilen sollen, was für uns gut oder schlecht ist.

III. TEIL

31. Kapitel

Mein Sohn Alexis wird von unsern Gesprächen aufzeichnen, was über das Alltägliche hinausgeht. Dann will ich es durchsehen, Überflüssiges streichen und dafür einsetzen, was er vielleicht in voller Bedeutung nicht mitbekommen hat.

Als erstes, meine Freunde, halten wir fest, wer bei unserer gemächlichen Fahrt auf dem Pontinischen Kanal bei uns ist. Damit folge ich einem guten Brauche, denn auch Horaz hat seine Reisegefährten bei Namen genannt: Da stellt er uns den Heliodoros vor, »dem in seiner Kunst kein Grieche leicht den Vorzug nehmen wird«, dazu dann »Vergil und Varius, die reinsten Seelen, die je die Erde trug«. Wer wüßte heute noch von Heliodoros, hätte Horaz ihn nicht erwähnt? Ihm und Vergil verdankt auch dessen älterer Freund, Lucius Rufus Varius, die Unsterblichkeit.

Gäbe uns nicht Cicero Auskunft über ihn, von Titus Pomponius Atticus wüßte man nur noch, daß ein Bankhaus nach ihm heißt. Seine attische Bildung, sein Kunstsinn wären bestimmt längst vergessen. Und habt Ihr schon einmal von Idonomeus gehört? Gewiß, werdet Ihr sagen, von dem lernten wir schon in der Schule – jener König aus Kreta, der am Zug gegen Troia teilnahm. Aber den meine ich nicht. Ich spreche von einem anderen Idonomeus, der uns viel näher ist und viel vertrauter sein sollte. Diesen würde niemand mehr kennen, hätte ihn nicht sein Meister, Epikur, berühmt gemacht. »Wenn Ruhm ein inneres Anliegen Deines Herzens ist«, schrieb er ihm, »dann wird Dich mein Brief berühmter machen als alles, was Du schätzest und weswegen Du mich schätzt.«

Zu meinem 69. Geburtstag habt Ihr mir Geschenke gesandt – das

schönste davon, mein Lucilius und mein getreuer Statius Annaeus, ist die Versicherung Euerer unverbrüchlichen Freundschaft. Es ziemt sich demnach, daß auch ich Euch ein Geschenk mache. Es ist Teil meines Vermächtnisses und wird, so meine ich, um mit Horaz zu sprechen, »dauernder sein als Erz – das kein Regen zernagt, rasender Nordwind nicht zu stürzen vermag – noch der Jahrhunderte unabsehbare Reihn oder der Zeiten Flucht«.
Denn auch ich kann sagen *Exegi monumentum – Non omnis moriar* – »Ich sterbe nicht ganz, über das Grab hinaus / Bleibt mein edleres Ich; und in der Nachwelt noch / Wächst mein Name ...«
So kann ich auch andere Namen ans Licht bringen, die Eueren, meine Freunde, und den Deinen, mein Alexis, der Du den meinen weiterführen wirst und nach Dir Dein kleiner Bruder Amyntas, wenn Du ihn Dir zum Sohne erwählst.
Viele Völker und viele Jahrhunderte werden nach uns kommen. An diese wollen wir denken. Auch wenn giftiger Neid alle Gegenwärtigen in Schweigen verharren ließe, es werden Männer erstehen, die ohne Mißgunst urteilen – an jenem Tage, da die verborgene und aus bösem Willen unterdrückte Leistung ans Licht kommt.
Von ewigem Ruhme, von der Ewigkeit selber, will ich nicht sprechen. Die ist Gottes. Für uns Menschen wird das große Vergessen kommen aus den Tiefen der Zeiten. Nur wenige erlauchte Geister werden ihr Haupt darüber erheben und der Vergessenheit trotzen. Bis auch sie im großen Schweigen versinken ... »wenn nicht mehr Aenaeas' Geschlecht auf dem Capitolinischen Hügel, dem unerschütterten, hauset / Und der Römer nicht mehr Herrscher der Welt«. So heißt es in der *Äneis* des Vergil, der vor uns diese Fahrt unternommen hat.

Wie greifbar nahe stand doch der Komet über dem Tyrrhenischen Meere, als wir unser Hausboot bestiegen. Keine Schnaken, das hatte ich Euch versprochen – welch ein Fortschritt seit den Tagen des Horaz! Auch keine betrunkenen Schiffer und Eseltreiber, sondern unsere eigene Dienerschaft und ein eigenes kleines Heim. Gewiß werden sich die Neider auch dies nicht entgehen lassen.
»Da hat er großzügig Nero Caesar seinen Besitz übergeben«, wer-

den sie von mir sagen »und hat noch so viel, daß er von Landhaus zu Landhaus ziehen kann, und seine Sklavenschar hat sich kaum vermindert. Dazu dieses Schiff – statt für fünfzig Denare eines zu mieten, mußte er ein eigenes bauen lassen, das bestimmt nicht unter zwanzigtausend gekostet hat!«

Ich habe nie gesagt, daß ich mich der Armut in die Arme werfen und damit dem Gemeinwesen zur Last fallen will. Daß man doch endlich aufhöre, dem Philosophen Geld und Besitz verbieten zu wollen. Wem sollte es nützen, wenn die Weisheit ins Elend sänke? Der Philosoph soll Reichtum haben – aber niemandem wird er ihn entzogen wissen – Besitz, an dem kein Blut klebt. Ja er soll weit mehr besitzen, als er für seine Bedürfnisse braucht – denn es gibt viele, für die er sorgen muß. Nichts aber ist schwerer, als richtig zu *geben.* Nie wende ich größere Sorgfalt an – nie prüfe ich genauer die Namen, nie bitte ich die göttliche Weisheit inniger um Führung, als wenn ich Hilfe spende –

Dabei weiß ich nur zu gut, daß manche, denen ich am großzügigsten half, mich oft am meisten hassen, und daß von höchster Stelle die Bedrohung meines Lebens mit meiner Freigebigkeit zusammenhängt. Ich rühme mich ihrer nicht – sie ist eine Verpflichtung, nicht bloß meines Besitzes, sondern der Philosophie selber.

Unser schwimmendes Heim lag noch immer am Ufer, als wir erwachten, gerade als die ersten Strahlen der Sonne über die Hügel Latiums kamen. Ein köstliches, einfaches Frühstück an Deck, und dann der Beginn der Fahrt durch das Herzland des Reiches. Aber wie lange noch, dann gibt es keinen Wasserlauf mehr, den nicht die Landsitze neureicher Spekulanten umgeben – keinen See, keinen Meeresstrand, in den nicht die Giebel ihrer Villen schauen, geschmacklose, überladene Prunkbauten vielmehr! Wo warme Quellen aus dem Boden sprudeln, bauen diese gleichen Grundstücksspekulanten teuere Gaststätten hin, andere setzen sie auf die schönsten Hügel und Berggipfel und rauben dem Volke, was allen gemeinsam sein sollte, Luft und Aussicht.

Eine grauenvolle Zerstörung der Natur, bald ist auch kein Tier mehr sicher vor diesen Barbaren, es sei denn, es schmecke ihnen nicht. Unser Tyrrhenisches Meer ist längst durchstöbert von ih-

rer Gier. Bald wird es in unsern heimatlichen Gewässern keinen Fisch mehr geben. Aus Corsica und vom Ionischen Meere müssen diese neureichen Freßsäcke ihre Barben und aus den sizilischen Strudeln, zwischen Scylla und Charybdis, die Muränen besorgen. Auch die kleinen Fische lassen wir nicht mehr wachsen, und die Brut wird durch die Verschmutzung unserer Flüsse zerstört. Jetzt setzen die protzigen Emporkömmlinge ihren armen Klienten aus dem einstmals so fischreichen Tiber ein armseliges Tier vor, ganz fleckig vom Frost. Im Strom der Kloaken hat es sich mühsam am Leben gehalten und ist die Subura entlang durch Abzugskanäle in die Mitte der Stadt geschwommen. Oder während der »Gastgeber« eine riesige Languste oder einen Hummer von der Albis-Mündung in köstlichstem Öle, umgeben von Spargeln, verspeist, bekommt der Klient einen schleimigen Tiber-Aal zum Essen, einen Verwandten der mageren Schlange. Dazu ein blasses Kohlgericht, in einem Öl, das nach der Lampe duftet!
Welch seltener Anblick bei dieser Fahrt durch Latium – hie und da noch Felder, auf denen in zartestem Grün die Wintersaat zu keimen beginnt. Noch zur Zeit meines Vaters war es anders. Da konnte Italien die Legionen in den entlegensten Provinzen mit Lebensmitteln versorgen. Auch heute ist ja das Land nicht unfruchtbar, und die Pontinischen Sümpfe könnten in Ackerland verwandelt werden. Man bräuchte nur die leichte Bodenschwellung, die dieses Gebiet vom Meere trennt, zu beseitigen. Dann flössen die Rinnsale aus den Latinischen Bergen ab, statt sich in den Wiesen aufzustauen.
Aber wir ackern ja lieber auf afrikanischem, asiatischem, ägyptischem Boden und machen das Leben des römischen Volkes von gebrechlichen Schiffen abhängig.
Ich selbst fühle mich nicht schuldlos an dieser Entwicklung. Ich hätte meine Anleihen statt den Briten, lieber den italischen Bauerngemeinden geben sollen. Käme die Große Wendung und würde mir dann genügend Zeit geschenkt, werde ich versuchen, auch hier manches zu ändern und Versäumtes nachzuholen.
Nicht daß mir erst jetzt diese Erkenntnis käme. Aber als ich noch Einfluß hatte, scheute ich den Kampf mit den mächtigen Großgrundbesitzern. Ich wollte meine Kräfte nicht verzetteln. Und doch

kann Italien erst wieder gesunden, wenn deren Einfluß gebrochen werden kann. Ein Acker, der einer ganzen Gemeinde Lebensunterhalt böte, erscheint einem einzigen Herrn zu eng. Halbe Provinzen gehören einigen wenigen, berühmte Flüsse, von der Quelle bis zur Mündung, bewässern das Gebiet von ein paar Grundeigentümern. Ganze Inseln im Ionischen und Aegaeischen Meere gelten jetzt als Kleinigkeiten. Indes verödet Italien, sei es, weil es »unvornehm« ist, so nahe von der Hauptstadt den Boden zu bestellen, oder weil man ehemals fruchtbares Acker- und Weideland nur noch zum Jagen verwendet.
Aber wie will man das alles ändern ohne eine große Macht, die auch vor der Gewalt nicht zurückschrecken dürfte? Der Stoiker in mir ringt schon lange um eine Antwort.
Ist Macht nicht überhaupt böse, Macht über Menschen? Hätte ich also nach Claudius Caesars Tode dem neuen Alleinherrscher nicht dienen dürfen? Aber böse an sich ist die Macht meiner Meinung nach nicht, es kommt auf ihre Anwendung an. Es kann sogar böse sein, sie nicht anzustreben oder nicht auszuüben, wenn sie erforderlich ist, um etwas zu erreichen, was als gut und nötig erkannt wurde. So habe ich mich auch nicht gescheut, mit der Vollmacht Nero Caesars die Legionen Corbulos in Marsch zu setzen, denn ich halte die *Pax Augusta,* selbst wenn sie nur durch Krieg gewonnen oder verteidigt werden kann, für die beste mögliche Weltordnung. Vergils *Romane Memento* erscheint mir immer noch als der richtigste Leitsatz unserer Politik, auch zum Heile des menschlichen Geschlechts. So mußte auch der Aufstand in Britannien niedergeschlagen werden, damit die Briten selber eines Tages in den Genuß römischen Friedens und Fortschritts kommen können.

Wie Ihr wißt, ist Afranius Burrus nicht lange nach den Ereignissen in Britannien qualvoll gestorben. Nun ist ja Statius Annaeus bei uns – nicht einmal ein ägyptischer Chirurg, hast Du mir versichert, hätte die Krebsgeschwulst im Halse mehr entfernen können.
Des Burrus Nachfolger, jener Ofonius Tigellinus, wird nichts unversucht lassen, um seinen Kollegen Lucius Faenius Rufus zu verdrängen. Noch ist dieser durch seine Beliebtheit beim Volke ge-

schützt, da er einen makellosen Ruf und sein Amt als Leiter der Brotversorgung uneigennützig geführt hat.
Hier müssen wir unterbrechen, denn Ihr beide, Lucilius und Statius Annaeus, müßt jetzt an Land gehen. Wagen stehen bereit. Drei Meilen vom Kreuzungspunkt mit der Via Appia, in südlicher Richtung, werdet Ihr Epicharis treffen, das tapfere »Pilzweiblein«. Laßt sie einsteigen und Euch genau von ihr unterrichten. Dann bringt sie zur Küste und seid zurück, wenn der Abendstern aufsteigt. Ich will indessen mit Amyntas meine Übungen machen und dann mit Dir weiterplaudern, mein Alexis – nicht ohne Dein Schreibzeug!
Du warst noch nicht lange bei mir, geliebtes Kind, als jenes entscheidende Gespräch mit Nero Caesar stattfand, auf das ich gleich zu Beginn dieses Lebensberichtes Bezug nahm. Ich selber hatte darum gebeten.
Er empfing mich in seiner *Domus Transitoria.* Sein Goldenes Haus geht erst jetzt der Vollendung entgegen. »Wenn es fertig ist«, sagte er zur Begrüßung, »werde ich endlich wie ein Mensch leben können.« Die Ausmaße konnte man damals schon ahnen – doch auch sein »Durchgangshaus«, das im vergangenen Sommer dem furchtbaren Brande zum Opfer fiel, war nicht gerade klein. Erstreckte es sich doch vom Palatin bis zum Esquilin. Als mein Vater dort vor sechzig Jahren unser Familienhaus kaufte, lag dieses weit außerhalb der Stadt. Nur das Haus des Maecenas, das er Divus Augustus vermacht hatte, war in unserer Nähe. Es wäre zu einer Art von Pförtnerhäuschen geworden, hätte sich die Domus Transitoria noch weiter ausgedehnt. Wie durch ein Wunder machte das Feuer vor dem Maecenas- und vor unserm Hause halt.
Über den eigentlichen Zweck der erbetenen Audienz wurde vorerst nicht gesprochen. In großer Begleitung begab sich Nero Caesar mit mir zur Baustelle des Goldenen Hauses. Erstaunlich viel war schon nahezu fertig. An der Stelle einer sumpfigen Wiese gab es bereits den hübschen, plätschernden See, von dem heute so viel geredet wird. Ringsum waren Sklaven damit beschäftigt, Weingärten, Kornfelder und kleine Wäldchen zu pflanzen und Viehweiden anzulegen. »Im Grunde mag ich die großen Städte nicht«, kommen-

tierte Nero Caesar. »Ich liebe den Geruch von Tieren und Ackerschollen.«
Die Aquädukte für die Bäder waren schon weit fortgeschritten. Der eine bringt jetzt das Wasser aus dem fünfzehn Meilen entfernten Meere, der andere aus der schwefelhaltigen Albulaquelle. Dies deshalb, weil Divus Augustus zur Beruhigung seiner Nerven die Badewannen mit Albulawasser füllen ließ. Diese Badewannen waren freilich aus gewöhnlichem Holze, nicht aus Gold, Elfenbein, mit eingelegten Edelsteinen.
Im Atrium sah man schon den Sockel, der heute die 120 Fuß hohe, goldene Statue unseres Princeps trägt. Auch den Maschinenraum besichtigten wir. Zum Teil durch Wasserkraft, zum Teil durch Sklaven werden von dort die Triebwerke in Bewegung gesetzt, die den runden Hauptspeisesaal drehen. Das darf man wirklich ein Wunderwerk der Mechanik nennen. »Die Erbauer stammen aus Syrakus«, erklärte Nero Caesar, »die Jünger des Archimedes haben die Erfindungen des Meisters weiterentwickelt.«
Dieser Speisesaal dreht sich im Rhythmus des Weltalls, Tag und Nacht. Daß man zwischen den beweglichen Decken aus Elfenbeinplatten wohlriechendes Wasser auf die Gäste sprengen kann, finde ich weniger lobenswert. Man wird davon nur naß, und nach kurzem lösen sich diese Düfte in üble Gerüche auf.
»Mir liegt an der künstlerischen Ausgestaltung meines kleinen Hauses – dadurch soll es glänzen, nicht durch Gold und Edelsteine. Die hat ja heute jeder reichgewordene Gewürzkrämer.« Das sagte Nero Caesar so nebenbei, und im selben Tone erzählte er mir von seinem letzten Besuch bei Burrus:
»Ich wollte mich nach seinem Befinden erkundigen, merkte aber gleich, daß das Ende nahe war. Sein Gesicht muß schmerzverzerrt gewesen sein – daher wandte er sich ab, als ich ihn fragte, wie es ihm gehe. Seine Antwort bestand aus einem einzigen Worte: ›Valeo!‹ Ein so treuer Diener – weder durch seinen Gesichtsausdruck noch durch Klagen wollte er mich erschrecken.«
Dann, plötzlich kalt, mit veränderter Stimme:
»Ich habe das Kommando über die prätorischen Kohorten wieder geteilt – so war es ja auch, ehe meine Mutter alle neun unserm lieben

verstorbenen Burrus übertrug. Sein bisheriger Stellvertreter, Ofonius Tigellinus, ist nun sein Nachfolger geworden, gleichen Ranges mit Faenius Rufus.«
Sehr freundlich, doch mit einem unüberhörbaren Unterton, fügte er hinzu:
»Und was wirst *du* jetzt tun, mein lieber Lucius?«
»Um dies mit dir zu besprechen, Caesar, habe ich um die Audienz gebeten.«
»Das dachte ich mir!«
Wir waren nun wieder in einem der Peristyle der Domus Transitoria. Er setzte sich auf den Rand des großen Wasserbeckens. Schräg über die Säulenreihe kam ein Strahl der untergehenden Sonne. Sein blondes Haar leuchtete auf, und ich sah, daß er noch immer Züge jugendlicher Schönheit besaß. Er merkte und verstand meinen Blick, lächelte gewinnend und ließ spielerisch seine linke Hand im Wasser plätschern.
»Setze dich zu mir, mein Lucius«, sagte er. »Nimm das Manuskript deiner Rede, die du gewiß gut vorbereitet hast, aus den Falten deiner Toga und lies sie mir vor.«
»Was ich sagen will, weiß ich. Eines Manuskriptes bedarf ich nicht«, sagte ich schroffer, als ich beabsichtigt hatte. Nicht gekränkt, eher wie ein Schüler, den sein Lehrer zurechtweist, zuckte er zusammen. Dann konnte ich beginnen ...
Ich kannte ziemlich genau die törichten und bösartigen Beschuldigungen, die man Nero Caesar zugeflüstert hatte: die meisten davon gingen von Tigellinus und dessen Kreaturen aus. So, daß ich die Gunst der Bürgerschaft durch meine Freigebigkeit, meine Prachtentfaltung, die Schönheit meiner Gärten und Landhäuser zu gewinnen trachte. Auch wolle ich, um den Princeps zu überbieten, den Ruhm, Redner und Dichter zu sein, für mich allein haben, die Kunst des Princeps, Rosse zu lenken, bemängle ich, und über seine Singstimme mache ich mich lustig.
Dümmste aller Anschuldigungen, so als könne ein Dichter Verse hervorbringen, wie ein Huhn Eier legt: Ich machte jetzt viel mehr Gedichte als früher, seitdem nämlich der Princeps selber Freude am Dichten habe!!

Wörtlich hatten mir meine Freunde einen Satz des Tigellinus hinterbracht:
»Wie lange soll es noch dauern, daß in Rom nichts zur Anerkennung gelangt, was nicht für Senecas Erfindung gilt? Deine Knabenjahre hast du doch nun hinter dir und bist zum Manne herangereift. Entlasse den Hofmeister. An deinen Ahnen hast du Lehrer und Vorbilder, die dir vollauf genügen können.«
Ganz kurz ging ich auf alle diese Verdächtigungen und Vorwürfe ein ... »Ich habe nie ein Wort von diesem Zeug geglaubt«, sagte Nero Caesar beschämt, sei es, weil er solches Geschwätz selber verachtete, sei es auch nur, weil ich darüber so gut unterrichtet war!
Dann begann ich mit meinem eigentlichen Vortrag, den ich nicht im einzelnen zu wiederholen brauche. Gilt er doch als Musterbeispiel moderner Rhetorik und als ein so hohes Preislied auf die Größe und Hochherzigkeit des Fürsten, daß er bereits in die Schulbücher aufgenommen wurde, nachdem die *Acta Diurna* ihn schon in ihrer nächsten Ausgabe veröffentlicht hatten. Gleichermaßen ist die Erwiderung Nero Caesars heute allgemein bekannt.
Hier also zu meiner Gedächtnisstütze, nur einige Leitsätze:
»Fast vierzehn Jahre sind vergangen, Caesar, seitdem du mir als ein strahlend schöner Knabe, der Großes hoffen ließ, übergeben wurdest. Acht Jahre bist du nun Herrscher der Welt, und während dieser Zeit hast du mich mit Ehren und Reichtümern so überhäuft, daß mein Glück nur noch eines zu wünschen übrigläßt – Maß und Ziel.«
Ehrlichen Herzens dankte ich ihm auch dafür, mein Alexis, daß durch seine Gnade Deine Errettung möglich wurde und ich Dich zum Sohne erhielt. Aber diese Stelle wurde auf meinen Wunsch in der offiziellen Veröffentlichung ausgelassen.
Dann, so abrupt, daß er zusammenschauderte – obgleich er es geahnt haben mußte –, erbat ich meine Entlassung aus seinen Diensten. Sein Urgroßvater Augustus habe Marcus Agrippa, dem Manne, der Actium entschieden habe, gestattet, sich nach Mytilene zurückzuziehen, Maecenas durfte sich in Rom selber zur Ruhe setzen. Und dabei hätten doch beide größte Aufgaben erfüllt und viel zum Ruhme des Gemeinwesens beigetragen.
»Was aber konnte ich dir bieten, um deine Freigebigkeit zu recht-

fertigen? Nichts als mein geistiges Streben, das vielleicht unbeachtet geblieben wäre, im tiefsten Schatten – und das nur dadurch ins helle Sonnenlicht gelangte, daß ich den ersten Grund zu deiner Bildung legen durfte. Das ist für mich der höchste Lohn – was braucht es noch mehr!«

Auch dafür, daß ich zum Consulat aufsteigen konnte, dankte ich ihm ... obgleich dies hohe Amt ja immer noch eines des römischen Volkes ist –

Und dann: »Ich habe nur eine Rechtfertigung – daß ich deine Geschenke nicht zurückweisen durfte –, und dennoch raunt man, es zieme sich nicht, daß ein einzelner solchen Reichtum habe – meine schönen Villen, Kornfelder, wogend im Sommerwinde, soweit das Auge reicht und Zins aus allen Teilen des Reiches ...«

Viel von diesem neuen Reichtum stammte ja aus der Erbmasse des unglücklichen Knaben Britannicus – es ist wahr, ich konnte es nicht ablehnen, aber es hat mich immer schon tief bedrückt.

So meinte ich diesen Teil meiner Besitztümer, wenn ich ihn bat, sie von nun an durch seine Prokuratoren verwalten zu lassen, denn ich sei »ein müder Krieger und Wanderer geworden, der sich so großer Verpflichtungen nicht mehr gewachsen fühlt und diesen Reichtum einfach nicht mehr tragen kann«.

Er hörte zu, ohne mich zu unterbrechen – daß ich vor allem die Besitztümer des Britannicus im Sinne hatte, mußte ihm klar sein –, spätestens, als ich sagte: »Es ist nicht Armut, in die ich mich stürze, wenn ich von mir getan wissen will, was mir im Grunde nicht zukäme. Die Zeit, die mir die Verwaltung von Gärten und Villen geraubt hat, werde ich mir selber widmen können, und Caesar wird wieder haben, was des Caesars ist –«

Damit schloß ich: »Du stehst in der Blüte deiner Kraft, männlich gereift und dennoch in jugendlicher Schönheit. Du hast jahrelange Erfahrungen als Staatsoberhaupt gesammelt. So darf dein alter Lehrer dich nun bitten: Laß mich in Ruhe der Philosophie leben und dereinst als Philosoph mein Leben beschließen. Die Zeit, da ich Staatsmann war, ist abgelaufen.«

Sinnend blickte er in das Wasserbecken, als ob er meine Worte im tiefsten Innern überlegen müsse. Dann sah er auf, strich sich die

Haare aus der Stirne, und in einem Ton, als sei er ein eben schulentlassener Jüngling, der vor seinem früheren Lehrer bestehen will, sagte er:

»Daß ich dir auf deine wohlvorbereitete Rede unvorbereitet zu antworten imstande bin, ohne mich meines kunstlosen Vortrags schämen zu müssen, das gehört schon zu den Gaben, die ich dir zu verdanken habe. Mein Urgroßvater Augustus vergönnte Agrippa und Maecenas ihre Ruhe, als er selber schon in reifem Alter stand, aber ich bin noch jung und bedarf deiner Liebe und deines Rates heute, nicht minder als in früheren Jahren.«

Spätere Geschlechter werden kaum verstehen, daß Nero Caesar, trotz allem, was sich bereits ereignet hat – und das ich nicht entschuldigen will, vielleicht gar, weil ich bei vielem mitgewirkt habe –, so viel Gewinnendes, Entwaffnendes, ja Liebenswertes bewahrt hat. War seine ganze Rede Verstellung, Heuchelei – dachte er an meinen Tod, während er mich seiner Liebe versicherte? Wahrscheinlich ja, und dennoch glaubt er an das, was er sagt – während er es sagt!

»Wäre ich, so wie Divus Augustus, der seine Jugend in Krieg und Gefahr verlebte, auch unter Waffen groß geworden, so hättest du mir mit deinem Schwert und Arm zur Seite gestanden. Aber, mein Lucius: Weil unsere Zeit andere Dinge erforderte, hast du den Knaben und später den Jüngling mit Klarheit, Weisheit und Bildung gefördert. Darum wird alles, was du mir gabst, seinen Wert behalten, solange ich lebe. Was sind dagegen die vergänglichen Geschenke – Parks, Villen, Getreidefelder, die ich dir überreichen durfte. Das sind doch alles Dinge, die dem Zufall unterworfen bleiben. Und Renten und Zins? Ein Aufstand von Barbaren, und das ausgeliehene Geld zerfließt wie Märzenschnee.«

»Du, der du meinem Herzen am nächsten stehst«, sagte er sogar – ich erfreute mich eines ungeschwächten, rüstigen Alters, während er erst am Anfang seiner Regierung stehe ...

Im Wasser zu plätschern erschien ihm nicht mehr zum feierlichen Ernst seiner Schlußworte zu passen. Er legte die Hände in den Schoß und sah mir in die Augen –

»Du bist es doch, du, mein Sokrates, der mich festhält, wenn ich in jugendlicher Unerfahrenheit vom rechten Wege abkomme und strauchle, du bist es, der meine Kraft zum Guten lenkt und in strenger Zucht hält. Wenn du mir die Geschenke zurückgibst, die du von mir empfingst, wird niemand von deiner Seelenstärke sprechen. Meine Habsucht, deine Furcht vor meiner Grausamkeit wird in aller Mund sein. Und selbst wenn man deine Enthaltsamkeit rühmen sollte – so kann es doch einem Weisen wie dir nicht zur Ehre gereichen, sich durch eine Tat auszuzeichnen, durch die man einen Freund in üblen Ruf bringt.«

Die Sonne hatte ihre letzten Strahlen zurückgezogen, im Peristyl herrschte ein Halbdunkel. Zwischen den Säulenreihen waren lautlos wie Schatten viele Sklaven aufgetaucht. Sah ich in diesem dämmernden Lichte, als die ersten Fackeln angezündet wurden, das Aufblitzen entblößter Schwerter –?

Nero Caesar stand jäh auf, auch ich erhob mich. Einen Augenblick verblieb er reglos, unentschlossen, zögernd, bis er mich plötzlich umarmte, an sich drückte und küßte. Ebenso jäh wandte er sich ab, und, sofort umgeben von seinen Dienern, ging er um das Wasserbecken herum und verschwand zwischen den Säulen.

Während ich noch reglos auf meinem Platz verharrte, fand ich mich selber von Bewaffneten umgeben. Wer hätte je von meinem Schicksal erfahren, wenn ...

Ohne mich zu berühren, begleiteten sie mich schweigend zum Ausgang. Dort wartete schon eine Sänfte, die mich zu meinem Hause auf dem Esquilin brachte. Noch mit Nero Caesars, meines einstigen Schülers und Jüngers, Kuß auf den Lippen, wußte ich, daß mein Urteil bereits gesprochen sei. Nur wann es ausgeführt werde, stehe nicht fest. Und seitdem sind nun über zwei Jahre vergangen.

32. Kapitel

Epicharis – in unserer Sprache Benedicta! Möge diese bemerkenswerte Frau, deren Mut und Entschlossenheit auch die Feigsten und Lahmsten zur Freiheit mitreißen sollten, uns, wie ihr Name sagt, den Segen der Götter bringen! Was sie Euch, meine Freunde, Lucilius und Statius Annaeus, heute berichtete, wollen wir festhalten. Über Nacht bleiben wir in dieser kleinen Ausbuchtung des Kanals, so sind wir dem Verkehr nicht im Wege, und am Morgen können wir unsere stille Fahrt fortsetzen.

Nun lasse ich Euch selber von Eueren Erlebnissen berichten, während Alexis das Wichtigste aufzeichnet. Lucilius, beginne:

»Wie verabredet, haben wir Epicharis auf der Via Appia, drei Meilen südlich vom Kreuzungspunkt mit der Verbindungsstraße, angetroffen. Diesmal war sie nicht als Pilzweiblein verkleidet, sondern als arme Fischersfrau. Zur Tarnung roch sie sogar nach Fischen! Als erstes steckte sie uns einen Brief des Calpurnius Piso zu. Sie mag diesen zaghaften und verspielten Mann nicht, dies sei auch die Meinung von Subrius Flavus und der Centurionen. Wir sollten den Brief lesen, sagte sie, und ihn dann gleich vernichten. Das ist auch geschehen, und hier nun sein Inhalt.«

»Den Plan, sich in seiner Villa bei Baiae einer gewissen Persönlichkeit zu entledigen«, fuhr Statius Annaeus fort, »und zwar schon beim nächsten Besuche, den habe er wieder aufgegeben. Es würde, schrieb er, einen schlechten Eindruck machen, wenn man die Götter des Gastrechts beleidige und den Tisch, der Jupiter geweiht ist, mit dem Blute eines Mannes röte, der kraft seines Amtes heilig und unverletzlich sei. Daß er dabei der größte Schurke ist, spiele keine

Rolle. Besser sei es, man vollbrächte die Tat in Rom, in jenem gehaßten, mit den Steuergeldern der Bürger errichteten Riesenpalast, oder sogar auf offener Straße, um zu zeigen, daß der Kampf um die Freiheit das Licht nicht zu scheuen brauche.«

»Vom Plan in der Villa in Baiae höre ich jetzt zum ersten Male«, unterbrach ich. »Warum hat man mich nicht davon verständigt?«

»Piso scheint Heimlichkeiten zu lieben«, fuhr Lucilius fort. »Die kluge Epicharis meint, daß ihm Götter, Gastrecht und geheiligtes Blut völlig gleichgültig seien. Was ihn bewog, den Plan von Baiae aufzugeben, war die Furcht, daß sich dann ›andere‹ der Herrschaft bemächtigen könnten. Den Namen eines dieser ›anderen‹ nannte er: eines Mannes, der noch nie öffentlich hervorgetreten ist, aber durch seine Abstammung von Divus Augustus gewisse Aussichten haben könnte: Lucius Iunius Silanus Torquatus, Enkel der Julia, der Enkelin Divi Augusti.«

Epicharis vermute aber, daß die Preisgabe dieses Namens auch wiederum nur zur Tarnung des wahren Grundes dienen sollte. Piso habe nämlich in einer Weinlaune im Kreise seiner weiblichen und männlichen Gespielen geplaudert: Er traue dem für das nächste Jahr designierten Consul Vestinus Atticus nicht über den Weg. Der tue, als habe er von dem ganzen Plan nie etwas gehört, dabei wisse er, Piso, ganz genau, daß Vestinus mit dem Präfekten Faenius Rufus, mit den Tribunen Subrius Flavus, Gavius Silvanus, Statius Proxumus und mit den Centurionen Sulpicius Asper, Maximus Scaurus Paulus Venetus und anderen geheime Zusammenkünfte veranstalte.

Wenn also in Baiae eine solche Tat geschehe, während Vestinus Atticus sich in Rom auf die Übernahme des Consulats vorbereite – wer weiß, ob dieser dann nicht, wie Piso es wörtlich ausdrückte, »zur Wiederherstellung republikanischer Freiheit einen ›anderen‹, einen Philosophen, zum Kaiser ausrufe«

Eine Stille trat ein – die Freunde sahen mich unverwandt an, es war, als formte sich auf ihren Lippen das Wort »Augustus«. Als wir uns für die Nacht trennten, sagte ich leise zu Alexis: »Princeps Iuventutis«, und, kaum hörbar: »Alexander Caesar.« Am nächsten Morgen

wurde über diese Begebenheit nicht mehr gesprochen. Während unser Hausboot langsam dahintrieb, fuhren die Freunde mit ihrem Berichte fort:
Epicharis mußte warten, bis sich die Flotte in Puteoli und Misenum wieder gesammelt hatte und die ärgsten Schäden beseitigt waren. Das Unglück lag ja erst einige Wochen zurück, als Nero Caesar ohne Rücksicht auf das Wetter die Flotte von ihren großen Herbstübungen südlich von Sizilien nach Campanien zurückholte. Viele Schiffe, große Triremen darunter, wurden bei scharfem Südwind im campanischen Inselmeer bei Cumae an den Strand geworfen. Eine Menge kleinerer Fahrzeuge zerschellte, der Verlust an Menschenleben war erheblich. Die *Acta Diurna* durften keine Meldung bringen, und so hat das Gerücht die Verluste ins Vielfache gesteigert. Dieses Unglück hat dann den Plänen der klugen Frau gute Dienste geleistet. Als sie zum Flottenpräfekten Volusius Proculus vordrang, weder als Pilzweiblein noch als Fischersfrau, sondern hübsch, sauber und verführerisch, hat sie ihm zuerst ihr tiefes Beileid zum Verlust so vieler Schiffe und Matrosen ausgesprochen. Es folgte, was sie beabsichtigt hatte. Volusius war voll des Lobes über ihre Liebeskünste, und er mag ernstlich geglaubt haben, daß sie ihn einen schönen Mann fände, der alle Leidenschaften in ihr wachgerufen habe.
In dieser vertrauten Stimmung sprach sie am nächsten Morgen wieder von diesem großen Unglück, das die stolze Flotte getroffen habe, nicht in einem ruhmvollen Kriege, sondern wegen einer Laune Nero Caesars, der auch auf seine getreuesten Diener keine Rücksicht nehme!
Durch die Centurionen Sulpicius Asper und Maximus Scaurus, die Vertrauensmänner der Tribunen Subrius Flavus und Gavius Silvanus, war Epicharis über die »Leiden« des Flottenpräfekten unterrichtet. Hielt sich der edle Mann doch für ungerecht behandelt, weil er als Lohn für seine Schurkenstücke noch nicht die Berufung in den Senat und ein fettes Geldgeschenk erhalten hatte. Im Laufe der nächsten Tage und Nachtlager fand Epicharis noch mehr heraus: In der ganzen Flotte schwele Unzufriedenheit. Man sei doch nicht ein Spielzeug des Princeps, der lächerliche Paraden abhalten ließe, statt

seine Schiffe in Gegenden zu schicken, wo man Ruhm und Beute gewinnen könne.
Schließlich hatte sie ihn so weit, daß er selber über seine großen Verdienste bei der Beseitigung von zwei Kaiserinnen sprach und darüber, wie schlecht er dafür entlohnt worden sei. Nun konnte sie anbringen, was sie sich vorgenommen hatte:
»Du weißt doch, wie undankbar Nero Caesar ist! In Rom spricht man schon offen davon, daß deine Tage als Flottenpräfekt gezählt sind. Einer seiner Günstlinge ist scharf auf dein Amt.«
Bei diesem Gespräche waren noch andere Seeleute zugegen, Kapitäne von Triremen und von Flottillen kleiner Schnellsegler. Sie alle hätten zugestimmt, berichtet Epicharis, aber das will mir nicht recht behagen. Diese Unterführer mögen zwar gleicher Meinung sein, aber ich kenne die Lage zu gut, um nicht zu wissen, daß sie alle untereinander zerstritten sind und daß sie alle samt und sonders ihren Präfekten hassen.
Epicharis ist also meiner Ansicht nach zu weit gegangen, als sie sagte: Nichts bliebe von den Rechten des Senats und des römischen Volkes unangetastet, die Tyrannei sei schlimmer, als wenn eine Cleopatra, eine Semiramis, ein Xerxes oder sonst ein persischer Großkönig über uns herrschten. Dazu die Schande, daß dieser Tyrann ein schlechter Leierspieler und ebenso schlechter Wagenlenker sei, noch dazu in aller Öffentlichkeit.
Nun aber sei ein Weg gefunden, Rom zu befreien, und wer dabei mitmache, könne mit einer würdigen Belohnung rechnen.
Sie schrien alle durcheinander, hat Euch Epicharis berichtet, viele schöne Worte hörte sie von Freiheit und römischer Ehre, die Geister Catos und des Lucius Junius Brutus wurden beschworen, ja sogar die der Caesarmörder, die verhindert hätten, daß das Königtum, das jener Brutus stürzte, wiederhergestellt würde. Einer der Kapitäne, offensichtlich ein gebildeter Mann, zitierte auf Griechisch, das Epicharis versteht, eine Voraussagung aus den Sibyllinischen Büchern:

»Als letzter der Söhne Aenaeas'
Ein Muttermörder wird herrschen.«

Daraufhin sei es allerdings stiller geworden, und der Flottenpräfekt habe dem Sprecher einen finsteren Blick zugeworfen. Denn wer an diesem Muttermord mitgewirkt hat, das wußte ein jeder – Getränke wurden herumgereicht, und immer wieder trank Volusius Proculus ihr zu. Sie nippte aber nur, um nicht die Herrschaft über sich zu verlieren. Denn daß sie die Namen der Verschwörer, die man von ihr erfahren wollte, nicht nennen solle, war ihr inzwischen klargeworden. Sie hatte sogar das Gefühl, daß man sie gerne dabehalten wollte ... »Nur für eine einzige Liebesnacht!« sagte der Präfekt. Aber es gelang ihr, von Bord zu kommen, und bald darauf hätte in dem stinkenden Fischerweib niemand mehr die hübsche, verführerische Epicharis erkannt.

Nun ist sie also nach Neapel geeilt, um dort ihre Freundin Caenis zu treffen. Titus Flavius Vespasianus, sagt sie, werde schon eingetroffen sein, um den Empfang Nero Caesars würdig vorzubereiten. Auch Claudius Senecio und einige unserer Freunde von den prätorischen Kohorten müßten schon in Neapel sein.

Halten wir fest, daß Epicharis selbst sehen möchte, wie Nero Caesar beim Volke ankommt, wenn er im Stadttheater als Sänger und Leierspieler auftritt. Bis jetzt hat er ja nur in Rom selber, in seinen Gärten oder bei den Jugendfestspielen zur Kithara gesungen. Ich ließ mich immer entschuldigen, aber der arme Burrus mußte von Amts wegen dabei sein und Beifall klatschen, wenn auch betrübt und beschämt. Er hat mir dann genaue Berichte gegeben: Neben den Jugendlichen mußten bei diesen Iuvenalien auch würdige, alte Consulare und weißhaarige Matronen auftreten – oftmals bösartig verhöhnt von den Bengeln, die sich allerhöchster Gunst erfreuten! Auch die beiden Consuln Gaius Laecanius und Marcus Licinius, meint Epicharis, würden jetzt in Neapel erwartet, und bestimmt bringt der Princeps seine »Augustianer«, wie er sie nennt, mit – mehrere tausend hübsche junge Burschen, mit prachtvollem Haar und wohlbewandert in allen Künsten, die man von ihnen erwartet! In der Öffentlichkeit haben sie die Aufgabe, für die sie gut bezahlt werden, dem Princeps, wenn er auf der Bühne als Sänger, Leierspieler oder Wagenlenker auftritt, auf die verschiedenste Art Beifall zu spenden: Bald müssen sie summen wie Bienen, bald mit den hohlen,

bald mit flachen Händen klatschen. Da muß auch das übrige Publikum mitmachen.
Da die Griechen mehr Kunstsinn haben als die Römer, hat sich Nero Caesar oft geäußert, wolle er nach Hellas ziehen. Ich konnte es ihm bislang ausreden – so nimmt er jetzt die Griechenstadt Neapel für eine Generalprobe vor der Reise, an der ich ihn nicht mehr hindern kann.
Wie gut, meine Freunde, daß wir dieses Hausboot zur Bleibe haben und nicht über die Via Appia gereist sind. Kaum, daß Ihr in die Seitenstraße, die zum Pontinischen Kanal führt, einbogt, wälzten sich ungeheuere Wogen heran, mauretanische Reiter, Schnelläufer mit kostbaren Spangen und an die tausend Fahrzeuge. Kein häßlicher Anblick! Die silberbeschlagenen Hufe der Maultiere klingelten lieblich auf den glatten, nahtlos gefügten Platten unserer königlichen Straße. Ich kenne viele Aufzüge unseres Princeps, aber dieser da scheint mir doch alles Frühere an Pracht zu übertreffen.
Bleiben wir also in unserm kleinen, schwimmenden Heime und gehen wir erst in zwei oder drei Tagen in Tarracina an Land. Ihr habt es vorausgeahnt, meine Freunde, und der Epicharis gesagt, sie bräuchte sich nicht zu eilen, sie werde uns im Hause von Fabius Rusticus wiederfinden. Es ist ein schönes Haus zu Füßen des Jupitertempels, der freilich noch etwas neu wirkt, da Divus Augustus ihn von Grund auf umbauen ließ.
Ursprünglich hat das Haus Tiberius Caesar gehört, der es mir in seinem Testament vermachte. Damit es nicht in unrechte Hände falle, habe ich es vor zwei Jahren, bei meinem Abschied aus dem Staatsdienst, Fabius Rusticus geschenkt. Eines Tages wird es Dir gehören, mein Alexis, das hat er mir unlängst gesagt.
Dort können wir dann überlegen, wohin wir weiterwandern wollen. Ich selber würde ja gerne noch vor den Saturnalien mit Alexis, Amyntas und einigen meiner Lieblingssklaven nach Capri gehen.

So war es geplant, als wir uns zum Schlafen zurückzogen, und in ruhiger Seelenstimmung ließen wir unser Boot dahintreiben. Am nächsten und übernächsten Tage gingen wir wiederholt an Land, schlugen ein Zelt auf und genossen die milde Sonne.

Doch was dann folgte, wollen wir wieder schriftlich festhalten. Wir sahen schon sehr deutlich das Vorgebirge der Circe, diese schöne blaue Felsensphinx, und meinten, zur Mittagsstunde würden wir unser schwimmendes Heim verlassen. Da stand, als die Sonne eben aufging, Claudius Senecio am Ufer. Es sei nicht schwer gewesen, sagte er, als er an Bord kam, unsern Platz zu finden. Afranius Quintianus, den Nero Caesar als »senatorische Dame« verhöhnt, habe ihn mit einigen Nachrichten zu uns gesandt und ihm dafür einen zweirädrigen schnellen Wagen zur Verfügung gestellt.
Ich kann Claudius Senecio gut leiden, und er ist natürlich keineswegs so zimperlich-mädchenhaft, wie er gerne tut. Das gehört zu seiner Tarnung, und ich muß sagen, er ist ein vollendeter Schauspieler. Wie er Menschen nachmachen kann, ist einmalig – unsern Princeps nicht ausgenommen. Und mich selber, in Wort und Tonfall. Er erfindet, völlig überzeugend, ganze philosophische Sentenzen, die von mir stammen könnten, aber doch nur eine Parodie darstellen. Manchmal sehr heilsam für mich, denn er zeigt mir, drollig und ohne Kränkungen, gewisse Widersprüche zwischen meinen Lehren und meinem Leben.
Was er uns zu bestellen hatte, wollte er nicht gleich sagen. Mit einem seidenen Tüchlein wischte er sich das Gesicht ab, betrachtete prüfend seine Nägel, ob sie auch noch gut poliert seien und verschwand dann in unserer winzigen Badekabine.
In einer frischen, geblümten, ungegürteten Tunica erschien er wieder an Deck, lobte den Anblick der blauen Felsensphinx, ergriff einen Korbdeckel, als sei es eine Leier und fing an, mit Nero Caesars Stimme zu singen, beginnend mit einer vergilischen Anrufung:

»Stammväter, Vaterlandsgötter! Du, Romulus, du, Mutter Vesta,
Die du den uralten Tiber und Roms Palatium schirmest,
Diesen Herrscher im Jugendglanz, wollt *ihn* doch nicht hindern,
Retter zu sein der zerrütteten Welt –!«

Erstaunt sahen wir uns an – was haben diese Verse aus Vergils *Erster Georgica,* dieses Gebet für Caesar Augustus, mit Claudius Senecios Auftrag zu tun? Aber wir unterbrachen ihn nicht, und er fuhr fort:

»Jupiter, Du
Meines erhabenen Hauses göttlicher Ursprung,
Venus Genetrix, des Aenaeas strahlende Mutter,
Apollo, Schirmherr der Künste und Meister meines Gesanges,
Ganymed auch, olympischer Liebling, meinem Geblüte entsprossen,
Und Du, Minerva-Athena, Göttin des lieblichsten Golfes
Und dieser griechischen Stadt,
Dank, daß ihr mir, dem Sänger und Freunde von Hellas
Rettung gewährtet und neu meine Berufung bestätigt ...«

Jäh brach er ab, um mit seiner eigenen, jungmännlichen Stimme fortzufahren:
»Das hörte ich ihn singen. Auf den Trümmern des Theaters, das mit dem Donnern eines Erdbebens zusammenstürzte, eben, als die vielen Tausenden von Menschen, die seinem Gesang, seinen mimischen Künsten beigewohnt hatten, es verlassen hatten. Ein Omen hat ihn gewarnt und zur Eile getrieben: denn mitten in der Vorstellung war ihm auf offener Bühne sein Königsstab aus der Hand gefallen. Zitternd hob er ihn auf und beendete die Aufführung. Kurz danach geschah es. Niemand wurde verletzt – wahrhaft ein Wunder –«
So erfuhren wir von diesem Ereignis, das bestimmt, sollte Rom dann noch stehen, auch in fünfhundert Jahren nicht vergessen sein wird! Aus ganz Campanien waren die Scharen der Neugierigen nach Neapel gezogen – denn den römischen Caesar als Sänger, Kitharaspieler und Mimen –, so etwas hatte man noch nie gesehen. Die älteren Leute, die sich noch an die ernste, würdige Gestalt von Tiberius Caesar, der oft in Neapel geweilt hatte, erinnern konnten, schüttelten zwar sorgenvoll die Köpfe, aber für die Masse der Schaulustigen war es eben doch ein Ereignis, das man nicht versäumen durfte.
Selbst aus Rom, ja aus Sizilien waren Menschen herbeigeeilt, denn die Kunde vom kaiserlichen Auftritt in Neapel war mit Windeseile durch ganz Italien geflogen. Auch Truppen, schätzungsweise sechs Kohorten, waren zusammengezogen worden – man konnte ja nie wissen ...!

Die beiden Consuln, Gaius Laecanius und Marcus Licinius, ein jeder mit seinen zwölf Liktoren, zogen als erste, so feierlich, wie sie nur konnten, in das Theater ein. Gleich hinter ihnen – um sich die wichtigsten Plätze für den großen Applaus zu sichern – kamen, gemäß Claudius Senecios Schätzung, weit über tausend der Augustianer, frech und laut, im Bewußtsein ihrer Bedeutung und ihres hübschen Aussehens: die einen trugen hyazinthfarbige Mäntel, andere violette, tiefgrüne, rote oder solche von purpurnem Scharlach.
Dann das Erscheinen Nero Caesars! Um ihn Hunderte von Senatoren, einer dienstbeflissener als der andere, Consulare, hohe Offiziere, darunter Titus Flavius Vespasianus und – Claudius Senecio hielt einen Augenblick inne – der Flottenpräfekt Volusius Proculus. Der schlängelte und drängte sich nach vorne, am Eingang des Theaters erreichte er den Princeps, der stehenblieb und ihm ungewöhnlich lange sein Ohr lieh.
Aber auch Faenius Rufus, Subrius Flavus, Gavius Silvanus und Statius Proxumus und die Centurionen Maximus Scaurus, Sulpicius Asper und Paulus Venetus hatten sich brutal nach vorne gedrängt. Das durfte ihnen niemand übelnehmen, denn sie sind ja für die Sicherheit des Princeps verantwortlich. Gleich hinter ihnen kam, freundlich nach allen Seiten lächelnd, C. Calpurnius Piso, ihm zur Seite seine reichlich geschmacklos mit Juwelen aufgeputzte Gemahlin Satria Galla, gefolgt von einer Schar hübscher Mädchen und Jünglinge.
Der Lärm, den die Augustianer beim Nahen ihres Herrn anstellten, war so groß, daß Volusius Proculus sich mit Flüstern nicht verständlich machen konnte. Er mußte halblaut sprechen, und überdies hatte er nicht mit der ausgezeichneten Akustik des Theaters gerechnet. Jedenfalls konnten Faenius Rufus, Subrius Flavus und die andern das Wichtigste mitbekommen – sie meldeten es Afranius Quintianus, und dieser habe ihn darum zu uns geschickt …
Claudius Senecio schwieg. Wir schwiegen auch. Mir war es, als griffe eine kalte Hand nach meinem Herzen. Als er weitersprach, bestätigten seine Worte nur, was wir bereits ahnten …
»Der Schurke Proculus hat dem Princeps vom Besuche der Epicharis berichtet – daß eine Verschwörung im Gange sei – weitverbreitet

unter den Streitkräften – im Senat – auch schon in manchen Schichten des Volkes, wo man ihm die Feuersbrunst vom vergangenen Sommer zur Last lege ...«

»Nenne mir Namen – Namen will ich wissen – Namen!« sagte Claudius Senecio, täuschend ähnlich wiederum der Stimme Nero Caesars.

»Noch weiß ich sie nicht – aber ich glaube ...«

In diesem Augenblick sei es den Ellbogen von Subrius Flavus gelungen, den Volusius Proculus beiseite zu drängen. Blaß unter seiner Schminke, mit einem etwas verrutschten Lorbeerkranz, da er sich immer wieder an den Kopf griff, stolpernd, hätte ihn Faenius Rufus nicht gestützt, erreichte Nero Caesar den Vorraum zwischen Bühne und Zuschauerplätzen. Rings um ihn seine prätorischen Beschützer. Nicht einmal das Tosen der Augustianer, denen die Tausende, die das Theater füllten, an Jubelschreien und Klatschen nicht nachstehen wollten, konnte ihn aus einer Art von Betäubung herausreißen. Unsicher betrat er die Bühne, aber dann, wie getragen von den Sturmfluten des Beifalls, schien er sich seiner Rolle wieder zu besinnen. Gewissenhaft beobachtete er alle Regeln.

»Schrecklich, wenn man Schnupfen hat und sich nicht räuspern und nicht einmal niesen darf!« sagte Claudius Senecio leichthin. »Es war heiß im Theater – aber mit seinem eigenen Ärmel wischte er sich den Schweiß von der Stirne. Dafür sind doch sonst zwölf Sondersklaven in steter Bereitschaft! Er hätte auch so gerne ausgespuckt, als ihm ein Schleimkloß in die Kehle kam. Aber nichts davon ...«

Dann geschah das Unglück mit dem Königsstab.

»Subrius Flavus verständigte sich mit seinen Kameraden durch Blicke – da sank unser Princeps getreu den für Mimen geltenden Regeln in die Knie ...«

Und nun mit der Stimme Nero Caesars:

»*Domini* – meine Herren – meine strengen, meine darum so geliebten und verehrten Preisrichter ... das Spiel ist zu Ende ... gefiel es euch, klatschet Beifall – mißfiel es euch aber – seid dennoch gnädig – ich will's das nächste Mal besser machen ...«

»Kußhände unseres erhabenen Princeps nach allen Seiten – immer noch im Knien – orkanhafter Beifall ... und in wenigen Augenblikken war das Theater leer. Erdbeben, Zusammensturz – Schluß der neapolitanischen Kunstreise.«

Claudius Senecio goß etwas Wein in einen Becher, verdünnte ihn mit Wasser, nippte: »An Nero Caesars Tafel mischt man ihn auch im Sommer mit Schnee. Aber das finde ich ungesund!« Und dann, wiederum ganz nebenbei: »Ja, richtig! Afranius Quintianus läßt euch bestellen, daß die Epicharis mitten in einem Gespräch mit Caenis und Titus Flavius Vespasianus verhaftet wurde. Dieser hat nicht einmal versucht, sie freizubekommen – er wollte doch die Aussicht auf das Oberkommando in Syrien nicht gefährden!«

Sie weiß alles, die Epicharis. Von ihr hängt unser aller Leben ab. Wird sie standhaft sein wie jene Pythias es war, die Sklavin von Octavia Augusta, die dem Tigellinus ins Gesicht spie – eine wahrhaft Freie, eine Königin inmitten verächtlicher Sklavennaturen?

»Ich weiß, woran ihr denkt – doch besteht diese Gefahr nicht erst seit der Verhaftung der Epicharis. Zu viele wissen schon zuviel. Das haben sich auch Subrius Flavus und seine Freunde überlegt. Besser, meinten sie daher, erst nachher darüber sprechen. Vor allem, da man es doch mit einem edlen Stoiker zu tun hat.«

Er stand auf, dieser schöne, mimisch so begabte Jüngling, und plötzlich schien es mir, als begegnete ich mir selber! Denn in Wort, Ton und Gesten war es nicht mehr Claudius Senecio – es war ich, der Sophist, nicht Philosoph, der Morallehrer in all seinem Zwiespalt von Lehre und Leben – Lucius Annaeus Seneca, abgeklärter, dem öffentlichen Dienst abholder, ehrgeizfreier und doch nach der höchsten Macht strebender Weiser und Verschwörer:

»Dolch und Gift mögen von Zeit zu Zeit als Heilmittel gelten. Aber – denken wir bloß an das Beispiel des Marcus Brutus, der Caesar tötete – er hat nicht gehandelt im Einklang mit den Lehren der Stoa! Mein Lucilius, wie konnte er so unwissend sein der Gesetze der Natur und der Geschichte der Stadt, um anzunehmen, daß mit dem Tode eines einzelnen Mannes, und sei dieser auch ein Tyrann, das Gemeinwesen zu seiner früheren Freiheit zurückkehren werde? Nur durch die Tugend, die das höchste Gut ist, nur durch sie kann unser Staat gerettet werden. Denn wollen wir nicht Mord und Totschlag eindämmen –? Wie können wir dann selber ...?«

Was soll dieses Possenspiel – herausgerissene, ein wenig verdrehte, aber dem Sinn nach zutreffende Stellen aus den verschiedensten meiner Schriften?
»Höre, Claudius –!«
Weiter kam ich nicht. Nunmehr in ganz anderer Pose, eine Hand auf dem Herzen, den rechten Arm vorgestreckt, in verändertem Tone ging es weiter – doch auch jetzt wieder ich, Lucius Annaeus Seneca:
»Welchem Staate, so frage ich dich, mein Annaeus Serenus, soll der Weise sich anschließen? Etwa dem der Athener, in dem Sokrates zum Tode verurteilt wurde und aus dem Aristoteles fliehen mußte, um nicht das gleiche Schicksal zu erleiden?«
Wiederum Sätze, die ich gut kannte – sie stehen in meiner Schrift *De Tranquillitate Animi,* gewidmet meinem verstorbenen jungen Freunde Annaeus Serenus.
»Claudius ...!«
Aber unaufhaltsam ging es weiter:
»Kannst du mir ein Gemeinwesen nennen, elender und erbarmungswürdiger als jenes der Athener, das in Stücke gerissen wurde durch die dreißig Tyrannen? Auf dem Areopag – das Haus des Senates und des Volks –, nun war es ein Sammelplatz geworden für Henker! Wie konnte diese unglückselige Stadt je Freiheit und Frieden wiedergewinnen, da es in ihr so viele Tyrannen gab, als die dreißig an Anhängern besaßen?«
Ich begann den Sinn dieses Auftritts zu fassen, als Claudius Senecio, nun noch mehr im Tone des Forumredners, fortfuhr:
»Wo, so frage ich, konnte diese elende und erbarmungswürdige Stadt genügend Harmodiosse finden, um all diese Tyrannen zu erschlagen?« Wieder eine kurze Pause – dann immer noch wie ein Volksredner, aber mit hochgezogenen Augenbrauen, gleich einem grübelnden Philosophen:
»Freunde – Römer soll ich euch aus unserer eigenen Geschichte einen großen Namen nennen? Den eines Befreiers von Schande und Knechtschaft? Cassius Chaeraea ist es, der mit einem einzigen Streich Caligula erlegt hat, dieses wilde Tier. Cassius Chaeraea – der erste Held, ihn nehmt euch zum Beispiel.«

Auch dies erkannte ich wieder. So oder so ähnlich hatte ich über den Tyrannenmord geschrieben, auch wieder an Annaeus Serenus, im Rahmen einer ausführlichen, philosophischen Betrachtung, die ich *De Constantia* nannte. Wie genau hatte der junge Claudius Senecio doch meine Schriften studiert ...

Und schon fuhr er fort:

»Fragt ihr mich aber: Kann ein Tyrann dem Gemeinwesen überhaupt einen Dienst erweisen? Ja, er kann es! Durch seinen Tod! Oft geschah es, daß die Leibwächter selber, die den Tyrannen schützen sollten, statt dessen den Staat schützten vor neuen Strömen von Blut, vor wilder Lust an Ketten und Foltern, indem sie den Tyrannen erschlugen.«

Claudius Senecio hielt jäh inne. Seine Stimme wurde wieder zu seiner eigenen, und in sanftestem Tone fragte er:

»Welchem Seneca sollte man nun Glauben schenken? Dem abgeklärten Stoiker oder dem, der den Tyrannenmord verherrlichte, der die Geister von Harmodios und Aristogeiton beschwor – Athen sagte, aber Rom meinte?«

Keiner antwortete – so fuhr er fort:

»Welche Götter es waren, die Nero Caesar retteten, und denen er auf den Trümmern des Theaters sein Danklied sang, ich weiß es nicht. Waren es wirklich die Vaterlandsgötter und all die anderen, die er anrief, dann nicht, weil sie ihn lieben, sondern weil sie über Rom zürnen – und solchen Zorn kann man nicht wie verlorene Schlachten mit einmaliger Erwähnung abtun. Wirkt er doch weiter, hinein in eine unbestimmte Zukunft. Ohne das Mißgeschick mit dem Königsstab wäre Nero Caesar von Steinblöcken, die auf die Bühne fielen, erschlagen worden – oder, so war beschlossen, Subrius Flavus und seine Freunde hätten ihn beim nächsten Auftritt angefallen und niedergemacht. Nun kann ich euch noch sagen: Schon im letzten Sommer, als Rom brannte und dieser verbrecherische Kaiser unbewacht im Dunkel durch den Palast irrte, wollten wir es tun. Aber Calpurnius Piso, der gleichzeitig mit ihm beseitigt werden muß, war nicht in der Nähe. Jetzt war er es – und Rom wäre nun frei ...«

Statius Annaeus war der erste, der sprach:

»Warum habt ihr uns das verschwiegen?«
Etwas spöttisch, lächelnd trotz des Furchtbaren, das er uns mitgeteilt hatte, antwortete Claudius Senecio:
»Weil wir unsern designierten, künftigen Princeps, Lucius Annaeus Augustus, nicht in einen philosophischen Gewissenskonflikt stürzen wollten.«

33. Kapitel

Alexis' Verhalten hat sich in keiner Weise verändert, seitdem er genau weiß, was die Große Wende für ihn und für mich bedeuten würde. Doch will er jetzt viel allein sein, um über sich nachzusinnen und vielleicht auch, um die Zukunft zu bedenken. Amyntas, seinen »kleinen Bruder«, der eines Tages mein Enkel werden soll, nimmt er als Begleiter mit. Seitdem wir auf Capri sind, gehen die beiden täglich stundenlang auf Wanderungen. Jeden Gipfel haben sie bestiegen, sie klettern die steilsten Felswände hinauf und berichten mir dann von ihren Erlebnissen und Entdeckungen. So konnten sie noch mehrere kleinere Kultstätten des Mithras betreten, aber seit längerer Zeit haben dort keine Feiern mehr stattgefunden. Zum großen Heiligtum, dem immer noch eine Schar von Priestern dient, und zu dem anderen, am steinigen Strande der Südküste, hat mich Alexis schon mehrmals begleitet. Amyntas ist noch zu jung dafür. Die drei vorbereitenden Weihegrade hat Alexis rasch durchlaufen. Vielleicht daß er in einem Jahre zur vierten Stufe, der des *Löwen*, die ihn zur Teilnahme am Opfermahl von Brot und Wein berechtigt, aufsteigen kann. Ich wollte mit Pater Claudianus darüber sprechen, der jetzt zu Beginn der Saturnalien auf unsere Insel kam. Aber – ist er wirklich ein Eingeweihter des siebenten Grades? Oder trägt er nur nominell den Rang *Pater*, wie Nero Caesar es tut? Dann wäre er ein Beauftragter des Princeps, um in dessen Sinn den Gesamtkult zu überwachen und hier auf Capri jetzt mich ...

Im großen Heiligtum, unterhalb der Villa Jovis, wurde die Festzeit eingeleitet. Aber Nero Caesars Geburtstag Mitte Dezember scheint bereits wichtiger zu sein als der des Mithras, vier Tage nach der Sonnenwende.

Zu meiner Überraschung sandte uns Pater Claudianus durch einen Boten die Erlaubnis für Alexis, an einer dieser Feiern teilnehmen zu dürfen, die mit dem Mithräischen Credo beginnt:
»Ich glaube an den Einen Gott des Lichtes, der das Licht ist, das im Anfang war. Und dieses Licht ist Gott. Alles ist durch das Licht geworden, und ohne das Licht ist nichts geworden, was geworden ist. Geschieden ward das Licht von der Finsternis, und die Finsternis hat das Licht nicht begriffen ... Ich glaube an den Sohn des Lichtes, geboren aus der jungfräulichen Erde: An Mithras glaube ich, den Mittler zwischen dem Lichte und der Finsternis, die zu Licht werden soll. Und das Licht und der Geist des Lichtes und Mithras, der Mittler, sind eins.«
»Herabgestiegen ist Mithras, um unsertwegen das Blut zu vergießen im Zeichen des Stiers, in dem das Leben sich zeugt. Und die Zeugung und das Blut und Mithras, der Mittler, sind eins.«
Als *Perser* oder *Romanus,* ein Eingeweihter des fünften Grades, war ich nach Pater Claudianus der Ranghöchste bei dieser Feier. Neben ihm sah ich einen jungen Opferpriester, der ein blankes, schmales Schwert hielt. Im Hintergrund der Höhle bäumte sich der Stier in seinen Fesseln in Erwartung des Todesstreiches. Sobald die roten Quellen aufspringen würden, sollte das Opfermahl von Brot und Wein beginnen. Ich dachte an das Mahl, von dem der Tarsite mir erzählt hatte, und an den Genuß des ampelischen Blutes im Dionysos-Tempel in Akragas – und daran, wie oft ich selber, schon in meiner Jugend hier auf Capri, als ich zum vierten Grade, dem des *Löwen* aufgestiegen war, der mithräischen Opfergaben teilhaftig wurde.
Aber irgendeine Stimme warnte mich, länger zu verweilen – vielleicht, weil mir ein lauernder Ausdruck in Claudianus' Gesicht nicht behagte – vielleicht, weil ich glaubte, daß er dem jungen Priester einen Blick zugeworfen habe, der ihm sagte: »Der Stier wird heute nicht das einzige Opfer sein ...«
Jäh erhob ich mich, gefolgt von Alexis. Als ich in der geschützten, engen Schlucht, die zum Meere hinunterführt, den Duft der Pinien einatmete, warm und süß, als näherten wir uns schon dem Frühling, war mir zumute, als sei ich einer Lebensgefahr entronnen.

Aber Folgerungen daraus zu ziehen, wäre sinnlos, ja unmöglich. Meine Villa auf der Südseite der Insel ist ungeschützt. Und was würden noch so viele Diener mir schon nützen! Freilich, ein solch offener Mord würde Aufsehen erregen – im Dämmern der Mithrashöhle hätte die Tat unentdeckt bleiben können. Denn mit mir zusammen wäre gewiß auch Alexis getötet worden.
Epicharis, die edle, mutige, scheint nicht geplaudert zu haben. Daraus kann man schließen, daß sie es auch künftig nicht tun werde – und so haben Nero Caesar und sein Ofonius Tigellinus noch keinen Vorwand, mich in aller Öffentlichkeit zu beseitigen.

Doch wozu mache ich mir überhaupt solche Gedanken? Habe ich denn nicht meinen Bericht mit der Betrachtung begonnen, daß wir in jedem Augenblick dem Tode gleich nahe sind? Ja, daß schon mit unserer Geburt der Weg zum Tode beginne? Ich kann also diese Tage auf meiner geliebten Insel wie ein zusätzliches Geschenk des Schicksals empfinden. Mehr noch: als seien Bilder meiner Knaben- und Jugendzeit zur Gegenwart geworden.
Von meiner großen Terrasse in pompeianischem Rot schaue ich zur steilen Felswand hinüber, an deren Spitze die Sonne untergeht. Dann sehe ich vor mir das Meer tief drunten, einer der Felsentürme wird sichtbar – in rötlichem Golde ragt er aus dem Wasser. Schon liegen die kleinen weißen Häuser und der hübsche Roma-und-Augustus-Tempel in der Mitte des Städtchens im Schatten der Felswand. Ein später, müder Falter hat sich auf einer Oleanderranke niedergelassen.
»... ich weiß noch / Wie ich als Knabe oft singend die Abendsonne gebettet. / Jetzt sind so viele Lieder vergessen ...«
Plötzlich geht mir dieser Vergilische Vers des alten Hirten Moeris durch den Kopf, und mit der Stimme meines Alexis antwortet Lycidas, der junge:
»Durch deine Gespräche hältst du nur hin unser Sehnen nach Liebe, / Und jetzt breitet sich schweigend das Meer dir, / und jeder Lufthauch rauschenden Windes / Ist stumm versunken und lautlos ...«
Lange noch lag ich an diesem Abend, der dem Tage der mithräischen Feier folgte, auf der Terrasse. Auch Amyntas, Alexis' unzer-

trennbarer Begleiter, war ferne, aber als der Abend tiefer sank und es kühl wurde, brachten die Diener Decken – ich blieb liegen und sah, wie das stille Meer sich belebte mit vielen Fischerbooten, deren flackernde Laternen schmale Lichtstreifen auf die sanften Wellen warfen.

Es mag gegen Mitternacht gewesen sein, als Alexis und Amyntas zurückkehrten, ganz erfüllt von ihren Erlebnissen. Sie waren bis zum Heliostempel gestiegen, der den Berg krönt und sich gleich hinter meiner Villa auf siebenhundertfünfzig Fuß erhebt.

Griechisch sprechende Priester haben sie im Tempelvorhof begrüßt, sehr freundschaftlich, weil sie beide in der gleichen Sprache antworteten. Noch nie, berichteten sie aufgeregt, hätten sie den Kometen so feurig-klar gesehen. Sein Schweif füllte den halben Himmel und schien die Sterne hinwegzufegen.

»Wir haben aber keine Angst gehabt«, sagte der kleine Amyntas. Eine große Menschenmenge hatte sich im Tempel versammelt, wahrscheinlich, um durch Gebete und Opfer drohendes Unglück abzuwenden. Aber die Priester, meint Alexis, seien sehr moderne Leute. Statt Beschwörungen von sich zu geben und Bannflüche gegen den Kometen zu schleudern, scheinen sie mit Hilfe merkwürdiger Spiegel und anderer Vorrichtungen Berechnungen anzustellen. Das bestärkt meine Hoffnung, daß wir eines Tages über die Bahn und den Ursprung dieser Besucher aus dem Weltall genauer Bescheid wissen werden.

Am nächsten Morgen habe ich Alexis zur Villa Jovis mitgenommen. Daß mich der Anstieg auf dem schmalen Saumpfad anstrengte, wollte ich vor ihm nicht zugeben. Erst als Tiberius Caesar mehrere Jahre älter war als ich, ließ er sich in der Sänfte hinauftragen.

Gestrüpp beginnt die Wände zu durchdringen. Niemand hat noch aus dem Thron- und Speisesaal Divi Augusti die Mauerbrocken entfernt, die beim Erdbeben zur Zeit des Todes von Tiberius Caesar vom darüberliegenden neuen Thronsaal heruntergestürzt waren. Aber die Zerstörung ist weniger schlimm, als ich gefürchtet hatte. Die Fresken an den Wänden, selbst noch die goldenen Kultleuchter auf rotem und schwarzem Grunde, sind erhalten geblieben, die Hypokausten und die Heizanlagen für die Bäder könnten mit ge-

ringem Kostenaufwand wieder in Betrieb genommen werden. Aber möchte ich denn überhaupt, daß ein neuer Hausherr einziehe und sich dieses Denkmal Tiberius Caesars zu eigen mache? Etwa unser gegenwärtiger Princeps? Keine Gefahr! Die Villa Jovis ist durch ihre Schlichtheit davor geschützt. Oder ... möchte ich selber –? Die Gespräche mit Alexis haben, seitdem er über alles unterrichtet ist, neue Maße angenommen. Ich führte ihn durch alle Räume – die des Kaisers betrat er zögernd, in großer Ehrfurcht, um uns dann im Scheine einer blassen Sonne auf dem weiten Dache oberhalb der bis zum Rande gefüllten Zisternen niederzulassen. »So sorgt der Caesar immer noch für sein Volk«, haben mir die Weinbauern gesagt, als einmal der Regen lange ausblieb und sie sich in großen Scheffeln Wasser aus den Zisternen holten.
Fast die ganze Insel kann man von hier aus übersehen, nur die hohe Felswand im Westen hemmt den Blick. Auch jetzt im Dezember noch grünende Weinlauben, blühende Gärten, hineingestreut kleine Häuser in arabischem Stil, kaiserliche Villen, so wie Masgaba, der arabische Baumeister Divi Augusti, es gewünscht hat. Zum nahen Vorgebirge von Surrentum schauten wir. Ein klarer Tag, bis gegen Salernum konnte man die Küstenlinie sehen. Fischerboote und Segler belebten das tiefblaue Meer. Weit unter uns zogen Möwen und silbergefiederte Falken ihre Kreise.
Die große Stadt Neapel lag im Sonnendunst, nur am Abend kann man sie an ihrem Lichtermeer erkennen. Deutlich trat der Vesuvius hervor, weinlaubbedeckt, sein Haupt gekrönt von einem grauen Nebelstreif, wie von einer Rauchwolke. Daß er ein Feuerberg ist, gleich dem Aetna, beweisen die Lava und die verhärtete Asche rings um ihn. Aber niemand kann sich mehr an einen Ausbruch erinnern, obgleich man selbst auf Capri Gesteine findet, die er ausgeworfen hat.
Mag er auch als erloschen gelten, ich traue den Feuergeistern in seinem Innern nicht. Woher kommen denn die schweren Erdbeben der letzten Zeit – am schlimmsten jenes, das vor zwei Jahren unser liebes Pompeji halb in Trümmer legte? Morgen – nächsten Monat – in zehn, in zwanzig Jahren, wer weiß es, aber daß der Vesuv zu seiner alten Tätigkeit zurückkehren wird, bezweifle ich nicht.

Über all dies und über die Geschichte dieses Golfes, besiedelt ursprünglich von seinen griechischen Vorfahren, sprach ich mit Alexis. Um plötzlich die rhetorische Frage zu stellen: auf wen ich mich stützen könnte, sollte es zur Großen Wende kommen? Wäre ich nicht in der Hand derer, die mich dazu berufen haben?
Mit dem ganzen Ernst eines Schülers, der im Unterricht gut aufgepaßt hat, erwiderte Alexis: »Waren denn Divus Julius und Divus Augustus in der Hand ihrer Legionen? Wer die Herrschaft erlangt hat und auch bereit ist, sie auszuüben, ist stärker als alle, die ihm dazu verhalfen.«
Er hat recht, aber die neue Herrschaft muß befestigt werden, denn mit dem letzten Sproß des Aenaeas schwindet auch der Anspruch, der sich aus Caesars Divinität ableitet ...
Laut dachte ich weiter – ich wußte, daß Alexis jedes Wort aufnimmt und geistig verarbeitet:
»Auf unverdorbene römisch-griechische Jugend müssen wir uns stützen – ein neues Geschlecht wächst heran, dem das Treiben an diesem Fürstenhof und in den Häusern der Neureichen und ihrer Nachahmer bereits zum Ekel wird. *Princeps Iuventutis* – das soll kein leerer Titel bleiben. Iuventus muß wieder werden, was Divus Augustus geplant, wofür er diese Jünglingsverbände ins Leben rief: eine streitbare Jugend, nicht nur körperlich, sondern auch geistig und in ihrer Herzensbildung erneuert und bereit, dem drohenden Verfall des Reiches entgegenzutreten. Daß es eine solche Iuventus noch immer oder wiederum gibt, konnte ich selbst in einer Provinzstadt wie Pompeji feststellen. Das Haus, in dem sich die Epheben regelmäßig treffen, ist groß und gut angelegt, mit Sportplätzen und einer reichen Bibliothek. Durch das Erdbeben ist es stark beschädigt worden, aber ich habe einen Teil der Mittel zum Wiederaufbau zur Verfügung stellen können.
Doch daß noch viel geschehen muß, bis diese neue Jugend die Oberhand gewinnt, ist mir nicht unbekannt. Noch gibt es große Kreise von Jugendlichen, die ein rüpelhaftes Benehmen als Ausdruck einer wahrhaft modernen und fortschrittlichen Haltung betrachten.«
Als wir gegen Abend nach Hause zurückkehrten, habe ich Alexis

die Abschriften verschiedener Briefe zu lesen gegeben, die ich vor bald zwei Jahren an Lucilius geschrieben habe. Er war damals selber ein wenig in solche Kreise hineingezogen worden, daher meine recht scharfen Ermahnungen: »Suche nicht in Tracht und Lebensweise aufzufallen wie die Leute, denen es nicht um inneren Fortschritt, sondern um äußere Schaustellung geht! Die Theater, der Zirkus, die teueren Gaststätten sind heute voll von jungen Männern aus guter Familie, die sich durch ungepflegte Kleidung, ungeschnittene Haare und struppige Bärte als philosophische Verächter von allem Hergebrachten ausweisen möchten! Mein Lucilius, meide solchen Umgang! Die Geldbeutel haben sie voll mit den Gold- und Silberstücken ihrer Eltern, dabei predigen sie Haß gegen den Reichtum, schwärmen von Nachtlagern auf bloßer Erde und was sonst noch diese Eitelkeit an Blüten treibt.«
Ich hatte diesen Brief überschrieben: »Der Lebenswandel des Philosophen« – als stelle er eine allgemeine Betrachtung dar – um meinen lieben Lucilius nicht *zu* hart zu treffen.
So fuhr ich in milderem Tone fort – unsere Kleidung brauche nicht zu glänzen, dürfe aber nicht schmutzig sein. »Wir können auf Silbergerät mit Ziselierung aus purem Golde verzichten, mein Lucilius, aber sieh es nicht als Beweis von Genügsamkeit an, überhaupt kein Gold oder Silber zu besitzen. Unser Ziel sei, ein besseres und vernünftigeres Leben zu führen als die große Masse, nicht aber ein ganz und gar entgegengesetztes; sonst stoßen wir gerade *die* Menschen zurück, die wir bessern wollen, und entfremden sie uns. Wir erreichen dann nur, daß sie aus Furcht, uns alles nachahmen zu müssen, gar nichts Nachahmenswertes an uns finden.«
Es ist also falsch, wenn heute junge Leute, aus vielleicht verständlichem Ekel vor dem übertriebenen Luxus, die einfachsten Pflichten der Sauberkeit mißachten. Mit Gestank bekämpft man nicht die Wohlgerüche Arabiens, in die sich unsere Emporkömmlinge einhüllen. »Der beste Geruch des Körpers ist die Geruchlosigkeit«, habe ich schon oft gesagt und geschrieben.
Doch möchte ich hinzufügen: An sich sind Wohlgerüche natürlich nichts Böses, sie werden es erst, wenn man sie benützt, um »anders« zu sein, vornehmer zu erscheinen, reicher. Ich berufe mich auf ein

Wort des Sokrates-Jüngers Aristippos, des Begründers der Hedonistischen Schule. Man könnte ihn auch einen Vorläufer Epikurs nennen. Als er sich einmal am köstlichen Duft eines Salböles erfreute, rief er aus: »Verwünscht seien diese verweichlichten Burschen, die einer so schönen Sache einen so schlechten Ruf verschafft haben!«
Über all dies habe ich in den letzten Jahren an Lucilius geschrieben, aber jetzt wiederholte ich es für meinen Alexis: Gewiß, es ist ein Wahnsinn, wenn heute, wie mein Freund Petronius es so trefflich geschildert hat, für den Trimalchio und einige wenige Bäuche ein solcher Aufwand an Essen getrieben wird – Weinkeller voll von den Auslesen von Jahrhunderten, für einen einzigen Schlund! Oder schauen wir uns alle die Stellen an, wo Tausende von Landarbeitern pflügen und graben. Soll es wieder ein einziger Magen sein, für den man in Sizilien und Afrika die Felder bestellt?
Aber genauso ist es Torheit und Wahnsinn, die üblichen Speisen zu verschmähen. Ein wahrer Herrscher muß ausgleichend wirken – durch sein Vorbild! Nicht widerwärtige und ekelhafte Nahrungsmittel setzt man dem unedlen Speiseluxus entgegen, denn was die Philosophie, höchste Mannestugend, höchste Weisheit eines *Magister Populi* – so nannte man in ältesten Zeiten den obersten Machthaber des römischen Gemeinwesens – von uns verlangt, das ist Einfachheit und Maßhalten. Nicht aber Kasteiung, und bestimmt nicht den Kult von Schmutz und Unrat.

Abend für Abend rückt nun die Sonne ein kleines Stückchen weiter nach Süden, schon hat sie die äußerste Zacke der großen Felswand erreicht. Unsere friedliche Insel schallt wider von den Gesängen der saturnalischen Reigen – wenn man dieses Gegröle »Gesänge« nennen kann! Alle Gipfel sind mit Fackeln beleuchtet – nur nicht der, auf dem die Villa Jovis liegt, und auch der Heliostempel liegt im Dunklen.
Blickt man nach Norden, so sieht der Meeresarm aus wie ein schmaler, dunkler Fluß, denn weit hinein, von Neapel und von Capri aus, wird er durch den Widerschein unzähliger Lichter eingeengt. Bis zur Insel dringt das dumpfe Dröhnen der neapolitanischen Massenfeiern.

Die Weihrauchmengen, die vor den Standbildern und auf den Altären unseres Princeps und seiner vergöttlichten Vorfahren verbrannt werden, umhüllen uns in dichten Schwaden. Nimmt man dazu, was in Neapel, von Rom gar nicht zu reden, und den anderen Städten Italiens jetzt in Dunst aufgeht – es entspricht bestimmt einer ganzen Jahreseinfuhr aus Arabia Felix.
Zufall, daß ein so ungewöhnlich großer Aufwand getrieben wird – oder geheime Anweisungen des Princeps an die Priesterkollegien, um eine Bedrohung zu bannen?
Diese Vermutung bestätigte sich mir, als ein wohlhabender Neapolitaner, der auf Capri mehrere Fischerboote besitzt, vom Festland herüberkam: ganz greuliche und wahrhaft erschreckende Vorzeichen habe es gegeben, die Nero Caesar zu einem geradezu weltweiten Bet- und Opfersturm auf die Throne aller himmlischen Mächte veranlaßten. Wieder einmal habe man nämlich auf die Straße geworfene neugeborene Kinder mit zwei Köpfen und ähnliche Mißgeburten in den Leibern trächtiger Opfertiere gefunden. Ja, bedrohlichstes von allen Vorzeichen – auf dem Gebiete von Placentia kam auf der Straße ein Kalb zur Welt, dessen Kopf am Schenkel angewachsen war. Sofort wurden die höchstrangigen Haruspices herbeigerufen – ihr Urteil sollte nur dem Princeps vorgetragen werden, aber natürlich sprach es sich doch herum: Ein anderer strebe danach, das Haupt der Welt zu werden.
Kalbskopf am Schenkel angewachsen ...? Man sieht, unsere angeblich gebildete Welt sollte bescheidener sein und sich nicht über den wüsten Aberglauben barbarischer Stämme im hohen Norden oder in Afrika lustig machen.
Zur Beruhigung der öffentlichen Meinung haben die ernsten, langweiligen *Acta Diurna* veröffentlicht: Das Streben des durch den angewachsenen Kalbskopf angekündigten Hochverräters werde aber nicht zum Ziele führen, weil das Kalb schon im Mutterleib erstickt und an der Straße geworfen worden sei.
Immerhin scheint sich aus diesen Albernheiten eines zu ergeben: Ernsteres ist unbekannt, und Epicharis schweigt noch immer. Aber wie lange noch? Lucilius und Statius Annaeus, als sie zur Wintersonnenwende ankamen, berichteten: Epicharis sei in ein römisches

Gefängnis überführt worden. Noch wisse man nicht, ob sie gefoltert würde, aber auszuschließen sei dies nicht. Bricht nicht auch der stärkste und edelste Charakter zusammen, wenn sich die Schergen nahen – mit glühenden Eisen und all ihren sonstigen Werkzeugen? Caenis hat sie in ihrer Zelle besucht und ihre Botschaft bei einem Gelage im Palast Claudius Senecio zugeflüstert: Der Augenblick sei jetzt verpaßt, käme aber bald wieder; am geeignetsten sei der letzte Tag der großen Ceres-Demeter-Feiern, der 19. April, das Hochfest der Göttin, und zwar während der zirzensischen Spiele.

»Was hast du –?« Wie von weitem hörte ich die Stimmen meiner Freunde. Delphi – vor Jahrzehnten, zusammen mit Lycidas –, ein Orakelspruch, von dem ich noch zu Beginn dieses Lebensberichtes meinte, ich solle ihn nicht niederschreiben. Der Name der Göttin kam darin vor – und habe ich nicht einmal, als ich Akragas besuchte, dem Demeter-Tempel eine Spende gemacht, damit die Priester während der Cerealien, besonders aber am Hochfeste der Göttin, meiner gedenken –? Lycidas als Eingeweihter der Demeter-Mysterien mag die Deutung des Spruches schon erfahren haben, als wir gemeinsam Eleusis besuchten. Warum schwieg er, als er den Tempel verließ, den ich nicht hatte betreten dürfen?
»Redet weiter«, sagte ich. »Ich war kurz abwesend – irgendwo in der Vergangenheit.«
So fuhren sie fort: zwar hielte sich eine bestimmte Persönlichkeit während der Cerealien meist im Palast oder im Park auf, aber zu den Zirkusspielen pflege sie zu erscheinen. Vielleicht, daß sich an der Seite dieser Persönlichkeit ein gewisser Piso befinden werde. Dem sei der Schreck in die Glieder gefahren, aber er könne nicht zurück. Möglich ist jedoch auch, daß er sich im Ceres-Tempel in der Nähe des Zirkus aufhalten würde, um den Verlauf abzuwarten.
Die Festesfreude und die großen Menschenmengen, habe Epicharis gesagt, erleichterten die Annäherung. Aber auch eine Warnung habe sie hinzugefügt, die sie mir gegenüber schon einmal ausgesprochen hatte: Der Senator Flavius Scaevinus sei gewiß ein braver Mann, aber dumpf, unentschlossen, redselig; sein Vertrauter, der Freigelassene Milichus, eine Sklavennatur niedrigster Gesinnung.

Die »bestimmte Persönlichkeit« – ja, da es keinen anderen Weg mehr gibt. Aber auch Piso? Der »philosophische Gewissenskonflikt«, von dem Claudius Senecio sprach. Ich will die Entscheidung der Göttin überlassen.
Immer wieder muß ich die Klugheit von Epicharis-Benedicta bewundern, jetzt, wegen ihrer Wahl der zirzensischen Spiele. Was ich in Jahrzehnten der Beobachtung und der philosophischen Überlegungen erkannte, kündet ihr ihre innere Stimme, ein unverbildeter Instinkt. In meinem Werke *De Ira*, geschrieben noch unter Claudius Caesar, sagte ich: »In dem großen Zirkus, wo sich die Volksmassen versammeln, kannst du sicher sein, daß ebenso viele Laster wie Menschen zusammenkommen. Für ein geringes Entgelt ist dort jeder bereit, jeden anderen umzubringen. Jeder verdient etwas auf Kosten seines Nachbarn. Den Wohlhabenden hassen sie, den Armen verachten sie. Die Höherstehenden verabscheuen sie, die Niedrigeren finden sie ekelhaft. Sie alle werden am Leitseil entgegengesetzter Begierden herumgeführt. Um den Preis eines Lüstchens oder eines schäbigen Diebstahls würden sie die ganze Welt zugrunde gehen lassen!«
Wie recht hat also Epicharis, diesen Ort zu wählen, wo unter den zahllosen größeren und kleineren Lasterhaften der Größte von allen nicht mehr auffällt, und wo sie alle, beschäftigt mit ihren eigenen Sünden und bereit zu jedem Mord, kein Auge für das haben, was sich in der Mittelloge des Zirkus abspielen wird ...

Am Tage der Sonnenwende schien das Gestirn wie eingefangen in den letzten Zacken der Felswand. Aber schon vier Tage später, da Mithras aus der jungfräulichen Erde geboren wurde, als ein Träger des Lichtes, war es mir, als habe die Sonne ihren Aufwärtsgang angetreten.
Io Saturnalia – Bona Saturnalia! ist damit zum letzten Mal erklungen. Das Neujahrsfest ist nahe, und mir graut vor dem Massenbesuch von Neapolitanern. Ist doch Capri ein volkstümlicher Ferienort geworden. Das bringt zwar Geld auf die Insel, aber unsere braven und fleißigen Fischer, Wein- und Ackerbauern, Bootsleute und kleinen Gewerbetreibenden hätten auch so ihr Auskommen.

Nun verbringe ich die letzten Tage des alten Consulatsjahres des Gaius Laecanius und des Marcus Licinius in Gesprächen über den Zustand der Gesellschaft und des Gemeinwesens mit Lucilius und Statius Annaeus. Alexis führt wieder Protokoll, während Amyntas doch noch zu klein ist, um daran teilzunehmen.
Ich trug den Freunden vor: ich dächte gleich nach der Großen Wende an die Gründung einer Akademie nach platonischem Muster, aber mit erweiterten Aufgaben. Eine ihrer Abteilungen möchte ich mit Juristen, erfahrenen Verwaltungsbeamten und Laien besetzt sehen. Sie sollen ganz konkrete Pläne ausarbeiten für eine gründliche Reform des Römischen Reiches, von Rom, Italien und allen Provinzen, den kaiserlichen und senatorischen.
Der Plan Divi Augusti, Italien in achtundzwanzig »Kolonien« einzuteilen, deren regionaler »Senat« die obersten römischen Staatsbeamten mitwählen und die Stimmen versiegelt nach der Hauptstadt senden sollte, müsse neu belebt werden. Aber warum dieses Stimmrecht auf Italien beschränken? Das gleiche könnte für alle außeritalischen Provinzen gelten, die sich bereits eines höheren Bildungsgrades erfreuen, bestimmt also für Sizilien, Hispanien, Gallien, Hellas, Syrien, Africa Proconsularis und die Hellas gegenüberliegenden asiatischen Provinzen. Allmählich könnte man das Stimmrecht auf Britannien, die beiden germanischen Provinzen, Raetia, Noricum und alle übrigen ausdehnen.
So ganz unsinnig war auch Nero Caesars Gedanke nicht, alle inneren Zollschranken aufzuheben. Die Fachleute der Akademie sollten ihn gründlich prüfen!
Eine andere Abteilung sollte sich mit unserm Rechtssystem beschäftigen. Längst sind wir ja über römische und italische Überlieferungen hinausgewachsen. Mit hundert verschiedenen Völkerschaften haben wir zu tun. Eine Kodifizierung allen geltenden Rechtes, seine Säuberung von überaltertem Brauchtum, von grausamen Strafen sollte Vorrang haben. Viel läge mir auch daran, zum Wohle des ganzen Gemeinwesens die unter Claudius Caesar begonnene Gesetzgebung zum Schutze der Sklaven weiter auszubauen. Mord oder Körperverletzung, begangen an einem fremden Sklaven, solle künftighin nicht mehr als »Sachbeschädigung« gel-

ten, sondern als das, was diese Delikte eben sind. Das gleiche müsse für ähnliche Untaten an eigenen Sklaven gelten. Ebenso möchte ich die Aufnahme von mehr Provinzalen in den Senat zum Gesetz erhoben sehen.

Auch das Erziehungswesen gilt es zu erneuern, die Akademie solle Richtlinien hierfür erarbeiten. Bildung muß größeren Volksschichten zugänglich gemacht werden, aber nicht durch Diktat von Rom aus, sondern unter Berücksichtigung und Pflege der Sprachen und Kulturen der Völkerschaften im Reiche. Dabei sollen, um ein Auseinanderfallen zu verhindern, Lateinisch und Griechisch die allgemeinen Amtssprachen bleiben.

Das Griechische hat sich erstaunlich gut gehalten – trotz aller Eroberungen durch fremde Völker. Oder aber: Das Hellenentum konnte diese Fremdherrschaften überstehen, ja vielen Siegern seine eigenen Gesetze auferlegen, weil es seine Sprache bewahrt hat! Und da liegt es mit dem heutigen Latein im argen – eine weitere staatsnotwendige Aufgabe von Akademie, Bildungsstätten, Erziehern, Schriftstellern und nicht zuletzt der Regierung selber!

Mein Lucilius, Du weißt es am besten – denn schon vor Jahren habe ich mich mit dieser Frage beschäftigt und Dir darüber einen ganzen, langen Brief geschrieben. Das Thema lautete: »Sprache und Geisteszustand.«

In diesem Briefe hieß es: »Hat sich der Mensch daran gewöhnt, das von der Sitte Geheiligte zu verschmähen und alles Hergebrachte als gewöhnlich abzutun, dann strebt er auch in seiner Ausdrucksweise nach Neuartigkeit. Er zieht veraltete, in Vergessenheit geratene Worte wieder aus dem Dunkel, teils erfindet er auch unbekannte Wortbildungen und Sinnänderungen, teils erfindet man – das ist gerade neuerdings Mode geworden – in großer Zahl besonders ›kühne‹ Metaphern oder man wandelt die alten Bedeutungen ab. Da gibt es Leute, die tragen ihre Ideen in Gedankenfetzen vor und versprechen sich Ansehen und Beifall, wenn der Gedanke sozusagen in der Luft hängen bleibt. Endlich gibt es Menschen, die sich dem sprachlichen Verstoß nicht bloß nähern, sondern ihn ganz bewußt suchen.«

Euch brauche ich nicht zu erklären, daß dies nicht nur für die

Grammatiker von Bedeutung ist! Wo man Menschen findet, die an entarteter Redeweise Gefallen haben, kann man mit Sicherheit auf einen Sittenverfall schließen. Wörtlich schrieb ich Dir, mein Lucilius: »Wenn die Üppigkeit der Gelage und der Kleiderluxus Merkmale eines kranken Staatslebens sind, so bezeugt die in weite Kreise gedrungene Willkürlichkeit der Ausdrucksweise den geistigen Verfall, denn es ist ja der Geist, der die Worte bildet. So darf man sich nicht wundern, daß diese Verderbnis nicht nur von der Hörerschaft aus niederen Volkskreisen, sondern auch von den höher gebildeten Schichten beifällig aufgenommen wird – sie unterscheiden sich ja nur durch die Art ihrer Toga, nicht durch ihr Urteil.«

Manche modernen Schriftsteller halten einen abgebrochenen, rauhen Stil für echt männlich und besonders forsch. Die Unausgeglichenheit, die das Ohr beleidigt, meinen sie, sei fortschrittlich. Andere wiederum ergehen sich in einem melodischen Singsang.

Nimm es ins Protokoll auf, mein Alexis, wenn ich aus meinem damaligen Briefe an Lucilius wiederhole:

»Wenn die Gedanken kleinlich, kindisch oder unverschämt sind und in ihrer Dreistigkeit das Anstandsgefühl verletzen, wenn sie blumenreich oder zuckersüß wirken, wenn sie wirkungslos verpuffen und nichts weiter sind als leerer Schall, dann entschuldigt man das mit dem ›Zeitgeist‹. Einer führt das ein, gewissermaßen der jeweilige Literaturkönig, andere machen es nach, und so gibt einer die Mode allen anderen weiter.«

So gehören diese Sprachverwilderung und die Verschmutzung von Kleidung, Körper, Essensgewohnheiten, über die wir neulich sprachen, eng zusammen. Wenn wir das römische Gemeinwesen aus dem geistigen, sittlichen und körperlichen Schlamm herausführen wollen, müssen alle diese Dinge bedacht werden. Anderenfalls entbehrten die Blutopfer, welche die Große Wende zweifellos mit sich bringen wird, jeder moralischen Rechtfertigung.

Doch seien damit diese Gespräche vorläufig abgeschlossen. Morgen, am Neujahrstage, wollen wir ein kleines Fest feiern – alte Männer werden zu mir zu Gast kommen, die ich als Knaben gekannt,

Knaben und Jünglinge, die schon die Enkel sind jener, die wir vor so vielen Jahren, da Divus Augustus noch lebte, im Hafen bei den Felstürmen kennenlernten. Wie waren meine Brüder und ich stolz, als sie uns sagten: »Ihr sprecht aber gut Griechisch!« War es doch das erste Mal, daß wir unsere Schulkenntnisse anwenden konnten. Und dann, am ersten Tage des Januar, werden in Rom Silius Nerva und Vestinus Atticus, die neuen Consuln, in ihr Amt eingeführt. Das Jahr großer Entscheidungen kann beginnen – nicht nur für mich, sondern für den Erdkreis.

34. Kapitel

Abschied von der geliebten Insel, die langsam ins Meer zurücksinkt. Ein milder Südwind treibt uns rasch auf die Küste zu, aber lange noch sehe ich die weißen Häuser am steinigen Ufer, die Felstürme, das dichte Gewirr, wie Lockenhaare der Kastanienwälder, einzelne, aufragende Pinien und hoch oben, auf der steilen Nordostecke, die Villa Jovis und dahinter den Leuchtturm. Ein Abschied für immer –? Ich versuche diesen Gedanken zu verscheuchen, aber er hält mich fest.

Ein anderer Abschied, von einer anderen Insel, Verbannungsort ursprünglich, dann fast Heimat, kehrt in mein Bewußtsein zurück. Italien war mir fremd geworden – ist es dies nicht auch jetzt wieder? Doch damals kehrte ich zurück, um die Leitung eines genialen, eines blonden, geist- und liebesbedürftigen Knaben zu übernehmen. Und jetzt ... als dessen Henker ...?

Lucilius und Statius Annaeus sind schon vorausgefahren. Ich wollte noch nicht in dessen Strandhaus bei Lavinium zurückkehren. Also treffen wir uns in meiner kleinen Villa bei Kap Misenum. Warum gerade dort? Weil sie nicht weit entfernt ist von der Villa des Lucullus, wo Tiberius Caesar starb, nunmehr vor bald achtundzwanzig Jahren. Sentimentale Erinnerungen, Flucht vor der Gegenwart in die Vergangenheit? Wie immer man es nennen will.

Die Insel Aenaria ist nun schon nahe, mit gewaltigen Türmen und Mauern, eine der größten Burgen, die ich kenne, auf einem vorgelagerten Inselchen. Hieron I. von Syrakus hat diese Festung erbaut, als er wenige Jahre nach Salamis, um 280 a. u. c., Aenaria besetzte. Das ionische Griechisch hat sich dort reiner erhalten als auf Capri.

Diese Fahrt durch den »lieblichen Krater, erfüllt mit perlendem Wasser«, durch dieses großgriechische Inselmeer, ruft alle Erinnerungen wach an jene allererste, da ich als kleiner Junge mit Eltern und Brüdern über diesen Golf fuhr. Ob man auf Aenaria Divus Augustus immer noch nicht wohlwill, weil er die Insel gegen das dreimal kleinere Capri umtauschte?
Die Wachtschiffe von Puteoli und Misenum beachteten uns nicht, aber wir hielten es doch für vernünftiger, das Kap zu umsegeln, um dann über einen Saumpfad und eine steinerne Treppe zum Hause zu gelangen. Wir fanden alles gut vorbereitet, des kühlen Vorfrühlingswetters wegen waren die Hypokausten in Betrieb, in manchen Räumen brannten auch die offenen Kaminfeuer, die ich sehr liebe, da sie die Feuchtigkeit aus der Luft nehmen.
»Ein neuer Gast ist gestern abend angekommen«, sagte Lucilius bei der Begrüßung. »Vielleicht wollte er sich nicht zu offen zeigen.« Claudius Senecio, der schöne, mutige Jüngling.
Epicharis ist auf freiem Fuße, berichtete er, aber sie steht unter Beobachtung. Geplaudert hat sie nicht. Als man sie dem Flottenpräfekten Proculus gegenüberstellte, brachte sie ihn in Verlegenheit, und nicht er sie! »Hast du nicht gesagt, du seist für deine Beihilfe – du weißt schon, wofür! – nicht genügend entlohnt worden?« fragte sie ihn. Nero Caesar war anwesend – sie kannte sein Grauen vor der eigenen Tat – sie wußte, daß er sich von Erinnyen verfolgt fühlte wie Orestes.
»Du weißt *wofür*?« wiederholte sie kreischend, selbst nun wie eine Erinnye. »Oder soll ich noch deutlicher werden? – Anicetus – das Schiff, die Frau, die mit den Wellen kämpft ...« Totenblaß habe Nero Caesar ihr Schweigen geboten. Sie wurde, wie wir ja schon wußten, in Haft behalten, dann nach Rom gebracht, bis man sie jetzt überraschend entließ. Wahrscheinlich nur, um sie zu beobachten und festzustellen, mit wem sie verkehre. Verbindung halte sie zu Piso durch einen seiner neuen Lieblinge, einen Hübschling namens Antonius Natalis, Sohn eines verarmten römischen Ritters. Piso habe einen Narren an ihm gefressen und ihn neuerdings in alle Einzelheiten eingeweiht.
Offensichtlich mag Claudius Senecio diesen Antonius Natalis

nicht. Eifersucht zwischen gleichaltrigen Jünglingen? Keine seltene Erscheinung, aber ich glaube es nicht. Claudius Senecio ist viel zu pflichtbewußt, zu sehr der Sache ergeben, als daß er sich durch persönliche Gefühle beeinflussen ließe.

Uns allen behagte diese Nachricht nicht. Es sind schon zu viele, die zuviel wissen, wie Epicharis gesagt hat. Und nun noch einer, der nichts mitbringt, außer daß Piso ihn hübsch findet ... und daß seine wenig ehrenwerte Gemahlin Satria Galla der gleichen Meinung ist! Überhaupt ist mir bei diesem Unternehmen nicht ganz wohl. Wo ist der »feste Punkt«, den sich Archimedes wünschte, um die Erde aus den Angeln zu heben? Sind wir nicht alle wie Seefahrer in einem Segelschiff bei Windstille, die sich die Lungen füllen und dann auspusten, um weiterzukommen?

Ich habe daher auf eigene Verantwortung, ohne die meisten der anderen zu unterrichten, weitere Schritte unternommen. Aulus Vitellius, der hübsche, pausbäckige Junge, einst der Spielgefährte von Tiberius Gemellus und Gaius Caesar Caligula auf Capri, jetzt freilich mit einem vom Weine kupferrot gefärbten Gesicht, ist immer noch Proconsul von Afrika. Er ist dort nicht unbeliebt und hat zwei schlagkräftige Legionen zur Verfügung.

Auch mit meiner Heimatprovinz Hispanien bin ich in reger Verbindung. Dort scheint eine merkwürdige Prophezeiung an politischer Bedeutung zu gewinnen. Ich kannte sie schon in meiner Kindheit, aber jetzt werde ich durch zahlreiche, meist anonyme Briefe darauf gestoßen – Aufforderungen zum Handeln, zur Befreiung Roms.

»Du wurdest in Corduba geboren – schon seit langem ist Deine Familie in Hispanien ansässig. Deine Mutter Helvia hatte iberisches Blut.« So ähnlich heißt es in den meisten dieser Briefe. Dann, mit verschiedenen Abwandlungen, berichtet man mir: In der Stadt Clunia, im Norden Hispaniens, nicht weit vom Geburtsort von Mutter Helvia, habe ein Jupiterpriester im Traume den Spruch empfangen:

»Dermaleinst wird aus Hispanien der Führer und Herr des Erdkreises hervorgehen.«

Manche Briefschreiber wollen wissen, daß bereits zweihundert

Jahre davor eine weissagende Jungfrau die gleiche Prophezeiung verkündet habe.
Solch mystisches Gemunkel habe ich bisher den Germanen in ihren Sümpfen und Nebelwäldern, den Syrern unter ihrem schwülen Himmel und den gottesfürchtigen, weltverbessernden Hebräern überlassen. Erst als ich einen mit vollem Namen und Rang unterzeichneten Brief erhielt – knapp vor der Abreise von Capri –, begann ich, den politischen Wert dieses Geraunes zu überlegen. Der Brief stammt vom Quästor meiner Heimatprovinz Baetica. Ich weiß, daß er in Corduba viel in meinem alten Elternhaus verkehrt, das jetzt mein Bruder Mela bewohnt. Dieser Quästor, der ehrgeizige, strahlend schöne Alienus Caecina, mag von meinem Dichter-Neffen Lucanus, Melas Sohn, allerlei erfahren haben ...
Der Brief wurde sogar in diesem Hause geschrieben und nicht mit der Staatspost befördert. Ein Geschäftsfreund Melas brachte ihn mir. Ich habe Claudius Senecio, der Caecina kennt, eine leichte Andeutung gemacht. Er schätze dessen Charakter nicht sehr, sagte er, denn er sei vor allem auf seinen eigenen Vorteil bedacht. Aber daß er diesen in einer Unterstützung unserer Pläne sähe, sei ermutigend, denn Caecina sei klug und abwägend. Mit Soldaten könne er trefflich umgehen, sein Ton sei geschickt, und fast immer gelänge es ihm, bei jungen Leuten oder bei älteren Männern bewundernde Hingabe zu erwecken. So habe er auf den Legaten der Provinz Hispania Tarraconensis, Servius Sulpicius Galba, einen bestimmenden Einfluß. Manche meinten sogar, er sei dessen neuester Geliebter. Galba war Consul in dem Jahre, da Tiberius Caesar für Julia Livilla den Marcus Vinicius als Ehemann auswählte ... schmerzliche Erinnerungen, die dabei erwachen ... Daß Nero Caesar ihm die größte Provinz meines heimatlichen Hispanien übergab, jetzt vor bald fünf Jahren, geschah auf meinen Rat. Er ist ein tüchtiger Verwalter, gilt zwar als geizig, aber auch als unbestechlich. Von den drei Legionen, die noch unter Tiberius Caesar dort standen, die IV. *Macedonia*, die VI. *Victrix* und die X. *Gemina*, hat schon Claudius Caesar zur Zeit des britannischen Feldzugs die *Macedonia* an den Rhein verlegt. Auch die beiden anderen haben inzwischen öfters ihren Standort gewechselt, aber die *Victrix* ist zurück. Dazu verfügt Galba über

eine ansehnliche Reiterei und mehrere Kohorten von Hilfstruppen. Eine weitere Legion könnte man mit Leichtigkeit in diesem reichen, jugendlichen Lande aufstellen.
Zu bedenken ist, daß Galba nicht ohne persönlichen Ehrgeiz ist, er rühmt sich gerne des uralten Adels seines Hauses, der Sulpicier, und läßt durchblicken, daß auch diese, nicht bloß die Julier, von Jupiter abstammen. Auch hat er nie vergessen, daß ihm, als er gerade Consul geworden war, kein geringerer als Tiberius Caesar auf Griechisch gesagt hat: »Auch du, Galba, wirst einmal das Kaisertum kosten.« Das war, nachdem ihn Tiberius Caesar über verschiedene geheime Dinge ausgeforscht und durch seinen Astrologen Thrasyllus das Geburtshoroskop Galbas ermittelt hatte.
Thrasyllus hat sich bekanntlich in manchem getäuscht, besonders schwerwiegend bei der Berechnung von Tiberius Caesars Lebenserwartung. Aber in Zeiten öffentlicher Unsicherheit leihen die Menschen lieber dunklen Prophezeiungen und Wundermären ihr Ohr als der Stimme der Vernunft! Dennoch rät Claudius Senecio, durch Vermittlung von Alienus Caecina mit Galba Verbindung aufzunehmen. Ich werde es tun, aber durch meinen Bruder Mela.
Ein anderer wichtiger Mann, mit dem ich bereits in Kontakt bin, ist ein guter Freund und gallischer Landsmann meines lieben, verstorbenen Afranius Burrus – Gaius Julius Vindex, jetzt Proprätor der Provinz Gallia Lugdunensis. Sein Vater war unter jenen vornehmen Galliern, die von Claudius Caesar in den Senat aufgenommen wurden. Mein Bruder Gallio, der damals zusammen mit dem Princeps das Consulat bekleidete, Afranius Burrus und ich selber hatten ja diese nötige und wichtige Weiterentwicklung unseres Verfassungslebens mit aller Kraft betrieben.
In Vindex' friedlicher Provinz gibt es nur ein paar hundert Soldaten, aber sein Ansehen als ein Mann königlichen Geblütes und ein gerechter Verwalter ist so groß, daß er jederzeit unter den gallischen Stämmen ein großes Heer aufstellen könnte. Aber will ich denn durch Gallier die Macht erlangen – Galliern erlauben, nach Italien zu ziehen und das Blut römischer Bürger und Soldaten vergießen? Noch zittert durch unsere Geschichte die grausige Erinnerung an den Einfall der Gallier unter ihrem Heerkönig Brennus, die Erinne-

rung an unsere furchtbare Niederlage an der Allia, 364 a. u. c., und drei Tage danach die Einnahme, die Niederbrennung und Plünderung von Rom. Die Sieger schlachteten jeden ab, der sich nicht hatte retten können. Wäre auch das Capitol gefallen – wären die Gallier nicht nach siebenmonatiger Belagerung abgerückt –, die Geschichte unseres Gemeinwesens hätte ihr Ende gefunden, kaum daß sie begonnen hatte.
Muß ich nicht auch an Gnaeus Marcius Coriolanus denken, der sich mit den Volskern gegen seine Vaterstadt verbündete und dessen Name sprichwörtlich blieb für den eines Verräters ...?
Wer also wird die Gallier wieder loswerden, wenn wir zur Schlichtung unserer inneren Streitigkeiten sie selber an den Tiber rufen? Gaius Julius Vindex – auch er ist ein hochstrebender Mann von großem Ehrgeiz. Ein gallisches Principat – der Purpur der Caesaren auf den Schultern des Eroberers – und Gallien selber, das Divus Julius gewann, als die königliche, die selbständige Hausmacht des »Vindex« – des Rächers seiner Landsleute für Jahrzehnte der römischen Herrschaft ...?
Aber so tief ist unser Name schon gesunken, daß bis in die entlegensten Flecken Britanniens – erinnern wir uns doch jener bösen Reden der Königin Boudicca –, Galliens und Germaniens über uns offen gespottet und der jetzige Träger des Caesaren- und Augustusnamens von Barbaren verhöhnt werden kann. Wollte man alle Lästerer bestrafen, man müßte ganze Legionen von Scharfrichtern anstellen und eigene Gefängnisstädte errichten. Können doch auch wir, die wir eine Änderung an oberster Stelle herbeisehnen, uns nicht über den Zusammenbruch des römischen Ansehens freuen. Auch wenn wir hundertmal sagen: »Nero Caesar ist nicht das Römische Reich«, etwas bleibt an uns allen hängen, zur hämischen Freude unserer Feinde.
Erst unlängst flatterte mir eine anonyme Schmähschrift zu. Ich bin ziemlich sicher, daß sie von Gaius Julius Vindex stammt. Treffsicher, mit einem Höchstmaß von Haß und Bosheit werden hier Dinge unter die Provinzvölker gebracht, die, selbst wenn sie Lügen und Verleumdungen wären, schon großen Schaden anrichten würden. Aber es handelt sich um Tatsachen –

»Ich habe ihn selber gesehen, meine Freunde und Bundesgenossen«, heißt es darin, »ihn, diesen Mann, wenn man ihn Mann nennen kann, verheiratet mit Sporus und Eheweib des Pythagoras-Doryphoros – im Theater, im Orchester, einen schlechten Leierspieler, in ungegürteten, flatternden Roben. Auf der Bühne sah ich ihn in Ketten, wenn er einen Verbrecher spielte – also sich selber! – oder in einer Weiberrolle, hochschwanger, in Geburtswehen, dann gebärend!! Und *der* nennt sich Caesar, Autokrator und Augustus – welch eine Schändung dieser geheiligten Namen!«
Diese letzten Sätze klingen sehr loyal, wie eingegeben von der Sorge um unser höchstes Amt. Aber in Wirklichkeit ziehen sie dieses selber in den Kot. Der Verfasser der Schmähschrift schlägt den Inhaber des Imperiums, in Wahrheit meint er das Imperium selber. Vielleicht stimmt das Wort, daß alles erst noch viel schlechter werden muß, ehe es besser werden kann. Aber so wahr, so berechtigt jene Angriffe auch sind, als Römer widerstrebt es mir, mich mit ihren gallischen Urhebern zu verbinden.
Wichtig erscheint mir, auch entgegen dem Rate mancher meiner Freunde, mit dem Consul Marcus Vestinus Atticus Verbindung aufzunehmen. Alte Eifersüchteleien zwischen ihm und Piso haben bis jetzt verhindert, daß er näher eingeweiht werde. Vestinus sei unbesonnen und unverträglich, behauptet Piso. Den wirklichen Grund weiß ich durch Epicharis: Piso hat die Heiligkeit des Gastrechts nur vorgeschoben, weil er fürchtete, daß Vestinus, der mit Faenius Rufus und manchen anderen in Verbindung ist, »zur Wiederherstellung der republikanischen Freiheit« in Rom »einen anderen« zum Kaiser ausrufen werde. Diesen »anderen« hat Epicharis dann eindeutig benannt –
Auch der für das nächste Jahr designierte Consul, Plautius Lateranus, wird durch Claudius Senecio ein Wörtlein von mir erhalten. Als einer der zahlreichen freiwilligen oder unfreiwilligen Liebhaber der Messalina wäre er damals fast ums Leben gekommen. Claudius Caesar begnadigte ihn, weil sich sein Onkel, der Consular Aulus Lateranus, im britannischen Feldzug ausgezeichnet, ja ihn siegreich zu Ende geführt hatte. Er wurde aber aus dem Senate ausgestoßen, bis ihn dann Nero Caesar in seinem ersten Regierungsjahr wieder

aufnahm. Er tat es mit einer Rede, die ich wörtlich für ihn entworfen hatte. Sie beruhte weitgehend auf meiner Schrift *De Clementia* und hat dem jungen Princeps die lebhafteste Anerkennung des Senats eingebracht.
Plautius Lateranus kennt diese Zusammenhänge, und wenn man auch im allgemeinen nicht mit Dankbarkeit für erwiesene Wohltaten rechnen soll, so besteht hier doch eine Gemeinsamkeit in der Zielsetzung. Epicharis hat recht, wenn sie sagt, Lateranus gehöre zu den wenigen, die noch eine echte Liebe zum Vaterland im Herzen tragen. Das wäre, wenn er sich uns anschlösse, ein edlerer Beweggrund als irgendeine Kränkung von seiten des Princeps, wie im Falle des Senators Afranius Quintianus oder gar meines Dichter-Neffen Lucanus.
Daß sie den Tod nicht scheuen, spricht immerhin für sie. Die meisten anderen aus den oberen Ständen jammern nur über die Zustände, nennen sie unerträglich, wären aber nicht bereit, auch nur das Geringste zu wagen. Wofür leben sie eigentlich! Wie die erlesensten Weine schmecken, wissen sie längst. Ob weitere hundert oder tausend Krüge durch ihre Blase laufen, sie sind nur der Filter. Auch die teuersten Austern und Seebarben sind ihnen bekannt. Und das Vaterland? Seinetwegen würden sie keinen Augenblick später als sonst bei der Tafel erscheinen. Oder die Sonne? Diese Leute würden sie auslöschen, wenn sie im Dunkeln leichter eines hübschen Mädchens oder eines schönen Jungen habhaft werden könnten!
Aber lassen wir diese Überlegungen, sie könnten einen zu dem Schluß verleiten, daß es auch unsererseits nicht dafür stehe, das Leben einzusetzen!

Es war schmerzlich, diesen Freundeskreis auseinandergehen zu sehen. Aber Lucilius muß auf seinen Posten in Sizilien zurückkehren, Claudius Senecio darf sich nicht noch länger von Rom fernhalten, und überdies hat er wichtige Nachrichten zu überbringen. Auch Statius Annaeus soll in die Hauptstadt zurückkehren, um dort unsere Freunde zu sehen. Dann soll er Pompeia Paulina in Nomentanum abholen und nach meinem appischen Landhaus bringen. Dort ist viel vorzubereiten, ehe ich ungefähr um die Iden des April selber nach Hause reise. So werden nur Alexis und unser kleiner Amyntas bei mir bleiben, und dazu nicht mehr als fünf oder sechs meiner Lieblingssklaven. Für die Rückreise habe ich für uns einen modernen Reisewagen und einen zweiten für die Dienerschaft in Auftrag gegeben. Ich denke, daß wir die letzte Nacht bei Fabius Rusticus in Lavinium verbringen werden.

Am Abend vor dem Abschied hielten wir ein Gastmahl. Es war nicht geplant als eine Nachahmung der athenischen, aber es ergab sich von selbst, daß manche unserer Reden daran anklangen. Nicht nur an die in Xenophons und Platons *Symposion,* sondern auch an andere Dialoge, so an den im Kerker des Sokrates, von dem Phaidon berichtet.

Lucilius begann die Gespräche, indem er hingewandt zu den beiden Tischgenossen griechischen Blutes, Alexis und Amyntas, den Göttern von Hellas ein Trankopfer darbrachte. Aber die Jahrhunderte waren weitergerollt seit dem Gastmahl im Hause des Agathon und dem anderen in Piraeus, im Hause des Kallias, das dieser zu Ehren des Knaben Autolykos gab, des Siegers im Pankration. Und wenn wir uns auch noch der gleichen Worte bedienen zum Preise des Eros, so ist es doch das Ethos des Römischen Reiches, um das es geht. Das fühlte ich schon, als ich vor vielen Jahren in Hellas mit Lycidas zusammentraf. Liebe und Macht, Liebe und Freiheit sind im heutigen Zustand der Weltentwicklung untrennbar miteinander verbunden. Aber wie Platon in den *Gesetzen* schreibt:

»Dem Staate, in dem das Gesetz abhängig ist von der Macht des Herrschers und nicht selbst Herr ist, dem sage ich kühn sein Ende voraus; demjenigen dagegen, in dem das Gesetz Herr ist über die Herrscher und die Obrigkeiten den Gesetzen untertan, dem sehe ich im Geiste Heil beschieden und alles Gute, was die Götter für Staaten bereithalten.«

Die Macht muß sich also höchster Verantwortung bewußt sein, denn, so wiederum Platon, »der Gott, der gemäß einem orphischen Spruch Anfang, Ende und Mitte aller Dinge in Seiner Hand hält, wandelt ohne Fehl gemäß seiner ewig gleichen Bahn – Seine ständige Begleiterin aber ist die Gerechtigkeit, die strenges Gericht hält über die, welche sich dem göttlichen Gesetze nicht fügen.«

Ähnlich ist es mit der Freiheit. Wie es einen hohen Eros gibt – Eros Uranios, sagt Platon – und einen niedrigen, den Eros Pandemos, so gibt es auch eine hohe Freiheit, die ausgeht von Jupiter Liberator, Zeus Eleuthérios, gemäß griechischer Terminologie. Ihr entgegengesetzt ist die niedrige oder falsche Freiheit, für die die Dichter die alte Titanennatur verantwortlich machen. Sie führt, gemäß Platon, zum nämlichen Schicksal, gebannt zu werden in ein unerträgliches Dasein – zur Anarchie im Kampfe aller gegen alle, und schließlich zur Tyrannis. An die Stelle der Freiheit als sittlicher Wert, den Zeus Eleuthérios in die Natur des Menschen gelegt hat, tritt die allgemeine Knechtschaft, ein Hades auf Erden, in dem nur *einer* »frei« ist – der Tyrann.
Aber ist nicht Eros der große Demiurg, dem, wie es heißt, selbst Jupiter unterworfen sei? Ein dichterisches Bild von tiefer Wahrheit, denn daß wir die Freiheit erhalten haben, verdanken wir der göttlichen Liebe. So könnte man statt Zeus Eleuthérios auch Eros Eleuthérios sagen. In der Freiheits- und Eroshymne Platons, am deutlichsten vielleicht in seinen Briefen an die Verwandten und Freunde Dions von Syrakus, zeigt sich diese göttliche Einheit in zwei Personen. Platons Werk bliebe im Esoterischen verhaftet, kennte man nicht das Grab-Epigramm, das er Dion widmete, den er geführt, beraten und geliebt hat:

»Du aber, Dion, du prangtest im Kranze leuchtender Taten,
als ein Gott dir die Frucht glänzender Hoffnungen nahm.
Und nun liegst du, geehrt von den Bürgern, in räumiger Heimat.
O wie hat dich mein Herz, Dion, so glühend geliebt.«

Über all dies, Zeus und Eros, Spender der Liebe und der Freiheit, haben wir Wechselreden geführt, als mich plötzlich ein Wort durchzuckte, das ich in den Akten gelesen hatte, die mir mein Bruder Gallio nach Rom sandte. Es steht in einem Briefe des Paulus an die Korinther:
»... wüßte ich alle Geheimnisse und alle Erkenntnisse und hätte der Liebe nicht, so wäre ich nichts ... die Liebe ist langmütig, sie eifert nicht – sie sucht nicht das ihre – sie freut sich nicht der Ungerechtig-

keit – sie freut sich über die Wahrheit. Die Liebe hört nimmer auf, so doch Weissagungen und Erkenntnisse aufhören werden. Denn unser Wissen ist Stückwerk, und unser Weissagen ist Stückwerk.« Klar, wie eingemeißelt in eine Marmortafel, standen diese Sätze vor mir. Es war, als fühlten sie alle, daß ich eine verborgene Schrift lese. Sie schwiegen still, bis ich zu den Schlußworten dieser Botschaft kam, die ich laut vor mich hin sprach:

»Jetzt erkenne ich stückweise, dann aber werde ich erkennen, von Angesicht zu Angesicht. Nun aber bleiben Glaube, Hoffnung, Liebe, diese drei: aber die Liebe ist die größte unter ihnen.«

Wieder Schweigen, dann gab ich den Gesprächen eine neue Wendung: »Ihr habt euer Los mit dem meinen verbunden, Freunde, aber wie groß ist doch der Altersunterschied zwischen uns! Ich stehe jetzt im 70. Lebensjahr – das Jahr, in dem Sokrates den Schierlingsbecher trank!«

Leichteren Tons, obgleich ich nicht zum Scherzen aufgelegt war, fügte ich hinzu: »Unser lieber Tischgenosse, Statius Annaeus, hat ja schon seit langem auch für mich dieses Elixier der Unsterblichkeit bereitet. Ein Beweis seiner Liebe – denn ist nicht Eros, dem hellen, Thanatos, der dunkle, zum Gefährten gegeben?«

»So meinen die Dichter«, sagte Claudius Senecio. Was dann folgte, will ich nicht mit eigenen Worten wiedergeben. Ich halte mich an Phaidons Bericht, wie Platon ihn aufgezeichnet hat:

»Zufällig«, sagt Phaidon, »saß ich rechts von Sokrates' Lager auf einem Schemel, er lag also viel höher als ich. Er streichelte mir den Kopf und faßte mein Haar hinten am Nacken zusammen – er liebte es überhaupt, so mit meinen Haaren zu spielen – und sagte: ›Morgen wirst du dir vielleicht dein schönes Haar scheren, Phaidon, morgen, da du um mich trauerst – aber du wirst es nicht tun, wenn du mir folgst ...‹ Da wußte ich, was er meinte: über seinen Tod solle ich nicht trauern, denn dieser werde ihn nicht vernichten, sondern nur wandeln ...«

Aber dieses Gastmahl ging nicht zu Ende, ohne daß ich von den jungen Tischgenossen ein Geschenk erhalten hätte.

»Du hast vom Altersunterschied gesprochen, Lucius«, sagte Claudius Senecio. »Aber was bedeutet denn dieser, wenn Jugend einen

Älteren so verehrt, wie ich und viele andere dich verehren?« Mein Sohn Alexis hat hinzugefügt: »... und wenn Jungen meines Alters dich lieben, wie ich dich liebe ...«

In der Woche, die seit dem Abschied von Lucilius und Claudius Senecio vergangen ist, konnte ich an meinem Theaterstück *Octavia* arbeiten. Den schon vorhandenen Text habe ich verbessert und dann weitere Szenen hinzugefügt. Eine der ersten, *Octavia und ihre Amme,* habe ich ganz neu gefaßt.

»Wie oft erscheint des geliebten Bruders Britannicus trauriger Schatten vor meinem Angesicht, wenn Ruhe die Glieder gelöst und die vom Weinen müden Augen der Schlaf überwältigt ... schwarze Fackeln sehe ich in seinen Knabenhänden – dann wieder zeigt mir ein Traumbild, wie er in meine Gemächer flieht und ein Feind ihn und mich mit dem Schwerte durchbohrt ...«

Noch an mehreren anderen Stellen beschwöre ich des Britannicus Schatten ... vielleicht, weil durch die Nennung des Namens Titus Flavius Vespasianus auch dessen Sohn Titus in mein Gedächtnis zurückkehrte und damit die Erinnerung an jenes grausige Gastmahl, bei dem der junge Titus aus seines Freundes Britannicus Todesbecher getrunken hat.

Claudius Senecios ein wenig spöttischer Hinweis auf meine philosophischen Skrupel hat mich jetzt zu offenen Bekenntnissen gedrängt. So lasse ich Octavia ausrufen:

»Daß doch des frevelhaften Fürsten furchtbares Haupt mit Flammen zu überschütten der göttliche Lenker sich anschicke. Wir sahen am Himmel ein glühendes Licht, einen Kometen seine feindselige Fackel ausbreiten da, wo den Wagen des säumenden Bootes nahe den Sieben Dreschochsen in der Nacht ewiger Wechsel lenkt, starrend in nordischer Kälte. Siehe, den Äther selbst befleckt des grimmigen Fürsten schrecklicher Atem, die Gestirne drohen neue Schicksalsschläge den Völkern an, die der gottlose Führer lenkt – *Nero,* unserm Stamme aufgepfropft, von einem Domitier als Vater stammend, des Erdkreises Tyrann, den er durch sein schmachvolles Joch unterdrückt, er, der durch seine Laster den Namen Augustus besudelt.«

Zum Schatten Octavias und ihres Bruders: »Eben noch Gestirn des Erdkreises, Säule des Kaiserhauses – jetzt nur leichte Asche« – beschwöre ich in dieser neuen Fassung meines Stückes auch den Geist von Agrippina Augusta, der keine Ruhe finden kann. Denn »feindselig verfolgt mein Gatte, Claudius Caesar, meinen Schatten, mit Flammenblicken sucht er mein schuldiges Antlitz ...«
Ungewollt, als dränge ein mächtiger Unsichtbarer es mir auf, schrieb ich noch manche anderen Verse nieder: »Durch der Gattin Anschläge, weh mir, Vater, überwältigt, kamst du zu Fall, und dein Haus dient samt deinem Kinde dem Tyrannen« – so Octavia gleich im ersten Auftritt – oder, gesprochen von Octavias Amme: »Die Gattin mischte dem Manne wütende Gifte, und sie selbst fiel bald darauf durch ihres eigenen Sohnes Verbrechen.«
Ich hatte nicht daran geglaubt – allen Gerüchten zum Trotze nahm ich an, Claudius Caesars Tod sei, wie der meines Freundes Annaeus Serenus, die Folge eines verhängnisvollen botanischen Irrtums. Aber jetzt – fast meine ich, Claudius Caesars Geist zwinge mich, den wahren Hergang zu verkünden ...
Auch mußte ich, ob ich wollte oder nicht – erschaudernd im Bewußtsein meiner Mitschuld –, den Chor sprechen lassen von »des Sohnes großem Frevel, als auf todbringendem Schiff der Fürst seine durch List gefangene Mutter hinaus verschickte auf das Tyrrhenische Meer« – um dann die ganze grauenvolle Szene in Einzelheiten zu schildern, die ich doch zu vergessen versuchte: Der Zusammenbruch des Schiffes, Tod und Entsetzen in den Fluten der See und wie durch ein Wunder die Errettung der Mutter, die sich des Verbrechens ihres Sohnes, dem sie zum Throne verholfen hatte, bewußt ist. Nur kurz kann sie sich ihrer Errettung freuen, denn: »Der Ruchlose rast und ist unwillig, daß dem Meere entrissen die Mutter lebe, und er verdoppelt die ungeheuere Freveltat. Ein gedungener Trabant führt seine Befehle aus: Er entriegelt der Herrin Brust mit dem Stahl ...«
Die Sterbende lasse ich die furchtbarste aller Bitten aussprechen. »Durchbohre meinen Mutterschoß mit dem Stahl«, ruft sie dem Mörder zu, »ihn, der ein solches Ungeheuer zur Welt brachte!«

Vor einigen Tagen geschah dann etwas Merkwürdiges. Lange muß Alexis mit Griffel und Schreibtafel gesessen haben, ohne ein Wort von mir zu hören. Denn die Sprache versagte mir, ich kam mir vor, als sei ich außerhalb meines Leibes. Gebüsch, Dorngestrüpp, eine Pfütze sah ich – dazwischen, in zerfetztem Mantel, kriechend eine vor Angst schlotternde Gestalt. Mit dornenzerkratzter Hand sehe ich dieses Wesen aus der Pfütze Wasser schöpfen, und deutlich höre ich die Worte: »Das ist jetzt Neros Eisgetränk!«
Dann erloschen die Bilder, ich sah wieder – Alexis und im Hintergrunde, jenseits meines Gartens, die ragende Burg von Aenaria und ganz ferne die Silhouette von Capri.
»Bitte schreibe!« sagte ich. »Es gehört zum Auftritt von Agrippinas Schatten:
Die rächende Erinnye rüstet einen des gottlosen Tyrannen würdigen Tod, Peitschenhiebe, schimpfliche Flucht und Strafen, worin er selbst des Tantalus Durst übertreffen soll. Laß den Verblendeten aus Marmor erbauen und mit Gold bedecken seinen Palast – unermeßliche Schätze sende der ausgeplünderte Erdkreis – laß die Schwelle bewachen mit bewaffneten Kohorten – kommen wird ein Tag, da er für seine Verbrechen das schuldige Leben hingeben muß, die Kehle entblößt, verlassen, erniedrigt und alles entbehrend.«
Alexis schrieb, ohne aufzublicken, ohne Fragen zu stellen. Aber er wußte genau: daß diese furchtbaren Gesichte mir kein Gefühl befriedigter Rache gaben, von Sieg und Triumph. Gewiß wußte er sogar noch mehr: daß ich immer noch lieben möchte, wo ich gezwungen bin, dem Untergang zuzustimmen.
Bislang habe ich Poppaea Sabina immer nur als »unsere regierende Kaiserin« bezeichnet. Sie ist die Enkelin des berühmten Feldherrn und langjährigen Statthalters von Moesien, Achaia und Makedonien, des Caius Poppaeus Sabinus. Dieser war Consul, zusammen mit Quintus Sulpicius Camerinus, im Jahre, da Quinctilius Varus und seine Legionen von Arminius vernichtet wurden.
Jetzt nahm ich Poppaea Sabina, seit zweieinhalb Jahren Gemahlin Nero Caesars, in mein Stück auf. Sie gilt immer noch als eine der schönsten Frauen Roms und besitzt alles, was man sich nur wünschen kann: Reichtum, Adel, den Ruhm des Sabinischen Ge-

schlechtes. Niemand wird ihr all dies bestreiten – aber schonungslos decke ich auf, daß ihr das Wichtigste fehlt: die Ehrbarkeit. Ihre geschlechtliche Leidenschaft ist gering, das gibt ihr die Möglichkeit, die Befriedigung immer dort zu suchen, wo sich Vorteile damit verbinden lassen, mit Ehemann oder Liebhaber. An der Ermordung von Octavia Augusta, deren Stelle sie einnehmen wollte, trägt sie ein gerütteltes Maß von Schuld. Auch ist viel anderes an Bösem, was in den letzten Jahren geschah, von ihr ausgegangen: Morde, Tempelraub, ungerechte Verbannung und Enteignung von hervorragenden Männern, unschuldigen Opfern ihrer Gier und Habsucht. Ich würde mich mitschuldig machen, wenn ich mein Wissen um solche Untaten nicht auf der Bühne enthüllte! Was habe ich noch zu scheuen und zu befürchten? Schon in wenigen Wochen, am 19. April, dem letzten Tage der Cerealien, fällt die Entscheidung. Sie lautet: *Purpur oder Tod.*

35. Kapitel

Inzwischen, mein lieber Lucilius, wirst Du wieder die Arbeit in Sizilien aufgenommen haben, aber ich hoffe, Du findest Zeit zur Besteigung des Aetna. Dir selber hast Du dies schon seit langem vorgenommen, und überdies hast Du mir versprochen, meine Neugierde zu befriedigen. Der tägliche Anblick des Vesuv, dem ich, wie Du weißt, seine friedlichen Absichten nicht recht glaube, hat meinen Wissensdrang neu in mir erwachen lassen. Obgleich es wirklich Dinge gibt, die im Hinblick auf bestimmte Ereignisse wichtiger erscheinen könnten.

Was ich vor allem wissen möchte, ist das Folgende: Hängen die Erdbeben, die Sizilien so oft erschüttern, mit der Tätigkeit des Aetna zusammen? Man müßte dann daraus schließen, daß das Erdbeben, durch welches Pompeji so schwer getroffen wurde, etwas mit dem Vesuv zu tun habe, und daß ein Ausbruch dieses angeblich erloschenen Vulkans zu befürchten sei. Man müßte demnach die Bevölkerung der Küstenstädte, aber auch Neapels und Capris, rechtzeitig warnen. Stimmt es, was manche behaupten, daß der Aetna an Höhe abnimmt? Es heißt, früher hätten ihn Seefahrer schon aus größerer Entfernung sehen können. Wenn das zutrifft, würde es einen Hinweis auf die ungeheuere Macht des inneren Feuers bilden. Der Berg dient ihm als Auspuff, durch den verderbenbringende Lava, Asche und Steine herausgeschleudert werden.

Für die Bewohner Campaniens wäre auch die Kenntnis solcher Tatsachen von Wichtigkeit. Nicht weit von meinem Landhaus bei Misenum gibt es die Brennenden Felder, die beim Volke als das Forum des Vulkans des Gottes Pluto gefürchtet sind. Ein Zeichen mehr,

daß diese ganze Gegend von unterirdischem Feuer durchflutet ist. Ich möchte aber über den großen Aufgaben, die schon in wenigen Wochen auf mich zukommen könnten, auch die nächsten, die immerhin eine ganze Landschaft mit ihren schönen größeren und kleineren Städten und Inseln betreffen, nicht vernachlässigen.
Freilich ist die Wechselbeziehung zwischen Aetna und Vesuv, Erdbeben und Feuer- und Ascheregen nicht der einzige Grund meines heutigen Schreibens. Denn um Dir eine solche Anfrage zu überbringen, hätte es keines Sonderkuriers bedurft. Eigentlich wollte ich wieder Alexis zu Dir schicken, aber er hat sofort meine Absicht durchschaut: daß ich ihn weit weg von Rom und damit außerhalb des Gefahrenbereichs haben wollte. Ich mußte seinen Bitten nachgeben, bei mir bleiben zu dürfen, was immer auch kommen möge. Doch ist der Bote, der Dir die Briefe und Schriftstücke überbringt, einer meiner Lieblingssklaven, unbedingt zuverlässig. Sollte sein Besuch bei Dir auffallen und solltest Du nach dem Inhalt meiner Mitteilungen gefragt werden, dann sprich über den Aetna und mache Dich lustig über die naturwissenschaftlichen Schrullen Deines alten Freundes.
Zu berichten ist nun das Folgende: Wenige Tage nach Deiner und Statius Annaeus' Abreise erschien, als auch Claudius Senecio die Villa verlassen hatte, unangemeldet ein neuer Gast – es war, als habe er Claudius Senecios Fortgang beobachtet, mit dem er nicht zusammenzutreffen wünschte. Der »Hübschling« Antonius Natalis, wie jener ihn bezeichnet hatte. Die beiden sind ungefähr gleichen Alters, aber welch ein Unterschied! Genüge es, daß ich sage: Natalis besitzt nichts von alledem, was Claudius Senecio bei dir, bei mir, bei uns allen sofort liebenswert und vertrauenswürdig macht. Hübsch zu sein – denn das ist er, wenngleich in einer Art, die mir nicht liegt –, das allein genügt noch nicht. Seinen Argumenten glaubt er durch sanften Augenaufschlag, geheimnisvolles Lächeln und durch Spiel mit seinen gepflegten Fingern mehr Nachdruck geben zu können.
Ich fühlte mich überdies nicht wohl, ich empfing ihn liegend auf der Terrasse, die den Hafen überblickt. Es herrscht dort reges Leben, einige Triremen und Schnellsegler haben eben festgemacht. Vor mir

leichte Rauchwolken, die von der Insel Prochyta aufsteigen – von den Altären des Minerva-Tempels oder aus den Kratern. Wie man mir sagte, bilde diese ganze Inselgruppe, einschließlich Aenarias, eine Fortsetzung der Brennenden Felder.
Ich mochte auf Antonius Natalis kränker wirken, als ich war, aber das lag durchaus in meiner Absicht. Nur Alexis war bei dem Gespräch zugegen, den er etwas zu lange musterte – bis ich sagte: »Ich vergaß vorzustellen – mein Sohn Alexander Annaeus Seneca.«
Er sei gekommen, um endlich einmal den großen Philosophen, Schriftsteller und Dramatiker kennenzulernen – ein paar Tage Ferien in der Frühlingsluft Campaniens hätten ihm diese schon lange ersehnte Möglichkeit verschafft – und wie gütig von mir, wie bezeichnend für mein Verständnis für die suchende Jugend, daß ich ihn gleich empfangen habe –
Und dergleichen mehr. Ich antwortete freundlich, unverbindlich, sah aber, wie Alexis unruhig wurde. Was will er wirklich, schien er zu denken – ich überlegte das gleiche.
Dann erzählte er, unter etwas künstlichem Lachen, allerlei Hof- und Stadtklatsch – wer einen neuen Liebling oder eine neue Konkubine habe, daß er selber dem Petronius, Verfasser des *Satiricon*, jede Woche über Nero Caesars Gelage Bericht geben müsse, mit genauer Schilderung aller neuen Erfindungen der Gruppenbetätigung mit den Scharen von Dirnen und Buhlknaben, wohlerprobten und Neulingen.
Wir nahmen das alles schweigend zur Kenntnis. »So ist eben das heutige Rom!« sagte er, was jungenhaft-altklug klingen sollte.
Dann endlich wurde der Zweck seines Besuches deutlicher. Caius Calpurnius Piso, sagte er mit gedämpfter Stimme, mache sich große Sorgen wegen meiner Gesundheit. Den ganzen Winter hindurch habe man wenig von mir gehört, die letzten Nachrichten stammten von der braven Epicharis. Jetzt, da so große Dinge in Vorbereitung seien, solle ich bald in die Nähe der Hauptstadt zurückkehren. Ich sagte, ich plante an den Iden des April auf meinem appischen Landgut einzutreffen, hierfür sei schon alles vorbereitet.
Antonius Natalis war aber noch lange nicht am Ende. Er senkte

seine Stimme fast zum Flüsterton, so daß ich sagte, niemand könne uns hier hören.

»Mein Freund Calpurnius Piso möchte wissen, welche Tätigkeit du gerne ausüben möchtest ... nachher, versteht sich. Er ist gerne bereit, deine Wünsche zu erfüllen.«

»Das finde ich sehr zuvorkommend«, sagte ich. Ob er den Spott merkte oder nicht, unbeirrt fuhr er fort:

»Möchtest du Leiter des römischen Erziehungswesens werden oder lieber, wenn dies bei deiner angegriffenen Gesundheit nicht zu anstrengend ist, Statthalter einer großen Provinz, zum Beispiel von Hispanien? Oder läge dir mehr daran, deine Erfahrungen im Finanz-, Zoll- und Steuerwesen zentral verwerten zu können – mit genügend Personal natürlich, um dir Zeit für die Vollendung deiner Dramen und philosophischen Werke zu lassen – oder –«

»Deines Freundes Güte überwältigt mich. Aber ich habe über dies alles wirklich noch nicht nachgedacht.«

Ein etwas frecher Ton klang mit, als er sagte:

»Dann ist es aber jetzt höchste Zeit! Oder willst du dein Schicksal von dem Pisos trennen? Am besten wäre, wenn du ihm durch mich Zeit und Ort für ein Zusammentreffen angäbest.«

»Ich glaube nicht, daß dies weise wäre«, sagte ich. Dann schien es mir, als wollte Alexis mir bedeuten, nicht weiterzusprechen. Aber der nächste Satz war schon im Werden:

»Gerade deshalb, weil das Schicksal meines Lebens mit dem deines Freundes Calpurnius Piso zusammenhängt, ist es für beide von uns rätlich, Unterhandlungen und Zusammenkünfte zu vermeiden.«

Warum sagte ich das? Weil ich mit einem Manne nicht zusammenkommen wollte, zu dessen Schicksal ich bereits meine Zustimmung gegeben hatte – und weil von dessen Vollzug mein eigenes abhängt –? *So* kann es Antonius Natalis nicht verstanden haben. Aber eine leichte Veränderung in seinem Mienenspiel, ein kurzes Zucken seiner Augenlider schienen zu bedeuten: das sei es, was er habe hören wollen, dies sei die Botschaft, die er vom Besuche bei mir mitnehme. Für Calpurnius Piso oder für wen immer.

Kurz danach verabschiedete er sich. Alexis begleitete ihn bis zu seinem Reisewagen an der Gartenpforte. Er sagte nichts, als er zu mir auf die Terrasse zurückkam, aber ich fühlte, daß auch er eine gewisse Bedrückung, etwas wie die Ahnung eines Fehlers meinerseits, empfand.

Aber warum dabei verweilen? Wenn Du die nächsten Dokumente gelesen hast, laß meinen Boten wissen, daß Du einverstanden bist. Am besten wäre es, Du vernichtest sie, aber Du wirst ihrer als eines Ausweises bedürfen. Sobald Du die Nachricht erhältst »vom glücklichen Abschluß der Cerealien«, sollst Du in meinem Namen, als dem Beauftragten vom Senat und Volk von Rom, alle zivilen und militärischen Behörden in Sizilien Deiner Weisungsgewalt unterstellen. Vom gleichen Augenblick an ist Dir das Proconsularische Imperium, vorläufig auf ein Jahr, übertragen. Damit sind Dir alle Legaten und ihre Legionen unterstellt. Die wichtigsten sind die afrikanischen, unter Aulus Vitellius, die hispanischen unter Galba, die syrischen unter Corbulo und die germanischen unter Caius Fonteius Capito. Sein Vater, den ich auch noch kannte, war zusammen mit Germanicus Consul, in dem Jahre, da Gaius Caesar Caligula geboren wurde.

Am gleichen Tage wird eine Amnestie für alle politischen Gefangenen verkündet werden. Jene, die wegen eines *Crimen Maiestatis* im Kerker schmachten, sind als erste freizulassen und, so gut es nur geht, zu entschädigen. Die beschlagnahmten Vermögen sind zurückzugeben. Denunzianten höre nicht an, gib nichts auf die Aussagen von Leuten, die behaupten, »sie seien immer schon dagegen gewesen«. Verbrecher sollen nach den geltenden Gesetzen bestraft werden – Mord als Mord, Raub als Raub. Politische Entschuldigungen werden nicht angenommen. Behauptet ein Missetäter, er habe unter Befehlszwang gehandelt, trifft ihn die Beweislast.

Aber andererseits: Keine Gesetze mit rückwirkender Kraft! Der römische Rechtsgrundsatz gilt unvermindert weiter: *Nulla Poena sine Lege.*

Alles weitere liegt bei den Göttern. Verlasse Panormus oder den Ort, wo Du Dich gerade aufhalten magst, spätestens an den Iden des April und begib Dich nach Akragas in den Tempel der Ceres-Demeter. Dort verbirg alle meine Schreiben und Dich selber. Der oberste Priester dieses Tempels ist mein Freund. Bleibe am Leben –

überstehe die Zwischenzeit, sollte das Schicksal gegen uns entscheiden.
Daß der Tag kommt, an dem Du wieder frei Dich bewegen kannst, daran zweifle ich nicht. Du erinnerst Dich, was ich über den Unterschied zwischen der Herrschaft eines gerechten Königs und der eines Tyrannen schrieb. Platon benannte ich als meinen Zeugen, als ich auf seinen achten Brief hinwies, gerichtet an die Verwandten und Freunde Dions von Syrakus. Laß mich die wichtigsten Sätze wiederholen: »Eine königliche Regierungsgewalt ist rechenschaftspflichtig, indem die Gesetze auch über den König selbst so gut wie über die anderen Bürger Herr sind, wenn sie etwas Gesetzwidriges tun.«
»Auf den Namen kommt es nicht an. Der ältere Dionysios von Syrakus wird Tyrann genannt, dennoch darf man ihn höher stellen als manchen König. Sulla, der nur republikanische Ämter bekleidete, war ein wirklicher Tyrann, einer der schlimmsten sogar. So gierig wie er hat kaum ein anderer Menschenblut geschlürft. Ließ er doch an einem einzigen Tage siebentausend römische Bürger abschlachten.
Es ist also die Milde, die einen Mann zum wahren König macht und diesen von einem Tyrannen unterscheidet. Das habe ich in meinem Werke *De Clementia,* gedacht als Herrscherspiegel für den jungen Nero Caesar, dargestellt.
Darum, mein Lucilius, bin ich so sicher in der Voraussage, wenn nicht der nächsten, so doch bereits der näheren Zukunft: Da Milde den Ruhm eines Herrschers bildet und ihm den besten Schutz gewährt, erreichen viele Könige ein hohes Alter und können ihren Thron weitergeben an ihre Kinder und Enkel. Hingegen ist das Leben eines Tyrannen nicht nur verrucht, sondern meist auch sehr kurz.«

Damit habe ich dieses Schreiben an Lucilius geschlossen und es ihm durch einen verläßlichen Boten übersandt. Weitere Aufzeichnungen werden folgen.
Mein erster Blick im Morgenlichte, wenn ich nach wenigen Stunden Schlafs auf die Terrasse gehe, gilt meinem Capri. Es wäre ein leich-

tes, bei ruhigem Meere hinüberzufahren. Die Villa Orestes ist, wie mir berichtet wird, in bestem Zustand. Aber irgend etwas hält mich davon ab. Erst nach den Cerealien – und auch dann nur zu kurzen Aufenthalten, um nicht den Eindruck zu erwecken, ich wollte Tiberius Caesar nachahmen! Dies, mein Alexis, wiederum auch für Lucilius:

»Als ich unlängst nach einem mehrstündigen Ausflug zu den Brennenden Feldern, dem ›Forum des Gottes Vulcan‹, wie das Volk sagt, mit Alexis nach Hause zurückkehrte, fand ich wiederum Besuch vor, diesmal einen willkommenen: Im Auftrage von Faenius Rufus den Tribunen Gavius Silvanus und den Centurio Sulpicius Asper. Sie brachten mir ein versiegeltes Schreiben von Claudius Senecio mit. Der Consul Marcus Vestinus, berichteten sie, habe meine Botschaft erhalten und begrüße jenen Beschluß, nach dem der Komödiant nicht durch den Tragöden ersetzt werden solle. Alles übrige aber hänge ab von dem Willen der Göttin, mit deren Hochfeste ihre Feiern am 19. April zu Ende gehen.

Noch deutlicher hat sich Plautius Lateranus, der für das nächste Jahr bestimmte Consul, dem Präfekten, den Tribunen und den Centurionen gegenüber ausgesprochen. Ich habe mich also nicht getäuscht, als ich annahm, daß die Liebe zum Gemeinwesen sein einziger Beweggrund sei. Menschlich gefreut hat mich, daß er mich wissen ließ, er erinnere sich dankbar an das, was ich einmal für ihn getan habe.

Der Ablauf des 19. April wurde nun genau durchgesprochen. Ich solle mir alles ruhig anhören, meinten meine Besucher, und dann sagen, ob ich einverstanden sei. Der geschmeidigere Gavius Silvanus überließ dem rauhen, aus dem Mannschaftsstande hervorgegangenen Centurio Sulpicius Asper, hinzuzufügen: ›Durchgeführt wird es – ob du dafür oder dagegen bist!‹

Erst als ich mit Alexis wieder allein war, haben wir das Gespräch aus dem Gedächtnis aufgezeichnet. Ich sende Dir eine Abschrift, mein Lucilius, mit dem gleichen zuverlässigen Boten. Denn weder den Plan selber, noch daß ich ihm zugestimmt habe, totenblaß, wie mir Alexis sagte, darf ich Dir verheimlichen.«

Der 19. April – das sind zwei Tage vor dem Beginn des Jahres 818 –

soll in seinem Verlauf den Iden des März von 709 möglichst genau gleichen. Dies entspräche auch der Würde des Opfers. Rufen wir uns also unsere Schulkenntnisse ins Gedächtnis zurück:
Viele Vorzeichen gab es, die auf einen Wechsel im höchsten Amte hinwiesen. Etwa, wie Vergil in seiner *Georgica* schreibt:
»Nie zuvor flammten so oft in dräuendem Schein die Kometen.«
Genau wie jetzt, meinten die Gäste und wußten noch manch andere Wundermär zu berichten: »Nächtlich heulende Hunde« durchzögen die Straßen von Rom, »schauerlich krächzende Vögel« habe man beobachtet, und der Aetna speie »mehr denn je Lavagestein und flammende Kugeln aus«. Mich, mein Lucilius, beeindrucken bekanntlich solche Geschichten nicht. Was wissen heulende Hunde, krächzende Vögel und der Aetna von unsern kommenden Geschicken?
Aber ... warum denke ich dann selber in letzter Zeit so oft an meinen Gang nach Delphi und den Spruch des Orakels? Was konnte die Pythia auf ihrem Dreifuß, von Erddämpfen umnebelt, mir, dem damals gänzlich unbekannten Jüngling, von meiner Zukunft sagen? Was Apollo selber, wäre er, wie die Priester behaupten, in Delphi wirklich anwesend? Oder – lästere ich?
Wir wissen, daß es im Jahre 709 einen Plan gab, nach dem drei der Verschworenen Julius Caesar, während er auf dem Marsfeld bei Wahlversammlungen zur Stimmabgabe aufrief, von einer Holzbrücke herunterstürzen wollten. Unten wollten sie ihn auffangen und erdolchen. Dann überlegten sie: Besser auf dem Forum, auf der Via Sacra oder am Eingang zur Kurie. Schließlich einigten sie sich darauf, die Tat in der Kurie selber zu vollbringen.
Bei Caesars Eintritt erhob sich der Senat – jetzt werde es die Masse der Circusbesucher sein! Er nahm auf seinem goldenen Sessel Platz. Sofort umdrängten ihn die Verschwörer. Wie verabredet sank einer von ihnen, Cimber Tillius, vor Caesar in die Knie und flehte in demütigen Worten um die Rückberufung seines Bruders, der in Ungnade gefallen und auf die öde kleine Insel Pandateria verbannt worden war. Caesar wies ihn schroff ab. Hierauf umfaßte Cimber des Caesars Füße, als wollte er sie mit Küssen bedecken. In Wirklichkeit hielt er ihn fest. Nun fielen auch die anderen vor Caesar nie-

der, selbst Brutus kniete sich hin. Immer dreister wurden sie, und Caesars abweisende Antworten immer ärgerlicher und ungehaltener. »Kniet nicht Brutus auch vergeblich?« rief er schließlich aus. Da stand Cimber jäh auf und riß Caesar die Toga von den Schultern. »Das ist ja Gewalt!« rief Caesar aus – denn als Volkstribun und Diktator war er sakrosankt, jede Berührung war ein Verbrechen gegen die Majestät des römischen Volkes. Aber schon brachte ihm Casca von hinten einen Stich dicht unter der Kehle bei. Nun waren nur noch Dolche und entblößte Schwerter um ihn. Sein Blut spritzte über die Statue des Pompeius, die hinter dem goldenen Sessel stand. Es war, als ob jener die Rache an seinem Gegner selber geleitet habe. Tot, blutend aus dreiundzwanzig Wunden, stürzte Caesar zu Füßen des Pompeius-Standbildes nieder.
Hinter dem goldenen Sessel im Zirkus, wo am 19. April das Schlußfest der Cerealien gefeiert werden wird, so berichtete man mir jetzt, stehe eine Statue von Agrippina Augusta.
Der designierte Consul Plautius Lateranus hat einen Bruder, Aulus, der auf die Insel Pandateria verbannt wurde. Er wird vor dem Manne auf dem goldenen Sessel niederfallen und um Begnadigung für seinen Bruder bitten. Wie unversehens wird er den Mann umwerfen, und, da er von großer Körperkraft ist, so lange niederhalten, bis die Befreier Roms, die Tribunen und Centurionen, ihr Werk getan haben.
Calpurnius Piso wolle unterdessen im Ceres-Tempel, nahe dem Zirkus, warten. Faenius Rufus solle ihn dort abholen und ihn zusammen mit Antonia, Claudius Caesars Tochter aus der Ehe mit Aelia Paetina, ins Lager der Prätorianer bringen.
Dagegen hat aber bereits Pisos niedriggeborene Ehefrau Satria Galla wütend protestiert, ja gedroht, das Ganze Nero Caesar zu verraten. Denn wie käme sie dazu, der ältlichen Antonia zu weichen, nur weil diese Claudius Caesars Tochter sei! Dann weder die eine noch die andere!
Ganz sachlich fügte Gavius Silvanus hinzu:
»Auch ohne Satria Gallas Eingreifen – wir haben inzwischen versucht, sie zu beruhigen – wird Piso enttäuscht werden. Du weißt, warum, gerade du weißt es am besten ...«

Ich fühlte, wie sich mein Herz zusammenkrampfte und einen Pulsschlag ausließ. »Ich möchte, daß sein Leben geschont werde«, sagte ich – so, als könnte ich bereits Befehle geben. Die Offiziere schwiegen, doch meine ich, sie haben dies begriffen.

Eine Überraschung folgte. Meines guten Freundes Petronius *Satyricon,* besonders seine Schilderung des reichen Emporkömmlings Trimalchio und seines Gastmahls, hatte ich immer als eine glänzende Satire aufgefaßt – »Literatur«, aber doch nicht als ein politisches, gar umstürzlerisches, gesellschaftskritisches Pamphlet. Als solches aber verstehen es Gavius Silvanus, Sulpicius Asper und alle anderen, einschließlich sogar des Präfekten Faenius Rufus.

»Verstehe uns recht«, sagte der Centurio. »Unser Unternehmen hat nicht den Zweck, die jetzigen Zustände zu erhalten, nur unter einem anderen Namen ganz oben an der Spitze. Unter Piso würde alles ein wenig fröhlicher werden, Saturnalien das halbe Jahr hindurch. Das wäre der ganze Unterschied ...«

Sie hatten Petronius gut gelesen. »Sollen wir unser Leben einsetzen, damit freche Emporkömmlinge, ehemalige Sklaven, die letzten italischen Bauern von ihrem Ackerland vertreiben – Grundbesitz anhäufen, die kein Habicht, ohne flügellahm zu werden, überfliegen könnte? Pilzsamen lassen sie sich aus Indien kommen, Bienen, zur Aufbesserung ihrer Stöcke, aus Athen, Böcke aus Tarent, weil doch die weibliche Natur bei Tier und Mensch die gleiche sei, und auch die römischen Frauen jene Abwechslung lieben, die man den Schafen nicht vorenthalten solle: Von auswärtigen Männchen besprungen zu werden, nicht immer von denselben, einheimischen. Da aber der Grundbesitz solcher Leute heute schon von Tarracina bis nach Tarent reicht, das zweihundert Meilen entfernt ist, sind es doch wieder einheimische Böcke – das nächste Mal also vielleicht welche aus Britannien!«

»Auch um die silbernen Nachttöpfe der Neureichen zu schützen, sind wir nicht da«, sagte derb der Centurio Sulpicius Asper. »Und damit sie sich dann ihre schmutzigen Hände an den Locken ihrer hübschen, langhaarigen Sklavenjungen abwischen können!« Auch das hatten sie bei Petronius gelesen, und noch mehr: Auf einem einzigen Grundstück des »Trimalchio« seien allein im Monat Juli drei-

ßig männliche und vierzig weibliche Sklaven geboren worden; 500000 Sack Weizen habe man gedroschen und in die Scheunen gebracht, 500 Ochsen wurden auf die Weide getrieben – zehn Millionen Sesterzen, die man im Augenblick nicht gewinnbringend anlegen konnte, seien in die Schatzkammer gelegt worden.
»Würde sich das alles ändern, wenn zwar der *eine* weg wäre, dafür aber ein anderer käme, gewiß, ein freundlicher Mann, nicht blutrünstig, aber auch er ohne Pflichtgefühl, verspielt, lüstern, ein Vergnügungsjäger, während Rom vor die Hunde geht –?«
Damit kamen sie zum harten Kern ihrer Forderungen: Ackergesetze im Geiste der Brüder Tiberius und Caius Sempronius Gracchus, ungefähr hundertzwanzig Jahre vor meiner Geburt – also eine gerechtere Verteilung des Bodens, viele kleine Bauerngüter statt der Latifundien, schärfere Besteuerung der großen Vermögen, strenge Aufsicht über die Händler, Steuerpächter und Bankiers durch den Princeps in seiner Eigenschaft als Volkstribun.
Sallusts Wort vom »Wüten und Toben der Nobilität«, denen nur ein Caesar Einhalt gebieten könne, kam mir in den Sinn. Aber laut sagte ich: »Tiberius Sempronius Gracchus wurde erschlagen, sein jüngerer Bruder Caius ließ sich auf der Flucht von Sklaven töten, die Reformen wurden alle rückgängig gemacht.«
»Weil es damals noch keine prätorischen Kohorten gab«, antwortete Gavius Silvanus. »Heute stünden sie hinter dem, der in moderner Form das Werk der Gracchen wieder aufnimmt.«
Jahrelang hatte ich selber über dies alles nachgedacht. So brauchte ich jetzt nicht zu zögern, ehe ich sagte: »Ich bin bereit.«
Es war, als hätte ich eine magische Formel ausgesprochen. Die Stimmung schlug jäh um. Nicht mehr strenge Soldaten, die genaue Antworten heischten, waren bei mir, sondern Freunde, Vertraute. Wieso – warum –?
»Das sind die gleichen Worte, die du zu Tiberius Caesar sagtest, als er dir in deinem Hause an der Via Appia eine entscheidende Frage stellte. Subrius Flavus, damals achtzehn Jahre alt, war dabei. Von ihm wissen wir es – von ihm wissen wir noch viel mehr über dich –«
Der Tribun und der Centurio – ihre Stimmen vermischten sich, sie wurden zu einer einzigen, wie in einem Sprechchor –

Eine Pause der Erschöpfung trat ein, dann, in leichterem Tone, fragte ich, wie es gekommen sei, daß sie eine Übereinstimmung zwischen unsern Gedanken vermuten konnten ... da ich doch auch, obgleich ich Nero Caesar viel zurückgegeben habe, nicht gerade arm sei –?

»Weil wir deine wichtigsten Schriften kennen – die veröffentlichten und manche andere ... An deinen Bruder Gallio hast du einmal geschrieben: ›Willst Du den Unterschied wissen zwischen einem Weisen, der reich ist und einem reichen Emporkömmling? Der Weise besitzt seinen Reichtum, der Emporkömmling wird von ihm besessen.‹ Wir wissen auch von deiner Freigebigkeit und daß du weise planst, wem du helfen willst. Wir wissen, daß es dir ernst war, als du an Gallio schriebst: ›Was immer ich tue, selbst wenn nur ich Zeuge davon bin, ich will handeln, als geschähe es unter den Augen des ganzen römischen Volkes.‹«

Eine Überlegung kehrte wieder, die ich auf dem Hausboot angestellt hatte: Wie kann man die unmöglichen Besitzverhältnisse ändern, ohne Gewalt anzuwenden, und was sagt der stoische Philosoph in mir zu solch unphilosophischen Mitteln?

Meine Gäste schienen meine Gedanken zu erraten.

»Stets hast du als Philosoph gedacht, aber als Staatsmann gehandelt, wenn das Wohl des römischen Volkes es verlangte. So war es doch in Syrien, in Britannien, in Germanien –«

Worauf der Centurio dieses Gespräch beendete:

»Nur ein Philosoph, der an die Menschlichkeit glaubt, kann in deren Namen mit der nötigen Härte vorgehen. Das nennt man nicht Grausamkeit, so wie man einen Arzt nicht einen Folterknecht heißt, wenn er, um das Leben seines Patienten zu retten, erkrankte Glieder amputieren muß.«

Schließlich wurde noch ausgemacht: Ohne erst nach Rom zu gehen, solle ich von Campanien aus mein Landgut an der Via Appia aufsuchen und dort das Weitere abwarten. Subrius Flavus oder Gavius Silvanus, Sulpicius Asper oder doch einer der Tribunen oder Centurionen, die ich persönlich kenne, würden mir selber die Botschaft vom Gelingen bringen.

»Wenn du einen oder mehrere von uns siehst, die von der Via Appia

aus auf dein Haus zukommen, dann weißt du: Es ist gelungen. Gehe uns mit Pompeia Paulina und Alexis entgegen, und wir werden dich grüßen, wie es Brauch ist.«
Das sagte Gavius Silvanus, als er mit Sulpicius Asper in den Reisewagen stieg.
Erst gegen Abend erbrach ich die Siegel von Claudius Senecios Schreiben. Es enthielt zwei Botschaften, die eine, daß ich recht daran getan habe, Antonius Natalis nicht zu trauen ... »Ich hoffe nur, daß Du nicht schon zuviel geredet hast«, fügte er hinzu.
Die andere Botschaft ließ Alexis und mich erschauern, ohne daß wir genau wußten, warum:
»Ich liebe Dich mehr als ich irgendeinen der vielen, die mich geliebt haben, je liebte. Ich verehre Dich mehr, als ich Sokrates, Platon, Cato, Vergil, Divus Julius oder sonst einen Philosophen, Dichter, Staatslenker je verehrt habe. So bitte ich Dich im Namen aller Götter, die es geben mag, im Namen von allem, was unter Freunden und Liebenden heilig ist, daß Du nie an mir zweifeln mögest, was immer Du auch über mich hören könntest. Keine goldenen Berge, keine Ehrenstellung, die man mir anböte, aber auch keine Folter, könnten mich zum Verräter machen. Weißt Du, was ich in einem solchen Falle täte? Ich würde die nächsten Vertrauten und Helfershelfer jenes Mannes als Verschworene nennen, damit er sich selber vernichte, indem er sie vernichtet. Das ist ein Mittel, das man schon zur Zeit griechischer Stadt-Tyrannen mit Erfolg angewandt hat. Doch glaube ich nicht, daß es dazu kommen werde. Ich glaube fest an den Erfolg. Lebe wohl und grüße Alexis, den ich liebe wie einen Bruder. Dein Jünger Claudius Senecio.«
Ich habe die Niederlassung des Bankhauses Titus Pomponius Atticus in Panormus angewiesen, die Summe von dreihunderttausend Sesterzen für Dich bereitzuhalten. Lasse sie Dir sofort auszahlen, da meine Konten jetzt jeden Tag gesperrt werden könnten. Meiner Bitte zufolge begibst Du Dich ja spätestens an den Iden des April nach Akragas in den Tempel der Ceres-Demeter. Sorge dafür, daß die umfangreichen Schriftstücke, die mein Bote Dir gebracht hat, sicher verwahrt werden, und übergib, als meine Spende, den Priestern die Hälfte der Summe. Die hunderttausend Sesterzen, die ich

dem Tempel zur Zeit Caligulas schenkte, sind längst aufgebraucht. Der oberste Priester ist, wie ich Dir schrieb, mein persönlicher Freund. Ihn erinnere daran, daß das Gelöbnis von damals immer noch gilt: Er selber und die anderen Priester möchten sich in ihren Gebeten meiner Bestrebungen annehmen, und jedes Jahr während der Cerealien, vor allem an deren letztem Tage, dem Hochfeste der Göttin, besondere Opfer für mich darbringen. Das übrige Geld soll Deinem Lebensunterhalt dienen, für den Fall, daß Du längere Zeit von der Außenwelt abgeschnitten wärest. Bleibe auf jeden Fall im Tempel. Kein Tyrann hat diese Schutzstätte jemals zu verletzen gewagt, nicht einmal jener Phalaris von Akragas, der sich am »Dufte« von Menschenfleisch labte. So bin ich sicher, daß Ceres-Demeter Dich vor jedem Zugriff eines modernen Phalaris bewahren wird. Erst wenn Du Günstiges von mir hörst, verlasse das Heiligtum.
Aber, so wirst Du mich fragen, glaube ich denn an eine solche Göttin? Bestimmt an das wunderbare Sinnbild, das wir in ihrem Namen verehren. Den Ackerbau, so sagt man, habe sie uns gelehrt, sie freut sich an den goldenen Ähren, die sich im Sommerwind wiegen, und an den blauen Kornblumen. Das Vieh auf der Weide steht unter ihrem Schutz. So wirkt durch sie die lebenschöpfende Kraft Gottes, und ein Ort, wo die Menschen seit Jahrhunderten im Gebet vereinigt sind, ist eine heilige Stätte.
Gilt das nicht auch für Delphi, wo ich über dem Parnaß die vierzehn Adler kreisen sah, die Boten des Vaters – damals, als ich zum Tempel des Apollo ging, um einen Spruch zu empfangen, den ich lange nicht deuten konnte? Erst jetzt sehe ich klarer, und so scheue ich mich nicht mehr, ihn aufzuzeichnen:
»Am Feste der Demeter wird dein Name unsterblich werden.«

Sage demnach vor dem Altare der Göttin: »Wolle sie die Gebete ihrer Priester und meine eigenen erhören, würde ich meine ganze Kraft weihen einem heiligen Reiche des Rechts, des Friedens und der Freiheit, nicht nur für die Bürger Roms, sondern für die Völker des Erdkreises.«

36. Kapitel

»Friede herrschte auf dem Erdkreis, überall schwiegen die Waffen, keine ebenbürtige Macht bedrohte mehr unsere Grenzen, als ich zur Welt kam, im 748. Jahre nach Gründung der Stadt.«

Das schrieb ich zu Beginn dieses Lebensberichtes. Heute, in meinem siebzigsten Jahre, könnte ich es wiederholen. Nur das Wort »wiederum« sollte ich einsetzen vor »schwiegen die Waffen«. Denn auch der armenisch-syrische Krieg, den Cnaeus Domitius Corbulo jahrelang führte, ist nun beendet. Noch steht uns der Aufstand in Judaea bevor, aber eine »ebenbürtige Macht« sind die Hebräer nicht, ebensowenig wie die Briten es waren, wenngleich ihr Aufstand große Blutopfer forderte.

Erhalten geblieben ist auch das Principat – eine gute und notwendige Einrichtung für unser großes Reich, vorausgesetzt, daß Männer wie Divus Augustus und Tiberius Caesar an der Spitze des Gemeinwesens stehen. Und hier endet bereits die Parallele zwischen 748 und 818! Daß Actium nicht, wie man damals annahm, die letzte Schlacht der Weltgeschichte war, das wissen wir jetzt. Viele Schlachten werden noch kommen, denn die Weltgeschichte ist nicht der Schauplatz des Glücks. Zeiten der Ruhe, des Blühens, der Zufriedenheit sind Zwischenakte, die das große und furchtbare Spiel immer nur kurz unterbrechen.

Auch daß es nie eine Wiederkehr von Willkür und Tyrannei geben könne, daß dergleichen ebenso undenkbar sei wie ein neuer großer Krieg, hat sich als trügerische Hoffnung erwiesen. Was man damals für überwundene Zeitalter hielt, das ist längst wieder Gegenwart und mitten unter uns.

War also das Bemühen so vieler weiser Männer umsonst, haben Vergil und Horaz vergeblich gelebt und gedichtet, war die griechische Philosophie, die wir empfangen haben, eine Chimaere – ist Sokrates nicht aus seinem Kerker durch den Schierlingsbecher in den Himmel versetzt worden, ist sein Geist zusammen mit seinem giftzerstörten Körper verrottet und vernichtet? Und wie steht es um die neue Heilsverkündung des Paulus aus Tarsos? Wird etwa diese imstande sein, des Menschen Trachten, das böse zu sein scheint von Anbeginn, umzugestalten? Wozu – wohin umgestalten? Zum Guten. Aber was ist »das Gute«? Eine Frage, so bar jeder Möglichkeit, beantwortet zu werden, wie jene andere des Prokurators Pontius Pilatus: »Was ist Wahrheit?«

Schon hatten wir die Tagundnachtgleiche, die Sternbilder des Frühlings und des Sommers steigen herauf, roter und weißer Oleander ist erblüht, und viele Hyazinthen, die die Natur selber pflanzte, füllen meine Beete. *A* – *I* – ein Laut der Klage, wie Ovid meinte, dann *A*ugustus *I*mperator oder das ewige Denkmal zweier Liebender: *A*pollo – *I*akinthos, getrennt durch Schuld – »wenn Schuld man nennen kann, daß einer geliebt hat«!

Warum muß ich jetzt daran denken – da doch ganz andere Dinge mich beschäftigen sollten, mehr und mehr mit jedem Vorrücken der Sonne, bis zu den Iden des April und meiner Reise nach Norden, zu meinem Landhaus an der Via Appia?

Vielleicht weil ich täglich diese Blumen vor Augen habe und ihren Duft atme – Botschaft der Liebe zwischen der Gottheit und dem menschlichen Geschlecht, in einer Welt des Grauens. Erreichen mich doch täglich Nachrichten unsäglicher Urteile, von Morden, die wir bestrafen würden, wären sie von einzelnen begangen, doch die wir zu loben angehalten werden, weil sie von höchster Stelle angeordnet und sanktioniert sind!

Ich habe seit meinem letzten langen Schreiben an Lucilius manche meiner frühen Schriften zur Hand genommen, darunter *De Tranquillitate Animi,* die ich unmittelbar nach meiner Rückkehr aus Corsica verfaßte und meinem lieben Annaeus Serenus widmete. Er war damals nicht älter als Claudius Senecio heute. Viel vom Text ließ ich stehen, aber manches habe ich doch verbessert und ergänzt –

gemäß den Erfahrungen der letzten Jahre. Da gibt es ein Kapitel über den Mord, den Caligula am stoischen Philosophen Julius Canus beging, einem großen Mann, den wir bewundern dürfen, obgleich er unserm Jahrhundert angehört. Als der Tyrann ihm den Henker ankündigte, antwortete Canus: »Ich danke dir, bester aller Fürsten!« Nicht etwa, um Caligula durch eine Schmeichelei umzustimmen – weiß man doch, daß Tyrannen in solchen Dingen zu ihrem Worte stehen.

»Warum seid ihr traurig, meine Freunde?« sagte er. »Ihr fragt euch, ob die Seele unsterblich sei – aber ich werde es bald wissen.« Als er sich dem kleinen Hügel näherte, worauf dem Tyrannen täglich blutige Opfer gebracht wurden, fragten die Freunde, woran er jetzt denke. Canus erwiderte: »Ich überlegte, daß ich genau beobachten wolle, ob mein Geist sich des Augenblicks bewußt sein werde, da er den Leib verläßt.« Wenn er etwas darüber ermittle, wolle er es den Lebenden mitteilen.

Welch großer Weise, der seine eigene und die Trauer seiner Freunde zu überwinden verstand!

An diesem Bericht war nicht viel zu ändern. Doch die nächsten Absätze habe ich klarer herausgearbeitet: Was nütze es, in Einzelfällen Schmerz und Leid zu überwinden, wenn einen manchmal tiefer Abscheu, ja Haß gegen das ganze menschliche Geschlecht erfasse? *Odium Generis Humani* – unter der Anklage, sich solchem Hasse hinzugeben, hat doch unser wiedererstandener Caligula (wie oft denke ich jetzt an meinen Warntraum in der Nacht nach dem Beginn des »glückhaftesten Jahrhunderts«!) die *Christiani* als lebende Fackeln in seinen Gärten aufgestellt oder durch wilde Tiere zerreißen lassen.

Unverständlich wäre ein solcher Haß nicht – nicht bloß unter den Christiani. Dann nämlich, wenn man bedenkt: Schlichtheit gilt heute als bäuerisch-plump, Unschuld und Treue gibt es nur noch, wo sie Gewinn einbringen; die Kriminalität steigt stetig an, wobei erfolgreich durchgeführte Verbrechen verherrlicht werden. Da taucht unser Geist in tiefe Nacht und Verzweiflung, und Haß gegen eine Gesellschaft, die dergleichen duldet, erfaßt unser Gemüt.

Gibt es gegen einen solchen allgemeinen Verfall noch Heilmittel?

Muß ich nicht notwendigerweise alle, die mir vertrauen, die vom Philosophen in mir ihre Rettung erwarten, enttäuschen?
Ja, *ein* Mittel mag es geben, des Menschenhasses, der Menschenverachtung Herr zu werden. Ich habe es bereits im ersten Entwurf von *De Tranquillitate Animi* genannt – jetzt will ich es aufgreifen. Es besteht darin, Demokritos zu folgen, dem »lachenden Philosophen«, der zwanzig Jahre nach der Schlacht von Salamis geboren wurde, und nicht seinem älteren Landsmann Heraklitus, dem »weinenden Philosophen«! Verdanke ich doch bereits den Begriff von der »Seelenruhe« – »*Euthymia*« nannte er sie in seiner Sprache – dem guten Demokritos! Ich spreche dabei nicht von seiner Atomlehre, die mir dem Stofflichen zu große Bedeutung zuzumessen scheint, wohl aber von seinem umfassenden Weltbild. Gelang es ihm doch, im Rahmen des kosmischen Geschehens dem Tun und Treiben der Menschlein eine humorvolle Seite abzugewinnen – er lachte, wenn er ihr eitles Streben sah, wie sie sich um vergängliche Güter herumbalgen.
Anders Heraklit, gewiß ein Mann von schöpferischem Genius, aber erfüllt von tiefem Pessimismus. Der Krieg sei der Vater aller Dinge, meinte er. Der *Dinge* vielleicht, aber doch nicht des Geistes. Das menschliche Geschehen, das dem Demokritos oft nur als Tragikomödie erschien, erfüllte ihn mit tiefer Trauer – er weinte, wenn er unter Menschen ging, während Demokritos lachte!
Ich halte dieses Lachen nicht für den Ausdruck der Verachtung für menschliches Tun, sondern viel eher als Ausdruck der Hoffnung! Weinen zeigt Verzweiflung – und dazu ein gehöriges Maß von Selbstgerechtigkeit, Lachen, daß man eine Besserung der Zustände für möglich hält.
Wenn es nur einzelne wären, über die man sich empören oder wenigstens ärgern muß! Ein Befehlshaber mag seinen Zorn an einem seiner Soldaten auslassen, aber was tut er, wenn das ganze Heer desertiert? Es ist also die große Masse der Übeltäter – so paradox es klingen mag! –, die den Weisen vom *Odium Generis Humani* abhält. Heraklit, wenn er sein Haus verließ, glaubte um sich nichts zu sehen als Sünder. Über diese weinte er, entdeckte er aber freudig gestimmte und gute Menschen, dann schüttelte ihn das Mitleid.

Ein Schwächling, der selber des Mitleids bedürftig gewesen wäre! Warum nicht gleich über die Säuglinge weinen, weil auch sie einmal sündigen werden, wenn einen die »Sünden« der Jungen und der Alten bis zu Tränen erschüttern.
Und der Philosoph selber – hat er nie gesündigt? Heraklit und seine Nachfolger – zu diesen rechne ich schon heute den Altrömer-Knaben Cornelius Tacitus – halten sich wohl für die einzig Reinen? Wenn nicht, müßten sie auch weinen, wenn sie allein sind – über sich selber! Ich bin sicher, daß Demokritos, ohne darum »unmoralischer« zu sein, über seine Fehler nicht weniger lachte als über die seiner Mitmenschen.
Da denke ich an den Ausspruch des Centurio Sulpicius Asper: daß nur ein Philosoph, der an die Menschlichkeit glaubt – sie also weder verachtet noch an ihr verzweifelt –, in ihrem Namen mit der nötigen Härte vorgehen kann!
Ein weises Wort aus dem Munde eines aufrechten Soldaten, ich will es mir merken. Es ist auch der Gottheit würdiger, der wir unser Dasein verdanken, als Verzweiflung und Menschenhaß.
Denn wäre das ganze Menschengeschlecht hassenswert und die Schöpfung damit sinnlos, dann müßte man annehmen, daß das Weltall, wie ich Dir einmal schrieb, von »einem allmächtigen, lausbübischen Caligula« regiert werde. Das widerspricht der Vernunft, der Erfahrung, den täglichen Beobachtungen.
Nicht nur geliebt werden wir von der Gottheit, sondern geradezu verhätschelt und verwöhnt, als blieben wir unser Leben lang kleine Kinder. Denn sind nicht die Gaben zahllos, die unser Auge, unser Ohr, unsern Geist erfreuen? Da gibt es die Heilquellen von Aenaria und das heiße Wasser, das dort aus dem Meere sprudelt. Solche Quellen gibt es sogar im Norden, in Germanien, in Britannien!
Herrliche Fruchtbäume und Weingärten versorgen uns reichlich das ganze Jahr hindurch, Heilpflanzen, die niemand gesät hat, wachsen auf unsern Wiesen. Tiere zu Wasser und zu Land, andere, die aus den Lüften zu uns kommen, opfern sich auf, um uns zu ernähren. Und welchen Ursprung, wenn nicht aus den Händen der Gottheit, haben die Flüsse, die unsere Felder befeuchten, und jene, die unsere Lasten tragen? Selbst der Kanal neben der Via Appia, ob-

gleich Menschen ihn gruben, empfängt sein Wasser durch die Gnade des Schöpfers.
Die Opfer, die wir auf den Altären darbringen, können der Gottheit nichts geben, aber gleich unsern Gebeten erweisen sie unsere Gesinnung. Die Erfahrung von Jahrtausenden zeigt, daß es nicht stumme und taube Gewalten sind, an die sich die Menschen reinen Herzens wenden. Sinnlos, ja lästerlich aber wären Gebete, Gott möge jemandem, der unser persönlicher Feind ist, Schaden zufügen.
Für erlaubt, sogar für nötig halte ich Gebete und Opfer, gerichtet an Zeus Eleuthérios, den Spender und Hüter der Freiheit. Er möge uns befreien von der Schande der Tyrannis. Denn solche Gebete erweisen unsere Sehnsucht nach der Freiheit selber, Gottes kostbarstem Geschenk an die Menschheit.
Was das Tagesgeschehen anbelangt, mein Lucilius: Antonius Natalis hat sich noch einmal bei mir melden wollen. Ich ließ ihm durch Alexis bestellen, ich sei zu krank, um Besucher zu empfangen. Auch hätte ich ihm schon das letzte Mal alles gesagt, was zu sagen war. Ich frage mich nur: Was wollte er wirklich? Wieso ist es ihm möglich, die Fahrt zu mir zu wiederholen, ohne aufzufallen? Es hätte kaum der Warnung Claudius Senecios bedurft, um mich auf der Hut sein zu lassen.
Von Pompeia Paulina erhielt ich ein liebes Schreiben. Statius Annaeus habe sie in Nomentanum im Sabinerland aufgesucht, ihr alles Wissenswerte berichtet und sie dann auf unser appisches Gut gebracht. Dort habe er ihr geholfen, Haus und Park nach den langen Wintermonaten in Ordnung zu bringen. Einige Büsche seien entfernt worden, so daß man jetzt vom Hause aus genau sehen könne, wer die Pforte an der Via Appia durchschritte. Nun sei Statius Annaeus nach Rom gefahren, werde aber rechtzeitig an den Iden des April, wenn ich selber wieder da sei, zurückkehren.
»Das, mein Lucilius, mag für längere Zeit die letzte Botschaft sein, die Du von mir erhältst. Verwahre sie, wie alle früheren, im Ceres-Demeter-Tempel in Akragas. Wahrscheinlich werde ich Dir erst nach dem Hochfeste der Göttin wieder schreiben können, aber ich werde meine Aufzeichnungen fortsetzen. Eines Tages sollst Du

diesen Lebensbericht vollständig in Händen haben. Bis zum nächsten Schreiben, einem persönlichen oder amtlichen: Lebe wohl!«

Da nun die letzte Botschaft an Lucilius abgesandt ist, mein Alexis, gehört die Woche, die uns noch in Campanien bleibt, ganz mir. Verstehe mich recht: an ihn zu schreiben, war mir seit Jahren zur Pflicht geworden, zu einer selbstgewählten, nicht zu einer drükkenden – aber dennoch zu einer *Pflicht,* und die ist nun erfüllt.
Wenn ich unsere letzten Aufzeichnungen nachlese, sehe ich, daß meine Bemerkungen über den Menschenhaß *so* nicht stehenbleiben können. Es ist mir nämlich nicht gelungen, ihn überzeugend zurückzuweisen. Besser ist, was ich vor fast zwei Jahren einmal an Lucilius schrieb: über die dem Menschenhaß entgegengesetzten Tugenden der Treue und der Menschen*liebe.*
»Diese«, so sagte ich, »verbietet Stolz und Dünkel gegenüber unsern Mitmenschen und verbietet auch den Geiz. Die Menschenliebe zeigt sich in Worten, Taten und Gefühlen, der Allgemeinheit verpflichtet und dienstbar. Kein Unglück eines anderen ist ihr fremd. Gutes, das einem widerfährt, schätzt sie hauptsächlich deswegen, weil es auch einem anderen frommen könnte.«
Ob der Tarsite diesen Brief kannte? Wohl kaum. Aber was er über die Liebe in seinem Schreiben an die Korinther, das ich aus den Akten kenne, sagt, ist meinen Gedanken nicht unähnlich. Der Nachwelt werden diese beiden Briefe, sollten sie erhalten bleiben, manches Rätsel aufgeben.
Und die Treue! Was Claudius Senecio hierüber schrieb, in seiner spröden Jungenhaftigkeit, die Gefühle lieber verbirgt als preisgibt, entspricht durchaus den Gedanken meines damaligen Briefes an Lucilius. Die Treue, sagte ich darin, sei der Menschen kostbarstes Gut – eine göttliche Tugend, denn auch die Götter sind treu. Keine Gewalt kann einen treuen Menschen zur Lüge zwingen, kein Gold ihn bestechen:
»›Bedrohe mich mit Feuer!‹ ruft der Treue. ›Töte mich mit dem Schwerte! Ich verrate nichts. Je mehr der Schmerz an meinem Geheimnis rüttelt, um so tiefer berge ich es im Herzen.‹«
Das ist der einzige »Zwang«, den die Gottheit den Menschen aufer-

legt: Den Zwang zur Freiheit, und, um diese zu bewahren, den Zwang zur Treue und damit zum Schutze der menschlichen Würde. In allem anderen gibt es kein »Müssen«. Nichts erleide ich gegen meinen Willen, ich bin nicht Gottes Sklave, sondern sein Verbündeter, und dies um so mehr, als ich weiß, daß sich nach Seinem und meinem eigenen freien Willen alles vollzieht, gemäß einem Gesetze, das feststeht für alle Ewigkeit.
Mein Alexis – der Du dies niedergeschrieben hast –, vielleicht bist Du noch zu jung, um es in seiner vollen Bedeutung zu erfassen. Solltest Du einmal mein Leben darstellen wollen, dann nimm diese Betrachtungen als Leitstern für alles, was sich in diesem Monat, der eben begonnen hat, abspielen soll.

Es war ein herrlicher Frühling, und ich bin den Unsterblichen dafür dankbar. Die Schwalben, die ich bangen Herzens nach Süden ziehen sah, die Störche und Kraniche sind nach Italien zurückgekehrt. So wollen auch wir nicht länger verweilen.
Die letzten Nachrichten sind ermutigend: Vindex hat Sulpicius Galba wissen lassen, er werde jeden seiner Entschlüsse unterstützen. Ich brauche mich also nicht persönlich mit ihm in Verbindung zu setzen.
Wie mir mein Bruder Mela mitteilt, habe ihm Alienus Caecina, der schöne junge Quästor unserer Heimatprovinz Baetica, wiederholt versichert, daß ich mich auf Galba unbedingt verlassen könne. Der dicke Proconsul Aulus Vitellius mit seinem kupferroten Trinkergesicht möchte gerne Legat von Untergermanien werden. Das hat er mich wissen lassen. Ich hätte nichts dagegen, wenn er den germanischen Nebel der afrikanischen Sonne vorzieht! Eine fast tragische Erscheinung – er war doch damals auf Capri ein hübscher Junge, wenn auch immer schon zu gefräßig.
Von Corbulo kann man keine politischen Entscheidungen erwarten. Weder jetzt noch danach, davon bin ich überzeugt. Nie wird er ein Verschwörer, nie ein Rebell sein. Als treuer Soldat wird er jedem dienen, der in Rom die Macht hat. Sollte der Herrscher, gleich welcher, ihm sagen: »Stürze dich in dein Schwert!«, würde er keinen Augenblick zögern, diesen Befehl zu erfüllen.

Ob es nur der Frühling ist, der mich die Abreise verzögern ließ? Die Iden des April sind gekommen, und statt, wie geplant, an diesem Tage in meinem appischen Landhaus einzutreffen, rüste ich mich erst jetzt zur Abfahrt. Alexis hat die Beladung der Reisewagen überwacht, der kleine Amyntas ging ihm dabei zur Hand. Auch unsere Sklaven, die längst unsere Hausgenossen sind, scheinen mir traurig zu sein. Lieber blieben sie in Campanien, als unter die Dunstglocke der Hauptstadt zurückzukehren.
Noch blühen im Garten die dunklen Hyazinthen und erfüllen die silbrige Frühlingsluft mit ihrem schwermütigen Duft. Das Haus ist abgesperrt, Alexis bittet mich, im Reisewagen Platz zu nehmen.
Wenn ich mich umblicke, werde ich noch lange das großgriechische Inselmeer sehen, Aenaria und ferne, immer ferner, wie ein weitgespanntes, dreieckiges Segel, mein geliebtes Capri.
Ein neuer Abschied – ist nicht mein ganzes Leben eine Kette von Abschieden? Von Hispanien, von Rom, ja auch von Corsica und von so vielen, die mir nahestanden und die ich liebte. Wohin führt mich das Schicksal, während meine Insel in den Sonnennebeln dieses Frühlingstages versinkt? Habe ich nicht vor kurzem geschrieben, daß ich nichts erleide gegen meinen Willen? So beginnt mit jedem Abschied eine neue Strecke Wegs, hin zu dem Ziele, das, gemäß meinen eigenen Worten, »feststeht für alle Ewigkeit«.

37. Kapitel

Es war eine schöne Fahrt. Der grünende, junge Wein zu beiden Seiten erst der Via Domitiana, dann der Appia, die campanischen und latinischen Hügel in ihrem frühlingshaften Erwachen, klare Bäche, die zu Tale stürzen, und wie zum Geleite ganze Schwärme heimkehrender Zugvögel.

Wenn wir ruhen oder übernachten wollten, stiegen wir in den Regierungsraststätten ab. Mögen die Aufpasser darüber nach Rom berichten! »Im Scheine einer Lampe ist es am dunkelsten«, lautet ein altes Sprichwort.

Auf der Via Appia war wenig Verkehr. Der neue Hafen von Ostia, zu dessen Bau ich bald nach meiner Rückkehr aus Corsica Claudius Caesar riet, stellt eben doch eine gewaltige Entlastung dar. Von unserer Villa bei Misenum hatten wir die Ankunft der ersten Getreideflotte dieses Jahres in Puteoli beobachtet. Nach kurzem Aufenthalt konnte sie nach Ostia weitersegeln. Früher hätte man die Fracht auf Hunderte von Wagen umladen müssen, die tagelang die Appia verstopft hätten.

Nur die Bauernwagen mit frischem Gemüse, Holzkohle, den ersten Früchten, mit Fleisch und was das Volk eben braucht, die lassen sich nicht umleiten! Daneben aber nur wenige zwei- und vierrädrige Reisegefährte, denn schon vor Tagen scheint alles, was Geld und Ansehen hat oder Geschäfte machen will, nach Rom geeilt zu sein. Beginnt doch der eigentliche Frühling mit den Cerealien, deren letztem Tag wir uns nähern, und mit den Circensischen Spielen. Da können die Damen ihre neuen Gewänder zur Schau tragen, Senatoren und Ritter können ihre Ergebenheit, Klienten den Reichen ihre Unterwürfigkeit erweisen. Für das gemeine Volk gibt es Brot, Wein und Lustbarkeiten, die Taschendiebe kommen auf ihre Rechnung, und die frisch aus den Provinzen eingeführten Mädchen und Knaben erfreuen sich erster Erfahrungen und erster Verdienste.

Statius Annaeus hatte uns an den Iden des April erwartet. Nun sei er, wie wir in seinem Hause erfuhren, zu Pompeia Paulina gereist. Aber für unsere Übernachtung war Vorsorge getroffen. Zeitig am nächsten Morgen fuhren wir dann nach meinem appischen Landgut. Freude des Wiedersehens nach diesen langen Monaten – fast ein Erstaunen, daß es dazu gekommen ist!

Zwei Tage vor dem Ende der Cerealien. Das Fest geht seinem Höhepunkt zu. Bis zu uns dringt, wie das Grollen eines fernen Gewitters, das dumpfe Getöse der feiernden Massen. Zahllose Sklaven sind jetzt damit beschäftigt, den Zirkus auszuschmücken – für die Spiele und Wagenrennen und für den Einzug Nero Caesars, dessen goldener Sessel zu Füßen des Standbildes der Agrippina Augusta stehen wird.

Am Morgen nach meiner Rückkehr erschien Gavius Silvanus bei mir, aber in der Toga und schon von Ferne, gleich an der Pforte, die zur Appia führt, abwinkend: Damit ich sein Kommen nicht, wie verabredet, für das Zeichen halte, daß das Geplante vollendet sei.

Er kam, um zu berichten: Jene Persönlichkeit scheine einen Verdacht geschöpft zu haben, den man aber leicht zerstreuen könne. Antonius Natalis habe nämlich einen Ausspruch von mir wiedergegeben, der gelautet haben solle:

»Gerade deshalb, weil das Schicksal meines Lebens mit dem des Calpurnius Piso zusammenhängt, ist es für uns beide rätlich, Unterhandlungen und Zusammenkünfte zu vermeiden.«

Gesagt hatte ich: »Deines Freundes Calpurnius Piso.« Warum hat Natalis diese Worte ausgelassen?

»Gib die folgende, sehr einfache Erklärung weiter«, sagte ich. »Das Schicksal von uns allen wird doch durch unsern Princeps bestimmt. Niemand ist gehindert, einem anderen zu begegnen. Warum also Heimlichkeiten, auch wenn sie noch so unschuldig sind? So etwas lehne ich grundsätzlich ab.«

Ich fügte hinzu: »Außerdem war mir der junge Mann lästig. Ohne Anmeldung kam er zu mir, als ich krank war. Ein zweites Mal habe ich ihn gar nicht erst empfangen.«
Worauf Gavius Silvanus verständnisvoll nickte: Das sei eine treffliche Auskunft, um einige gefährliche Besorgnisse, die an »gewisser Stelle« aufgetaucht seien, zu beseitigen. Im übrigen ginge alles seinen vorgesehenen Gang. Bei seinem nächsten Besuch werde er, wenn die Götter mit uns seien, nicht mehr in der Toga erscheinen!

Nun muß jede Stunde genützt werden. Es ist wieder Abend geworden, der letzte vor dem Hochfeste Ceres-Demeters und der Circensischen Spiele. Alexis hat aufgeschrieben, wie wir den Tag verbracht haben: Aufstehen um vier Uhr morgens. Gestärkt durch die Monate in Campanien, konnte ich mich wieder dem »Wettkampf« mit Amyntas stellen. Wir liefen, wir übten mit der Wurfscheibe, ich versuchte mich sogar im Ringen. Sein Lob freute mich, als hätte ich den olympischen Zweig gewonnen!
Anschließend habe ich ein kühles Bad genommen, trotz des Einspruchs Pompeia Paulinas, die mich vor einem jener tückischen römischen Schnupfen warnte. Dann war es fünf Uhr, die Sonne sandte ihre ersten Strahlen über die Albanerberge. Auf der Via Appia, so dicht vor meinem Hause, regte sich das Leben: Karren, das Trapptrapp der Maultiere, Menschen vieler Völkerschaften, vielleicht auch die letzten Nachzügler zum morgigen Ceres-Demeter-Fest.
Im hinteren Teile des Hauses, nicht in unserm »kleinen Triclinium«, wie ich es nenne, frühstückten wir. Da hört man weniger von der Via Appia und sieht mehr von den Albanerbergen – das Triclinium ist zu nahe an der Straße. Einige meiner Lieblingssklaven lud ich ein, mit uns Platz zu nehmen. Dabei fiel mir ein, daß Agrippina Augusta, als ich ihr ein menschlicheres Verhalten empfahl, etwas naiv gefragt hat: »Soll ich denn alle meine Sklaven an meine Tafel holen?«, und ich antwortete: »Genausowenig, wie alle Freien!«
Auch meinem lieben Lucilius, als er in der Philosophie noch ein Anfänger war, mußte ich manchmal einige Lehren erteilen. Nicht auf dem Forum oder in der Kurie und unter der adeligen Jugend solle er nach dem Freunde Ausschau halten, den er sich ersehnt.

Vielleicht könne er diesen in seinem eigenen Hause finden, unter denen, die man »Sklaven« nennt! ... »Ein Tor«, schrieb ich ihm, »wer beim Pferdekauf das Pferd selbst nicht besichtigt, sondern nur Pferdedecke und Saumzeug. Ein besonders großer Tor aber, wer den Menschen nach seiner Kleidung oder seiner äußeren Beschäftigung beurteilt, die ihm wie ein Kleid umgelegt ist.«
Diesen kleinen Rückblick habe ich selber geschrieben – so durfte ich, ohne Alexis verlegen zu machen, hinzufügen: Nie hätte ich ihn gefunden, hätten wir uns nicht, als er noch »Sklave« war im Hause des Stadtpräfekten Pedanius Secundus, durch Blicke verständigt. Ohne daß es der Worte bedurft hätte, wußten wir: Der Gott selber, wie Platon es ausdrückt, hat uns zusammengeführt.
Wenn ich also, an diesem Vortag des Hochfestes der Göttin, mein Leben und Werk noch einmal überdachte, was ist es, wovon ich meinen dürfte, es werde mich überdauern – worauf darf ich stolz sein? Ich meine darauf, daß ich mit Hilfe Agrippina Augustas die ersten Schutzgesetze für Sklaven durchsetzen konnte. Noch nirgends in der uns bekannten Welt gibt es ähnliche. Es ist nur ein bescheidener Anfang, aber der zündende Funke ist aus dem harten Stein geschlagen worden. Das Feuer wird weiterbrennen, bis *alle* frei sind.

Nach dem Frühstück habe ich mich etwas hingelegt. Ich brauche wenig Schlaf, es genügt mir, nicht mehr müde zu sein. Während dieser Rast befinde ich mich in einem Zustand zwischen Schlaf und Wachen. Ich sehe Bilder, die nicht Träume sind, ich bin außerhalb des Raumes und bleibe mir dessen dennoch bewußt.
Diesmal hat mich der Begriff der *Zeit* beschäftigt. Begann diese mit dem Entstehen der Welt, oder gab es sie schon vorher? Wird sie aufhören, wenn der Kosmos zum Nichts zurückkehrt, oder wird sie nur schlummern während der großen Weltennacht, von der ich in indischen Schriften manches gelesen habe? Und wird sie wieder »erwachen«, sobald der schöpferische Traum der Gottheit neue Gestalt annimmt, sichtbar einem menschlichen Auge, wenn es eine wiedergeborene Menschheit geben sollte?
Die Zeit, das ist mir jetzt klar geworden, steht ebensowenig still wie die Himmelskörper, und wie diese ist sie ein Gottesgeschenk. Ein

jeder erhält von ihr zugeteilt, soviel er eben braucht. Manche verschwenden und verprassen sie, andere vergraben sie wie einen Schatz. Wenn sie fünfzig oder sechzig Jahre alt seien, dann wollen sie ihn hervorholen, aber vielleicht gehört ihnen nicht einmal die nächste Stunde.

Wiederum andere wuchern mit der Zeit. Alexander hat in den kurzen dreiunddreißig Jahren, die ihm geschenkt waren, ein Weltreich geschaffen. Es lebt weiter, trotz dessen politischen Zerfalls, ja stetig dehnt es sich weiter aus. Reisende berichten, daß der Geist von Hellas, den er zum Indus trug, nunmehr die wahren Grenzen der Natur erreicht habe. In den Zügen Buddhas, in den Tempeln von Sinae, dem Seidenland, erkenne man deutlich die griechischen Götter und Helden.

»Umarme alle Stunden!« Dieser Satz aus einem meiner frühen Briefe an Lucilius stand deutlich vor mir, als ich die Ruhepause beendete. Ich fürchtete, daß er den Sinn nicht gleich begreifen würde, so fügte ich hinzu: »Nur der erkennt den Wert der Zeit und weiß den Tag zu schätzen, der sich bewußt bleibt, daß wir täglich sterben.«

Alexis hat mir auf meine Bitte die Rollen und Schreibtafeln gebracht, die Aufzeichnungen meines Lebensberichtes, den ich im Spätsommer des vergangenen Jahres begann. Immer unterbrochen von den Geschehnissen des Heute! Die nächsten Stunden habe ich nun damit verbracht, den Text zu verbessern, zu ergänzen, Wiederholungen zu streichen. Von morgen an werde ich bestimmt nicht mehr zu dieser Arbeit kommen.

Es scheint mir, als schlösse sich ein großer Ring. Denn die Betrachtungen des heutigen Tages reihen sich den allerersten in diesem Buche an. Ich sage das in Dankbarkeit gegenüber dem, der mir die »Zeit« schenkte. Schrieb ich doch damals an Lucilius, daß es sich jetzt mehr um einen Lebensbericht handeln solle, als um den Gedanken des Todes, der so viele meiner früheren Briefe fülle.

Aber auch jetzt könnte ich diesen Gedanken nicht ausschließen, »denn wer weiß, ob mich der Tod nicht abberuft, während ich schreibe«.

Das kann immer noch geschehen. Nur die Zeit, die ich gelebt habe, gehört mir. Niemand kann sie mir rauben, eine unendlich wichtige Zeit. Sokrates erhielt in seinem Kerker dreißig Tage zugeteilt, mir gab die Gottheit in Freiheit viele Monate. Sie haben mir alle Lebensjahre, die davor lagen, neu geschenkt.

An die Schutzgesetze für die alten und kranken Sklaven dachte ich in den Morgenstunden. Doch ich weiß: Es gibt auch vieles, dessen ich mich schämen muß ...

Auf der hellen Seite meines Erdenlebens dürften einige meiner literarischen Werke liegen. Von den Theaterstücken möchte ich mein letztes, *Octavia,* erhalten sehen. Sollten meine *Briefe an Lucilius,* mein Fürstenspiegel *De Clementia* und einige andere Werke, etwa *De Ira, De Beneficiis, De Tranquillitate Animi, De Otio,* um nur ein paar dieser Art zu nennen, und vielleicht meine *Trostschriften an Mutter Helvia* und *an Marcia*, ja auch jene *an Polybius* die Zeiten überdauern, würde dies meinen Geist erfreuen, in welchem Reiche er dann auch sein mag.

Daß die ersten fünf, eigentlich sogar die ersten sieben oder acht Jahre der Regierung Nero Caesars, als Burrus und ich die Geschicke des Erdkreises lenkten, unvergeßlich sein werden, das ist gewiß. Wenn es auch damals schon viel Böses gab, die Völker des Reiches wurden davon nicht betroffen. Das Bild, das mein Freund Fabius Rusticus entwürfe, dem Alexis und Lucilius alle Unterlagen zugänglich machen sollen, wird ein anderes sein als jenes, das das Knäblein Cornelius Tacitus zum Verfasser hätte.

Gibt es überhaupt eine objektive Darstellung der Geschichte, so nämlich, wie die Ereignisse wirklich waren? Oder hängt alles von den Meinungen und Vorurteilen der Historiker ab? Nie darf die Philosophie der Geschichte vergessen werden, denn diese ist Ausdruck von Gottes Weltregierung, als eine Entwicklung zur Freiheit, zum sittlich Guten und Notwendigen, das frei gewollt werden muß. Die Bewahrung der *Pax Augusta* bleibt die wichtigste Aufgabe aller römischen Staatskunst. Trotz all ihrer Schwächen ist es unsere Welt der Kultur und des Fortschritts, die das Erbe der Menschheit bewahren und seine Zukunft gewährleisten kann. In Jahrhunderten mögen dann die Randvölker so weit entwickelt sein, daß sie in diese Welt hineinwachsen können, ohne sie zu zerstören.

Die Briten werden es mir noch einmal danken, daß ich zusammen mit Burrus die bewaffnete Macht einsetzte, um auf ihrer Insel die römische Herrschaft wiederherzustellen. Auch die Völker des Ostens sollten zu schätzen wissen, was wir für sie tun. Daß wir die Euphratgrenze halten – wenn es schon nicht der Tigris sein kann –, ist für sie genauso lebenswichtig, wie für uns in Italien.
Stelle ich mir am Vorabend des Hochfestes also selber ein Sittenzeugnis aus? Ich bin mir durchaus der »Geschwüre« in meinem Leben bewußt, die zwar vernarbt, aber nicht wirklich verheilt sind. Daß ich, »um Ärgeres zu verhüten«, so lange Arges geduldet, sogar unterstützt habe – darüber wird man, sollte Rom dann noch bestehen, auch in fünfhundert Jahren sprechen. Dagegen bin ich machtlos – ich kann höchstens versuchen, dem Geschichtsschreiber ein vollständigeres Bild meines Lebens zu hinterlassen.
Da gehe ich noch einmal zurück in den Aufzeichnungen dieses Berichts und finde gleich zu Beginn die folgenden Stellen:
»... dabei wäre es für all diese Schmierer und Heuchler der glücklichste Tag ihres Lebens, wenn sie nachahmen könnten, was sie unter meinen ›Lastern‹ verstehen. Da es mir jedoch auf mein Bild bei der Nachwelt ankommt, muß ich ihnen ihr Treiben erschweren – durch einen Tod, so rühmlich, daß sie ihn nicht einmal in ihren Wunschträumen nachahmen könnten.«
Auch schrieb ich: »Niemand stirbt zu einer anderen Stunde als der seinen. Niemand verliert etwas von seiner Zeit.«
Vielleicht wollte ich mich damit nur selber trösten, denn ich meinte, meine Zeit sei abgelaufen. Heute weiß ich: sie ist noch nicht erfüllt, noch steht das Denkmal meines Lebens unvollendet da.
Doch soll es kein Grabmonument werden mit verklärten Zügen. Ich habe mich immer an den Spruch des Publius Terentius gehalten, dieses prächtigen Mannes und großen Dichters aus dem Kreise der Scipionen: »Ich bin ein Mensch, nichts Menschliches kann mir fremd sein.«
Schriebe eines Tages jemand über mein Leben, so soll er meine Fehler und Schwächen nicht verheimlichen – anderenfalls täte er meinem Menschentum Unrecht. Am besten wäre es, er verfaßte meine posthume »Autobiographie« und benützte als Grundlage meine

eigenen Schriften. Möchte doch sein Urteil lauten: Nicht unberechtigt habe dieser Lucius Annaeus Seneca auf der Fahrt nach Campanien das Wort des Horaz für sich in Anspruch genommen: *Exegi Monumentum – Aere Perennius*, in der stolzen Hoffnung: *Non Omnis Moriar.*

Zur Mittagszeit kehrte Statius Annaeus aus Rom zurück. Bei meiner Ankunft hatte ich ihn nur kurz gesehen, so freue ich mich jetzt um so mehr, ihn im Haus zu haben. Er bleibt über Nacht und will auf jeden Fall den morgigen Tag mit uns verbringen.
Pompeia Paulina, er, Alexis und ich nahmen ein einfaches Mahl zu uns, im kleinen Triclinium, von dem aus man die »Porta Appia«, wie wir die Pforte, die zur Straße führt, scherzhaft nennen, genau sehen kann. Dieses Triclinium war, ehe ich es umbauen ließ, jener innere Raum, in dem vor achtundzwanzig Jahren das Gespräch mit Tiberius Caesar stattgefunden hat.
Statius Annaeus erzählte bei Tisch, daß sowohl Fabius Rusticus wie auch Claudius Senecio ihn begleiten wollten. Er habe ihnen abgeraten, denn ihre Abwesenheit beim Cerealienfeste könnte unerwünschte Aufmerksamkeit erregen. Unter den Begleitern Nero Caesars, berichtete Statius Annaeus weiter, habe er auch den Volusius Proculus gesehen sowie den designierten Oberbefehlshaber Ost, Titus Flavius Vespasianus. An dessen Seite, ganz als sei sie seine angetraute Ehefrau, befand sich die Caenis. Als sie Statius Annaeus sah, schien sie ihm eine Mitteilung machen zu wollen, kam aber nur dazu, zu sagen: »Epicharis ist . . .«
Im Hinblick auf das morgige Hochfest habe ich in den Nachmittagsstunden mit Pompeia Paulina und Statius Annaeus einige Gespräche geführt, auch was meine Besitzungen anbelangt. Viel habe ich zwar Nero Caesar zurückgegeben, aber es bleibt doch noch allerlei übrig. Als Privatmann und Philosophen hat es mich nicht belastet. Vor Jahren schon schrieb ich in einer Abhandlung *De Vita Beata*, die ich meinem Bruder Gallio widmete, man solle endlich aufhören, den Philosophen den Besitz von Geld und sonstigen Reichtümern zu verbieten – niemand habe je die Weisheit zur Armut verurteilt. Ich erinnerte mich dabei an die Scharen mit gierigen

Augen und schmuddligen Bärten, die mir Lycidas in Athen gezeigt hat. Aus den Löchern ihrer Mäntel lugten Hochmut und Heuchelei heraus. Ihre geistige Leere verbargen sie hinter tönenden Phrasen, ihren heimlichen Reichtum deckten sie zu mit verlogenen Lobeshymnen auf die eines Philosophen würdige Armut.
Es war mein Reichtum, den ich nie versteckte, der mir Unabhängigkeit gewährte. Die Zahl und die Namen jener vielen zu nennen, denen ich Studium, Berufsausbildung und Fortkommen im Leben ermöglichen konnte, verbietet mir der Takt.
Mit der Großen Wende jedoch, die wir vom morgigen Hochfest erwarten, ändert sich die Lage. An Tiberius Caesar denke ich dabei. Konnte ich doch zu Beginn des Jahres 790, wenige Monate vor seinem Tode, dieses Haus hier vom Fiskus erwerben, und dazu meine Landsitze Albanum und Nomentanum. Die Villa Orestes in Capri erhielt ich als kostenlose Zugabe.
Tiberius Caesar hat sich nahezu aller seiner Landgüter entledigt, denn bekanntlich fand er, daß man nicht gleichzeitig Princeps und Großgrundbesitzer sein könne.
Das Familienhaus auf dem Esquilin soll in das Alleineigentum meiner Brüder übergehen, Nomentanum und Albanum sollen vom Aerarium übernommen werden, vielleicht als Bildungsstätten der Jugend, für die auf Capri von mir geplante Akademie. Da mich Pompeia Paulina, die fast dreißig Jahre jünger ist als ich, aller Voraussicht nach überleben wird, solle sie unser appisches Haus als Witwensitz behalten. Später kann es dem Aerarium übergeben werden. Meine sizilischen Weingüter gehen natürlich auf Lucilius über. Alexis erhält die Villa Orestes und die Villa am Kap Misenum und, nach dem Tode von Fabius Rusticus, das Haus in Tarracina, zu Füßen des Jupitertempels.
Eines Testaments bedarf es noch nicht. Das kann ich später einmal machen. Der Entwurf liegt schon bereit: Mit Bestimmungen über die Freilassung meiner Lieblingssklaven, Legaten an diese und viele andere. Außerdem wird es Verfügungen enthalten über meinen Grundbesitz und Vermögenswerte außerhalb von Italien.

Als es Abend wurde, wollte ich den Tag, der hinter uns lag, loben. Da mußte ich erfahren, daß man auch den Abend nicht preisen dürfe, ehe es Nacht ist. Wir wollten uns eben zur Ruhe begeben, als die Wächter an der »Porta Appia«, die bei Sonnenuntergang schloß, anfragten, ob sie sie noch einmal öffnen dürften: Eine Frau, die Wichtiges zu melden habe, begehre Einlaß.
Ich empfing sie in Gegenwart von Statius Annaeus, eine vertraute Freigelassene der Caenis. »Epicharis ist tot«, sagte sie. Und dann die Einzelheiten:
Der Schurke Volusius Proculus, der sich um seinen Lohn geprellt sah, lag Nero Caesar in den Ohren, sich der Epicharis zu erinnern, die als ein schwaches Weib unter der Folter vielleicht allerlei aussagen werde. Vor zwei Tagen ist sie wieder verhaftet worden. Dieses Mal leitete Ofonius Tigellinus selber das Verhör, genau wie damals im Falle der treuen Pythias, der Dienerin von Octavia Augusta. Dazu mehrere Henkersknechte, Volusius Proculus und ein Gerichtsbeamter, Freund der Caenis, dem man den Bericht verdankt. Das Verhör begann mit Peitschenhieben, ehe noch eine Frage gestellt wurde. Als fühlte sie nicht den Schmerz, schrie Epicharis den Proculus an: »Ich soll also jetzt aussagen, wofür du nicht genügend entlohnt wurdest? Im Bett hast du es mir ja schon erzählt!«
Es bedurfte kaum eines Winkes des Tigellinus, damit die Henkersknechte kräftiger zuschlügen, fühlten sie sich doch von einem Weibe verhöhnt. In den kurzen Pausen zwischen den Schlägen schoß Tigellinus seine Fragen ab: Für wen habe sie gesprochen? – Wer stehe hinter ihr? – Welche verruchten Pläne seien ihr bekannt?
»Wie kann ich reden, wenn deine Kerle einen solche Lärm machen? Gegen ihr Gebrüll und gegen die Peitschen komme ich nicht an!«
Das sagte sie mit ruhiger, spöttischer Stimme und entflammte damit die Wut ihrer Peiniger nur noch mehr.
Der Raum füllte sich mit dem Geruch verbrannten Fleisches – unter ihre Füße hatten die Schergen Becken mit glühenden Kohlen und heißer Asche gelegt.
»Wir wollen dich ein wenig kitzeln, damit du Grund hast zum Lachen!« sagte Tigellinus und ließ ihr glimmende Fackeln unter die

Arme halten. Sie stöhnte – zuckte – verkrampfte sich, aber sie schwieg ...
»Oder zur Abwechslung ein paar Turnübungen?« säuselte Tigellinus. Worauf die Folterer ihr Arme und Beine zu verrenken begannen. Als sie dem Tode nahe schien, befahl Tigellinus, das Verhör vorläufig abzubrechen. Mit starken Weinen belebte man sie wieder, man legte Salben auf ihre Wunden und versuchte es mit »gütigem Zureden« und reichen Versprechungen. Sie schwieg ...
Am nächsten Tage – also heute, während wir uns beschaulichen Gedanken hingaben – sollte das Verhör fortgesetzt werden. Man schleppte sie auf einem Tragstuhl herein, weil sie mit ihren verrenkten Gliedern nicht mehr gehen konnte. Da zog sie ihr Busenband hervor, und als die Henkersknechte sich gerade abwandten, um ihre Werkzeuge zur Hand zu nehmen, knüpfte sie es als Strick um die Stuhllehne und steckte ihren Hals hinein. Sie rutschte vom Stuhl und erstickte sich durch ihr eigenes Körpergewicht.
Mit einem Fluch auf die Tote und einer wilden Drohung gegen die unachtsamen Henkersknechte verließ Tigellinus die Folterkammer.

Ein Frühlingsgewitter ist heraufgezogen. Rauschend ergießt sich der Regen über das Land. Aus geballten, schwarzen Wolken zucken die Blitze. Sie kommen, so sagt man, aus Jupiters eigener Hand. Möchten sie noch in dieser Nacht die Schänder des römischen Namens treffen und damit vollbringen, was uns für den morgigen Tag aufgetragen ist! Nichts ist verloren, denn Epicharis hat geschwiegen. »Benedicta« nannte ich sie. Als *Diva* Epicharis sollte sie der Senat unter die Schutzgeister Roms aufnehmen.

Das Hochfest ist angebrochen. Ein herrlicher, klarer Morgen, als habe der Regen viel Böses fortgewaschen. Mit Pompeia Paulina, Statius Annaeus und Alexis habe ich mich ins kleine Triclinium begeben. Schreibtafel und Griffel habe ich zur Hand, um jeden Augenblick festzuhalten, von dem vielleicht die Geschichte künden wird. Dumpf, erst fast unbewußt, vernehmen wir den Rhythmus vieler Schritte auf der Via Appia. Nun deutlicher – und sie kommen näher und näher. Da sehe ich, wie unsere Wächter an der Porta Appia zurücktreten und grüßen – Gavius Silvanus, aber nicht in der Toga, sondern im vollen Schmuck eines Tribuns der prätorischen Kohorten. Ihm zur Seite der Centurio Sulpicius Asper, und da weiß ich: Das ist das Zeichen! Der Purpur und nicht der Tod, und es erfüllt sich, was mir der Delphische Gott durch den Mund der Pythia verkündete – die Große Wende, die erhoffte und kaum noch geglaubte am Feste der Demeter, und Rom ist *frei*!

Kommt mit mir, meine Lieben, gemeinsam wollen wir dem Schicksal entgegengehen, du, Pompeia Paulina *Augusta*, und du, Alexander *Caesar*!

38. Kapitel
(Epilog)

Alexander Annaeus Seneca an Fabius Rusticus, seinen väterlichen Freund. Unter dem sechsten Consulat des Imperators Titus Caesar Vespasianus Augustus und dem vierten seines Sohnes Titus Caesar, im Jahre 828 nach Gründung der Stadt.

Oft hast Du mich gebeten, mein Fabius, Dir den Tag zu schildern, da mein Vater Lucius Annaeus Seneca, der »weiseste der Römer«, wie er genannt wurde, sich auf Befehl Nero Caesars den Tod geben mußte. Er stand im siebzigsten Lebensjahr, gleichen Alters wie Sokrates, dem er oft verglichen wird, als dieser zum Schierlingsbecher verurteilt wurde.

Seitdem sind nun zehn Jahre vergangen, und daß der römische Name von Schande befreit wurde, ist in hohem Maße ihm zu verdanken. Sein Opfer ist nicht umsonst gewesen, ruht doch die geordnete und milde Regierung, derer wir uns jetzt erfreuen, weitgehend auf seinen Grundsätzen.

Solange Pompeia Paulina, der er mich zum Sohne gab, lebte, verwehrte mir eine innere Stimme, über die Ereignisse am Hochfeste der Ceres des Jahres 818 zu sprechen. Auch meinte ich, daß Statius Annaeus berufener gewesen wäre als ich, Dir den verlangten Bericht zu geben. Aber nun sind sie beide tot, Statius Annaeus schon seit drei Monaten, und vor sieben Tagen standen mein Adoptivsohn Amyntas und ich, umgeben von einer großen Schar von Trauernden, am Scheiterhaufen dieser edlen Frau. Sie hat viel Leid erdulden müssen und war an jenem Ceres-Feste schon einmal dicht an die Schwelle des Todes gekommen.

Sie starb in meinen Armen, hier auf dem Landgut am vierten Meilenstein der Via Appia, das nunmehr, gemäß dem letzten Willen meines Vaters, dem Aerarium zufallen sollte. Aber unser Princeps Vespasianus Augustus, der sich bei der Totenfeier durch seinen zweiten Sohn, Titus Flavius Domitianus, vertreten ließ, hat mir, ohne daß ich darum gebeten hätte, das Haus zu lebenslänglichem Besitze überlassen. Ich will mich dieser Wohltat würdig erweisen, indem ich hier ein Archiv aller Schriften meines Vaters einrichte, auch jener, die bis jetzt nicht veröffentlicht wurden. Nichts davon soll der Nachwelt verlorengehen. Ich bitte Dich, mache davon Gebrauch, weiß ich doch, daß Du die Geschichte unserer Zeit schreiben willst. Betrachte dieses Haus auch als das Deine!
Damit handle ich im Sinne meines Vaters, denn ich weiß auch, welch treue Freundschaft Euch verband. Oft sagte er mir, er möchte, daß Du es seist, der über ihn, sein Werk und diese ganze Epoche schriebe. Er schien zu fürchten, daß anderenfalls ein Junge namens Cornelius Tacitus, sobald er herangewachsen sei, sich der Geschichtsschreibung widmen und ein ganz falsches Bild Roms, seit der Auffahrt von Divus Augustus, entwerfen würde. Niemand könne ihn zwar daran hindern, aber es sei nötig, daß ein Mann wie Du die Ereignisse und Gestalten ins rechte Licht rücke.
Freilich – auch heute noch fällt es mir nicht leicht, die Geschehnisse vom Ceres-Hochfest neu vor mir erstehen zu lassen. Geht es mir dabei doch wie Aenaeas, als er vom Untergang von allem, was ihm teuer war, berichten mußte: *Infandum iubes renovare dolorem,* läßt Vergil ihn sagen.
Ich war zu jener Zeit achtzehn Jahre alt. Als fünfzehnjährigen Knaben hat mir Lucius Annaeus Seneca das Leben gerettet, da ich, zusammen mit den anderen vierhundert Sklaven im Hause des ermordeten Stadtpräfekten Pedanius Secundus, den Tod am Kreuze hätte sterben sollen. Dann schenkte er mir auch die Freiheit und sah darauf, daß ich die Stellung eines Freigeborenen erhielt. Bald nachdem ich ihn vor einem Giftanschlag warnen konnte, nahm er mich an Sohnes Statt an. Nun hieß ich Alexander Annaeus Seneca, aber er nannte mich weiterhin Alexis. Viel war an meiner Bildung nachzuholen, und auch dies habe ich ihm zu verdanken. Am meisten aber

danke ich ihm für sein liebevolles Vertrauen. Sehr bald zog er mich zu den geheimsten Besprechungen hinzu. Als ich schreiben gelernt hatte – obgleich ich immer noch orthographische Fehler mache! – und auch die Kurzschrift beherrschte, durfte ich viele Gespräche aufzeichnen. Er zeigte mir auch seine eigenen Noten, wir verglichen sie mit den meinen und verbesserten und ergänzten den endgültigen Text.

Die Berichte vom Frühjahr 818 bis zu unserer Rückkehr aus Campanien sind unversehrt in den Besitz von Lucilius gelangt. Er hat sie, wie mein Vater ihn bat, zusammen mit allen früheren Briefen im Tempel der Ceres-Demeter in Akragas verwahrt. Er selbst hat dort fast vier Jahre verbracht – auch Nero Phalaris hat nicht gewagt, die Schutzstätte zu verletzen. Jetzt lebt Lucilius zurückgezogen bei Panormus auf einem der Weingüter, die mein Vater ihm hinterließ. Bestimmt hätte er sogar das Consulat erlangen können, aber er will sich ganz der Philosophie und der geistigen Sammlung widmen. Zum Geschichtsschreiber fühlt er sich nicht berufen, er würde Dir also gerne den Nachlaß des Vaters zur Verfügung stellen.

Daß das letzte Stück meines Vaters, *Octavia,* nunmehr in Rom, im Theater des Pompeius, und in Neapel im neugebauten Schauspielhaus, jenem, das nach Nero Caesars Auftreten zusammenstürzte, aufgeführt wird, muß seinen Geist, falls er sich noch der Erde bewußt ist, mit Freude erfüllen. Ist doch manches, was er prophetisch darin vorausgesagt hat, in Erfüllung gegangen, und wir dürfen uns glücklich preisen ob unserer Befreiung, wenn wir dem Schlußchor lauschen:

»Milder als unsere Stadt ist Aulis / Und der Taurer barbarisches Land! / Eines Fremdlings Mord stimmt dort günstig die himmlischen Mächte, / Doch an Bürgerblut weidet sich Rom.«

In der Nacht vor dem Hochfeste der Ceres ging ein schweres Gewitter über Latium nieder. Wir beobachteten es vom Park aus, der nördliche Himmel über Rom stand in Flammen – wie damals während der großen Feuersbrunst. Später erfuhr man ja, daß der Tempel des Jupiter Capitolinus mehrmals getroffen wurde, als wollte der Gott selber sein Haus unter den Menschen zerstören. Nero

Caesar zog sich zitternd in das Innerste des Palatiums zurück, aber auch dort war er nicht sicher. Ein Blitz zuckte herein und schlug ihm einen goldenen Becher, aus dem er eben trinken wollte, aus der Hand. Zu einem unförmigen Klumpen zusammengeschmolzen, rollte der Becher davon –

Da ließ sich Tigellinus bei ihm melden. Epicharis sei tot, berichtete er. Aber um seinen Mißerfolg zu verschleiern, daß es ihm nicht gelungen war, ihr Namen zu entreißen, sagte er triumphierend: »Und dennoch ist etwas Wahres daran!« Auf seinen Wink wurde jener Freigelassene des Senators Flavius Scaevinus hereingeführt, Milichus, vor dem Epicharis des öftern gewarnt hatte. Der hatte sich ausgerechnet, welchen Lohn es ihm einbringen würde, wenn er seinen Herrn verriete. Außerdem stachelte ihn sein habgieriges Weib zum Bösen an.

Unter anderen Voraussetzungen wäre ein so niedriges Geschöpf nie in das heilige Palatium, in die Gegenwart des Caesars gelassen worden, oder man hätte seinen Aussagen nicht geglaubt, zum mindesten aber ihn der Folter unterworfen, um sie zu erhärten.

So aber ... Die Anschuldigungen des Flottenpräfekten Volusius Proculus gegen Epicharis, auch wenn diese nichts aussagte ... die unheilverkündenden Blitze – verborgen hinter dem furchtbaren Gewölk immer noch der Komet ...

Es scheint, daß Scaevinus, der, wie mein Vater oft sagte, halb im Traume dahinlebte, alle Verantwortung auf die Götter abschieben wollte – daher holte er sich den Dolch für die Tat aus dem Tempel der Salus oder, wie andere sagen, aus dem der Fortuna in Ferentinum. Er ließ ihn unter großen Beschwörungen, für welche die Priester viele Goldstücke erhielten, weihen, »zur Befreiung des Vaterlandes«.

In den frühen Abendstunden jenes Tages, als sich die Wolken zusammenballten und das erste Wetterleuchten aufzuckte, hatte Fabius Scaevinus eine längere Unterredung im Castor-und-Pollux-Tempel mit Antonius Natalis. Er dürfte ihn dabei in alle Einzelheiten des Planes eingeweiht haben. Warum, weiß man nicht. Vielleicht, um seinem Herzen Luft zu machen. Dann kehrte er in sein Haus zurück, versiegelte sein Testament, zog den geweihten Dolch

aus der Scheide, fand, daß er alt und stumpf sei und gab ihn jenem Milichus zum Schärfen.
Die ersten Blitze leuchteten auf, als er sich ein üppiges Mahl bereiten ließ. Dabei schenkte er seinen Lieblingssklaven die Freiheit, andere bedachte er mit Geld. Doch war er trübe gestimmt, versank immer wieder in Gedanken und redete unzusammenhängende Sätze. Schließlich ließ er Verbandszeug und blutstillende Mittel bereithalten und betraute damit wiederum den Milichus.
Dieser hatte schon früher aus den allzu unvorsichtigen Reden, von denen uns Epicharis erzählt hat, manche Brocken aufgeschnappt, und nun verdichtete sich sein Verdacht, und damit die Hoffnung auf reichen Gewinn ...
Als Scaevinus mitten in Donner, Blitz und Wolkenbruch aus seinem Hause ins Palatium geschleppt wurde, scheint er sich zuerst sehr besonnen verhalten zu haben: Der Dolch sei ein heiliges Erbstück der Familie, sein Testament habe er schon öfters versiegelt, und mit den Zuwendungen an seine Sklaven und der Freiheit, die er einigen schenkte, habe er der Ceres ein Opfer bringen und sie ehren wollen. Da sagte Milichus, er habe eben von der Zusammenkunft seines Herrn mit Antonius Natalis im Castor-und-Pollux-Tempel gehört, und dieser junge Mann sei doch bekannt als ein Liebling Pisos, der dem Caesar feindlich gesonnen sei.
Also wurde Natalis herbeigeholt, er und Scaevinus wurden getrennt über den Inhalt ihrer Unterredung vernommen. Ihre Aussagen wichen voneinander ab. Tigellinus triumphierte – er schien es erwartet zu haben, denn die Folterwerkzeuge lagen bereits unter einer Dekke. Grinsend zog er sie zurück ...
Nero Caesar hielt es mit seiner Würde als Princeps vereinbar, in ein Gemach des heiligen Palatiums zu kommen, das sich in eine Folterkammer verwandelt hatte. Antonius Natalis, wie manche vermuten, mag von Anfang an Lockspitzel gewesen sein. Oder aber – als er Nero Caesars ansichtig wurde, erkannte er die Aussicht seiner Rettung. Und die bestand in seinem Wissen, daß der Princeps meinen Vater mehr haßte als irgendeinen anderen. Es war ihm nicht gelungen, ihn durch Gift zu verderben, als er Cleonicus zum Morde anstiften wollte – auch hatte mein Vater nicht, wie man aus manchen

seiner Schriften hätte »erhoffen« können, seinem Leben freiwillig ein Ende bereitet. So war jener Princeps unseligen Angedenkens nun glücklich, daß er den Mann vernichten konnte, der ihn erzogen, dem er seine besten Regierungsjahre verdankte und den er einmal geliebt hat.

Antonius Natalis war der einzige überhaupt, der gegen meinen Vater zeugte. Dabei hatte er nur vorzubringen, er sei zu ihm, als er krank war – das zweite Mal sei er darum nicht vorgelassen worden – geschickt worden, um ihm Vorwürfe zu machen, daß er Calpurnius Pisos Besuch nicht angenommen habe.

Auf sein Drängen hin habe mein Vater geantwortet:

»Gerade deshalb, weil das Schicksal meines Lebens mit dem des Calpurnius Piso zusammenhängt, ist es für uns beide rätlich, Unterhandlungen und Zusammenkünfte zu vermeiden.« Er hat also wiederum die Worte ausgelassen: »Deines Freundes Calpurnius Piso.«

Die Aussage des Natalis, obgleich sie von keiner Verschwörung sprach, genügte Nero Caesar, noch in der gleichen Nacht den Tod meines Vaters zu beschließen.

Tigellinus ging nun zu Fabius Scaevinus und sagte ihm, Natalis habe »ein volles Geständnis abgelegt«, weiteres Leugnen sei zwecklos. Hierauf, vielleicht weil er auf Straflosigkeit hoffte, gab Scaevinus zahlreiche Namen preis. Als ersten nannte er Calpurnius Piso, dann seinen Kollegen im Senat, Afranius Quintianus, was bei Tigellinus ein Hohngelächter und eine Fülle schmutziger Bemerkungen auslöste. Auch Claudius Senecio nannte er und den jungen Neffen meines Vaters, den Dichter Marcus Annaeus Lucanus. Tigellinus war aber immer noch nicht zufrieden und wies wiederum auf die Folterwerkzeuge hin. Hierauf plauderte Scaevinus alles aus, was er über den Gesamtplan wußte, und damit war auch der designierte Consul, Plautius Lateranus, verloren, dem ja die Hauptrolle zugedacht war.

Nero Caesar erschien plötzlich auch bei diesem Verhör, gerade als Flavius Scaevinus sagte: »Hinter dem goldenen Sessel des Princeps im Zirkus steht die Statue der ermordeten Agrippina Augusta. Das Blut des Muttermörders sollte sie benetzen, als Opfer für ihren

Schatten. Darum war gerade dieser Platz ausgesucht worden.«
Worauf Nero Caesar mit verzerrtem Gesicht, zitternd am ganzen Leibe, hinausstürzte –

Die Kenntnis davon verdanke ich einem jungen Soldaten, einem Freunde der Sache. Er war dabei, aber niemand wußte um seine Haltung. Als Centurio in der Fünften Legion im Heere des Caesar Titus ist er vor fünf Jahren bei der Erstürmung von Jerusalem gefallen.

Merkwürdigerweise fielen bei diesem Verhör noch nicht die Namen des Präfekten Faenius Rufus, der Tribunen Subrius Flavus, Gavius Silvanus und Statius Proxumus, oder des Centurio Sulpicius Asper oder irgendeines anderen der Tribunen und Centurionen. Entweder brach Tigellinus, befriedigt mit dem, was er gehört hatte, zu früh ab, oder aber, was mir wahrscheinlicher erscheint, Flavius Scaevinus, in seinem versponnenen, halben Traumleben, wußte noch nichts von all diesen Männern.

Die Augen gingen ihm erst auf, als Faenius Rufus bei einem zweiten Verhör den Untersuchungsrichter spielte und in schärfstem, drohendem Tone seine Fragen stellte. Da rief ihm einer der Mitangeklagten, ein römischer Ritter namens Cervarius Proculus, höhnisch zu, was sie wüßten, das wisse er doch auch! Faenius Rufus begann zu stottern und zeigte deutlich seine Angst. Worauf Nero Caesar ihn von einem kräftigen Soldaten packen und verhaften ließ. Das Schicksal wollte nun einmal, daß viele, die sich der Befreiung Roms geweiht hatten, im Grunde Feiglinge waren. Um so rühmlicher sind die Ausnahmen, Männer wie Subrius Flavus, der vielverleumdete Claudius Senecio und einige mehr. Andere machten durch ihre feste Haltung im Tode wieder gut, was sie im Leben versäumt hatten. Aber was nützte das schon? Hätten sie sich mannhaft gezeigt, als es zu handeln galt, Rom wäre schon drei Jahre früher befreit worden, und sie selber hätten wahrscheinlich ihr Leben behalten. So aber machten sie sich in ihrer jämmerlichen Angst zu Schergen eben jener verruchten Tyrannis, die zu stürzen sie sich verschworen hatten.

Was meine Altersgenossen und ich und gar die noch jüngeren, wie Amyntas, nie verstehen werden: Wie konnten Männer von Ehre und Vernunft die verbrecherischen Befehle eines offensichtlich

Wahnsinnigen überhaupt durchführen? Fast genauso rätselhaft erscheint es uns, wie plötzlich dann die ungeheuere Macht dieses Mannes in sich zusammenstürzte, kaum daß sich im fernen Hispanien die Legionen unter Servius Sulpicius Galba und in Gallien der aquitanische Häuptling Julius Vindex und seine Mannen gegen ihn erhoben!

Noch hatte Nero Caesar alle anderen Legionen für sich – unser heutiger Kaiser, Vespasianus Augustus, dessen gewaltige Streitmacht vor Jerusalem lag, hatte sich noch keineswegs dem Aufstand angeschlossen, Aulus Vitellius, dem erst Galba die acht Germanischen Legionen übergab, befehligte in Nordafrika und war durchaus loyal; er dachte damals gar nicht daran, selber Herrscher des Römischen Reiches werden zu wollen. Auch die Flotte im Tyrrhenischen Meere stand Nero Caesar noch zur Verfügung. Aber er schwankte zwischen blindem Zorn und träger Gleichgültigkeit, auch als sich die Nachrichten aus Hispanien und Gallien immer mehr verdichteten. Dann verfiel er plötzlich in Panik, die gleich wieder in sinnlose Euphorie überging: Er brauche nur in Trauergewändern vor das Volk zu treten und unter Tränen sein bisheriges Leben bereuen, dann werde alles gut werden. So wolle er auch den Aufständischen in Hispanien und Gallien begegnen: Ohne Waffen, und nichts weiter tun als weinen. Da würden sich die Meuterer gewiß schämen und Buße tun, und er werde ihnen im Kreise fröhlicher Zechbrüder die Siegeslieder vortragen, an deren Abfassung er schon jetzt herangehen wolle.

Dann soll er wieder geäußert haben: »Selbst wenn ich der Herrschaft verlustig ginge, diese kleine Kunst wird mich schon ernähren!« Damit meinte er seinen Gesang und sein Leierspiel. Gleichzeitig erklärte er, alle Heerführer und Statthalter werde er abberufen und töten lassen, der ganze Senat müsse bei einem Gastmahl vergiftet werden, Rom solle in Flammen aufgehen und die wilden Tiere im Zirkus würden auf das Volk losgelassen werden, um die Löscharbeiten zu erschweren. Gallien wollte er den Legionen zur Plünderung überlassen, und alle Verbannten im ganzen Reiche und sämtliche Gallier in der Hauptstadt müßten niedergemetzelt werden.

Nicht Gewissensbisse hielten ihn ab, solche Befehle zu erteilen,

sondern weil er in einem hellen Augenblick die Aussichtslosigkeit ihrer Durchführung erkannte.
Ein Spruch des Delphischen Gottes, den er befragt hatte, verlieh ihm Sicherheit: Er solle sich vor dem dreiundsiebzigsten Jahre in acht nehmen! Da er erst zweiunddreißig Jahre alt war, glaubte er, kraft göttlicher Verheißung, noch über vier Jahrzehnte vor sich zu haben. Orakel lügen nicht, nur, wer vermag sie zu deuten! Servius Sulpicius Galba, der ihn stürzte und sein Nachfolger in der Herrschaft wurde, war gerade dreiundsiebzig Jahre alt!
Dafür, daß auch der Senat, der bislang so unterwürfig war, sich gegen ihn wandte und daß alle seine Getreuen, selbst die Sklaven und Leibwächter, ihn jäh verließen, gibt es nur eine Erklärung: Seine Zeit war abgelaufen, er mußte stürzen, weil er die Götter störte.
Aber, mein Fabius, ich will doch festhalten, daß mein Vater, über seinen eigenen Tod hinaus, zu diesem Sturze beitrug. War er es doch, der mit Servius Sulpicius Galba und mit den Befehlshabern vieler anderer Legionen erste Verbindungen aufgenommen hat – auch mit unserm großen Kaiser, Vespasianus Augustus, der uns Frieden und Rechtssicherheit zurückgab!

Nachrichten von den nächtlichen Vorgängen in Rom drangen nicht zu uns. Warum, das erfuhren wir erst später. Eine halbe Kohorte junger Soldaten sperrte die Via Appia ab, kein Bote konnte zu uns gelangen, nicht einmal einer der Caenis, die uns hatte warnen wollen. Nach der furchtbaren Gewitternacht wachte der Haushalt auf unter einem sauberen, blaßblauen Frühlingshimmel. Mein Vater wirkte ausgeruht, obgleich er nur wenige Stunden geschlafen hatte. Liebevoll begrüßte er die Mutter, Amyntas und mich, und für jeden des Gesindes hatte er ein freundliches Wort.
Die Stunden verstrichen. Der Vater lehnte lächelnd ab: »Heute ausnahmsweise nicht!«, als der kleine Amyntas ihn fragte, ob er nicht seine täglichen Übungen machen wolle? Hierauf ging Amyntas in den Park, um Ball zu spielen. Wir anderen blieben im kleinen Triclinium. Ich versuchte meine Erregung zu verbergen. Am liebsten wäre ich zur Porta Appia geeilt, um Ausschau zu halten. Doch der Vater brauchte mich. Ich schrieb nieder, was er mir diktierte, aber

meine Hand war unsicher. Er merkte es und nahm selber Schreibtafel und Griffel an sich. »Ich will jeden Augenblick des Geschehens festhalten«, sagte er.
Nur als wir auf der Via Appia Schritte hörten, erst dumpf, dann immer deutlicher, horchte er kurz auf, um gleich weiterzuschreiben. Jetzt weiß man es: Es waren die jungen Soldaten, die auf unser Haus zukamen. Nur auf Sechzehn- bis Zwanzigjährige glaubte Nero Caesar sich noch verlassen zu können. Und – auf die Feigheit so vieler angesehener Männer. Wußten wir doch um diese Stunde noch nicht, daß dieser jugendlichen Kohorte der Tribun Statius Proxumus zugeteilt worden war – einer der Unsern! Dieser hatte im Morgengrauen, auf Befehl Nero Caesars, den designierten Consul Plautius Lateranus aus seinem Hause gerissen. Nicht einmal von seinen Kindern durfte er sich verabschieden. Er wurde auf einen Platz geschleppt, wo sonst nur Sklaven hingerichtet werden, und dort hat ihn Statius Proxumus mit eigener Hand erstochen.
Plautius Lateranus, wie ich von meinem Vater weiß, ein Mann, der nur aus Liebe zum Gemeinwesen gehandelt hat, starb, ohne daß ein Laut über seine Lippen gekommen wäre. Der umstehenden Zeugen wegen verriet er auch Statius Proxumus nicht als einen der Verschworenen. Diesem hat aber seine Untat nicht geholfen. Einige Tage später wurde auch er hingerichtet.
Mein Vater schrieb in aller Ruhe weiter, auch als die Wächter an der Porta Appia bereits zurücktraten und grüßten: den uns so gut bekannten Gavius Silvanus und den Centurio Sulpicius Asper, beide, wie verabredet, in voller militärischer Ausrüstung. Das Zeichen der Großen Wende –
So mußte es uns erscheinen. Nero Caesar war nicht mehr, auch Calpurnius Piso war tot oder gefangen, und der Spruch der Pythia, wie man ihn jetzt auslegen konnte, hatte sich erfüllt. Unter dem neuen Princeps, Lucius Annaeus Augustus, wird Rom mit seiner Freiheit auch seine Würde wiederfinden.
In diesem Glauben gingen wir den Boten – des Purpurs, wie wir meinten – entgegen. Wenn es auch nur für einige Augenblicke war, nie werde ich vergessen, was ich auf dieser Strecke Wegs gewesen bin: Alexander Caesar.

Dazu noch eine wichtige Tatsache, mein Fabius, die Dir vielleicht unbekannt ist: Als Tigellinus Nero Caesars Todesbefehl an den Tribunen Gavius Silvanus weitergab, hat dieser gezögert, ob er ihn ausführen solle. Das hat einen Aufschub von mehreren Stunden bedeutet, was den Tribunen schließlich das Leben kostete. Hatte er doch Nero Caesar, der zitternd vor Angst und Haß auf die Vollzugsmeldung wartete, so lange im Ungewissen gelassen.
Statt nämlich, wie ihm befohlen, begleitet vom Centurio Sulpicius Asper sich sofort auf den Weg zu machen, suchte Gavius Silvanus zuerst den Präfekten Faenius Rufus auf. Ein einziges Wort dieses Mannes, eine einzige Handbewegung hätten genügt, um Rom Ströme von Bürgerblut zu ersparen.
Aber Faenius Rufus hatte die Sache der Freiheit, der er sich verpflichtet hatte, bereits verlorengegeben und dachte nur noch an seine eigene Rettung. Als sei er nie einer der Verschworenen gewesen, fuhr er den Tribunen an: »Wie? Du wagst es, einen Befehl Nero Caesars überprüfen zu wollen? Lasse sofort jenes Haus umstellen, begib dich mit dem Centurio Sulpicius Asper und einigen zuverlässigen jungen Leuten zu dem Verurteilten, verhindere, daß er ein Testament verfasse und verkünde ihm den Tod.«
Ein letzter Funke von Schamgefühl hat Gavius Silvanus dann bestimmt, das Gespräch mit meinem Vater zu vermeiden. Mit niedergeschlagenen Augen blieb er an der Porta Appia stehen, als er uns kommen sah. Den Centurio Sulpicius Asper und vier Soldaten von der jugendlichen Kohorte sandte er uns auf dem Parkweg entgegen. Da verstanden der Vater und die Mutter, ohne daß es der Worte bedurft hätte, und nach einem kurzen, inneren Aufbäumen gegen das Schicksal verstand auch ich.
Wir kehrten um, stumm, dicht hinter uns der Centurio und seine vier. Erst als wir wieder im kleinen Triclinium waren, entledigte er sich seines Auftrags, mit kalter, unpersönlicher Stimme, als wollte er zum Ausdruck bringen, nicht er spräche, sondern ein anderer durch ihn.
Als der Vater sein Testament verlangte, sagte der Centurio: »Das hat Nero Caesar verboten.« Mit dem Hauch eines ironischen Lächelns bemerkte der Vater: »Die fünfhundert Tische aus Citrus-

holz!« Seine einzige Liebhaberei – die Sammlung kostbarer Tische, die er seit früher Jugend angelegt hatte. Er wollte sie der Stadt Rom hinterlassen. »Aber auch Nero Caesar schätzt diese Tische sehr«, hat er oft gesagt. Nun werde dieser sie erhalten! (Doch inzwischen hat Vespasianus Augustus sie Rom übergeben. Sie stehen verteilt über die Dienstwohnung des Präfekten der Stadt und das Tabularium auf dem Capitol. Einige schmücken den neuen Kaiserpalast auf dem Palatin.)

Mit grausiger Sachlichkeit, wie im Zimmer eines Arztes, spielte sich das nächste ab: Statius Annaeus brachte ein ganzes Besteck haarscharfer Messer, und als ginge es zu einen Gastmahl, deckte er damit den Tisch vor dem Vater. Mutter Paulina ergriff zwei der Messer und legte sie in ihre Nähe. Als ich das gleiche tun wollte, verbot es mir der Vater mit einer abwehrenden Bewegung.

Wie ein Ganymedes des Todes stellte Statius Annaeus hierauf ein kostbares Gefäß vor den Vater und füllte es mit einer grünlichen, herb duftenden Flüssigkeit. Der Schierlingssaft, »des Sokrates Elixier der Unsterblichkeit«, wie der Vater oft gesagt hat.

Während dieser Vorbereitungen hörten wir wieder Schritte auf dem Parkweg. Wortlos betrat ein Centurio, der auch zu den Unsern gehörte, das Triclinium. Sein Name war Maximus Scaurus. Wir dachten wohl alle – ich mit einer Art freudiger Erregung –, er sei gekommen, auch mir und Statius Annaeus den Tod zu verkünden. Aber bald sollte sich zeigen, daß sein Auftrag ganz anderer Art war. Er selbst ist übrigens ein paar Tage später gleichfalls hingerichtet worden, und was den Centurio Sulpicius Asper anbelangt, will ich zu dessen Ehre etwas berichten, was Dir wahrscheinlich unbekannt ist: Antonius Natalis, der flinke, reich belohnte Angeber, verriet die Beteiligung des Centurio an der Verschwörung. Ehe er zum Tode geführt wurde, fragte ihn Nero Caesar, warum er ihn denn habe ermorden wollen? Sulpicius Asper gab eine seiner gewohnten, bündigen Antworten: »Weil es kein anderes Mittel gibt, um gegen all deine Schändlichkeiten Abhilfe zu schaffen.«

Auf dem ganzen Landgut wußte man inzwischen, was sich im kleinen Triclinium abspielte. Amyntas war herbeigeeilt, in Tränen, doch knabenhaft tapfer. Zehn oder zwölf der Lieblingssklaven –

längst nannte der Vater sie seine Hausgenossen – kamen herein. Die alte Beschließerin, die die Wäsche unter sich hatte, schluchzte auf: »Herr – und dein schönes, großes Haus!« Der Vater legte ihr die Hand auf die weißen Haare und sagte lächelnd: »Mütterchen, nirgends werde ich wieder so enge wohnen!«

»Da man mich hindert, mein Testament zu unterschreiben«, sagte der Vater jetzt, »kann ich mich euch gegenüber, meine Freunde, nicht dankbar erweisen. Aber es sind genügend Zeugen anwesend, die bestätigen können: Euch allen in meinem Hause gebe ich die Freiheit.« Dann nannte er die wichtigsten Bestimmungen und Legate, auch für solche, die in Hispanien, Ägypten, Nordafrika, Sizilien, Campanien in seinen Diensten stehen. Er muß geahnt – nein! zutiefst gewußt haben, daß alles, soweit die Mittel noch reichten, eines Tages durchgeführt würde. Das geschah bereits unter den beiden ersten Nachfolgern Nero Caesars, Servius Sulpicius Galba, dem ehemaligen Legaten von Hispania Tarraconensis, mit dem der Vater in Verbindung gestanden hatte, und Marcus Salvius Otho, einem früheren Vertrauten Nero Caesars, dann Legat von Lusitania.

»Alles, was ich euch hinterlassen kann«, fuhr der Vater fort, »ist das Bild meines Lebens und meines Todes, auf den ich mich mein Leben lang vorbereitet habe.«

Da fingen wir alle hemmungslos zu weinen an, manche schluchzten und schrien laut auf. Die draußen im Peristyl hörten es und meinten, das Ende sei gekommen. Das ganze Haus erzitterte vom Wehklagen, und nicht nur dem der Frauen.

»Ich werde euch wegschicken müssen, wie Sokrates die Weiber. Selbst den Freunden mußte er damit drohen«, sagte der Vater. »Das hat Phaidon, der im Kerker dabei war, berichtet. Ihr wißt, was Sokrates sagte? ›Ihr sollt euch nicht so albern benehmen, denn ich habe gehört, daß man in Ruhe sterben müsse. So seid still und beherrscht euch!‹«

Wirklich hörten wir auf zu weinen, und das Schweigen pflanzte sich fort zu den Hausgenossen im Peristyl. Sulpicius Asper erlaubte, daß ich das Triclinium kurz verließe, um auf Bitten des Vaters das Manuskript mit seinem Lebensbericht zu holen, den er zum Teil selbst geschrieben, zum Teil mir diktiert hatte. In aller Ruhe ging er daran,

es zu verbessern. Über meine Fehler in der Rechtschreibung spottete er ein wenig: »Wie soll denn Amyntas etwas von dir lernen, wenn du immer noch ›Patreia‹ schreibst statt ›Patria‹, und daß der Ilissos nur *ein* ›l‹ hat, müßtest du als Grieche wirklich wissen.«
Die Zeit verging. Speisen wurden gereicht, aber keiner von uns rührte sie an. Immer noch sah der Vater seinen Lebensbericht durch, verbesserte, kürzte, fügte hinzu. »Wie werde ich in die Geschichte eingehen?« sagte er plötzlich. »Als Philosoph, Staatsmann oder Verschwörer, oder als alle drei in einem?«
Sulpicius Asper stand schweigend im Hintergrund. Erst als der Vater die vielen Rollen beiseite legte, machte er eine leichte Bewegung. Tränen liefen über Amyntas' Wangen, aber auch mir war das Weinen wieder nahe – und ich glaube, auch Statius Annaeus und allen anderen. Da sagte der Vater: »Was jetzt geschehen soll, meine Freunde, ist nichts Unerwartetes. Nachdem Nero Caesar seine Mutter, seine Gattin, seinen Bruder und Vetter Britannicus ermordet hat, was blieb ihm noch übrig, als auch seinen Erzieher und Lehrer zu töten, den er einstens liebte?«
Eine furchtbare, eine berechtigte Anklage. Stumm, unbewegt nahmen die Centurionen und Soldaten sie hin. Da fuhr der Vater fort: »Wo blieben unsere philosophischen Grundsätze, wenn wir jetzt schwach würden? Haben wir uns nicht jahrelang auf diese Stunde vorbereitet? Alexis, wie lautet der Satz, den ich dir während unserer abendlichen Meditationen in den Albanerbergen einprägte?«
»Der letzte Lebenstag ... der letzte Lebenstag, vor dem uns so graut, ist der Geburtstag der Ewigkeit.«
»Gut, mein Alexis! Sollte die Loslösung der Seele vom Körper qualvoll sein, so weiß ich doch: Es ist der allerletzte Schmerz. Und der Tod selber? Löschte er uns aus, wie manche meinen, dann wären wir im Nicht-Sein, und daraus könnte uns kein Leid erwachsen. Oder der Tod ist, wie Sokrates vor seinen Richtern sagte, ein traumloser Schlaf. Dann wäre ja die ganze Ewigkeit nur eine einzige Nacht, und würde nicht der persische Großkönig für eine solche alle seine Schätze hingeben? Oder aber – und darüber werde ich bald Bescheid wissen – der Tod wandelt uns oder schickt uns auf neue Wanderschaften. Während ihr hier noch versammelt seid oder im

Park bei meinem Scheiterhaufen steht, wird mich schon Mutter Helvia begrüßt haben, Gaia Galeria Maxima und mein Söhnlein werde ich wiedersehen, Quintus, Lycidas, Annaeus Serenus und alle meine Freunde, die mir im Tode vorangegangen sind. Meinen Vater werde ich bitten, mich zu Divus Augustus zu geleiten – ob dieser noch weiß, daß ich an seinem letzten Gastmahl in der Villa Jovis auf Capri teilnahm? Dem Genius Tiberius Caesars wird sicherlich noch bewußt sein, daß ich oder meine Kinder, wäre es nach seinem Willen gegangen, die Nachfolge angetreten hätten. Scheu, doch nicht ängstlich, werde ich beiden Herrschern die Frage stellen, ob sie mit meiner Amtsführung in den ersten Jahren Nero Caesars zufrieden waren und ob sie die Pläne billigten, die ich als Princeps durchführen wollte.
Dann will ich mit Sokrates, Platon, Pythagoras und Aristoteles sprechen, von Homer, Sophokles, Euripides und Aeschylos werde ich ihr Urteil über meine Werke erbitten, die philosophischen und dichterischen. Mit Vergil, Horaz und Ovid will ich mich über die moderne römische Literatur unterhalten und sie fragen, ob sie mit meinem Stil etwas anfangen können. Vielleicht frage ich sie auch, was sie von der Dichtkunst meines Neffen Lucanus halten.«
Hier unterbrach sich der Vater. »Ob auch er sich uns zugesellen wird?« fuhr er zögernd fort. »Er liebt das Leben und ist erst fünfundzwanzig Jahre alt. Wenn er jetzt sterben müßte – ich will ihn all meiner harten Worte wegen um Verzeihung bitten.«
Der Vater konnte nicht ahnen, daß Lucanus bei seiner Verhaftung kläglich um sein Leben flehte, ja um sich zu retten, seine eigene, gänzlich unschuldige Mutter Acilia als Mitverschworene nannte. Er mochte glauben, damit auf den Muttermörder Nero Caesar einen guten Eindruck zu machen. Auch seinen Vater, Marcus Annaeus Mela, und seinen Onkel, Lucius Junius Gallio, den früheren Prokurator von Achaia, lieferte er in die Hände des Henkers. Das half ihm alles nichts, denn Nero Caesar hat auch ihn, seinen ehemaligen Geliebten, von dem, wie der Vater berichtete, er sich zur Zeit ihrer Jünglingsfreundschaft nie trennen konnte, verurteilt. Doch war sein Tod dann nicht ohne Größe. Als er sein Blut rinnen sah, fiel ihm ein, daß er in seinen *Pharsalia* einen Soldaten auf die gleiche

Weise sterben ließ. So waren Lucanus letzte Worte die Verse, die er jenem in den Mund gelegt hatte. Seine Mutter Acilia blieb am Leben, sie hat uns noch öfters hier besucht. Erst vor drei Jahren ist sie in Corduba in Hispanien gestorben.
Sulpicius Asper machte keine Einwendungen, als der Vater mich bat, mein Schreibzeug zur Hand zu nehmen. »Das ist jetzt das letzte Mal, mein Alexander«, sagte er. Als er sah, daß mir wieder die Tränen aufstiegen, fügte er liebevoll hinzu: »... daß du dich bei mir in der lateinischen Rechtschreibung üben kannst. Gib also gut acht!«
Heute findet man diese Abschiedsrede, die zur Zeit von Nero Caesar unterdrückt wurde, die aber schon dessen Nachfolger Servius Sulpicius Galba freigab, in allen Schulbüchern. Dennoch will ich einige ihrer Gedanken herausgreifen, die mich immer wieder zutiefst bewegen. So, wenn er aus seiner *Trostschrift an Marcia* zitiert und vom Zustand des ich-bewußten Geistes nach dem Tode spricht. Eine Weile verharre dieser noch in Erdennähe, bis er sich von allen irdischen Flecken und Begierden gereinigt habe. Dann stiege er auf zur »Burg des höchsten Himmels«, um unsere Nachbarsterne und alle Geheimnisse des Kosmos zu erforschen:
»Am heutigen Tage, der in mir die Mischung aus Göttlichem und Menschlichem auflöst, lasse ich meinen Leib zurück, mein höheres Ich gebe ich den Göttern wieder. Fern war ich ihnen nie, aber die Erdenschwere hemmte mich.«
Einer seiner frühen Gedanken kehrt in dieser Abschiedsrede zurück: »Hat nicht Tiberius Caesar gesagt: ›Fürsten sind sterblich, ewig ist nur der Staat!‹? Dieser ist nicht an das Julische Haus gebunden. Neue Männer werden zur Herrschaft berufen werden. Auch sie soll man Augustus und Caesar nennen.«
In weicher Stimmung, des Schicksals wegen, dem sie nun ausgesetzt würde, umarmte der Vater Mutter Paulina. Sie solle, sagte er, in der Verwaltung seines geistigen Erbes ihren ehrenvollen Trost finden, dadurch ihren Schmerz mäßigen und die Sehnsucht nach ihrem Gatten meistern. Aber sie erwiderte, auch sie sei zum Sterben entschlossen. Sie forderte, bat, flehte, jemand möge ihr den Todesstoß versetzen.

Der Vater sagte, er wolle ihrem großartigen Entschluß nicht im Wege stehen – dann wörtlich, ich erinnere mich genau: »Ich habe dich auf die Tröstungen des Lebens hingewiesen: Du wählst einen ehrenvollen Tod. Die Festigkeit, mit der wir beide aus dem Leben scheiden, mag die gleiche sein – der Ruhm ist bei dir höher.« Zu mir gewandt: »Ich habe mich geirrt, Alexis. Es war nicht das letzte Mal, daß ich dich bat, meine Worte aufzuschreiben. Nimm deine Täfelchen und sei bereit – wenn mein Blut fließt und sich die Seele vom Körper zu lösen beginnt, mögen mir neue und bessere Gedanken kommen.«

Wie ein Nebelhauch liegt es über meinem Gedächtnis der nächsten Augenblicke. Zwei Messer blitzen auf, ein starker roter Strahl erhebt sich von Mutter Paulinas linker Hand, ein schwächerer von der des Vaters. Kein Laut kommt von ihren Lippen, aber im Triclinium, auch unter den Soldaten, stöhnt es jäh auf –

Der Hauch verweht, eine klare Stimme füllt den Raum. Der Centurio Maximus Scaurus ist vorgetreten. »Nero Caesar hat mir den Befehl erteilt«, sagt er, »das Leben Pompeia Paulinas nicht erlöschen zu lassen.« Er weist auf mich: »Handle!« Einem der Sklaven befiehlt er, Verbandszeug zu holen.

Mit einem der Messer, von dem noch Blut tropfte, durchtrennte ich meine Toga und riß einen langen, breiten Streifen herunter. Noch einen, noch einen –

Wie ich es einmal irgendwo gelesen oder gehört hatte, begann ich Mutter Paulinas Wunden zu verbinden – aber fast heftig, wie ich sie nicht kannte, versuchte sie mich zurückzustoßen. Da sagte der Vater: »Da das Schicksal es so will – wehre dich nicht dagegen!« Auf mich zeigend: »Siehe, das ist dein Sohn!«, und auf sie: »Alexis – siehe deine Mutter!« ...

Verbandszeug war gebracht worden. Nun konnte Statius Annaeus mit seiner ärztlichen Kunst eingreifen, das Blut stillen und die durchtrennten Adern vernähen.

Das Blut des Vaters floß langsam und spärlich – da riß er sich in jähem Entschluß auch die Adern an den Beinen und in den Kniekehlen auf. Wie ein Keulenschlag muß ihn der Schmerz getroffen haben, fast schien er ihm alle Kraft zu rauben. Er wollte durch sein

Leiden nicht den Lebenswillen Mutter Paulinas, die eben von der Schwelle des Todes zurückkehrte, brechen, und bat daher, sie möge in einen anderen Raum gehen. Statius Annaeus, einige der treuesten Frauen des Haushalts und ich begleiteten sie. Doch da es nichts gab, was ich jetzt noch für sie hätte tun können, kehrte ich zum Vater zurück.

Mit ganz klarer Stimme sagte er:

»Mein Alexis, schreibe nieder, was ich noch zu sagen habe.«

Es war eine Ergänzung und Vervollständigung der Abschiedsrede – wer nur die Stimme hörte, mit den gleichen kristallhellen Gedanken, im gleichen, meisterhaften Stil, hätte nicht ahnen können, daß sie einem Manne gehörte, der sich zu Tode blutete.

Die beiden Teile der Rede sind inzwischen zu einer einzigen vereinigt, doch ist der zweite für das römische Gemeinwesen von besonderer Bedeutung. Enthält er doch die Richtlinien für eine gerechte Regierung, dadurch gekennzeichnet, daß der Fürst den Gesetzen untertan sei. Zwischen ihm und dem Volke solle eine Art von Abkommen bestehen, das die Rechte und Pflichten der beiden Partner festlegt. So kam es dann ja auch, als Vespasianus Augustus aus den furchtbaren Bürgerkriegen als Sieger hervorging. Wie Du weißt, mein Fabius, ließ er mich kommen, obgleich ich damals erst zweiundzwanzig Jahre alt war, befragte mich eingehend nach den Gedanken meines Vaters und ließ sich von mir den vollständigen Text nicht nur der Abschiedsrede geben, sondern auch den seines Lebensberichtes, sowie verschiedene andere Schriften, am wichtigsten darunter *De Clementia.*

Die *Lex Regia,* das Abkommen zwischen dem Senat und Vespasianus Augustus, ist weitgehend das posthume Werk meines Vaters. Damit erhielt Rom eine neue Verfassung, und das Recht des Siegers wurde in bindende, gegenseitige Verpflichtungen umgewandelt. So trägt der Vater den Purpur, der ihm im Leben versagt blieb, jetzt, als einer der Erneuerer des Römischen Reiches.

Vespasianus Augustus fragte mich auch, ob ich Einzelheiten wüßte vom Tode seines Verwandten, des Tribunen Subrius Flavus. Ich kannte sie genau: Auch er war durch Antonius Natalis verraten worden, und der Sklave Milichus, der von Nero Caesar reich belohnt

wurde und den Namen *Soter*, der Retter, annahm, trat als zweiter Belastungszeuge auf. Auf die Frage Nero Caesars, wie er sich denn so weit habe vergessen können, seinen Fahneneid zu brechen, antwortete Subrius Flavus:
»Ich liebte und haßte dich mehr als irgend jemanden andern auf der Welt. Ich liebte dich, solange du ein guter Fürst warst. Keiner deiner Soldaten war dir treuer als ich. Aber ich begann dich zu hassen, als du zum Mutter- und Gattenmörder, zum Wagenlenker, Komödianten und Brandstifter wurdest.«
Die Todesstrafe an Subrius Flavus mußte der Tribun Veianius Niger vollziehen – auch einer der Mitverschworenen! Subrius Flavus hielt ruhig seinen Nacken hin, aber der andere geriet so ins Zittern, daß er kaum mit zwei Hieben den Kopf abschlagen konnte. Nero Caesar gegenüber hat er sich dann seiner Grausamkeit gerühmt: Absichtlich habe er anderthalb Schläge für die Hinrichtung gebraucht!
Faenius Rufus, der Präfekt, hat keine Seelenstärke bewiesen. Noch aus seinem Testament tönte sein Jammern heraus. Vespasianus Augustus bat mich dann, für die Annalen Roms alles aufzuzeichnen, was mir aus unmittelbarer Erinnerung bekannt sei. Über das Ende des Calpurnius Piso, den rasches Handeln vielleicht hätte retten, ja zum Principat hätte führen können, war er selber gut unterrichtet.

Die Stimme meines Vaters war zu Ende des Diktats nicht schwächer denn zu Beginn – aber der Tod, auf den er wartete, wollte noch immer nicht eintreten. Da kam Statius Annaeus zurück und sagte leise: »Pompeia Paulina wird leben, trotz des großen Blutverlustes.« Dann reichte er das Gefäß mit dem »Elixier der Unsterblichkeit« dem Vater. Ehe der es trank, sprach er die Worte, die uns von Sokrates überliefert sind:
»Beten darf und will ich zu den Göttern, auf daß meine Reise dorthin mir Glück bringe. Darum flehe ich zu ihnen, und ihr Wille soll geschehen.« Seine Miene blieb heiter, als er das Gefäß zum Munde führte und es austrank.
Mit solcher Gewalt kamen mir nun die Tränen, daß ich mein Ge-

sicht verbergen mußte. Nicht nur über ihn weinte ich und über mein Schicksal, sondern auch über Rom und die Völker des Erdkreises, die eines solchen Mannes beraubt würden.

Doch seinem geschwächten und erkaltenden Körper konnte das Gift nichts mehr anhaben. Seiner Sinne völlig mächtig, ließ er eine Wanne heißen Wassers holen. Aus eigener Kraft stieg er hinein und wusch sich das Blut ab, das aus den durchtrennten Arm- und Beinadern jetzt stärker hervorsickerte. Nun hatte das Wasser einen rötlichen Schimmer, und damit besprengte er uns alle, wie bei einer Weihestunde in einem Heiligtum des Mithras oder in einem Tempel der Ceres.

»Alexis, mein Sohn – und ihr, meine Freunde«, sagte er. »Dies Naß, das gemischt ist mit meinem Blute, spende ich dem Jupiter Liberator!«

Dann, auf einen leisen Wink von ihm, wurde er ins Dampfbad getragen, wo ihn der Tod endlich erlöste. Noch am gleichen Tage haben wir im Park seinen Leib den Flammen übergeben. So hatte er es selber gewollt, auch hier Sokrates gleich, der gesagt hat: »Nachdem ich das Gift getrunken habe, werde ich nicht mehr bei euch weilen, sondern mich nach einer Stätte seliger Menschen aufmachen. Ob ihr meinen Leichnam begrabt oder verbrennt, es ist nicht mehr der des Sokrates.«

Das, mein Flavius, ist im wesentlichen der Bericht, um den Du mich gebeten hast, doch will ich noch einige Tatsachen festhalten, um gewissen Geschichtslügen, die bereits aufgekommen sind, entgegenzutreten. War doch vor kurzem jener junge Mann bei mir, Cornelius Tacitus, der als Zehnjähriger oft bei meinem Vater vorsprach und schon damals voll von Heuchelei und Vorurteilen steckte.

Jetzt wollte er wissen, ob der Senator Flavius Scaevinus und sein Kollege Afranius Quintianus »halbwegs anständig gestorben seien« – obgleich jener »allgemeiner Ausschweifungen« schuldig gewesen sei, dieser sogar »seinen Körper wie ein Weib habe gebrauchen lassen«? Ich erklärte ihm, daß mir das Privatleben dieser Männer gleichgültig sei, daß sie heldisch gestorben seien und ich nur be-

dauerte, daß sie in der entscheidenden Stunde nicht tatkräftiger gehandelt hätten. Das notierte er sofort auf einem Schreibtäfelchen, eine ärgerliche Angewohnheit, die er schon als Zehnjähriger hatte.
»Aber Claudius Senecio, der oft in euerem Hause war? Erst Nero Caesars enger Freund, dann, wohl aus Eifersucht auf andere seines Schlages, sein Feind, und schließlich ein schlimmer Angeber –?«
Ich antwortete, als hätte ich die Abscheulichkeit seiner Frage nicht verstanden: Claudius Senecio habe viel getan, um die Herrschaft Nero Caesars zu erschüttern, und zwar genau, wie er es geplant und uns vorausgesagt hat ...
»Kennst du die Geschichte des Mannes, der den Tyrannen von Athen, Hippias, Sohn des Pisistratos, ermorden wollte? Als er unter der Folter befragt wurde, wer seine Mitverschworenen seien, nannte er die besten Freunde des Tyrannen. Nachdem Hippias sie alle hatte umbringen lassen, wollte er vom Gefangenen wissen, ob es noch andere gäbe? Da antwortete dieser: ›Du allein bleibst übrig. Ich habe dir niemanden gelassen, dem dein Leben am Herzen läge.‹«
Als mich der junge Cornelius etwas verständnislos ansah, erklärte ich: »So hat Claudius Senecio Nero Caesars vertrauteste Freunde als Verschwörer genannt, einschließlich des Präfekten Ofonius Tigellinus. Dieser starb zwar erst später durch Selbstmord, aber unter zahllosen anderen Schergen des Tyrannen wütete dessen eigenes Schwert. Nero Caesar geriet in solche Angst, daß er die Wachen vervielfachte, ganze Abteilungen auf die Mauern legte, auch das Meer und den Strom besetzen ließ, also die ganze Stadt in Haft nahm. Fußtruppen, Reiterei, untermischt mit Germanen, zu denen er am meisten Zutrauen hatte, durcheilten die Straßen, Plätze, Paläste und die nächsten Landstädte. Scharen von Verhafteten brachten sie mit – die Getreuesten Nero Caesars, der sich damit selber zum Werkzeug des Tyrannenmörders machte!«
Auch das schrieb mein Besucher nieder, und mir war es recht. Bemerkte er doch, ehe er ging: »Ich sehe, was du meinst. Nero Caesars Selbstgefühl wurde erschüttert, und im ganzen Reiche er-

kannte man, auf welch schwachen Säulen seine Herrschaft ruht. Deren Ende hat also schon damals begonnen.«

Doch welch ein Ende! Das hätte mein Vater, der ihn einstens geliebt hat, nicht gewollt. Zum Staatsfeind erklärt und vom Senat verurteilt, nach der Vorfahren Brauch gerichtet zu werden: Nackt, mit dem Hals in eine Gabel geschlossen und mit Ruten zu Tode geprügelt! Das war die Nachricht, die ihn erreichte, als er aus seinem Goldenen Hause davonkroch, in einem schäbigen, zerfetzten Mantel, mit bloßen Füßen, durch Gebüsch und Dornengestrüpp. Nur vier Begleiter hatte er noch, er, der vor kurzem der Herr der Welt war, auf dessen Geheiß sich siegreiche Feldherrn in ihr Schwert stürzten, und der mit dem Leben ganzer Völkerschaften spielen konnte.
»Das ist jetzt Neros Eisgetränk«, hat er gesagt, als er, dürstend in der Sommerhitze, aus einer lauen Pfütze Wasser schöpfte. Mehrmals forderte er Sporus auf, die Totenklage für ihn anzustimmen, dann hieß er ihn still sein, um nicht die Aufmerksamkeit einer Reiterschar, die ihn lebendig fangen sollte, auf sich zu ziehen. Auch daß Sporus ihm durch Selbstmord mit gutem Beispiel vorangehen solle, hat er verlangt!
Der junge Sporus, von dem mein Vater schrieb, er sei edler Sinnesart, ist ein Jahr danach eines ehrenvollen Todes gestorben. Das geschah während des kurzen Principats von Aulus Vitellius, der den Mörder von Servius Sulpicius Galba, Marcus Salvius Otho, einen von Nero Caesars früheren Günstlingen, besiegt und in den freiwilligen Tod getrieben hatte. Mein Vater hatte Aulus Vitellius auf Capri gekannt, einen hübschen, pausbäckigen Jungen, aber schon damals recht gefräßig. Vor dem Hochfeste der Ceres stand er mit ihm in Verbindung. In seinen früheren Ämtern war er nicht untüchtig, aber als Princeps hat er nichts getaugt. Daher ist er durch den Willen der Götter von Vespasianus Augustus besiegt worden und in den Straßen Roms elend umgekommen.
Viermal am Tage hielt Aulus Vitellius ungeheuere Gelage ab. Entsetzliche Spiele wurden dabei aufgeführt. Je mehr Blut rann, je lauter die Todesschreie gellten, desto besser mundeten ihm Speis und

Trank. Aber auch »Heiteres« bot er manchmal seinen Gästen. So sollte Sporus auf der Bühne in Mädchengewändern auftreten, die ihm wüste Gesellen vom Leibe reißen würden. Bis er nackt dastehe und die Rolle einer Jungfrau, Opfer einer Massenschändung, spielen könne.
Um einer solchen Schande zu entgehen, gab er sich selber den Tod. Damit sühnte er auch seine Treulosigkeit, sagte er zu einem Freunde –, daß er Nero Caesars Bitte nicht entsprochen habe, ihm durch Selbstmord mit gutem Beispiel voranzugehen. Aber wie hätte er dies gekonnt! Entriß ihm doch Nero Caesar den Dolch – rief aus: *»Qualis Artifex Morior!«* und durchbohrte sich in einem jähen Entschluß die Kehle. Mit Entsetzen sahen Sporus und die anderen, daß dem Toten sofort die Augen weit geöffnet aus den Höhlen traten.
So also starb Nero Caesar, der einst so Mächtige. Besser wäre es für ihn gewesen, er hätte am Hochfeste der Göttin, auf seinem goldenen Sessel, an der Bildsäule Agrippina Augustas die Todesstreiche empfangen. Eine Erinnerung wäre wach geworden an die Iden des März.
Mein Vater hatte es vorausgesehen und in seinem Stück *Octavia*, das er mir diktierte, in Einzelheiten geschildert. Nichts ist im Nachhinein eingefügt worden, obgleich wir den Sinn dieser Gesichte erst Jahre später erkennen konnten.
Aber ist es anders mit den Sprüchen der Götter? Nero Caesar glaubte, daß er noch lange nichts zu befürchten habe, da er sich erst vor dem »dreiundsiebzigsten Jahre« zu hüten bräuchte. Gemeint war aber, wie man jetzt weiß, Galba, Legat der Provinz Tarraconensis, und auf diesen bezog sich auch das Wort des Jupiterpriesters von Clunia: daß der Führer und Herr des Erdkreises aus Hispanien hervorgehen werde. Besser hätte dies auf den Vater gepaßt, der in Corduba geboren wurde und dessen ganze Familie aus Hispanien stammte.
Schon in seiner Kindheit kannte der Vater diese Verheißung, und als wir zuletzt auf Capri waren, haben viele Briefe aus seinem Geburtsland sie ihm ins Gedächtnis gerufen. Er hat dies zwar aufgezeichnet, aber innerlich keinen großen Wert darauf gelegt, anders als mit dem

Spruch der Pythia, den er in Delphi empfangen hatte, und über den er, fast gegen seinen Willen, oft nachgrübelte.
Heute wissen wir, daß auch dieses Orakel nicht getrogen hat, doch daß es sich erfüllen sollte nicht im Purpur, wie der Vater meinte, sondern durch seinen Tod:

Am Feste der Demeter wird dein Name unsterblich werden.

Finis

Quellen

1. Die Schriften von Lucius Annaeus Seneca:

   a) Briefe an Lucilius (124 Briefe) (Bei Rowohlts Klassiker, Band I, Oktober 1965, Band II, Dezember 1965)
   b) Moral Essays, Lateinisch-Englische Ausgabe, übersetzt von J. W. Masore, drei Bände, Loeb's Classical Library, London, William Heinemann Ltd.
   c) Quaestiones Naturales, gleicher Verlag
   d) Sämtliche Tragödien, Latein-Deutsch, übersetzt von Theodor Thomann, Artemis Verlag, Zürich und Stuttgart 1961
   e) Die Verkürbissung des Kaisers Claudius (Apokolokyntosis), Lateinisch-Deutsch, übersetzt und herausgegeben von W. Schöne, Ernst Heimeran Verlag, München, 1. Auflage 1957

2. Cornelius Tacitus

   a) Annalen, deutsch von August Horneffer, Alfred Kröner Verlag, Stuttgart 1964
   b) Historien, übersetzt von Walter Sontheimer, Alfred Kröner Verlag, Stuttgart, 1959
   c) The Annals of Imperial Rome, ins Englische übertragen von Michael Grant, Penguin Books, Classics, 1961
   d) Agricola und Germania, ins Englische übersetzt von H. Mattingly, Penguin Books, 1964

3. Gaius Suetonius Tranquillus

   Caesarenleben, herausgegeben von Max Heinemann, Alfred Kröner Verlag, Stuttgart 1957

4. Dio Cassius

Roman History, Griechisch und Englisch, übersetzt von Earnest Carry Ph. D., Loeb's Classical Library, William Heinemann Ltd. 1968 insbesondere: Band V; Band VII; Band VIII; Band IX

5. Gaius Julius Caesar

De Bello Gallico, deutsch von: Max Prinz zu Löwenstein, als: Caesar, seine Feldzüge in Gallien, C. C. Buchners Verlag, Bamberg 1932

6. C. Velleius Paterculus

Historiae Romanae, Libri Duo, Latein und Deutsch, übersetzt von Franz Nilas Walter, Dr. der Phil. und Professor am königlichen Gymnasium in Würzburg, bei Friedrich Pustet, Passau 1825

7. Plutarch

a) Über Gott und Vorsehung; Dämonen und Weissagung, Artemis Verlag, Zürich
b) Römische Heldenleben, Die vergleichenden Biographien

8. Josephus Flavus

a) Jüdische Altertümer, 2 Bände
b) Die Geschichte des Jüdischen Kriegs, Verlag Benjamin Harz, Berlin - Wien 1923

9. Platon, die Dialoge, insbesondere Symposion, Phaidros und Phaidon und Apologie, Epigramme auf Astèr und Dion von Syrakus
10. Xenophon, insbesondere Symposion und Erinnerungen an Sokrates

11. Griechische und lateinische Dichter:

a) Pindar – Anakreon – Theokritos – Homer
b) Vergil, Die Hirtengedichte (Eklogen), Äneis
c) Horaz, Oden, Epoden
d) Iuvenal, in: Römische Satiren, übersetzt von Otto Weinreich, Artemis Verlag, Zürich
e) Petronius, Satyrikon, nach der besten (englischen) Übersetzung von John Sullivan, Penguin Books, 1965

12. Ovid, Metamorphosen und Briefe vom Pontus
13. Pausanias, Beschreibung Griechenlands, übersetzt von Ernst Meyer, Artemis Verlag, Zürich
14. Siehe auch Neues Testament, die Paulusbriefe und Apostelgeschichte, Kap. 18, über Senecas Bruder Gallio und Paulus
15. Die apokryphe Korrespondenz zwischen Seneca und Paulus, in englischer Übersetzung von Montague Rhodes James, Litt. D. F. B. A. F. S. A. in: The Apocryphal New Testament; Oxford, Claredon Press 1926

Moderne Quellen

1. Theodor Mommsen

   a) Römische Geschichte, Band I, II, III, V
   b) Römisches Staatsrecht

2. Leopold von Ranke

   a) Weltgeschichte, Band II und III
   b) Vorträge vor König Maximilian von Bayern

3. a) Roman Britain, I. A. Richardson, Penguin Books 1966
   b) Seeing Roman Britain, Leonard Cottrell, Pan Books, London 1967

4. Sittengeschichte Roms, 4 Bände, Ludwig Friedländer
5. From the Gracchi to Nero, von H. H. Scullard, Professor für Alte Geschichte, London University, Methuen, London 1965 (unter Verwertung neuester Forschungen)

6. Nero: Reality and Legend, von B. H. Warmington, Dozent für Alte Geschichte, Universität von Bristol, Chatto & Windus, London 1969 (ebenfalls unter Verwendung neuester Forschungen)

7. Verschiedene Monographien modernen Datums über Seneca, wie z. B.

   a) Seneca, The Philosopher and his Modern Message, von Richard Mott Gumere, Cooper Square Publishers Inc., New York 1963
   b) Sénèque, Sa Vie, son Œuvre, von Pierre Grimal, Professor der Sorbonne, Presses Universitáires de France, Paris 1966

Es wurden die folgenden Übersetzungen benützt:

Seneca – Briefe an Lucilius, I und II (Gesamtausgabe), Übersetzer: Ernst Glaser-Gerhard, Rowohlt-Klassiker, Oktober und Dezember 1965

Seneca – Sämtliche Tragödien, Band I, Übersetzer: Theodor Thomann, Artemis Verlag, Zürich und Stuttgart 1961

Seneca – Apokolokyntosis, Übersetzer: W. Schöne, Ernst Heimeran Verlag, München, 1. Auflage 1957

Alle übrigen Zitate, wenn nicht sogar völlig frei geschaffen, sind freie Adaptierungen aus dem Lateinischen, Griechischen, unter der Anleitung der englischen Übersetzungen.

Zeittafel der römischen Geschichte

Gründung Roms		753 v. Chr.
Sturz des Königtums (Begründung der Consulatsverfassung)	(ab Urbe condita 243)	510 v. Chr.
Corsica erste römische Kolonie, Erstürmung von Alalia	(a. U. c. 259)	495 v. Chr.
Schlacht von Marathon	(a. U. c. 284)	490 v. Chr.
Schlacht von Salamis	(a. U. c. 274)	480 v. Chr.
Seesieg von Himera	(a. U. c. 274)	480 v. Chr.
Alexander der Große regiert	(a. U. c. 417–430)	336–323 v. Chr.
Julius Caesar geboren	(a. U. c. 653)	100 v. Chr.
Eroberung Galliens	(a. U. c. 695–702)	58–51 v. Chr.
Entscheidungsschlacht von Pharsalus	(a. U. c. 705)	48 v. Chr.
Ermordung Pompeius'	(a. U. c. 705)	48 v. Chr.
Ermordung Caesars	(a. U. c. 709)	44 v. Chr.
Bürgerkriege nach Caesars Ermordung	(a. U. c. 709–723)	44–30 v. Chr.
Tiberius Caesar geboren	(a. U. c. 711)	42 v. Chr.
Seeschlacht von Actium	(a. U. c. 722)	31 v. Chr.
Caesar Octavianus ab 27 v. Chr. *Augustus*	(a. U. c. 722–767)	31 v. Chr. bis 14 AD
Ägypten römische Provinz	(a. U. c. 723)	30 v. Chr.
Tod von Antonius und Cleopatra	(a. U. c. 723)	30 v. Chr.
Schlacht im Teutoburger Wald	(a. U. c. 762)	9 AD
Tiberius Caesar Nachfolger Divi Augusti	(a. U. c. 767–790)	14–37 AD
Gaius Caesar, genannt Caligula	(a. U. c. 790–794)	37–41 AD
Claudius Caesar	(a. U. c. 794–807)	41–54 AD

Nero Caesar geboren	(a. U. c. 790)	37 AD
Alleinherrscher	(a. U. c. 807)	54 AD
gestorben	(a. U. c. 821)	68 AD
Aufstand in Britannien	(a. U. c. 814)	61 AD

Lucius Annaeus Seneca geboren in Corduba, Hispanien	(a. U. c. 748)	5 v. Chr.
Übersiedlung nach Rom	(a. U. c. 758)	5 AD
Germanicus in Griechenland, im Osten und in Ägypten	(a. U. c. 770–772)	17–19 AD
gestorben	(a. U. c. 772)	19 AD
Tod des Arminius	(a. U. c. 772)	19 AD
Seneca krank in Ägypten	(a. U. c. 773–783)	20–30 AD
Tiberius auf Capri seit	(a. U. c. 779)	26 AD
Livia (Julia Augusta, Mutter Tiberii Caesaris) gestorben	(a. U. c. 782)	29 AD
Verbannung Senecas nach Corsica	(a. U. c. 794–802)	41–49 AD
Rückkehr, Mentor Neros	(a. U. c. 802)	49 AD
Erster Ratgeber, »Bevollmächtigter Minister« Nero Caesars	(a. U. c. 807–815)	54–62 AD
Ermordung des Britannicus	(a. U. c. 808)	55 AD
Ermordung Agrippinas (der Mutter Nero Caesars)	(a. U. c. 812)	59 AD
Tod des Afranius Burrus	(a. U. c. 815)	62 AD
Erste Christenverfolgung und Brand von Rom	(a. U. c. 817)	64 AD
Tod Senecas	(a. U. c. 818)	65 AD
Zerstörung Jerusalems	(a. U. c. 823)	70 AD
Epilog von Senecas Adoptivsohn Alexis	(a. U. c. 828)	75 AD

Weitere wichtige Daten

Kreuzigung Jesu Christi	(a. U. c. 786)	33 AD
Apostel Paulus auf seiner zweiten Missionsreise in Griechenland	(a. U. c. 803)	51–52 AD
Reise nach Rom und Aufenthalt dort	(a. U. c. 813–816)	60–63 AD
Beginn der »Pisonischen« Verschwörung	(a. U. c. 817)	64 AD
»Dreikaiser-Jahr«: Servius Sulpicius Galba; Marcus Salvius Otho; Aulus Vitellius	(a. U. c. 821–822)	68–69 AD
Der Sieger: Titus Flavius Vespasianus Augustus	(a. U. c. 822–833)	69–79 AD

Dichter etc.

Platon geboren	(a. U. c. 326)	427 v. Chr.
gestorben	(a. U. c. 406)	347 v. Chr.
Sokrates gestorben	(a. U. c. 354)	399 v. Chr.
Gaius Sallustius Crispus	(a. U. c. 667–718)	86–35 v. Chr.
Publius Vergilius Maro	(a. U. c. 683–734)	70–19 v. Chr.
Q. Horatius Flaccus	(a. U. c. 688–745)	65–8 v. Chr.

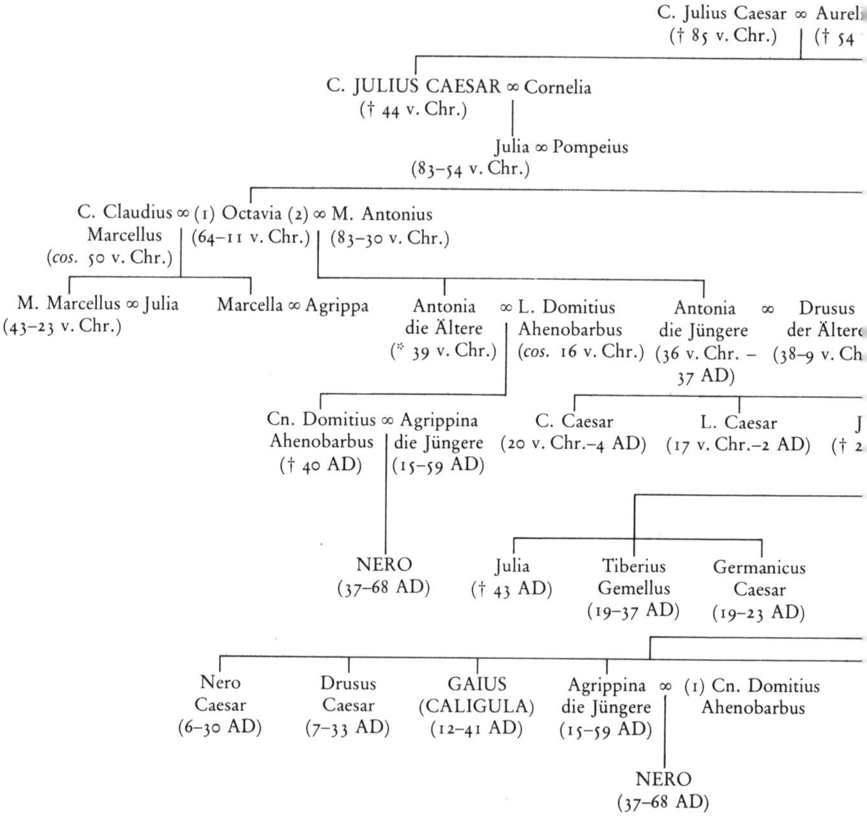
C. Julius Caesar ∞ Aurel
(† 85 v. Chr.)
(† 54
C. JULIUS CAESAR ∞ Cornelia
(† 44 v. Chr.)
Julia ∞ Pompeius
(83–54 v. Chr.)
C. Claudius Marcellus (cos. 50 v. Chr.) ∞ (1) Octavia (2) ∞ M. Antonius
(64–11 v. Chr.)
(83–30 v. Chr.)
M. Marcellus ∞ Julia
(43–23 v. Chr.)
Marcella ∞ Agrippa
Antonia die Ältere (* 39 v. Chr.) ∞ L. Domitius Ahenobarbus (cos. 16 v. Chr.)
Antonia die Jüngere (36 v. Chr. – 37 AD) ∞ Drusus der Älter
(38–9 v. Ch
Cn. Domitius Ahenobarbus († 40 AD) ∞ Agrippina die Jüngere (15–59 AD)
C. Caesar (20 v. Chr.–4 AD)
L. Caesar (17 v. Chr.–2 AD)
J
(† 2
NERO (37–68 AD)
Julia († 43 AD)
Tiberius Gemellus (19–37 AD)
Germanicus Caesar (19–23 AD)
Nero Caesar (6–30 AD)
Drusus Caesar (7–33 AD)
GAIUS (CALIGULA) (12–41 AD)
Agrippina die Jüngere (15–59 AD) ∞ (1) Cn. Domitius Ahenobarbus
NERO (37–68 AD)

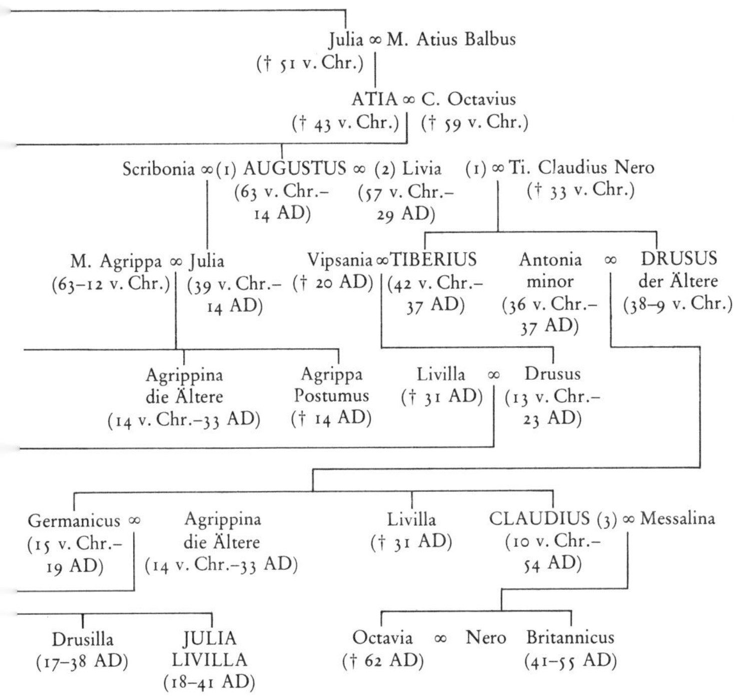

Stammbaum der Julisch-Claudischen Dynastie

Kartographie Huber & Oberländer, München